刑事裁判を考える
21世紀刑事司法の展望

渡辺 修

現代人文社

刑事裁判を考える——21世紀刑事司法の展望

はしがき——21世紀刑事司法の展望

1 　刑事司法が動いている。20世紀末から21世紀初頭へと時代の流れにあわせて様相を変えている。20世紀末は、現行刑訴法が施行されて50年目を迎える時期にあたっていた。運用は一定の安定を見るようになった。それは「精密司法」と表現されて高く評価される面をもった。ただ、実は、捜査機関が密室の取調べで作成する「供述調書」を基盤とする「物語司法」であることも明白であった。そこには、「えん罪」が生まれやすい構造が潜むことになってしまった。

　今、動きつつある「司法改革」は、これを担った者達の主観的意図とは別に、大局的、法史的にみれば司法の構造的弱点の改革を目指すものとなる。当然、旧来の運用とあるべき運用とがぶつかる。「激動の時代」が始まる。そうした時代には、これをリードする明確な原理・原則が要る。司法改革に伴う諸立法をながめ返しながら、これを探ってみよう。

2 　第1に、捜査段階では、勾留段階から弁護人が公費で被疑者を弁護する時代がすぐに来る。捜査を常に監視できるプロが存在することになる。弁護人のプレゼンスは、大局的には捜査のありかたを変える。勾留期間を潤沢に使って被疑者取調べにより情報を得る捜査手法は限界に来る。裁判員裁判が見込まれる事件については、後の公判廷における自白の証拠能力を巡る争いを可能な限り防ぎ、迅速かつ的確な立証を検察官が余儀なくされる——被疑者取調べのビデオ録画は避けて通れなくなる。

　第2に、検察官の公訴権行使は、検察審査会の審査の対象となる。しかも、今時の法改正で再度の起訴相当決議による起訴強制も導入された。国家が独占してきた公訴権を市民が監視し修正するものとなる。また、訴因変更手続のありかたも変わる。今までは公判では法律のプロ達のみで五月雨型の立証を行なってきた。しかし、市民である裁判員が関わる事件では、連続的開廷、集中審理方式を要する。その場合、訴因変更を介在させることは審理と心証形成に大きな混乱を生じる。公判前整理手続段階で早々に訴因を修正し、あるいは当初から予備的訴因でも訴追する運用が見込まれる。こうして、市民による裁判にふさわし

い公訴提起が求められる。その意味で、公訴提起も「可視化」される。
　第3に、2005年11月、証拠開示を伴う公判前整理手続が施行された。すでに各地で多様な事件について実施されているようだ。全体状況はまだ総括されていない。公判前整理手続は、請求予定証拠、類型証拠、主張関連証拠を段階的らせん的に開示して、被告人・弁護人側が争点を十分に煮詰めることができる条件作りを求めるものだ。しかし、検察側は、各ステージの要件を可能な限り厳格に狭く解釈運用する姿勢をみせている面もある。頑なな運用が定着すれば、円滑な裁判員裁判の運用は危ぶまれる。それだけに証拠開示の安定的な運用が整うか否か慎重な見極めを要する。
　第4に、証拠調べの実施についても、裁判員が法廷でただちに心証を形成できる証拠資料の的確かつ理解可能な提示――プレゼンテーションを要することとなる。その実験も各地で始まった。このことが、あらためて公判中心主義、直接主義の理念に息吹を吹き込むこととなる。
　第5に、控訴理由の構成、控訴審のありかたも変わらざるを得ない。今、控訴審は原則として、あらたな事実については、その取調べを控える制限的な運用で固まっている。事後審の徹底と言ってもいい。今後も、市民が関与した裁判について、事実認定を理由に破棄することは例外的なことにならざるをえまい。量刑不当についても、裁判員を交えた裁判体の判断をプロの3名の裁判官でくつがえすことは例外的にしかできまい。他方、市民が加わったために「感情司法」ともいうべき現象が起きるおそれもある。その不正義を正す役割を控訴審が担うこととなることも予想される。
　第6に、刑事手続全般にわたり、刑事弁護の質の向上が一層求められる。捜査段階から公判前整理手続を経て裁判員裁判が実施されることを見込んだ準備を要する。今、捜査段階では、身体拘束された被疑者が取調べを受けているのに対応して、接見を中心とする弁護を行っているが、今後は、独自調査を柱にする新たな弁護活動が必要になる。

3　以上の流れの中から読み取るべき、21世紀刑事司法をリードする原理は2つある。

　まず、「可視化」原理である。手続の世界では、手続のかたちが正義を決める。法律家のプロが担った司法から、市民が監視し、参加し、決定する司法へと変容を遂げつつある。「可視化」の徹底こそ、市民が納得する正義を刑事裁判の場で実現するものである。

　今ひとつの原理は、被疑者・被告人の「包括的防御権」の思想である。国家が刑罰権発動を求める相手側となる市民は、被疑者・被告人たる地位に強制的に置かれる。「防御」は多様かつ多面的でなければならない。自由権、請求権、社会権など人権の多様な性質を複合した包括的な防御と弁護の権利を要する。刑事手続固有の人権のあり方でもある。これを包括的防御権と名付ける。

　本書は、かかる視点設定を示すことをねらいとして、ここ8年ほどの間にまとめた論文を収録したものである。

4　収録した小品を振り返り、時代の流れと重ねるとき、そこから今後の課題もみえてくる。

　まず、今の時代の特徴は、「解釈から立法へ」というべきものである。大枠を定める条文と法律の構造を手がかりにして精緻な解釈論によって刑事手続のかたちを作った時代から、「立法」により構造を変革した上で再度精緻な解釈論を組み立て、しかも運用でこれを試す時代に入っている。立法、解釈そして運用のそれぞれの過程を見通すダイナミックな研究が今後求められる。

　次に、刑事司法の変化の「流れ」が急だ。無惨で残酷な犯罪が多発する中、「世論」の求める現実的でむき出しの「感情司法」に押し流されやすくなる危険もみられる。この点からも、21世紀司法の「正義」をかたち作る上で、「被害者」の法的地位を確立し、国家に対する正当な評価と救済を求めるシステムの構築が不可欠だ。

　世界の司法と日本の司法の大局的な比較検討も、必要になっている。世界で

活きる日本が、司法の分野で「独善司法」になっていないか見極めが要る。被疑者取調べを密室で行なう実務を守るべき法文化と錯誤する感覚は是正すべきだ。このことを含めて、世界の「司法における正義」をリードできる「かたち」を提言しなければなるまい。

　最後に、21世紀のあらたな犯罪現象の特徴──組織犯罪、インターネット犯罪、ストーカー犯罪──に対処できる厳正な刑法とその運用を支える適正な刑事手続のあり方もこれから問われる。

　以上は、今後の研究の課題としたい。

5　最後に、私事にふれる。筆者は、今、甲南大学法科大学院で刑訴法を教えている。ただ、新司法試験と法科大学院は、「試験で選ばれるプロ」という特殊な法曹養成を求める制度だ。このため、地方にある小規模ロースクールは新司法試験の合格者数によっては、存立すら危ぶまれることとなる。それだけに、院生にはなによりも判例を軸にした基本的知識の習熟を指導している。本書のような学術論文集を読ませる余裕はない。

　将来、ロースクールが安定期に入ったときには、本書をテキストとする刑事訴訟法演習で、未来のローヤー達とあるべき刑事司法論を教室で活発に議論したいと思う。その日が早く来ることを願ってやまない。

　さて、学術論文集出版が困難な中、本書の出版をお引き受けいただいた現代人文社社長成澤壽信氏には心から感謝したい。また、本書は、甲南学園伊藤忠兵衛出版助成基金の助成を得た。記して学園に感謝したい。

2006年4月
大阪拘置所近くのレストランにて

顕修

目　次

はしがき——21世紀刑事司法を展望する　2

第1部　防御——「包括的防御権」を考える

第1章　弁護人と押収拒否権　15
　一　問題の所在——弁護人に対する捜索　15
　二　押収拒否権の由来　16
　三　押収拒否権の目的　19
　四　本件捜索の問題点と「防御の守秘性」保護　21
　五　まとめ——立法論について　26

第2章　弁護士の押収拒否権と「捜索遮断効」　34
　一　問題の所在——札幌地決平10・4・29について　34
　二　押収拒否権と業務上の秘密　36
　三　捜索の可否と押収拒否の効果　38
　四　準抗告と押収拒否権の意味　41
　五　まとめ——押収拒否権と防御の利益　43

第3章　接見交通権の展望　46
　一　接見と自白の任意性・信用性　47
　二　準抗告と接見　49
　三　罪証隠滅のおそれと3・24判決　51
　四　捜査の顕著な支障説の当否　53
　五　起訴後の余罪取調べと接見指定権　55
　六　接見交通権の優位性　56

第4章　初回接見と憲法34条　62
　一　最三小判平12・6・13の紹介　62
　二　本判決の意義　65
　三　初回接見と弁護人依頼権　66
　四　判例と捜査の顕著な支障基準　67
　五　判決の問題点　69

第5章　接見等禁止と被告人の防御権　76
　一　問題の所在——接見等禁止処分と被告人・弁護人の書類の授受　76

二　接見等禁止一部解除について——一部解除先行説と自由な授受優先説 ── 78
　　三　弁護人の自主規制について——弁護の自粛説と弁護の拡充説 ── 80
　　四　防御に関する情報保護について
　　　　——防御権と「情報プロセス」・「情報ストック」の保護 ── 83

第6章　勾留の執行停止について　86
　　一　問題の所在——大阪高決平11・2・10の紹介 ── 86
　　二　判例と「緊急の生活利益」基準説の定着 ── 88
　　三　勾留執行停止の再構成——「防御の利益」基準説の可能性 ── 93
　　四　結語——勾留執行停止の柔軟な運用 ── 96

第2部　公訴——当事者処分権主義を考える

第7章　公訴権の濫用　107
　　一　最決昭55・12・17刑集34巻7号672頁の紹介 ── 107
　　二　公訴権濫用論について ── 108
　　三　本決定の意義 ── 109
　　四　まとめ ── 111

第8章　訴因の特定　113
　　一　問題の所在——覚せい剤自己使用罪と訴因の概括記載の背景 ── 113
　　二　概括記載と実体法説 ── 114
　　三　最終行為説、最低一行為説 ── 115
　　四　手続法説と防御権 ── 116

第9章　「訴因」の機能(1)——共謀共同正犯　119
　　一　ある訴因逸脱認定——「共謀共同正犯」から「幇助」へ ── 119
　　二　起訴状の記載と審判の対象——事実記載説と新法律構成説 ── 124
　　三　訴因と検察官の釈明——争点説と訴因説 ── 126
　　四　「共謀」と「幇助」——縮小認定説と逸脱認定説 ── 130
　　五　まとめ——「裁量糺問主義」の克服と「弾劾主義」の徹底 ── 132

第10章　訴因の機能(2)——恐喝罪　135
　　一　問題の所在——恐喝の原因と訴因逸脱認定 ── 135
　　二　恐喝罪の訴因と事実記載説の意味 ── 137
　　三　恐喝の理由と訴因の逸脱認定 ── 140
　　四　防御の利益と訴因変更の要否 ── 145
　　五　まとめ——「糺問化」の克服と弾劾主義の徹底 ── 147

第3部　裁判——当事者追行主義を考える

第11章　裁判官の役割　157
　一　職権尋問の実情 ——————————————————— 157
　二　職権尋問の正当性 ——————————————————— 158
　三　「裁量糺問主義」 ——————————————————— 158
　四　「裁量糺問主義」から「真の当事者主義」へ —————————— 160

第12章　被告人質問と黙秘権　161
　一　黙秘と被告人質問 ——————————————————— 161
　二　質問権の優位性と証拠調べの「客体」説——職権主義の重視 ———— 161
　三　客体説批判——黙秘権の優位性と当事者主義 —————————— 162
　四　「被告人質問」から「被告人陳述」へ——証拠調べの「権利」説 —— 164

第13章　聴覚障害者と訴訟能力　167
　一　問題の所在——刑事裁判の理解力 ——————————————— 167
　二　刑事裁判の認識理解力について ——————————————— 169
　三　黙秘権と弁護人依頼権——意思疎通力について ————————— 172
　四　「手続打切り」への道 ——————————————————— 177

第14章　不一致供述、自己矛盾供述　185
　一　321条1項1号と供述の「不一致」 —————————————— 185
　二　検面調書と供述の相反性の意味 ——————————————— 187
　三　328条と証明力を争う証拠 ————————————————— 188
　四　まとめ——刑訴法改正と不一致供述 —————————————— 193

第15章　自白の補強証拠　197
　一　最一小判昭42・12・21の紹介 ——————————————— 197
　二　自白の補強法則の意義 ——————————————————— 198
　三　補強法則の各論 ————————————————————— 199

第16章　犯行再現写真の証拠能力　203
　一　問題の所在——最決平17・9・27と犯行再現写真の証拠能力 ——— 203
　二　実況見分の意義 ————————————————————— 205
　三　実況見分調書の証拠能力 —————————————————— 209
　四　被害者・被疑者の犯行再現、犯行関連供述の証拠能力 ——————— 210
　五　今後の展望——捜査手続「可視化」原理 ———————————— 214

第4部　上訴——検察官上訴を考える

第17章　控訴審と当事者主義　221
　一　事実誤認・破棄と控訴審の役割——甲山事件のひとこまから ── 221
　二　控訴審の運用上の問題点 ── 222
　三　事実誤認を理由とする控訴審の運用改革 ── 223
　四　控訴審と当事者主義の徹底 ── 225

第18章　甲山事件と「控訴権消滅」論　228
　一　甲山事件と2度目の検察官控訴 ── 228
　二　検察官控訴の合憲性について ── 228
　三　2度の検察官控訴の問題点 ── 230
　四　「控訴権消滅」論 ── 232

第19章　甲山事件と破棄判決の拘束力　234
　一　問題の所在——裁判の経過 ── 234
　二　拘束力の対象——要証事実対象説と個別事実対象説 ── 235
　三　拘束力の幅——積極判断拘束説と消極判断拘束説 ── 238
　四　拘束力の消滅——証拠基準説と手続基準説 ── 241
　五　審理不尽・事実誤認の破棄判決と「拘束力の吸収」 ── 243

第5部　司法改革——21世紀刑事司法を考える

第20章　被疑者取調べと司法改革の視点　251
　一　「取調べ状況観察記録書」と問題の所在 ── 251
　二　司法「公共性の空間」論と取調べ適正化 ── 251
　三　司法改革と憲法原理の接点——包括的防御権と録音・録画 ── 255
　四　被疑者取調べのあり方——真実解明と適正手続 ── 257
　五　結語——「裁判員」制度と取調べ適正化の展望 ── 259

第21章　被疑者取調べのビデオ録画　262
　一　「密室取調べ」——司法改革の取りこぼし ── 262
　二　「反省＝自白」一体観から「弾劾型取調べ」観へ ── 263
　三　取調べ可視化立法——取調べ規制と証拠能力規制 ── 265
　四　「可視化」原理と「包括的防御権」に基づくビデオ録画 ── 268

第22章　証拠開示を伴う整理手続　272
　一　新しい証拠開示手続の概要 ── 272

二　ケース研究の視点から ──────────────── 274
　三　弾劾目的の証拠開示と実質的な全面証拠開示 ──────── 277
　四　まとめ──整理手続から裁判員裁判へ ─────────── 279

第23章　開示証拠の『目的外使用』　282
　一　目的外使用禁止──議論の出発点 ──────────── 282
　二　立法化への道──平成16年、第149回国会 ───────── 285
　三　「正当化条項」(法281条の4第2項) ─────────── 288
　四　目的外使用の構造 ──────────────────── 291
　五　開示証拠の複製等の適正管理と「他人」──目的外使用禁止各論(1) ── 292
　六　開示証拠複写物の4類型──目的外使用禁止各論(2) ────── 295
　七　他の事件への流用と「正当化条項」の機能──目的外使用禁止各論(3) ─ 299
　八　「正当化条項」と社会的相当性──目的外使用禁止各論(4) ──── 304
　九　民事事件への複写物の転用──目的外使用禁止各論(5) ───── 307
　十　まとめ──包括的防御権の視座から ────────────── 308

第24章　司法改革の展望　310
　一　「弁護が司法を動かす時代」 ─────────────── 310
　二　時代の原理──包括的防御権と当事者処分権主義 ────── 311
　三　整理手続と被告人 ──────────────────── 313

論文初出と原題一覧　316

凡　例

法令
刑事訴訟法　　　　　　法

文献
【概説書】
安西	安西温『改訂刑事訴訟法上、下』(警察時報社、1982年)
河上・捜査差押	河上和雄『捜査・差押』(立花書房、1979年)
白取	白取祐司『刑事訴訟法[3訂版]』(日本評論社、2004年)
鈴木	鈴木茂嗣『刑事訴訟法』(青林書院、改訂版、1990年)
田口	田口守一『刑事訴訟法』(弘文堂、3版、2001年)
田宮	田宮裕『刑事訴訟法[新版]』(有斐閣、1996年)
田宮編	田宮裕(編)『刑事訴訟法Ⅰ』(有斐閣、1975年)
平野	平野龍一『刑事訴訟法』(有斐閣、1958年)
松尾上、下	松尾浩也『刑事訴訟法上[新版]、下[新版補正2版]』(弘文堂、1999年)
三井Ⅱ、Ⅲ	三井誠『刑事手続法Ⅱ、Ⅲ』(有斐閣、2003年、2004年)
光藤上、中	光藤景皎『口述刑事訴訟法上[第2版]、中』(成文堂、2000年、1992年)
被疑者取調べの法的規制	渡辺修『被疑者取調べの法的規制』(三省堂、1992年)
捜査と防御	渡辺修『捜査と防御』(三省堂、1995年)
刑事手続の最前線	渡辺修『刑事手続の最前線』(三省堂、1996年)
刑事裁判と防御	渡辺修『刑事裁判と防御』(日本評論社、1998年)

【注釈書】
刑弁コメ	小田中聰樹他(編)『刑事弁護コンメンタール1・刑事訴訟法』(現代人文社、1998年)
条解	松尾浩也(監修)『条解刑事訴訟法[第3版]』(弘文堂、2003年)
証拠法大系	熊谷弘他(編)『証拠法大系Ⅰ～Ⅳ』(日本評論社、1970年)
捜査法大系	熊谷弘他(編)『捜査法大系Ⅰ～Ⅲ』(日本評論社、1972年)
大コメ	藤永幸治他(編)『大コンメンタール刑事訴訟法　全8巻』(青林書院、1994年～2000年)
団藤・条解(上)	団藤重光『条解刑事訴訟法(上)』(弘文堂、1950年)
注解	平場安治他(編)『注解刑事訴訟法[全訂新版]上、中、下』(青林書院、1982年～1987年)
注釈	伊藤栄樹他(編)『注釈刑事訴訟法[新版]　全7巻』(立花書房、1996年～2000年)
ポケット	小野清一郎(編)『ポケット注釈全書・刑事訴訟法[新版]　上、下』(有

	斐閣、一九八六年)
法律実務講座・刑事編○巻	団藤重光(編)『法律実務講座・刑事編　第1～第12巻』(有斐閣、1953～1957年)
野木他・新刑事訴訟法概説	野木新一・宮下明義・横井大三『新刑事訴訟法概説[3版]』(立花書房、1949年)

【講座・演習・解説】

実務ノート	河村澄夫他(編)『刑事実務ノート1、2、3』(判例タイムズ社、1968年～1971年)
新実例	平野龍一・松尾浩也(編)『新実例刑事訴訟法Ⅰ、Ⅱ、Ⅲ』(青林書院、1998年)
新版令状基本問題	新関雅夫他『新版令状基本問題』(一粒社、1986年)
争点(旧版)	『刑事訴訟法の争点[旧版]』(有斐閣、1979年)
争点	松尾浩也・井上正仁編『刑事訴訟法の争点[新版]、[3版]』(有斐閣、1991、2002年)

【判例等】

百選[○]	別冊ジュリスト『刑事訴訟法判例百選[第1～第8版]』(有斐閣、1964年～2005年)
最判解[○○○○年]	最高裁判所調査官室編『最高裁判所判例解説刑事篇○○○○年度』(法曹会)

【判例集】

刑月	刑事裁判月報
裁集刑	最高裁判所裁判集(刑事)
高刑	高等裁判所刑事判例集
東高時報	東京高等裁判所判決時報
高検速報	高等裁判所刑事裁判速報集
判時	判例時報
判タ	判例タイムズ

【雑誌】

警論	警察学論集(警察大学校)
研修	研修(法務省法務総合研究所)
自正	自由と正義(日本弁護士連合会)
ジュリ	ジュリスト(有斐閣)
曹時	法曹時報(法曹会)
法協	法学協会雑誌(法学協会事務所)
法教	法学教室(有斐閣)
法時	法律時報(日本評論社)
法セ	法学セミナー(日本評論社)

第1部 防御──「包括的防御権」を考える

第1章　弁護人と押収拒否権

一　問題の所在——弁護人に対する捜索

1　弁護人たる弁護士の事務所に対して、依頼人を被疑者、受任している事件を被疑事実とする捜索・差押が許されるか[1]。

　これが本稿の課題である。最初に、実際にあったケースを要約して紹介する。愛媛弁護士会に所属する甲弁護士は、従前より貸金業を営む乙の民事事件の依頼等を受けていたが、2000年10月初め恐喝未遂事件で同人が逮捕されたので、その弁護人となった。起訴状によると、乙は、Aに貸付をし同人の不動産に抵当権設定を企図していたが、紹介者であるBが先にAの不動産に抵当権を設定したことを知り、これを譲渡させるため両名を脅迫したとされている。

　乙は、Aに貸し付けた全額について各別の借用書が存在すると弁解をした。被害者Aは、乙らから金銭を受領したことは認めたが、その一部は借り入れではなく、車の買い戻し代金等であると主張した。したがって、この金額相当分の借用書はないという。

　捜査機関も甲弁護人も、乙の業務関係の書類などを保管している丙に連絡をとり、右借用書の提出を促した。丙は、手元にないとの返答を繰り返していた。10月下旬、検察官は、恐喝未遂について起訴すると同時に、右貸付について、貸金業の規制等に関する法律違反として、乙他1名を逮捕した。甲弁護士は、この件についても弁護人となった。

　11月7日、捜査機関は、被疑者を乙とその共犯者、被疑事実を上記貸金業等規制法違反、捜索すべき場所を甲の弁護士事務所、自宅、甲所持の鞄、自動車とする捜索差押許可状によって各該当の場所で捜索を実施した。

　なお、以上の令状記載事項は、甲弁護士の手控えメモに基づく。一般に捜索差押許可状、同請求書謄本は、捜査機関に返却される（規141条）。起訴後も、検察官が証拠調べ請求をしない限り、証拠開示の対象にもならない（規97条は捜査手続には準用されない）。だから、本件令状が正確に如何なる内容か確認できず、差押えるべき物についても定かではない。ただ、次の捜査経緯がある。①

乙は、身体拘束中の取調べの際に、取調官の許可を得て丙に電話連絡をし、Aとの借用書を探して警察へ提出することを求めたが、丙は手元にないと答えた。②検察官と甲弁護士の電話によって、検察官から借用書の所在の確認と提出方を要請する働きかけがあった。甲弁護士は、丙に連絡して手元にあれば提出するように促した（但し、この点について丙は、後の公判廷では、甲から借用書は提出しないように促されたといい、双方の主張に食い違いがある）。したがって、差し押さえるべき物に借用書が掲記されていると推測される。

さて、捜査機関が令状執行を開始後、事務員の連絡を受けて甲弁護士が出先から事務所に戻っている。その段階では、事務所の捜索はほぼ終了していた。その後、自宅等の捜索がなされた。捜索の主たるターゲットと推測される借用書は発見されなかった。これは後に乙が保釈された後自己の自動車の中から自ら発見している。

2　刑訴法105条は、弁護士など一定の業務上知り得た他人の秘密について、押収を拒む権利を認めている。が、今まで本条の適用が争われる場面が表立つことがなかった。このため、法解釈、法運用ともに特に深められている訳ではない。以下本件を手がかりにして、弁護人たる弁護士の押収拒否権の範囲、内容、効果などについて検討したい。

二　押収拒否権の由来

1　本件捜索の当否を判断する材料を得るため、まず、法105条の由来について見ておく。同種の規定は、明治23年に制定された刑事訴訟法（明治刑訴）114条、125条にみられる。

同125条は、「医師、薬剤師、薬種商、産婆、弁護士、弁護人、公証人又ハ此等ノ職ニ在リシ者及ヒ宗教若クハ祷祀ノ職ニ在ル者又ハ此等ノ職ニ在リシ者其ノ業務上取扱ヒタルコトニ付キ知得タル事実ニシテ黙秘ス可キモノニ関スルトキ」には「証言ヲ拒ムコトヲ得」とし、証言拒否権を認めている。

そして、同114条は、「証言ヲ拒ムコトヲ得ル者ノ所持スル物件ニシテ其黙秘ス可キ義務アル事情ニ関スルモノハ其承諾アルニ非サレハ之ヲ差押ヘ及ヒ開披スルコトヲ得ス」と規定した。弁護士と弁護人について、証言拒否権を与えた理由については、「此種の営業者は当事者を代理し若くは当事者を補佐して訴訟を為す者なり此等の者をして陰秘を証言せしむるに於ては法律か此営業者を公認したる

趣旨に反して当事者の私益を害する甚きに至るへし」とされている[2]。

　ここには、いくつかの特徴がある。①弁護士の他に、弁護人が権利主体となっている。②差押のみならず「開披」行為も禁じている。③秘密の主体が同意した場合の効果を規定してない。

　右規定は、大正11年に制定された刑事訴訟法（大正刑訴）149条に引き継がれている。同条は、「医師、歯科医師、薬剤師、薬種商、産婆、弁護士、弁護人、弁理士、公証人、宗教若クハ祷祀ノ職ニ在ル者又ハ此等ノ職ニ在リタル者ハ業務上委託ヲ受ケタル為保管又ハ所持スル物ニシテ他人ノ秘密ニ関スルモノニ付差押ヲ拒ムコトヲ得但シ本人承諾シタルトキハ此限ニ在ラス」と定めている。立法の趣旨としては、本人の秘密の保護のためとする理解が一般である[3]。

　特徴としては、①押収拒否権の主体が拡大した（歯科医師、弁理士）。②拒否できるのは差押のみである。開披は除かれた。③差押拒否権を制約する事由として、秘密の主体が同意した場合が規定された。④本条と別に、軍事上秘密を要する場所では、その長などの承諾がなければ、捜索も押収も禁止されている（大正刑訴147条）。

2　新刑訴法策定の際、如何なる理由で現行法ができあがったのか、細部は不明である。ただ、立案過程をたどると、次の点を指摘できる。

　昭和21年策定の第1次案（総11）75条として次の案が策定された。「医師、歯科医師、薬剤師、医薬品販売業者、保健婦、助産婦、弁護士、弁護人、弁理士、公証人、宗教若しくは祷祀の職にある者又はこれらの職にあった者は、業務上委託を受けたため保管し、又は所持する物で他人の秘密に関するものについて、押収を拒むことができる。但し、本人が承諾したときは、この限りでない」[4]。①権利主体について、薬種商を医薬品販売業者、産婆を保健婦・助産婦と修正し、弁理士をあらたに加えている。②拒否できる内容を差押から押収に広げた。強制処分のみならず、任意提出・領置の請求に対してもこれを拒めることを明らかにする趣旨を含む。

　昭和21年9月策定の2次案149条も1次案と同一規定である。但し、「業務上委託を受けたため保管し、又は所持するもの」と表記され「物」があてられていない[5]。昭和21年10月ないし12月に策定された3次案145条では、業務主体の表記が「医師、歯科医師、薬剤師、薬種商、産婆、弁護士、弁護人、弁理士、公証人、宗教若しくは祷祀の職にある者又はこれらの職にあった者」と修正された。他は、1次案と同じである[6]。昭和22年3月策定の6次案157条もこれにな

らう[7]。

　総司令部に提出された9次案94条（昭和22年10月策定）は、次のように規定している。「医師、歯科医師、薬剤師、医薬品販売業者、助産婦、弁護士、弁護人、弁理士、公証人、宗教若しくは祷祀の職に在る者又はこれらの職に在った者は、業務上委託を受けたため保管し、又は所持する物で他人の秘密に関するものについては、押収を拒むことができる。但し、本人が承諾した場合は、この限りでない」。

3　現行法の骨格ができるのは、この9次案を前提にして、総司令部から提出されたいわゆるプロブレム・シートに基づく検討後と思われる[8]。プロブレムシート・問題40では、看護婦も主体に加えるべきこと、医療関係者に関しては、業務上得た秘密であっても人の特定のために利用する場合と、16歳以下の患者であって犯罪の被害者である場合には「刑事司法における国家の利益のため」守秘特権を修正すべきこと、秘密の主体が死亡したときには押収拒否ができなくなることなどの指摘がなされた。

　昭和23年5月に国会に提出された刑訴法改正法律案105条は、次のように定めている。「医師、歯科医師、助産婦、看護婦、弁護士、弁理士、公証人、宗教の職に在る者又はこれらの職に在った者は、業務上委託を受けたため、保管し、又は所持する物で他人の秘密に関するものについては、押収を拒むことができる。但し、本人が承諾した場合、押収の拒絶が被告人のためのみにする権利の濫用と認められる場合その他裁判所の規則で定める事由がある場合は、この限りでない」[9]。従前と比べて、①権利主体から弁護人が除かれ、②権利制限事由が拡大された。

4　第2回国会衆議院では、右規定に関する議論は特にない。他方、参議院の司法委員会では、「弁護人」削除の理由が問われた。宮下明義政府委員は、次のように説明した。

　「弁護士の職にある者或いはあつた者が、現行法通り存置してございまするので、多くの弁護人は、この弁護士によつて、本条によりまする押収拒否権というものを行使し得ると考えております。ただ弁護人を削りましたために、弁護士でなくして弁護人になるところのいわゆる特別弁護人が、この規定によつて押収拒否権を行使し得ない結果になる……が、被告人との特殊な関係を考慮して、弁護士では賄い得ない被告人の性格等の弁論、或いは特殊な術技を要しまする計

算関係等の弁論をいたすために、特別弁護人という制度があるわけでございますが、……弁護士と異なりまして、事務上或る者の委託を受けて物を保管しておるという場合は少いと考えますし、又特殊な関係にある者が、この条文によって押収拒否権を行使するということは如何なものかという考慮をいたしました結果、弁護人を削った」と説明する[10]。

次に、参議院司法委員会で審議中に、「法律案正誤表」の形で実質上の修正がなされているが、その際本条について、但書に括弧書き、「被告人が本人である場合を除く」が付加された（その説明については後述四3参照）。この他、参議院では薬剤師を付け加えるべきとする修正案が可決されたが、これは衆議院で否決された。かくして現行法が成立することになった[11]。

三　押収拒否権の目的

1　以上のようにして制定された押収拒否権の意義、目的ないし保護法益について、条文解釈を通じて検討する。

第1に、押収を拒むことが「できる」とする文理は何を意味するか。

押収拒否権の主体は、弁護士である。が、押収拒否を「しなければならない」とは規定していない。本法に関しては押収拒否の義務はない（弁護士倫理としての守秘義務はある）。情報の開示を業務者本人の裁量に委ねている。業務者が処分可能な利益を保護の対象としていることを意味する。それは、弁護士たる業務の信用性一般になる。実質的にも、弁護士は、秘密保護に関する市民の信頼を得てはじめて職務を円滑に遂行できるので、かかる業務の利益を保護する必要がある。文理上も実質上も、弁護士としての業務の信用性保護が権利の目的に入る[12]。

2　第2に、但書によると、本人が承諾した場合、弁護士は押収拒否ができないが、これは何を意味するか。

まず、本人とは、秘密の実質的な主体をいう。委託者と秘密の主体がずれる場合、委託者が秘密として扱うことを求めている限度で委託者本人の秘密と扱えば足りる。

但書の効果として、ある弁護士が業務への社会的信頼を保つために押収を拒むことをポリシーとしていたとしても、秘密の主体である本人が同意したとき、その物に関する限り、押収拒否権自体が消滅する。この限度では、部分的に自己

の情報のコントロールの利益を本人に認めて、その利益を保護している。

ところで、従前、本人個人の秘密保護を含まないとする理由として、「その物を委任者本人が所持・保管するときは押収を拒むことができない」ことが指摘されている[13]。しかし、押収拒否権の意義は、弁護士と依頼者とのコミュニケーションに基づく情報の保護にある。コミュニケーションの対象になっていない情報自体が押収の対象になることは、本条の本人保護の趣旨に反しない。実際上、市民が弁護士のサービスを十分に受けるためには自己のプライバシーを開示する必要がある。それには、市民が弁護士の守秘義務を信頼していることが必要である。刑事司法の介入からも個々人の秘密性を守ることは、国の法制度全体のバランス上も適切である。

かくして、本人が承諾しない限りでは、弁護士は押収を拒むことが期待されているから、本人の秘密情報の保護も本条の目的から除外はできない（本人の秘密保護）。現に、刑事訴訟法策定に関与した法務省関係者は、「人の秘密の正当なる保護と業務の保護との点にその合理性が認められるべきもの」とする[14]。

3　第3に、押収の拒否が被告人のためだけにする場合を権利濫用とする趣旨はなにか。

この点について、例えば、「被告人を有罪としないためにのみ、本人と医師等が意思を通じて特に証拠物を秘密とし、これについて押収拒絶権が行使される場合」が指摘されている[15]。これは、社会が弁護士と情報等を委託する者が結託して、刑事手続における真実発見の利益を損なうことを許さない趣旨を含む。社会が押収拒否を正当と判断する限度で権利を認めるべきことを意味する。つまり、本条には業務の社会的信頼保護の趣旨を読みとることができる。ある説は、「秘密を委託された者が濫りにこれを洩らすならば、社会人は不安に感じ、秘密を委託しなくなり、これらの社会的に重要な業務が十分に行われなくなる」とする[16]。

4　第4に、但書の括弧書によって、当該事件の弁護人でない弁護士であっても、事件の被疑者・被告人の秘密であれば、押収を拒めるが、その理由は何か。

さしあたり、3つの根拠を指摘できる。まず、弁護士一般が当該事件の弁護人となることがありうる抽象的・制度的な可能性がある。したがって、そうした情報については、弁護士一般が一律に押収を拒めることとすることで、弁護人になることのある弁護士たる業務自体の保護を図る必要がある。次に、そうした業務に

対する社会の信頼性を保護することを狙ったものでもある。最後に、情報の委託者としての被疑者・被告人本人の保護の意味もある。つまり、但書・括弧書きは、三つの利益が集約ないし凝縮されたものとみるべきである[17]。

5　結局、本条の押収拒否権をひとつの法利益ないし法政策のみ保障するものと解釈すべきではない。権利は総合的・包括的な諸利益の保障を目的としているとみるべきであろう。

　ただ、その場合にも、被疑者・被告人と弁護人との防御上の秘密保護の目的を含める解釈はあまりない。そこで、以下、本件捜索の個別的な論点を検討しつつ、一般論として「防御権としての押収拒否権」を認めることができるか否かさらに考察したい。

四　本件捜索の問題点と「防御の守秘性」保護

1　本件借用書が、仮に弁護人の事務所に所在していた場合、本条にいう「秘密」に該当するか。
　当初の恐喝未遂事件の弁護人としての活動等を通じて、本人または第三者から事件に関連する資料として入手していれば、「業務上」の委託または保管・所持に該当する。
　次に、秘密に関するか否かが問題になる。この点について、客観的一般的に秘匿の利益を伴うものに限るべきであるとする説も有力である[18]。しかし、「客観的または主観的に秘密であること」と解するべきであろう[19]。弁護士と依頼人が秘匿を前提にして授受する物は、社会的に秘匿の利益があるか否かに拘わらず、かかる業務に基づいて授受された情報である点に注目して、押収拒否の対象にすべきであろう。そうでなければ、本条の目的を達成することはできない。
　もっとも、本件借用書は、両説どちらであれ、以下の理由で秘密に該当する。本契約の犯罪性の有無を除外しても、金銭貸借関係は関係者のプライバシーに属する事項であって、通常、特段の事情がない限り、本人も秘匿の意思を有すると解することができる。これを秘匿する利益を社会一般も承認する性質のものである。

2　本件では、被告人は捜査段階の取調べで捜査機関に借用書を提出する意向を示していたし、後の公判における被告人質問でも弁護人との接見の際、甲弁

護士に「借用書を預かったら早急に出して欲しいと言っていました」と述べている。さらに、弁護士会の調査では、検事の被疑者取調べの際に、検事から甲弁護人に架電して、借用証の提出を依頼している。さらに被疑者本人も電話にでて同趣旨の依頼をしたという。したがって、本件借用書について、本人の同意があるから、法105条の押収拒否権は消滅しているのではないか。

これを肯定する立場もありえる。一般に、但書の権利濫用の該当性は、起訴後の押収であれば裁判所が判断すべき事由である[20]。起訴前の押収であれば捜査機関が判断すべき事由となろう。同じく、同意についても、捜査機関があらかじめこれを得ておけば、弁護士が押収を拒む権利自体が消滅すると解すべきことになる。本件では、被疑者取調べ段階で被疑者が借用書提出の意思を表示していることを捜査機関が確認しているから、これを押収するために捜索差押許可状を執行することにはなんら問題がないことになる。

もっとも、本法制定過程で連合軍から呈示されたプロブレム・シート40問では、権利濫用の場合と患者などが死亡した場合には押収拒否権を制限する条項を盛り込むべきことを摘示しているが、その際に、「歯科医師、医師、助産婦、弁護士、宗教職及び看護婦は、患者、依頼者、その他秘密を打ち明けたものの同意を得てその秘密をもらす事を許容される」ことを前提にしていた[21]。同意の受け手は、押収拒否権者を想定している。押収拒否権の趣旨に照らしても、同意の存否は、権利の主体である弁護士が防御の必要などに照らして慎重に判断すべきことであろう。

本件で、取調室からの架電を被疑者の真意と見ず、接見時の意向も弁護人としてはまだ固まっていないと判断したとしても不当とはいえない。本件捜索時に、被疑者本人の承諾によって押収拒否権が消滅した状態にあったとはいえない。

3　本件捜索差押許可状は、法105条の秘密にあたるものを対象とするが、かかる令状による捜索は適法か。

捜索は適法に行えるともいえる[22]。次の理由が考えられようか。

①沿革に照らしても、明治刑訴114条は、秘密にすべきものについて開披と差押を禁じ、大正刑訴147条は、軍事上の秘密を要する場所での捜索と押収を禁止していた。現行法は、かかる条文を欠く。したがって、弁護士の業務上の秘密について差押はできないが、弁護士事務所の捜索を禁ずるものではない。②実際上、法律事務所などに所在するものがすべて押収拒否権の対象になるわけでもない。差押を要する物が秘密に属するか否かは、捜査機関がその責任でこ

れを特定した上で押収拒否権者に押収拒否をするかどうか判断する機会を与えればよい。③法105条は、いくつかの職業をセレクトして特別に押収拒否の利益を与えたのであって法政策上の権利にとどまる。他方、証拠を確保し真実を解明する必要性は高い。押収拒否権者に包括的に捜索を拒む権利まで明文もなく与えるべきでない。

だが、捜索自体が違法とみるべきだ。次の理由による。

①押収拒否権の目的は、秘密性の保護にある。捜索の過程で内容が事実上捜査機関の知るところとなれば、右権利を保障する意味がない。②秘密性の判断権は弁護士にある以上、令状記載の差押えるべき物が秘密に属すると申し立てた場合、捜査機関はこれを尊重すべきである。③一般に、押収拒否権は、憲法22条1項が保障する職業選択の自由と同13条に内在する個人のプライバシーの権利を尊重するため認められている権利であって、憲法の趣旨に由来する重みがある。

4　では、さらに捜索差押許可状の発付自体は適法か。

次の点を考慮すれば、適法説も考えられる。①法102条2項、法222条1項による令状の請求にあたり、弁護士事務所等押収拒否権者に関連する場所かどうか疎明することは求められていない。②また、裁判官として差押物が秘密に属するかどうか判断することは事実上困難である。③条文上も郵便物・電信に関する書類について被疑事実との関連性の疎明がなければ令状を出せないと定めているが（規則156条2項）、他に押収拒否権の対象となる物か否かの点検は求めていない。証拠としての関連性と必要性および一般的な相当性が認められれば、令状発付は適法とみざるをえない[23]。

ただ、本件捜索差押許可状発付についてはやはり疑義がある。裁判官が、押収拒否がなされると見込まれる相当の事情があることを認識できる場合、捜索差押許可状の発付自体が違法・無効と解すべきではないか。規則156条3項は、令状請求にあたり捜査機関は「差し押さえるべき物の存在を認めるに足りる状況があることを認めるべき資料を提供しなければならない」と定め、法102条2項は「押収すべき物の存在を認めるに足りる状況のある場合」に令状発付を認める。

本件では、捜査機関は捜索場所が弁護士の事務所または自宅であることを熟知しながら、令状を請求した。しかも、差押えるべき物が当該被疑事件の弁護に関連するものであって、弁護人たる弁護士が押収を拒否することが十分に予測できる場合でもあった。この場合、令状請求にあたり、右事情も疎明しなければ

ならない。さもなければ、裁判官は「押収すべき物」かどうか適切に判断できない。本件令状審査がどのような疎明資料によるものか定かではないが、上記事情を容易に裁判官に疎明できた以上、客観的には、少なくとも借用書に関する限度で、本件捜索差押許可状発付自体が違法無効である。

5　以上のように解釈しても、現行法の文理を尊重するとすれば、弁護人が弁護活動上入手した秘密であっても捜査機関による捜索を免れないと読まざるを得ないが、問題はないか。

　この点で、法105条但書の意味について、例えば、「被告人、被疑者自身が、自らのため証拠隠滅をする場合と類似しており、やむを得ない行為と考えられる」と説明されている[24]。したがって、被疑者・被告人が弁護士に証拠物などを預けると常に押収を拒めることになるので、立法論として不当とする指摘もなされている[25]。

　確かに、刑法上犯人自身の罪証隠滅を処罰しないのは責任非難の面からやむを得ない。しかし、これを根拠に、被疑者・被告人が弁護士に情報を提供したとき、弁護士がその押収を拒むことを刑事訴訟法上積極的に押収拒否権として再構成しているとは解しにくい。むしろ、以下の点を再考すれば、本条の立法の背景に被疑者・被告人の防御のための押収拒否権を読みとることができないか。

　第1。明治刑訴、大正刑訴では弁護人も押収拒否権の主体であった。実際の運用はさておき、これは当該事件における被疑者・被告人と弁護人との防御に関するコミュニケーションの秘密性を保護する役割を果たしえたものである。現行法が弁護人を除外することで、ことさら弁護人としての押収拒否権を排除した趣旨は読みとれない。

　第2。確かに、立法の経緯をみると、当初「弁護士、弁護人」がともに押収拒否権の主体として掲げられていたのに、9次案とプロブレムシートに基づく協議を経た後、弁護人は主体から除外された。しかし、参議院司法委員会で括弧書きで「被告人が本人である場合を除く」が付加された点について、宮下明義政府委員は、次のように説明した。「この意味は、被告人が本人でありまして、その被告人が例えば弁護士に犯罪事実に関するいろいろな証拠書類、証拠物等を預けている場合も、この但書のままにいたしておきますと、押収拒否権がなくなるという解釈が出て参りますので、それは如何にも不当であると、被告人が本人自身である場合にはこの但書の適用はなく、原則に帰って、その弁護士は本人のため、言い換えますれば被告人のために押収を拒否できるというふうに改めたわけ

でございます」とする[26]。この説明をみると、括弧書きは被疑者・被告人と弁護人の防御の秘密を保護する趣旨と読む余地が残る。

　第3。学説上も、秘密の主体としての秘密保持の利益と被疑者・被告人としての有罪とされない利益が混在しているとの指摘がある[27]。端的に、本条の解釈として、「弁護士は単に弁護士の業務の保護だけでなく、被告人の利益の正当な保護者であるとの意味もある」との指摘もある[28]。

　もともと被疑者・被告人が有する弁護人依頼権（憲法34条、37条3項）には防御の秘密の保護が含まれている。被疑者・被告人が適切な防御を尽くすには、弁護人から十分な法的助言を得て、適切な弁護を依頼できる状態の確保が必要である。それには、被疑者・被告人と弁護人のコミュニケーションのプロセス自体が捜査機関から秘密を保障されているだけではなく、それぞれが授受した情報も秘密を保障されなければならない。被疑者・被告人たる地位に伴う包括的防御権の原理もこれを求める[29]。現に、刑訴法39条1項は、「身体の拘束を受けている被疑者又は被告人は、弁護人……と立会人なくして接見し、又は書類若しくは物の授受をすることができる」と定める。これは、防御のためのコミュニケーションのプロセス自体の秘密を保障するものだ。ただ、秘密性の保障は、これに尽きるものではない。身体の拘束を受けていない被疑者・被告人と弁護人との接見、書類・物の授受に関しては、当然に秘密性が保障されなければならない。これと同じく、法105条の押収拒否権も、部分的ではあっても被疑者と弁護人との双方向のコミュニケーションの秘密性保護の趣旨も含むとみるべきである。従って、形式的には法105条に反していなくとも、個別の捜索行為が憲法上予定する防御の秘密保護の趣旨を損なう違憲・無効なものとなることはありえる[30]。

6　以上を前提にした場合、本件捜索の違法性の重みをどうみるべきか。
　第1に、本件捜索によって、法律事務所に所在する他の事件に関する秘密が明らかにされるのを防げない。個人の秘密の保護が侵害される。そして、捜査機関が捜索の対象とする弁護士に対して、市民の間に不信感が広まり、当該弁護士に仕事を依頼することをためらう「冷却効果」を生じる。のみならず、一般的・抽象的にも弁護士業務に対する秘密性への不安と懸念を市民一般が抱く。冷却効果については、測定は不可能だが、規範的にみてこれらがないとはいえない。この結果、弁護士業務の信用性も、業務の社会的信頼性の保護の側面も損なわれる。
　第2に、本件では、捜査機関自ら弁護士事務所と弁護士の自宅などを弁護士

が不在のままくまなく捜索しなければならない必要性・緊急性までは見いだしがたい。しかも、捜索差押許可状ではなく、差押許可状を発して弁護士にこれを示し、該当の借用書の所在の有無を明らかにさせ、押収拒否権を行使するか否か判断させれば足りた。証拠保全の方法として、より侵害性の少ない手段を採る余地があったにも拘わらず、捜査機関が過剰に強制捜査の権限を行使し、弁護人たる弁護士の事務所を捜索したこと自体不当である。法197条、憲法35条、憲法31条に内在する捜査比例の原則に反する。

第3に、本件借用書は、仮に、弁護士事務所に所在したとしても、防御に関する情報のやりとりの一内容として弁護人に託されている可能性が高い。また、当該事件に関する他のメモ、覚書その他の資料と同一ファイルに編綴されている可能性もある。捜査機関は、捜索によって事実上これらの内容を知ることができる。これは、憲法34条、37条が保障する防御に関する情報の守秘性を侵害する。

こうして、本件捜索は、職業の自由に由来する情報の秘密性を侵害するだけでなく、弁護人依頼権と被疑者・被告人の包括的防御権に由来する情報の秘密性を侵害している点で重大な憲法違反とみるべきである。

五　まとめ——立法論について

1　現行法は、弁護人たる弁護士の押収拒否権を保障する手続としては不十分な面があるが、立法論として、どのようなものが考えられるか[31]。

第1に、カリフォルニア州では、犯罪の嫌疑を受けていない弁護士事務所については次のような特別手続によらない限り捜索差押許可状の発付を禁じている。法律事務所に対する捜索差押許可状の執行にあたり、同州弁護士会所属の弁護士を特別執行官（Special Master）に任命し、特別執行官が令状執行の責務を負担するものである。特別執行官は、捜索すべき場所を管理する弁護士に令状を示した上、差押えるべき物の提出を求め、これに従わないときにはじめて捜索を行うことができる。弁護士が守秘特権で保護されていると主張する書類などはいったん封緘した上で特別執行官が裁判所に提出する。裁判所は、弁護士と捜査機関を両当事者として提出にかかる書類が守秘特権で保護されるべき性質のものか否か審査する。その際、裁判所のみが書類を閲覧できる[32]。

第2に、カナダでは、令状執行に立会した弁護士は捜査機関が差押などしようとする書類が守秘特権で保護されるべきものであると主張することができ、その場合には捜査機関は内容を点検することなく封緘の上裁判官に提出しなければな

らない。その後弁護士は、当該書類を捜査機関に開示できるものかどうか裁判官の判定を求める訴えを申し立てることができることになっている。裁判官は書類を点検のうえ、守秘特権で保護されており証拠としての許容性がないかどうか決定することになっている[33]。

第3に、イギリスでは、「警察官が裁判官に捜索差押許可状の発付を請求することができるが、裁判官は、(a)逮捕を行うことのできる重大な犯罪が行われたこと、(b)請求書に特定された場所に犯罪捜査上相当の価値のある(それ自体または他の物と総合した場合に)可能性が高い物が所在していること、(c)その物が証拠としても関連性が高い可能性があること、(d)それが、法上秘密特権(legal privilege)が及ぶ物、押収除外物、特別手続対象物で構成されておらず、またはこれらを含まないことを信ずるに足りる合理的な理由があると判断した場合、警察官が当該の場所に入り捜索する権限を与える令状を発することができる」[34]。逆にいえば、法上秘密保護が及ぶ物については、捜索・差押はできないので、令状発付そのものができない[35]。「法上秘密特権が及ぶ物」とは、「(a)法的助言を与える業務を行う者とその依頼人または依頼人を代理する者が依頼人に法的助言を与えることに関連して行うコミュニケーションの内容、(b)法的助言を与える業務を行う者とその依頼人または依頼人を代理する者、かかる助言者とその依頼人もしくはその代理人とその他の者の間で取り交わされるコミュニケーションであって、法的手続に関連しまたはこれを計画する際に、そうした手続を目的としてなされたコミュニケーション、(c)上記のコミュニケーションに含まれ、または言及された事項」をいう[36]。

2 以上を参考にした上で、現行法は改革を要する。

まず、提出命令に関する解釈を再考すべきだ。裁判所による提出命令は、捜査段階に準用されているにも拘わらず(法99条2項、222条1項)、解釈上、第1回公判期日後にならなければ権限発動はできないとするのが定説である[37]。右解釈の背景は、捜査段階で裁判官が発すべき提出命令の内容、執行方法に関する規定がないこと、実質的には捜査段階の捜索・差押・検証など物に関連する証拠保全は捜査機関の権限であって令状はその抑制のための許可状であること、裁判官が証拠収集を命ずる権限を持つことは捜査を糾問的なものにすること等であろう[38]。

しかし、憲法35条は、比例性の原理を内在的に含む。弁護士事務所捜索・差押に関して、証拠保全の迅速性・効率性を害することなく、侵害性がより少な

い方法を選ぶべきだ。本件借用書の証拠保全の必要性は高かったが、弁護士事務所に所在する防御上の秘密を保護する憲法上の必要性も無視できない。なのに、上記定説に従うと、法律事務所に対しては、捜査機関による捜索差押許可状または差押許可状を発する運用を許さざるを得なくなる。これに比べ、提出命令は、証拠保全の目的の実現と押収拒否権の尊重を適切に調整できる。そこで、現に法222条1項が99条の1項だけではなく、2項も含めて包括的に捜査段階に準用する以上、裁判官は、差押許可状の手続に準じて提出命令を発することができると解すべきだ。証拠保全の手続について裁判官の権限を命令とみるべきか許可に留めるかは、処分の性質に照らして市民の権利ないし利益の保護の要否との関連で判断すべきことである。命令であれば、捜査が糺問主義に染まるものでもあるまい。もっとも、立法上裁判官が捜査段階で提出命令を発することができる旨明示すべきであろう。

次に、押収拒否権を保障し、情報の拡散を防ぐためには、法105条の規定する者の保管等する物の保全は、緊急の場合を除き、提出命令を優先させる必要がある。また、提出先は裁判官とし、弁護人等の不服申立の機会を保障する必要がある。これらは、立法で補う必要がある。その骨子は以下のようになる。

「①検察官、検察事務官または司法警察職員（以下、捜査機関）は、法105条に定める者（以下、押収拒否権者）が業務上委託を受けたため、保管し、または所持する物を押収するには、裁判官の発する令状により、その物の提出を命じなければならない。ただし、捜索および差押によらなければその物が毀損または隠滅されると疑うに足りる相当の理由がある場合を除く。

②提出命令については、差押状に関する規定を準用する。ただし、113条を除く。

③押収拒否権者が業務上の秘密にあたる旨申し立てた場合、捜査機関はその物を仮に押収した上、封緘して裁判官に提出しなければならない。裁判官は、捜査機関及び押収拒否権者の意見を聴き、押収するか否かを決定しなければならない。押収の決定がなされるまで、捜査機関は仮押収物の閲覧および謄写はできない。」

[1] 事件については、愛媛新聞2001年1月24日朝刊参照。他に、弁護人たる弁護士の事務所が捜索を受けた事例として、東京佐川急便事件政界ルートに関連して、すでに会社に対して過剰融資などで損害を与えたとして特別背任罪で起訴されていた同社元社長の主任弁護人の事務所が捜索されている（産経新聞1992年9月7日）。また、少年が道交法違反罪に関してアリバイビデオを偽造して提出し保護処分取消しを

受けた事件との関連で、ビデオを押収するため捜査機関が捜索差押許可状を得た上
　　　付添人の事務所で執行を試みた事例もある（北海道新聞1998年4月30日〔夕刊〕）。
[2]　　井上操『日本刑事訴訟法述義（上中下）』（1890～1891年）530頁。
[3]　　例えば、矢追秀作『刑事訴訟法要義』（1935年）271頁、平井彦三郎『刑訴法要綱』
　　　（1932年）265頁。
[4]　　法協93巻4号（1976年）162頁。
[5]　　法協95巻8号（1978年）109頁。
[6]　　法協95巻9号（1978年）143頁。
[7]　　法協95巻12号（1978年）68頁。
[8]　　座談会「刑訴法の制定過程」ジュリ551号（1974年）49頁以下参照。
[9]　　第2回国会衆議院・司法委員会議録第22号（1948年5月28日）。
[10]　　第2回国会参議院・司法委員会41号（1948年6月15日）。
[11]　　立法の経緯の概観として、『法務資料・刑事訴訟法二十年のあゆみ』（1971年）1
　　　頁以下参照。
[12]　　団藤・条解（上）209頁、瀧川幸辰他『刑事訴訟法』（日本評論社、1950年）144
　　　頁、法律実務講座・刑事篇2巻318頁〔足立進〕、河上・捜索差押73頁、ポケット（上）
　　　251頁、新版令状基本問題620頁〔木谷明〕。
[13]　　団藤・同上209頁、瀧川幸辰他・同上144頁
[14]　　野木新一他『新刑事訴訟法概説』（立花書房、1948年）78頁。本条の目的を個人
　　　の秘密と業務の保護に求めるものとして、他に、田宮編340頁〔萩原昌三郎〕、安西
　　　（上）234頁。
[15]　　ポケット（上）253頁。
[16]　　平野114頁。また、ポケット（上）252頁は、「単なる業務自体の保護を目的とするも
　　　のでもなく、単に個人の秘密を保護することを目的とするものでもない」とする。同旨、
　　　伊藤栄樹『刑事訴訟法の実際問題』（立花書房、1984年）275頁、注解（上）347頁〔高
　　　田卓爾〕、大コメ（2）306頁〔渡辺咲子〕、松尾74頁、光藤160頁。
　　　　なお、本条の目的を、業務の秘密性保護とこれに対する社会的信頼の両者とする
　　　説として、捜査法大系Ⅲ143頁〔沼尻芳孝〕、田宮裕『注釈刑訴法』（1980年）128頁、
　　　刑弁コメ89頁〔福井厚〕、基本法コメ97頁〔田口守一〕、注釈（2）172頁〔藤永幸治〕。
[17]　　青柳文雄『刑事訴訟法通論（上）』（立花書房、1976年）590頁は、「この規定は委
　　　託者等の保護でもあり、業務の保護たる面がある」と同時に神父は宗教上の義務とし
　　　て本人が承諾していても証拠提出を拒むこともありうるとし、業務の種類に応じて多
　　　様な根拠を併せ持つとする。
[18]　　さしあたり、大コメ（2）307頁〔渡辺咲子〕、注釈（2）173頁〔藤永幸治〕。
[19]　　さしあたり、注解（上）348頁〔高田卓爾〕。
[20]　　例えば、条解175頁、注釈（2）173頁〔藤永幸治〕。
[21]　　刑法雑誌3巻3号（1953年）28頁参照。
[22]　　さしあたり、田宮編340頁〔萩原昌三郎〕。
[23]　　ポケット（上）250頁、高田卓爾『刑事訴訟法』（青林書院、二訂版、1984年）175
　　　頁。
[24]　　河上・捜索差押74頁。

[25]　さしあたり、前掲・注解（上）349頁。
[26]　参議院第2回国会・司法委員会49号・1948年6月28日。
[27]　条解176頁。
[28]　青柳文雄『刑事訴訟法通論（上）』（立花書房、1976年）589頁。刑弁コメ90頁は、弁護士・弁護人については弁護士法23条、弁護士倫理20条、刑法134条1項を根拠に押収拒否が義務づけられるとする。
[29]　アメリカでは、弁護士が依頼人との間で授受する情報はコモン・ロー上の権利に留まる。See, generally, L. B. Orfield, Crim. Proc. under Fed Rule §26: 519 ff. (1966); Wharton's Criminal Evidence, §556 ff. (1973). 権利の効果の詳細は各州法で規定されている。See, ex., CAL.Evidence Code §952 & §954 (2001). Cf., Note, The Attorney-Client Privilege: Fixed Rules, Balancing, and Constitutional Entitlement.
　しかし、弁護人と被疑者・被告人の授受する情報に対する捜索・差押えがなされ、その情報が公判廷で被告人の不利に利用された場合には、被告人の憲法上の弁護人依頼権の侵害が認められる。See,United States v. Neill, 952 F. Supp. 834, 840 (D.D.C. 1997) (但し、当該事件では、捜査機関が「防塵チーム（taint team）」を作り、弁護士たる被疑者宅から押収した書類が守秘特権の対象になるかならないか点検する検察官と、事件の捜査・起訴を担当する検察官を分け、後者には前者が取得した情報を提供しないようにしていたので、憲法上の権利侵害はなく、公訴棄却を要しないとする）。Cf. Weatherford v. Bursey, 429 U. S. 545 (1976)（一般論として捜査協力者が被疑者・被告人と弁護人との防御の方針などに関する協議を盗み聞きしそれが公判廷で検察官側により利用された場合には修正六条の弁護人依頼権侵害を認める）。See, also, United States v. Kelly, 790 F. 2d 130 (D. C., 1986); United States v. Noriega, 764 F. Supp. 1480 (S. D. Fla., 1991); United States v. Hsia, 81 F. Supp. 2d 7 (D. C., 2000).
　学説上も、「守秘特権によって、裁判所は特権の保持者に秘密の情報の授受を開示するよう強制することはできなくなる。さらに、修正6条によって、政府は強制処分によっては保全できない防御の準備に関する情報を得るために防御側陣地に侵入すること自体が禁じられる」とし、弁護人たる弁護士と被疑者・被告人の情報の授受を憲法上保護すべきであるとする説がある。See, Note, Government Intrusions into The Defense Camp: Undermring the Right to Counsel, 97 Harv. Law. Rev. 1143, 1146 (1984).
[30]　捜査と防御306頁。
[31]　弁護士が被疑者である場合にはその事務所が捜索される事例は従来から散見される。90年代では、以下の事件で、弁護士を被疑者として事務所などの捜索がなされている。土地売却に関連して依頼人の預託金を横領した事件（毎日新聞1991年11月26日〔夕刊〕）、山口組元顧問弁護士の恐喝未遂事件（毎日新聞1991年2月23日〔夕刊〕）、地産による加商株買い占め事件に関連する弁護士法違反事件（読売新聞〔東京版〕1991年7月9日）、土地取引代金の横領疑惑に関連する事件（西日本新聞1992年7月19日）、破産管財人に対する使途不明金に関連した公文書偽造容疑事件（読売新聞〔西部版〕1992年12月12日）、15億円にのぼる脱税関与容疑事件（読売新聞〔東

京版〕1994年9月14日)、依頼人の預けた不動産売却代金24億円の横領事件(読売新聞〔東京版〕1996年10月16日)、1995年に起きた東燃川崎工場ガス漏れ事故遺族補償金の横領事件(朝日新聞1996年11月7日)、ゴミ処理機械の輸入販売会社設立をめぐるパテント料代金の詐欺事件(読売新聞〔東京版〕1997年12月4日)、管理遺産を無断で担保に入れて融資をうけた業務上横領事件(読売新聞〔東京版〕1999年10月19日)、許永中被告人の逃亡を助けた犯人隠避事件(日本経済新聞2000年2月10日)、許永中被告人と共謀して石橋産業から巨額の約束手形を株取引に絡んでだまし取った詐欺事件(朝日新聞2000年3月8日)、元地検次席検事である弁護士による会社恐喝事件(読売新聞2000年8月18日)等。消費者金融に関する整理屋からの多重債務者紹介を受けた弁護士法違反事件では複数の弁護士の事務所が捜索を受けている(朝日新聞1996年6月23日、産経新聞1999年11月14日、朝日新聞2000年4月20日)。第三者としての捜索と思われるものとして、山口敏夫元労働大臣の親族・秘書らによる不正融資事件に関連する顧問弁護士の事務所などの捜索(産経新聞1990語年11月9日)。時代を遡ると、法律事務所に対する捜索事例はかなりの数にのぼると思われる。なお、本件と別に、愛媛弁護士会所属の弁護士に対する、交通事故の損害賠償金交渉で加害者から振り込まれた賠償金に関する業務上横領容疑による法律事務所の捜索が2001年2月6日に行われている(愛媛新聞2001年3月7日)。

　以上の場合、形式的には法105条の押収拒否権が排除されるわけではない。実際にも、当該被疑事実に関する証拠はさておき、事務所に所在する他の事件のファイルなどが捜索にさらされるのは避けるべきだ。が、現行法は他事件のファイルの秘密を保護する手続を定めていない。

[32]　CAL. Penal. Code §1524 (c).

　バージニア州でも、法律事務所に対する捜索差押許可状を執行して書類など押収した場合、押収物は裁判官書記官が目録を作成し、裁判官の責任ですべて封印をした上で、裁判官が当該の弁護士の立会のもとに、守秘特権が及ぶものか否か点検する手続を行なうこととなっている(Va. Code Ann. §19.2-56.1 (2000))。

　他方、マサチューセッツ州では(Mass. Ann. Laws ch. 276, §1 (2000))、捜索差押許可状によらなければ目的の証拠物が隠滅、破損されると疑うに足りる相当の理由がある場合でなければ、法律事務所に対して右令状を発付することはできないと定め、原則として提出命令によることが予定されている。

　ミネソタ州最高裁も同旨の「提出命令優先主義」を是認する(O'Connor v. Johnson, 287N. W. 2d400 (Minn.1979))。酒類販売業許可申請にあたり虚偽の商業帳簿などを提出した疑いのある依頼人を弁護する弁護士事務所を対象とする捜索差押許可状の発付自体を、弁護士・依頼人の守秘特権侵害、弁護士の「ワークプロダクト」守秘権の侵害、そして弁護人依頼権侵害になるとした。法執行の効率性の利益はこれらの利益に優位せず、したがって、かかる令状自体が不合理、違法・違憲と判断するものである。理由は以下の通りである。差し押さえるべき物の記述について特定性の要件を充足していても、捜査機関は事務所の書類などをくまなく捜索することができる。その過程で守秘特権で保護されるべき情報にふれることになるとする。むしろ、提出命令によって書類の保全を行うべきであるとする。何故なら、弁護士はかかる裁判所の命令を遵守すべき法的義務を負うからである。

他方、アメリカ連邦法違反の犯罪については、連邦捜査局（FBI）など連邦の各捜査機関が捜査を行う。被疑者の弁護人ないし被疑事実と関わりのない弁護士が当該事件に関する証拠を保管している場合、伝統的には、大陪審の捜査手続を開始し、裁判所に提出命令を請求してこれを得て、執行する方法がとられてきた。しかし、70年代以降、弁護士が被疑者である場合は当然であるが、第三者たる弁護士の事務所について捜索差押許可状を得てこれを執行して証拠を収集する実務が拡大してきた。

そこで、連邦議会は、1980年にプライバシー保護法を制定して、弁護士・依頼人間など守秘特権が及ぶ情報に関わる捜索差押については特別の考慮を要する旨の概括的な指針を示す法律を制定した（42 USCS §2000aa (2000)）。この法律は、一方では、特にやむを得ない場合を除いて捜索差押を避けることを求めるものであった。だが、他方で、文言が概括的である上、特に加重要件を求めるものでもなく、また犯罪の嫌疑のある場合を除くものであった。このため、運用に対して特に厳格な規制を及ぼすものとはなっていない。

司法省は、判例・立法の動向を踏まえて、1988年に被疑者以外の者が保管する書類等の保全方法に関する指針を策定している。ここでも、当該書類の隠匿・毀損を招くおそれがかなり高い場合を除き、捜索・差押よりも侵害性の少ない手段を優先する旨定めている（U. S. Attorneys' Manual §9-2.161(a) (1988), Guidlines on Methods of Obtaining Documentary Materials Held by Third Parties, 28C.F.R. §§59.1-59.6 (1995)）。しかし、実際には、法律事務所を対象とする捜索差押許可状の執行が少なからず行われている。

以上について、以下の文献参照。Bloom, The Law Office Search, 69 GEO. L. J. 1 (1980); Weunberg & Homan, Challenging The Law Office Search, 20 CHAMPION 10 (1996); Enright, The Department of Justice Guidlenes to Law Office Searches, 43 Wayne L. Rev. 1855 (1977).

以下の判例をみると、裁判所の裁量または捜査機関の裁量により、捜査の利益と弁護士・依頼人間の守秘情報保護のバランスを図るために令状手続上様々な工夫をしていることが伺える。

United States v. Noriega, 764 F. Supp. 1480 (S. D. Fla. 1991)では、捜査機関内部で、押収した書類が守秘特権の保護対象にあたるか否か点検する「防塵チーム」を設け（上記注［29］参照）、事件自体の捜査・起訴にあたる検察官に取得した情報を提供しないようにしている。In re Search Warrant for Law Offices, 153 F. R. D. 55 (S. D. N. Y. 1994) でも、脱税容疑のある会社の代理人弁護士事務所の捜索にあたり、捜査に従事していない検察官が守秘特権の範囲内にあるか否か判断する権限を与えてその指示にしたがう運用を行っている（判決自体はこれを「万里の長城（Chinese Wall）」手続とし批判的である）。本件では、事務所所属の弁護士の一人が、会社の従業員と顧問弁護士などによる背任に関する調査と訴訟準備などのため会社に提供させた資料などを自己の執務室に保管していた分は、弁護士の訴訟に関する意見、助言であり「ワークプロダクト」なので、守秘特権と別に捜索・差押えから除外されるべきであるとして押収書類の返却を求めたが、裁判所はこれを斥けている。

In re Impounded Case (Law Firm), 840 F. 2d 196 (3d Cir., 1988)では、法律事務所が脱税などに関与しているとの容疑で行われた捜索差押にあたり、裁判官

が、一部のファイルについて以下のような押収後の点検を制限する条件を付している。「本件では、プライバシーの利益がことのほか重要な意味をもつことを認識しなければならない。一定の書類の捜索・差押えは本件法律事務所所属の弁護士と事務所の依頼人の間の守秘関係を損なうおそれがある。そこで、本件令状第4項目、第5項の記載に従って押収した個人の損害賠償請求関連ファイルの内容は、法律事務所に対して適当な告知をまず行うこととする。その後、裁判官の許可あるまで点検をしてはならない」。事務所側は令状の記載不特定を主張したが、裁判所は犯罪の嫌疑の内容、情報提供者による情報、差押物の記載の対応を考慮して適法とした。

Demassa v. Nunez, 747 F2d 1283 (9th Cir., 1984)では、薬物取引に関連する法律事務所の捜索差押許可状の執行にあたり、弁護士を「特別執行官」とし、現場で捜査機関が収集する書類のファイルを点検して差押えすべき物か否か判断する方法による捜索がなされている(本件では、4日間で6箱のファイルが押収されたところ、弁護士、依頼人らが差し止めを求めたが、裁判所は弁護士に対する大陪審手続が進行中であることを根拠に差し止め訴訟による救済は不適切とした)。Klitzman, Kliztaman & Gallagher v. Krutz, 744 F. 2d 955 (3d Cir., 1984)でも、医療保険金詐欺取得のための郵便利用の嫌疑で大陪審の捜査を受けている弁護士の事務所に対して発付された捜索差押許可状が、捜査官に嫌疑をもたれている弁護士に限定することなく、事務所の弁護士すべてのファイルの捜索を認める記載になっていた点で広範囲にすぎるとし、行われた捜索・差押えを違法として押収されている書類の返却を命じたが、裁判官の裁量で弁護士を特別執行官(Special Master)に任ずる手続によって守秘情報を保護することを示唆している。

[33]　Canada Crim. Code §488.1(2) (2001).
[34]　Police and Criminal Evidence Act 1984, s 8.
[35]　See, s 9. s 19 (6)は、捜査機関は守秘特権対象物は押収することができないことを明示している。
[36]　PACE, s10.
[37]　注解(上)328頁〔髙田卓爾〕、大コメ(2)237頁〔渡辺咲子〕、注釈(2)148頁〔藤永幸治〕など参照。
[38]　起訴後第1回公判前の適用も認められないと解釈されているが、理由は、法280条のように、第1回公判期日前に、受訴裁判所にかわり裁判官がこれをおこなう特別規定がないことと、予断排除の原則に照らすと、起訴後といえども裁判所が証拠を特定して提出を命じたり捜索差押を実施するのは控えるべきことなどであろうか。

第2章　弁護士の押収拒否権と「捜索遮断効」

一　問題の所在——札幌地決平10・4・29について

1　札幌地決平10・4・29（平10(む)272、未公刊）は、捜索差押許可の裁判に対する準抗告申立事件について、これを棄却する旨決定した（以下、本決定とする）。被疑事件は「証拠隠滅」である。被疑者は、以下に説明する道交法違反事件で保護処分の対象とされた少年の友人であった。

　決定によると、原裁判は「平成10年4月27日札幌簡易裁判所裁判官がした『甲（19歳）の保護処分取り消し請求に際して、札幌家庭裁判所に提出された㈠ビデオテープ㈡ビデオカメラ一台』を差し押さえるべき物とする差押許可を含む『札幌市○○区○○条○○丁目○○番○○号○○ビル○○法律事務所管理に係る事務室内の○○の使用に係る机、本棚、ロッカー及び書庫等』を捜索すべき場所とする捜索差押許可の裁判」と特定されている。

　準抗告を申し立てたのは、上記捜索差押許可状の捜索の対象とされた法律事務所所属の弁護士他5名である。決定は、次のように棄却の理由を説明している。

　「一件記録によると、被疑者らが本件被疑事件に関与している疑いが強いことに加え、本件被疑事件の証拠構造及び捜査状況等に鑑みると、本件被疑事件の客観的証拠である前記ビデオテープ及びビデオカメラを差し押さえる必要性は相当高いと認められ、この必要性は、本件とは捜索場所を異にする捜索差押により前記ビデオテープをダビングしたと認められるビデオテープが既に押収されていることを考慮しても、失われるものではない。

　申立人らは、『本件令状の請求は……捜査機関がこれから「証拠漁り」をするための手掛かりを求めるためのものにほかならない』などと、本件捜索差押を許可することの不当性を縷々主張するが、一件記録を精査しても、そのような事情は認められない。また、申立人らが主張する刑事訴訟法105条に規定された弁護士の押収拒絶権は、差押許可状執行の段階で行使されるか否かが問題になるもので、差押の許否を判断する段階で、その点を考慮しなければならないもので

はない」。

2　以下、事件の経緯・背景について説明する。1998年11月6日の北海道新聞（夕刊）に「アリバイ偽造に有罪／暴走行為『再審無罪少年』、懲役一年猶予四年／司法判断に実害／札幌地裁判決／『家裁をまんまとだます』」という見出しの記事が掲載された。

　事件の概略は次のようなものだ。96年、札幌家裁に暴走行為による道交法違反事件が係属した。少年は、事件当日のアリバイを示すビデオテープを証拠として家庭裁判所に提出した。詳細は詳らかではないが、家庭裁判所はその取調べを行わないまま中等少年院送致の処分に付し、高裁、最高裁ともこれを是認した。

　これに対して、少年側が97年7月に右テープを証拠として保護処分取消し申立を行った。地裁は、証拠の新規性を認めなかったが、高裁がこれを認めて家裁に差し戻しとした。これを受けて、98年3月に家裁が処分を取り消した。

　家裁の手続終了後、ビデオテープは裁判所から担当の付添人弁護士に還付された。捜査機関は、この少年と友人らがビデオテープ偽造を行った疑いをもち証拠隠滅容疑で捜査を始めた。そこで、捜査機関は、上記記載のようにビデオテープおよびそのコピー（以下では、ビデオカメラを含めて本件ビデオテープ類と総称する）を差し押さえるべき物とし、同弁護士事務所の付添人弁護士の使用する机などを捜索場所とする捜索差押許可状発付を請求した。

3　報道によると、捜査機関は、右令状を持参して事務所へ赴いたが、結局執行することはなかった（北海道新聞1998年4月29日〔朝刊〕）。これに対して、弁護士は、令状発付の裁判に対する準抗告を申し立てた。主たる理由は、弁護士事務所に対する捜索差押自体が許されないものであり、これを認める令状発付も不適法無効とするものである。右準抗告は、4月22日から28日の間に出された、ビデオテープや撮影したカメラなどを差押えるべき物とする捜索差押許可状の発付に対してなされた。

　令状は、ほぼ同時期に2通出されている。1通は、上記で紹介した札幌地裁が発付したものである。これは、家裁に提出されて還付されたテープとこれを映したビデオカメラを差し押さえるべき物とする令状である。同日付で、札幌簡裁も還付されたテープをダビングしたテープ類を差し押さえるべき物とする令状を発付している。

裁判所は、各捜索差押許可状に対応して2件の決定によりいずれについても準抗告を棄却している（上記の他、札幌地決平10・4・29、平10(む)271、未公刊）。理由は、両者ともに同じである。

4　本稿では、少年事件の付添人であった弁護士の法律事務所を捜索すべき場所とし、弁護士が付添人活動上入手した証拠を差し押えるべき物とする捜索差押許可状が発付されたが執行されていない段階では、法105条の押収拒否権の効果はどうなるのか検討したい。
　とりわけ、法429条1項2号の準抗告手続を通して弁護士が押収拒否権を現に行使した場合、その効果はどのようなものか。かかる場合には、差押え対象物は、押収拒否権が行使された限度で、捜査機関との関係では押収拒否の効果を生じるのみならず、これを超える「捜索遮断効」とでもいうべき法的効果ないし属性を伴うとみるべきではないか。
　以下、検討する。

二　押収拒否権と業務上の秘密

1　最初の問題は、本件ビデオテープ類は、法105条が押収拒否権の対象とする業務上の秘密にあたるか否かである。
　むろん、弁護士側はこれに含まれるものであることを前提として準抗告を申し立てている。準抗告申立書では、「当該処分の対象となる申立人である弁護士がその職責上押収拒絶権を行使するであろうことが既に明白であり、したがって、執行不能が予想される無意味な令状を発付することになる」と論じている。
　他方、本決定は、準抗告を棄却しているが、業務の秘密性がないことは理由にしてはいない。といって、本決定が本件ビデオテープ類に業務上の秘密性を認める趣旨の積極的な判例となるものでもない。
　この点について、秘密性は喪失しているとみる余地もないではない。というのも、本件ビデオテープ類は、少年本人が、当初の家裁における審理の際に、証拠として提出することを承諾している。当初の家裁における審判手続では、証拠としての取調べがなされないままになっていたが、保護処分取消し手続でも、同一ビデオテープが証拠として提出され、現に取調べがなされている。少年側は、本件ビデオテープ類の開示をこの限度で承認している（秘匿意思の放棄）。
　その結果、本件ビデオテープ類の存在、性状、内容は保護処分手続の範囲内

ではあっても客観的に周知のものとなっている（非公知性の喪失ないし縮減）。家庭裁判所の審判手続は非公開とは言え、公的な場で内容を明らかにした情報はもはや秘密として保護に値しなくなるとも言える。

　しかも、手続の性質上、逆送決定によって刑事事件になることもありえる。その場合、裁判が公開されている以上、特段の措置が講じられなければ証拠調べの際本件ビデオテープ類は事実上一般に公けになる。

　つまり、家裁に本件ビデオテープ類を提出した時点で、業務上の秘密の範囲から外れるといえる（秘匿の利益の喪失）[1]。

2　確かに、刑事裁判における真実発見目的との調和を考えるのであれば、押収を拒むことのできるのは、社会的に見て秘匿がやむをえない情報であって、本人が秘匿意思を有する場合に限るのが適当であろう。一般にも、秘密の定義として、客観的または主観的に秘密であるものとされているのは[2]、この趣旨を含む。

　だが、主観的な秘密はさておき、客観的に秘密と言えるかどうかは実質的な審査を要する。それには、まず適当な機関が現場で対象物を開示しないまま仮に押収する手続、および中立の裁判官が秘密に審査する手続、押収を認めない場合、捜査機関との関係でこれを封緘する手続が不可欠だ。だが、現行法は、特にこれを予定していない。後述のように、ごく部分的に準抗告手続がかかる機能を果たす場合がありえるが、これを目的とする救済手続ではない。従って、法105条の解釈上は押収拒否権の本質を損なわない秘密の定義をし、業務主体の判断にこれを委ねるしかない。

　かくして、同条の秘密の意義については、個人の機密に属する事項を職務上取り扱わざるをえない一定の職種にある者が、業務上秘密であることを前提として依頼人の間で授受されたものと解さざるをえない[3]。

　刑事裁判との調和は、本人の同意による秘密性の解除および権利濫用禁止によって調整を図る趣旨である[4]。

　その意味で、本件ビデオテープ類は、少年本人が特に明示的に秘密性を包括的に放棄しない限り、少年審判で現に利用されている場合には秘密性が失われるものの、家裁での利用が終了して再度弁護士が還付を受けて保管するに至った場合、秘密性はいわば回復したとみるべきだろう。しかも、本件の捜索差押許可状は、家裁の審判の対象とは異なる刑事事件のために発付されている。当該刑事事件との関係では、少年は本件ビデオテープ類の内容の提出や公開を認めているものではない。

3 これは、本件ビデオテープ類を弁護士が少年から業務上委託された関係にあるとみていいかどうかという問題にも関わる。

　本件ビデオテープ類は、弁護士が少年から受け取って家裁に提出し占有が家裁に移った後に、弁護士が還付をうけて保管している。この場合、少年との関係で業務上委託を受けているといえるか疑問が残る。形式的に考えれば、家裁が還付したものであって、少年本人から直接委託を受けた関係はすでに消滅したとみることも不合理ではない。これは少なくとも秘密性を弱める一事情にはなる。

　もっとも、この点は、弁護士が少年から本件ビデオテープ類を預かった段階で、後に裁判所から還付された後の処置を含めて包括的に取り扱いを委託されたともいえるから、委託関係が消滅したとまではいえない。また、少年との関係で秘密性のあるものを、弁護士の業務一般の範囲内で家裁から受領し保管している関係にはある。さらに、弁護士は誰から委託されたものであれ、その内容の性質上本人の秘匿の意思が合理的に推認されるものであれば、押収拒否の対象になる[5]。

　結局、本件ビデオテープ類は業務上の秘密にあたる。

三　捜索の可否と押収拒否の効果

1　本件捜索差押許可状は、業務上の秘密にあたる本件ビデオテープ類のみを差し押さえるべき物としているが、弁護士が押収拒否権を行使した場合、結果的に差押えができない法的な効果が生じることは当然である。ただ、その前提として、令状を執行し捜索に着手することについてもこれを禁ずることは可能か。

　この点について、秘密性の判断権は最終的に裁判所に帰属することを理由に捜査機関の判断で押収することを認める説は[6]、その前提として捜索行為も認めることとなろう。しかし、押収拒否のできるものについては事実上内容を明らかにすることはできないとする理解が一般ではないか[7]。ただ、この結論が本件のような準抗告手続との関連では何を意味するか明確にする必要があるので、以下検討しておきたい。

2　弁護士が令状記載の差し押さえるべき物は業務上の秘密であると主張した場合にも捜査機関の捜索までは認めることに理由がないではない。さしあたり、次のことを挙げることができようか。

第1に、証拠の識別・特定の利益がある。捜査目的の実現のためにも、まず捜査機関が捜索によって証拠として差し押さえるべき物を識別・特定する必要がある。捜索すべき場所が法律事務所であっても、そこに所在するものがすべて押収拒否権の対象になるわけではない。弁護士が差押えを拒もうとするものと、令状記載の差し押さえるべき物が一致するかどうかの確認も要る。また、令状に記載する差し押さえるべき物が所在するか否かを探索・確認することによって、捜索すべき場所の性状を解明できる。これも、捜索に伴う捜査の利益である。

　第2に、法105条は、いくつかの職業をセレクトして特別に押収拒否の利益を与えたのであって法政策上の権利にとどまる。他方、証拠を確保し真実を解明する必要性は高い。押収拒否権者に包括的に捜索を拒む権利まで明文もなく与えるべきでない。業務上の秘密が捜査機関に明らかになるのは押収拒否権の趣旨にはそぐわないが、法効果として捜索を拒めるというのではなく、捜査機関の慎重な運用を求めるものに留めるべきだ。それなのに、弁護士の判断で捜索の範囲が決められることになると、弁護士事務所を捜索の対象から包括的に除外するのに等しくなる。が、これは押収拒否権の目的・機能に照らして過剰な効果を与えることとなる。捜査機関の捜索を先行させて、ものの特定がなされた段階で、押収拒否権者に押収拒否をするかどうか判断する機会を与えれば足りる。

　第3に、条文の文理上、捜査機関の捜索を拒む権利ないし効果までは定められていない以上、弁護士は現場にあって捜査機関の捜索行為を適法に妨げることはできない。ものの所在を探知するための捜索とその占有を捜査機関の排他的な管理に移す法的状態を意味する押収とは異質な処分である。秘密性のあるものの占有は捜査機関には委ねない点に法105条の主眼がある。

　第4に、法102条2項、法222条1項による令状の請求にあたり、弁護士事務所等押収拒否権者に関連する場所かどうか疎明することは求められていない。令状の効果として捜索を抑制することは予定されていないことを意味する。そして、捜査機関と押収拒否権者との主張の対立、利害の対立を調整するために秘密性を吟味・判断する特別の手続は条文上予定されていない。そうであれば、捜査機関が捜索を行うことは、法105条自身が予定していると解釈すべきである。強制処分に関する諸規定は厳格に解釈すべきであるから、文理にない被処分者の利益ないし権利を特段の事情なく法解釈により認めるべき余地はない。

　第5に、沿革に照らしても、捜索禁止効は導けない。明治刑訴法114条は、秘密にすべきものについて開披と差押を禁じ、大正刑訴法147条は、軍事上の秘密を要する場所での捜索と押収を禁止した。現行法は、かかる条文を欠く。し

たがって、弁護士の業務上の秘密について差押はできないが、弁護士事務所の捜索を禁ずるものではないと読む余地は残る[8]。

したがって、本件の場合、令状を執行して、該当場所を探す行為は適法に行うことができ、その結果、本件ビデオテープ類を発見した場合、それが差押物かどうか確認することは捜索権限の範囲として可能である。その段階で、弁護士が押収を拒否する意思表示をすれば足りる。

3 しかし、捜索適法説は押収拒否権の本質を掘り崩すおそれがあり、疑義が残る。

刑訴法が定める押収拒否権の目的は、秘密性の保護にある。捜索の過程で内容が事実上であっても捜査機関の知るところとなれば、事実上開示された情報を基にしてさらに捜査等が継続することになる。こうした事態を認容するのであれば、右権利を保障する実質的な意味がなくなる。

ところが、捜索を求める捜査機関と秘密保護を求める被処分者の利益衝突を調整する手続は特に予定されてはいない。このため、捜索差押許可状執行の現場では、場合によっては事実上力と力の衝突になることも予想される。現に、一で紹介した事例（札幌の少年事件）では、法律事務所の捜索に対処すべく所属弁護士などが泊まり込みで警戒にあたったという。

そうであれば、法の趣旨を実現する上でも、押収拒否権の行使は捜査機関の捜索を行なう利益に優先するというべきである。

さらに、押収拒否の権利は、一般には法政策として認められているものと理解されているが、憲法との関連を否定しきれるか一考を要する。抽象的には憲法22条1項が保障する職業選択の自由と同13条に内在する個人のプライバシーの権利を尊重するため認められている権利であって、憲法の趣旨を尊重する法政策と言える。押収拒否の尊重はこの側面からも裏付けられよう。

さらに細かくみると、弁護士の押収拒否権については、抽象的には憲法上の弁護人依頼権を補強する面をも含む。

もともと被疑者・被告人たる地位は、国家から犯人であると疑われた市民が強いられる法的な立場である。その立場には、自由かつ合理的な防御の権利が伴わなければならない。防御のため、被疑者・被告人は国選弁護人選任や通訳人選任のように、国家に財政的な負担を伴う作為を求め、第三者を証人として強制的に喚問することを求めるなど複合的な性質の権利が保障されている。これは市民的自由とは全く異質の原理に基づく権利である（「包括的防御権」とまとめ

る)[9]。

　そして、被疑者・被告人が適切な防御を尽くすには、弁護人から十分な法的助言を得る必要がある。それには、弁護人が適切な助言のできる十分な情報交換が不可欠だ。被疑者・被告人と弁護人とのコミュニケーションのプロセス自体が捜査機関・検察官・裁判所から秘密を保障されているだけではなく、それぞれが授受した情報も秘密を保障されなければならない。被疑者・被告人が有する弁護人依頼権（憲法34条、37条3項）は、包括的防御権の原理に基づく個別的な権利である。そこには、秘密かつ自由なコミュニケーションの権利が内在している。

4　結局、捜査の利益と押収拒否の利益を調整する手続を設けずに、一定の業務主体に押収拒否権を与えている法の構造上、押収を拒むべき業務上の秘密か否かの判断権はその業務主体にある。その法効果を維持することは、憲法の趣旨に沿うものである。

　とすると、観念的には、捜査機関が情報を事実上開披・閲覧・認識できる状態になる直前で、捜索行為は停止すべきである。押収拒否権行使に伴って、捜索の権限に生ずる限界は、「捜索遮断効」とでも言うべきであろう。

　ところで、本件では、家裁から証拠物の還付を受けている限度において、弁護士は家裁少年事件の付添人たる地位を未だに保持していると見る余地がある。従って、その保管する事件の証拠をターゲットとする捜索・差押は、憲法に裏付けられた被疑者と弁護人との間のコミュニケーションの秘密を侵害する側面を否定しきれない。弁護人たる弁護士が刑訴法上の押収拒否権を行使した場合であれば、これは憲法上の弁護人依頼権に裏付けられたものとなる。

　いずれにせよ、本件で弁護士が事務所現場で押収を拒む趣旨の意思を事実上表示した段階で、令状記載の差し押さえるべき物に関しては、押収禁止の効果だけでなく捜索遮断効も生じているとみるべきだ。

四　準抗告と押収拒否権の意味

1　本件の場合、決定文によれば差し押さえるべき物は、弁護士の業務上の秘密にあたるもの以外にない。しかも、捜査機関は、すでに令状を所持した上で事務所現場に赴き、任意提出をするかそうでなければ令状執行がありうる旨、該当の弁護士に伝えた。

弁護士は「本件テープの任意提出には到底応じられない、どうしても本件テープを持って行くというのなら、当該令状を執行してもらうしかないが、その場合には刑事訴訟法105条所定の押収拒絶権を行使する旨を回答した」という。
　念のため、押収拒否権は、強制処分たる差押えを拒むことができることが主眼であるが、「押収」である以上、任意提出後なされる領置をも拒む意思表示を含む。だから、上記事実経過により、厳密には、弁護士はすでに押収拒否権を現に行使した状態と同視できる。
　かかる事実関係を前提にした場合であれば、弁護士が法429条1項2号の準抗告申立手続上も押収拒否権行使の意思表示を重ねて行ったとき、準抗告審裁判所は、差押え許可の点だけでなく[10]、捜索許可の点に関しても原裁判たる令状を無効とすべきではないか。

2　もっとも、準抗告で被処分者が押収拒否権を行使すると宣言してもなお捜索許可の点はもとより差押許可の点についても適法であるとみることもできようか（令状発付適法説）。
　まず、捜査機関が令状を請求する際、郵便物・電信に関する書類については被疑事実との関連性の疎明をしなければならないと定められているが（規則156条2項）、押収拒否権の対象となる物でないことを疎明することは法文上特に求められていない。証拠としての関連性と必要性および一般的な相当性が認められれば、令状発付は適法とみざるをえない。かかる証拠が存在する限り、その場所の捜索許可も適法であろう。
　また、捜索許可状を執行することによってものの識別・特定を行わなければ、差押えを前提とする押収拒否の機会を設定できないこととなる。しかも、法は捜索許可状に対する不服申立ては認めておらず、準抗告審で被処分者が押収拒否権を行使する意思を表示しても、捜索についてはそもそも不服の対象にできない（法429条1項1号、430条1項参照）。
　押収拒否は法政策上認められた権利であるとすれば、現場で令状によって差押えを実施する最後の段階でこれを行使する機会を与えれば足りよう。加えて、押収拒否は刑訴法上は権利であって義務ではないので（依頼人との関係で守秘義務を負うか否か、拒否すべき責務があるか否かは刑訴法とは別の問題である）、令状発付自体を禁ずるまでの過剰な法効果を与える必要はなく、真実解明の利益を考慮すればむしろ権利行使を手控えることを期待すべきである。とすると、仮に、準抗告審で差し押さえるべき物が押収拒否の対象物であることが事実

の取調べ（法43条）によって判明しても、直ちに原裁判たる差押え許可状が違法無効となるものではない、とも言える。

3　しかし、本件の令状を発付した原裁判は、業務上の秘密にあたるもののみ差し押さえるべき物として予定している。このため、これを認容すれば現場で捜査機関による捜索行為がなされるおそれが高くなる。この場合、押収拒否権が事実上損なわれる事態が予想される。だから、業務主体であり法律の専門家である弁護士は既に押収拒否権を行使した。

押収拒否権には一般的に差押えを禁ずる効果だけでなく、「捜索遮断効」も内在する。そして、法は、一定の業務主体に業務上の秘密の判断権を委ねることとしている。本件では、その権利がいったんは行使されたこととなる。

従って、裁判所の事実の取調べによって権利濫用であるか秘密の主体が押収に同意していることが疎明されない限り、すでになされた権利行使によって生じている法効果によって裁判所は拘束されるのではないか。

本件令状が、業務上の秘密にあたるか否か不分明なものも差し押さえるべき物として記載している場合であれば、準抗告審の段階で捜索遮断効まで顕在化させることはできまい。しかし、本件令状は異なる。捜査機関が業務上の秘密にあたるものについて内容を閲覧・開示できる権限を認めること自体が裁判の内容として不当である。

確かに法429条1項2号の文理上「捜索」は除外されているが、捜索差押許可状が一体的に発付されている運用を前提にすると、「押収……に関する裁判」には捜索に関する裁判部分も含めてもよい。

従って、準抗告審は、「捜索遮断効」を確認すべきである。加えて、弁護士が押収拒否の意思表示もしている以上、これに伴い差押え禁止効も生じていることを確認すべきである。かくして、本件ビデオテープ類は、弁護士が業務上保管し秘密性のある物である以上、裁判所は、これを事実の取調べによって確認した上、原裁判を取り消すべきではなかったか[11]。この限度では、準抗告審は、捜査の利益と押収拒否の権利を実質的に調整するフォーラムとなることが期待されているといってよい[12]。

五　まとめ——押収拒否権と防御の利益

本件では、主観説に立てば、ビデオテープだけでなくビデオカメラも秘密性が

生じる。だが、仮に中立の裁判官による非公開審査手続が保障されるのであれば、社会的にみて秘匿の利益が高いことと秘匿の意思を秘密の要件とするとともに（客観説）、裁判官にその衡量を委ねることも可能であろう。

　その場合、被疑者・被告人と付添人または弁護人の間の授受であって防御権および弁護人依頼権により秘密性が保護される場合を除いては、真実発見の必要性との衡量によって押収を認めることもありうる。だから、本件でも、例えば、ビデオテープはさておきビデオカメラについては押収を認める余地がでてくる。

　現行法上、かかる機能を果たしうる手続はない。捜索差押許可状が発付されたことは処分を受ける者に予め告知されないし、一般に捜索差押許可状に対する準抗告は執行後は訴えの利益がないと解されているから[13]、法429条1項2号の準抗告は実際上令状裁判に対する有効な救済手続としては機能しにくい。

　他方、捜査段階では、提出命令に関する規定の準用はない。だから、押収拒否権を尊重しつつ事案解明に必要な証拠を収集する調整がとれない。これを補うため、捜索差押許可状発付の段階で、捜索すべき場所の性質上業務上の秘密が存在する可能性が高いか否か運用上疎明させるものとし、裁判官があらかじめ令状に「押収拒否権が行使された場合、令状の執行は行わないこと」を条件として付け加えることも考える余地がある。被処分者が準抗告によって争う道が残るからだ。ただ、これでは裁判官の裁量で新たな型の強制処分を創設するのに等しく妥当性に疑問が残る。

　結局、業務上の秘密として保護すべきか、真実発見のため証拠とすべきか衡量するのにふさわしい手続を立法化するしかない。この点は将来の課題としたい。

[1]　大コメ(2)173頁〔藤永幸治〕は、秘密保持の意思、非公知性、客観的な秘匿利益のあるものに限る。河上・捜索差押74頁も、主観的な秘密では足りず、非公知性と秘匿の必要性のある客観的な秘密とする。刑法134条について同旨の説として、さしあたり、前田雅英編集・条解刑法（弘文堂、2002年）359頁。

[2]　注解（上）348頁〔高田卓爾〕は、客観的に秘密とされるものと委託の趣旨上秘密とされるものとする。大コメ(2)307頁〔渡辺咲子〕も同旨。

[3]　業務者への秘匿意思を基準とするという意味で、さしあたり主観説とする。なお、刑法134条・秘密漏示罪について「秘密は、あくまで主観的・感情的な利益である」とする説がある（さしあたり、林幹人『刑法各論』〔東京大学出版会、1999年〕113頁、曽根威彦『刑法各論』〔弘文堂、新版、1995年〕84頁）。

[4]　権利濫用については、一般に、専ら被疑者・被告人の処罰を免れさせる目的で、業務主体と情報の委託者が情報の授受を行う場合などを指すと解されている。さしあたり、河上・捜索差押74頁。しかし、主観説に立つ以上、実際の認定の困難はあっても、秘密として委託する意図のない情報の押収を拒む場合と解すべきであろう。

[5]　例えば、脅迫罪について乙と共犯関係にある甲が乙より受け取った犯行内容を説明する信書を自己の弁護人に預けて罪責について検討を依頼する場合、秘密性は乙との関係でも生じる。このように、情報の委託者と秘密を守られるべき主体とが異なることは権利濫用を禁止する条文自体が予定している。

[6]　河上・捜索差押75頁。

[7]　さしあたり、大コメ(2)308頁〔渡辺咲子〕。

[8]　この点について、拙稿「弁護人と押収拒否権」『光藤景皎先生古稀祝賀論文集』(成文堂、2001年)207頁以下参照(本書第1章参照)。

[9]　最近、刑事手続固有の被疑者・被告人の諸権利の原理的土台を市民的原理としての自己決定権に置き、ここから防御に関する諸権利を導く憲法上の権利の構造論が主張されている(村岡啓一「被疑者主体論」柳沼八郎・若松芳也編『新接見交通権の現代的課題』〔日本評論社、2001年〕37頁参照)。権利構造を深めることで、権利の内実を豊かにするものだが、自己決定権は自由を本質とする市民的自由権に還元される。しかし、被疑者・被告人の「自己決定」は防御の諸権利と常に一体でなければならない。今は、まだその異質性と特殊性こそ明確にすべき法史の発展段階ではないか。なお、捜査と防御306頁参照。

[10]　この点については、大コメ(6)694頁以下〔古田佑紀〕参照。

[11]　すでに平野114頁は、差押に関して申立が令状発付前になされたら令状を発することができず、発付後になされたら実施できないとしているが、これは捜索許可状にも当てはまるべきことではないか。

[12]　法105条の押収拒否権の権利行使の機会がないまま、押収がなされた場合(例えば、押収拒否権者が留守中に捜索・差押がなされた場合)、秘密の内容が事実上捜査機関に開示された状態であっても、後に法430条によって押収処分に対する準抗告により救済を求めることは許される(さしあたり、大コン(6)309頁)。法手続上の違法状態を解消するための裁判所の意思表示を行なう趣旨であり、還付などによってそれに則した事実状態が作られる。なお、最決昭44・3・18刑集23巻3号153頁は、準抗告審が捜索差押の相当性を含めた実質審査をする権限があることを認めている。

[13]　さしあたり、注釈(7)61頁〔河上和雄〕。但し、後藤昭「差押えに対する不服申立て手続の体系」『田宮裕博士追悼記念論文集(下)』(信山社、2003年)263頁は、令状執行後も令状発付裁判に対する準抗告を認めるべきものとする。

第3章　接見交通権の展望

　かねて最高裁に係属中であった法39条3項の接見指定の権限行使を違法とする国賠請求事件に関して、1999年来次々と判断が示された。まず、最大判平11・3・24民集53巻3号514頁(以下、3・24判決)が、3項の規定は憲法34条、37条、38条に違反しないとするとともに、接見指定に関しては、「原則としていつでも接見等の機会を与えなければならない」としつつ、「捜査の顕著な支障」があれば同条の指定要件である捜査の必要を認めるとした(捜査の顕著な支障説)。これに続く7件の判決は、右要件の具体的な内容を明らかにしている(囲み参照)。以下、右判例理論の問題点を点検し、「即時接見」確立の方向を探ってたい。

3・24判決後の最高裁小法廷判決群の概要

【指定要件】
◎捜査の顕著な支障がある場合、捜査機関は接見を拒める。取調べ中、取調べ予定の時間帯は原則として捜査の顕著な支障がある。翌日の取調べ予定も捜査の顕著な支障のある場合にあたる。なお、執務時間外は緊急の必要がなければ接見できない(後掲①)。
◎逮捕直後の被疑者との初回の接見は取調べ中断などの捜査の顕著な支障がある場合でも優先させるべきである(後掲⑦)。
◎検察官が前日に指定した時間に弁護人が接見を申し出たのに、取調べ状況を確認するなどもせず指定書持参を求めて接見を認めないことは違法である(一審・原審を経た後掲②の趣旨)。
◎午後の取調べまでの休憩時間は捜査の顕著な支障のない場合であって検察官が指定権を行使できないときがありうる(一審・原審を経た後掲②の趣旨)。もっとも、勾留満期が近く取調べが終日継続する可能性があり終了時刻を予測しがたいときには、昼食時間中や午後の取調べを遅らせて昼食休憩終了後に指定しなくともよい(後掲③)。
【指定権者、指定手続、協議義務】

◎勾留中の被疑者については、留置管理主任等監獄の責任者ではなく検察官が指定権限を持つ（①③④⑤）。弁護人の希望する接見時間について指定要件がある場合、検察官は迅速な接見指定のために弁護人と協議し接見指定をする義務がある（①）。
◎接見指定の方法は、検察官の健全な裁量に任されている。弁護人の検察庁来庁・指定書の交付と受領・勾留場所への持参を求める方式も特に合理性を欠いて迅速・円滑な接見交通を妨げない限り許される（①）。
◎指定時間を15分程度とすることは許される（③）。
【監獄側の責務】
◎検察官以外の捜査機関や監獄の責任者が弁護人等の接見申出を受けたとき、検察官に迅速に連絡し指定に関する指示を受ける義務がある。指定権者との連絡調整のため、数十分程度弁護人を待機させることは相当の範囲内である（①③④⑤）。
◎一般的指定ないし通知事件で留置係官が過誤により具体的指定のない弁護人との接見を実施させた場合、その後に指定書が届くまでこれを中止させて待機させることができ（⑤）、また検察官が指定予定であった時間に見合う時間の接見がすでになされていればこれを中止させても違法ではない（⑥）。

　①最三小判平12・2・22判タ1040号117頁（安藤事件）
　②最三小判平12・2・22（平6(オ)1017・上田事件）
　③最一小判平12・2・24（平7(オ)2512・第1次内田事件）
　④最二小判平12・3・17（平5(オ)1485・第1次伊神事件）
　⑤最二小判平12・3・17（平6(オ)2302・第2次伊神事件）
　⑥最三小判平12・3・21（平8(オ)484・第2次浅井事件）
　⑦最三小判平12・3・13判タ1040号113頁（第2次内田事件）
　＊②～⑥は日弁連・接見交通権確立実行委員会発行・接見交通権ニュース28号（2000年）に掲載されている。

一　接見と自白の任意性・信用性

　3・24判決は、法39条を合憲とする一理由として、「憲法38条1項の不利益供述の強要の禁止の定めから身体の拘束を受けている被疑者と弁護人等の接見交通権の保障が当然に導き出されるとはいえない」とした。しかし、被疑者取調べで得る供述は事件解明上重視される。取調べ適正化は「えん罪」防止・真実発見にとって重要な課題だ。が、取調べに弁護人は立会できない。接見交通がこ

第3章　接見交通権の展望　　47

れに代わる機能を果たさざるを得ない。ところが、現在も自白が決め手となる重大な事件では、検察官は具体的指定により接見の日時を制限する傾向にある[1]。この接見の「断片性」は裁判所による自白の任意性・信用性評価を誤導しかねない。

例えば、甲山事件の被疑者は、逮捕以来処分保留釈放までの22日間で4日をのぞき連日弁護人と接見をした。殺害を認めた日から自白を維持した5日間についても、連日弁護人の接見を受けていた。最初の無罪判決を破棄した一次控訴審は、「弁護人から、その都度、取調に臨む態度や、防御についての的確な指導や激励を、受けていたはずである」とし、自白を信用できるとした（大阪高判平2・3・23判時1354号26頁）。しかし、一般的指定による制約と準抗告による争いなど接見の機会確保をめぐる検察官と弁護人の緊張状態があり、この5日間の接見時間も各5分、30分、35分、15分、32分にすぎない。

2度目の無罪を言い渡した差戻後一審・神戸地判平10・3・24判時1643号3頁は、その他の証拠も総合して「被告人の弁護人に対する認識が、弁護人を信頼しその指示、助言に従うようなものではなかったこと」を認定し、「弁護人の接見があったことが被告人に種々の影響を与えたことは間違いないものの、具体的にみると、それが被告人の供述内容あるいは供述態度に大きく影響を与えるようなものであったとは到底いえず、また、例えば、自白と否認の交錯がその影響であるともいえない」とした。右判決を維持した2次控訴審・大阪高判平11・9・29判時1712号3頁も、「弁護人の接見が円滑かつ十分に行われたとはいい難く、被告人と弁護人との十分な信頼関係が成立していなかったことからすると、弁護人の接見が毎日あったからといって、そのことを被告人の自白の信用性を高める要素とすることはできない」と評価する。

「弁護人との多数回の接見の中で自白がなされた場合には、その自白の信用性が高まる」という経験則（前掲大阪高判平11・9・29）は否定できない。しかし、検察官の通知により具体的指定がなされたときに短時間の接見が1日1回程度認められるケースでは、取調べ状況がもたらす、弁護人を含む外界との心理的断絶の効果と対比して、接見がどの程度被疑者の心の支えになるのか慎重な評価を要する。被疑者・弁護人が接見を求めているのに、これを制限した上取調べがなされた場合十分な防御の準備を踏まえて供述をしたとはいえない。法的・規範的意味で取調べの「強要」とみるべきだ。

結局、被疑者・弁護人の希望に従い、いつでも必要な時間の協議ができること、つまり「即時接見」が自白の任意性・信用性の前提である。その意味で、自

白の強要を禁ずる憲法38条1項は「即時接見」の保障を内包しているとみるべきではないか。

二　準抗告と接見

　3・24判決は、法39条3項を合憲とする一根拠として、法430条1項及び2項が、「捜査機関のする接見等の制限に対し、簡易迅速な司法審査の道を開いている」と摘示したが、準抗告は救済機能を果たしているのだろうか。
　実は、最高裁自身が救済の幅を狭めている（最判平12・2・22[1]）。
　第1に、一般的指定ないし通知の処分性を認めない。検察官が一般的指定をした事件の接見指定にあたり弁護人に検察官来庁・指定書受領・持参を要求していた事件で、弁護人は2日2度にわたり事務所または警察署へファックス送信を希望したが、検察官が右方法に固執する姿勢を示したので、この点に関する準抗告を申し立てた。準抗告決定は、「福島地検郡山支部で検察官の接見指定書を受取り、これを持参しない限り被疑者Oとの接見を拒否するとの処分はこれを取消す」とした。最高裁は、右決定の趣旨を上記一般的指定に対するものと解釈した上で、「通知が捜査機関の内部的な事務連絡であって、それ自体は弁護人であるA弁護士及び上告人S又は本件被疑者に何ら法的な拘束力を及ぼすものではなく、本件において一般的指定処分がされたとはいえないとした原審の判断は、正当」とし、準抗告決定は「その対象を欠くもので、検察官を拘束する効力を生じない」とした。
　第2に、「処分」性の解釈を狭めている。弁護人の接見申出に対して、検察官が来庁と指定書の受領・持参を求める姿勢を変えないので再度申し立てられた準抗告決定でも、指定書受領・持参をしない限り「被疑者との接見を拒否するとの処分を取り消す」とし、さらに「Y検察官は、A弁護士に対し……指定を電話等口頭で行い、かつA弁護士が指定書を持参しなくとも指定された日時に本件被疑者と接見させることをしない限り、A弁護士に対し、接見を拒否してはならない」とした。が、最高裁は、検察官が「弁護士と協議して接見の日時等の指定をしようと考え、同弁護士に翌朝地検郡山支部に来庁するよう求めたにすぎず、接見を拒否する処分をしたものとはいえない」とし準抗告決定は対象を欠く無効の裁判とした。
　第3に、準抗告審決定の「拘束力」を認めない。「右決定は、その後にされる別の接見申出に対する接見の日時等の指定の方法についてまでも検察官を拘束

する効力を有するものとは解されない」。

　しかし、疑問だ。検察官が監獄に対して具体的指定のあることを告知する一般的指定ないし通知を行った上、弁護人に来庁・指定書受領・持参を現に求めた場合、弁護人は指定書なく監獄へ赴いても接見できない。検察官の来庁要求は、指定書受領・持参と一体となって接見できない状態を生む。法430条が「指定」とせず「処分」を対象とする趣旨はかかる事態の救済にある。この場合、特定の手続方式を取り消す準抗告審の裁判は、内容的拘束力を生じ、当該事件における法39条3項の接見指定権限行使の有り様を規制する法的効果をもつと解すべきだ。そう解しない限り3・24判決が述べる準抗告による有効な救済は実現しない。

　もっとも、このように解してもまだ司法的救済により接見が確保できるわけではない。準抗告審が接見を認容ないし命令することに消極的な裁判例があるからだ。

　札幌地決平10・11・27（平10(む)861、未公刊）は、ある殺人事件の被疑者と弁護人との接見に関連して、①申立当日の接見の日時を同日午後6時から同30分までの間に30分とするとの検察官の指定処分の取消しと、②翌日以降について「接見の申出があり次第直ちに一時間の時間を与えて被疑者K子との接見をさせなければならない」との裁判を求めるとの準抗告申立をともに棄却した。まず、検察官の処分は翌日以降の接見等について何らの制限をしているものでないから、第1の申立てについては「右指定の日を経過した現時点においては、もはや右処分の取消しを求める利益は失われている」。第2の申立ては「430条にいう『検察官のした処分』を前提としない、裁判所に対し一般的な接見に関する宣言を求める不適法な申立て」である。

　仙台・筋弛緩剤投与事件に関する仙台地決平13・1・18（平13(む)12、未公刊）も（後述四参照）、検察官の接見指定取消と即時接見の命令を申し立てた準抗告を棄却するにあたり、即時接見を命ずるまでの必要性が乏しいというのではなく、そもそも「刑事訴訟法39条3項本文の趣旨にも反し」認められないとする。

　だが、裁判所が検察官の処分について指定要件を欠くことを確認し取り消した場合、裁判の拘束力により同一事情の下では同一の接見指定はできない。反射的な利益として被疑者・弁護人は自由に接見できる。しかも、検察官が再度指定権限を行使するに当たり、捜査の顕著な支障が新たに生じたことの疎明がいる。その判断も慎重に行われるだろう。したがって取消しには実益がある。

　次に、即時接見を認容する裁判を求める申立について、検察官のした処分を

前提にしていないとする点やそもそも法39条3項の趣旨に反するとし、法426条2項の裁判の範囲から除外する点は検討を要する。検察官の特定の指定に対する救済を求められた場合、裁判所が法426条2項により行う新たな裁判の範囲を検察官の指定した日時と接するか近接する範囲など検察官の処分との時間的な同一性の範囲でこれを修正する内容（例えば、時間の延長や時刻を遅らせるなど）に限る必要はない。被疑者の防御権保障の必要に応じて裁判所の命令として接見の機会を保障すべきことを検察官に積極的に命ずることはあってよい。

その場合、3・24判決も自由な接見が原則であり指定要件は進行中の取調べの中断に匹敵する程度の物理的な意味で捜査の支障が顕著な場合に限る（四参照）。したがって、例えば、「勾留期間中午前9時から11時までの間1時間、弁護人の接見申出があり次第接見を認めなければならない」とする裁判は捜査の顕著な支障説とも矛盾しない。事情により一般的な即時接見の命令もできる[2]。検察官はこれに併せて捜査の進行を調整する責務が生ずる（法472条1項参照）。後に裁判所の指定した時間帯では捜査の顕著な支障が生じるのであれば、検察官は法429条1項2号の「勾留……に関する裁判」に対する準抗告によりこれを疎明して是正を求めるべきである。

三　罪証隠滅のおそれと3・24判決

準抗告による救済が可能であっても、そもそも指定の幅が広すぎるのであれば、接見交通権は空洞化する。この点で、3・24判決は、接見指定の要件である法39条3項の捜査の必要の意味について、「右接見等を認めると取調べの中断等により捜査に顕著な支障が生ずる場合」とし、さらに「弁護人等から接見等の申出を受けた時に、捜査機関が現に被疑者を取調べ中である場合や実況見分、検証等に立ち会わせている場合、また、間近い時に右取調べ等をする確実な予定があって、弁護人等の申出に沿った接見等を認めたのでは、右取調べ等が予定どおり開始できなくなるおそれがある場合などは、原則として右にいう取調べの中断等により捜査に顕著な支障が生ずる場合に当たる」とする[3]。右基準の広がりを判断する上で、「罪証隠滅のおそれ」による指定も含むかが問題になる。

先に最判平3・5・10民集45巻5号919頁（浅井事件判決）は、接見交通を認めると「捜査の中断による支障が顕著な場合」に指定要件を認め、間近・確実な予定のある「取調べ等が予定どおり開始できなくなるおそれがある場合」も含むとした。が、取調べ等の予定について「中断」を論ずるのは不適当だ。だから、3・

24判決は指定要件の実質的基準の表現を「捜査の顕著な支障」とした。その類型として、取調べ等現実の身体拘束を利用する捜査実施中の場合および取調べ等の捜査の間近・確実な予定がある場合とを例示している。ただ、「など」とふくらみをもたせた叙述をした。これは、捜査の顕著な支障が生じる他の類型があることを否定しない趣旨だ。しかし、この「など」等判決文の文理を手がかりとして3・24判決が浅井事件判決より要件を拡大し、罪証隠滅のおそれによる指定の余地まで残すと解するのは不適切だ[4]。

　第1。3・24判決における国側答弁書は指定要件について「当該事件の内容、捜査の進展状況、弁護活動の態様など諸般の事情を総合的に勘案し、弁護人等との接見が無制約に行われるならば、捜査機関が現に実施し、又は今後実施すべきこととなる被疑者、参考人の取調べ、証拠物の捜索押収等の捜査手段との関連で、事案の解明を目的とする捜査の遂行に支障が生ずるおそれが顕著と認められる場合」と主張した（罪証隠滅のおそれを直接の要件に掲げず個別具体的な捜査の実施に伴い実質的に罪証隠滅のおそれになるかどうか検討する点で旧捜査全般説ないし非限定説と区別して新捜査全般説とする）[5]。身体拘束を伴わない捜査実施との関連でも罪証隠滅のおそれを理由に指定を認めるものだ。が、3・24判決は被疑者取調べなど被疑者の身体拘束を利用する捜査の実施が現に妨げられる程度の顕著な支障を要件とした。国側主張を採用していない。

　第2。罪証隠滅のおそれを指定要件に含めない下級裁裁判例がある。

　京都地判平元・5・16判夕696号238頁は、建造物侵入、窃盗事件で勾留中の共犯者2名についた同一弁護人が求めた接見について、検察官が共犯者多数、否認している者や逃亡中の者がいること、贓品多数かつ未発見のものあることなどから無制限な接見は結果的に罪証隠滅につながると判断し一般的指定書を出していたところ、身体拘束利用の捜査の予定がないのに検察庁来庁・指定書受領・持参による指定にこだわってその機会を与えるように代用監獄の職員に指示しなかった措置を国賠法上違法とするにあたり、最高裁判例の趣旨について「捜査の中断による支障が顕著な場合の例示として限定説の内容に沿う事項を列挙していること、罪証湮滅の虞れ等の言葉を一切使用していないこと等を考えると、捜査の中断による支障が顕著な場合とは、限定説のように解するのが相当であり、全般的捜査必要説のいうような罪証湮滅の虞れ等は除外する趣旨である」とする。

　神戸地決平元・5・16（平元(む)10186）は、詐欺事件で勾留中の被疑者との接見をほぼ連日していた弁護人に対し、午前中の接見申出に対して取調べ予定

を理由に、終日接見を拒絶した検察官の処分を取り消した準抗告審決定であるが、「申立人らは、被疑者の弁護人として被疑者の勾留以来連日接見しているものの、接見時間は1回につきわずか20分ないし10分にすぎないこと、同月15日担当検察官の取調べが午前中及び午後とも予定されていたとしても、取調べの休憩時間中あるいは取調べの終了後に申立人と被疑者を接見させるなどすれば捜査に支障をきたすといい難いこと」を考慮した。

3・24判決はかかる下級裁の判例群を排斥する趣旨は見受けられず、このような判例全体の流れに則しても捜査の顕著な支障説は罪証隠滅のおそれによる指定を含むとは解しにくい[6]。

さらに、条文構造からもそういえる。法39条1項は立会人のない秘密接見を保障する。接見は被疑者・弁護人間の防御の機微に関わるから、その内容は秘密に属すべき事項だ。だが、罪証隠滅防止を捜査権限で実現する場合、接見内容を問い質す被疑者取調べ等を正当化せざるをえなくなる。同条3項が接見指定要件を「逃亡または罪証隠滅を防止する等捜査の必要がある場合」と規定していない理由はこれを避けることにある。

もっとも、被疑者・弁護人の秘密の接見が逃亡・罪証隠滅に利用されるのは許し難い。接見交通権にも内在的限界がある。憲法が前提とする抑留・拘禁の目的を損なう逸脱・濫用は認められない。そこで、立法政策上、接見内容にふれず右目的を達成する措置は法39条2項により監獄法上の戒護権に委ねた。だから、法39条3項の「捜査のため必要」は逃亡・罪証隠滅防止を含まない狭い概念でしかない[7]。

かくして、捜査の顕著な支障説は、罪証隠滅のおそれによる接見指定を含まない。だが、被疑者取調べ優先の接見指定を是認する点ではなお大きな問題を残す。次に検討する。

四　捜査の顕著な支障説の当否

3・24判決は、被疑者取調べ中や間近で確実な取調べ予定を理由とする指定については「原則として」捜査に顕著な支障が生ずる場合であるとする。したがって、一方では、事情により取調べ中などでも接見が優先する場合を認める趣旨でもある[8]。現に、最判平12・3・13（[7]）は、法39条3項但書の趣旨を汲んで捜査の顕著な支障があっても逮捕直後の初回接見を優先させるべきであるとする[9]。他方で、最判平12・2・22（[1]）は、弁護人が翌日の接見を希望して指

定を求めたときでも、時間的には「間近」とは言い難いとしても身体拘束を利用する捜査の予定が確実な場合、指定要件を認める。

この結果、被疑者取調ベスケジュールを重視した接見指定が是認される。

例えば、仙台・筋弛緩剤投与殺人事件では、初回逮捕後代用監獄で勾留されていたが延長決定後に検察官の指揮で拘置支所に移監された。その間の接見について、「弁護団は……仙台拘置支所に移ってからは毎日午前8時半から9時までの間の20分間しか接見できなくなっているとし、『接見を妨害し、供述を取ろうとしている』と述べた」と報じられた（朝日新聞2001年1月21日朝刊）。弁護人は、かかる指定の取消しと即時接見の命令を求める準抗告を申し立てたが、前掲仙台地決平13・1・18は、前者の申立棄却にあたり、「本件の事案の性質・態様等に照らすと、多数の関係者の供述や具体的事実関係等の証拠を基に、被疑者の取調べを相当要する」とし、検察官が1日あたり20分の接見指定をする運用について「本件事案の状況と対比すると、被疑者の防御権を不当に制限する違法なものとは認められない」とする。

このように被疑者取調べの必要性を重視し接見交通権を制約することを裁判所が是認するのは、その正当性の根拠を3・24判決が「刑罰権の発動」と「刑罰権発動のための捜査権の行使」にあるとしたからだ。判決は、両者を憲法上所与の「国家の権能」とし「接見交通権は刑罰権ないし捜査権に絶対的に優先する性質のものではない」とする。しかも、憲法は捜査権行使のため、「身体を拘束して被疑者を取り調べる必要」を否定しないので、「接見交通権の行使と捜査権の行使との間に合理的な調整」が要るとし、かかる調整基準を「捜査の顕著な支障」の有無に求めた。が、右解釈には以下の疑義がある。

第1に、刑罰権の所与性を前提にしている。「刑罰」は憲法の構成上「国」ないし「国家」（憲法前文）に帰属すべき抽象的権能かつ責務であるが、実定法に根拠のない権能を市民の権利の制約原理にはできない。しかも「刑罰」作用は、捜査、公訴、裁判、刑の執行、処遇と被疑者・被告人の防御、服役者の主体的権利の行使が総合されて実現する国家作用だ。憲法の明文で保障されている市民の人権保障を前提としてのみ刑罰権実現が認められる[10]。

第2に、捜査権を刑罰権と同等の所与の権能とする点も疑問だ。捜査は、個々の証拠を収集し犯人を確保して公判における有罪立証の準備を行う具体的な行政作用だが、個別の捜査権限は法律により要件と手続を定めるべき性質のものだ。その執行について、一般行政権が帰属する内閣が責任を負担する（憲法65条）。国の概括的・抽象的な捜査の権能と責務の所在は認めることができても、

刑罰権と同等の重みはないし、実定憲法規定が保障する個別の人権を一般的に制約する根拠にもならない。

　第3に、憲法次元で、被疑者を拘束する取調べの必要性を肯認しこれを接見交通権制約の根拠にするのも不当だ。取調べは、憲法31条に内在する適正手続と憲法38条が保障する黙秘権に適合する手続の法定があってはじめて可能となり、その範囲でその必要性が法的に是認される。むきだしの取調べの必要性を根拠に憲法34条の保障する権利を制限することはできない。

　第4に、刑事手続に関わる市民または被疑者・被告人が保障される憲法上の権利は、手続的かつ具体的権利である。それ自体直接の請求権なり救済を求める権利を内在させている（例えば、憲法37条3項により、遅くとも起訴後被告人は法律がなくとも国家の費用による弁護人を求める権利がある）。憲法34条に内在する諸権利もそうである。これを抽象的概括的な刑罰や捜査に関する国の権能ないし責務により制約することはできない。

五　起訴後の余罪取調べと接見指定権

　最高裁は、仙台・筋弛緩剤事件で検察官による起訴後の被告事件に関する接見指定権を認めた。

　最決平13・2・7（平13(し)48）は、同一人について被告事件と被疑事件の勾留が競合した場合、被告事件のみの弁護人についても「被告事件について防御権の不当な制限にわたらない限り」、検察官は指定権行使ができるとする。

　最決平13・3・12（平13(し)78）も、2月に入りMが3件目の殺人未遂事件で逮捕、勾留された後に、検察官が被疑事件の接見について午前8時30分から9時までの間20分間を指定し、起訴済みの2件の殺人、殺人未遂事件について弁護人3名に対し午前9時から同45分までの間40分間と指定した処分について「防御権の不当な制限にわたるものとは認められない」として是認した。

　が、このような判断は不当だ。

　第1。被告事件に関する検察官の指定権限はない。法文にない強制処分を作出することは憲法31条に反する。

　第2。検察官は有罪立証の都合など訴訟の進行状況も考慮して被告人・弁護人の接見を制限する裁量権限を与えられることになるが、これは捜査の必要性のみ要件とする法39条3項の指定権限を大幅に逸脱する。

　第3。検察官が被告人の防御権を制約できる地位にたつが、これは当事者主

義の訴訟構造を根幹から崩すものとなる。
　第4。本件では起訴事件が殺人未遂1件のとき、検察官は30分の接見を認めていたが、殺人事件が加わり被告事件が2件になったのに、接見時間を合計で40分と指定した。これは被告人の防御を軽視し余罪取調べを重視する点で不相当である。
　接見交通権優位説にたてば、被告事件に関する指定はあり得ないが、捜査の顕著な支障説にたっても、検察官は被疑事件に関して「○時から○時まで弁護人接見を認めない」と指定するしかない。その反射的な効果として被告人としての自由な接見が事実上制限される（最決昭55・4・28刑集34巻3号178頁参照）。むろん被告事件の防御権の不当な制限にあたれば準抗告で救済を求めてよい。

六　接見交通権の優位性

　捜査の顕著な支障基準説は、接見交通権を制約する範囲について捜査機関に幅広い裁量を与える。また、指定の手続（指定書の書式、発付、呈示など執行方法）の法定はない。判例は、指定手続もすべて検察官の合理的な裁量に任せる（最判平3・5・10民集45巻5号919頁、最判平12・2・24[3]）。この結果、弁護人に指定書の受領・持参を求める手続も是認される。しかも、上記のように、司法的救済のありかたが不分明だ。にも拘わらず、接見指定が、被疑者と弁護人の接見交通権を制限できる「強制処分」であるとすれば、憲法34条、38条のみならず、憲法31条の強制処分法定主義・適正手続に反する疑いは強くなる。法39条違憲説にも相応の理由があることになるが[11]、同条は憲法に適合する解釈の余地が全くないのだろうか。
　最初に、接見交通権自体の憲法上の「重み」はどう解すべきか検討する。
　3・24判決は、憲法34条の弁護人依頼権を弁護人の選任だけではなく相談・助言など「弁護人から援助を受ける機会を持つことを実質的に保障している」と解するが、法39条の接見交通権については同条の「趣旨」にのっとり「弁護人等から援助を受ける機会を確保する目的で設けられたもの」で「憲法の保障に由来する」権利と位置づける（趣旨・由来の権利説）。接見交通権を弁護人「依頼」の「機会」確保の手段的な権利に留めたことは、刑罰権ないし捜査権との調整を許容する解釈に道を開く意味を持つ[12]。
　しかし、逮捕・勾留中の被疑者・被告人が弁護人と相談し助言等法的援助を受ける権利は接見の権利と不可分一体だ。他に右目的を達成する手段があるとし

ても、秘密・対面による協議が弁護人「依頼」の実質である。接見交通権は憲法34条の本質に内在する権利だ（本質・内在の権利説）。

ただ、接見交通権にも内在的な限界がある。接見の機会が抑留・拘禁の目的を阻害しないことだ（逃亡と罪証隠滅防止。監獄の戒護妨害防止も付随的だが不可分の目的である）。但し、これらも接見の秘密と防御の準備を害しない範囲でのみ制約理由となる。

右の限度の内在的制約を法律で規定することには問題はない。法39条2項はそれを目的とし、監獄法上の戒護権にこれを委ねた[13]。さらに別に捜査の必要一般による広範囲の制限が及ぶ権限を「捜査機関」に与えること、とりわけ取調べの必要による接見制限の権限を捜査機関に認めることは、接見交通権の本質を掘り崩すものだ。逮捕・勾留に伴って法律上取調べのための出頭・滞留義務があるとしても、取調べ自体は任意捜査だ。被疑者はいつでも取調べを拒んで自己に必要な防御活動を行う自由がある。被疑者が弁護人による法的な助言・支援なく取調べに臨むように強制するのは、憲法34条の弁護人依頼権を侵害し、これに伴い憲法38条の供述の自由ないし黙秘権とその根元にある被疑者の包括的防御権を侵害する。取調べの必要は接見交通権を制限する「指定」権限の理由にできない。

もっとも、捜査権限との関係でも憲法34条の接見交通権が内在的に制約される場合がある。被疑者が捜索差押許可状、検証許可状など憲法35条の保障する令状審査に基づく強制処分の客体となっている限度では、令状の排他的効力により令状執行に合理的に必要な時間内の接見は排除される。この場合、検察官の指定権限は、そうした強制処分の終了時間を告げて、自由に接見できる時間を告知する役割を果たす[14]。

結局、法39条3項が予定した接見指定とは、任意処分にとどまる[15]。捜査の都合上接見の日時・場所・時間を指定し被疑者と弁護人に協力を求める処分だ。指定自体に法的強制力はない。しかし、憲法が保障する弁護人依頼権に基づく接見交通権の制限にかかわることなので、そうした権限の確認とそれが防御権侵害になってはならないこと、任意処分にすぎないことを明示した。法198条1項の取調べが任意捜査であるのに、明文でこれを規定しているのと法構造は同じである。

ただ、取調べの場合と異なり、法39条3項の「捜査の必要」には同2項とのバランス上罪証隠滅・逃亡の防止を含まない。また、任意処分といえども、過剰・不当な働きかけになり、事実上接見交通権を侵害する事態はありうるから、任意

捜査の権限行使に伴う救済を準抗告で行うことも合理性がある（法430条参照）。この限度の接見に関する捜査機関の調整権限まで否定する必要もなく、そうであれば同条を違憲とする必要もない。

　さて、「即時接見」が憲法34条の保障する弁護人「依頼」のありかただ。その定着には、さしあたり次の点が求められる。①弁護人が接見時間・回数などを自粛した接見申出をしないこと、②接見交通権優位説に立脚しつつ[16]、検察官には捜査の顕著な支障の具体的な疎明を求めること、③被疑者にも即時接見の権利があることを十分に説明すること（場合により、取調べ中でも弁護人と相談したいと申し出ることを勧告すること）、④「即時接見」に対応できる体制を各事件ごとにも弁護士会としても整備すること、⑤不当な接見拒否に対する準抗告申立を怠らず司法救済の拡大を図ること、⑥自白の任意性・信用性を争うとき、裁判所に接見の事実を機会的形式的に補強事由にさせない主張と立証をすること。

　　［1］　接見の運用全般は改善されている。2000年8月に弁護士若干名に簡単なアンケート調査をした。要約すると、通知事件の減少、明白な接見妨害の減少など接見実務の改善を指摘する声が少なくない。通知事件でも、取調べを中断して接見できる場合があるし、非通知事件であれば取調べよりも接見が優先する運用がほぼ確立しているという。だが、指定される時間についてまちまちの感想がある。希望を出しておくと一時間くらい接見できる、30分程度は認められるなどの体験談もあるが、1日1回20分程度であり時間延長には検察官はかなりの抵抗を示すという経験談がある。なお、「接見指定実態調査集計報告」接見交通権ニュース21号（1992年）64頁参照。法務省の調査では、92年6月1日から30日の間に勾留された件数7808人について、通知事件が278人であるが、接見申出があったが特に指定をしなかった件数が35人、接見申出総数483回中指定が389回であり指定しなかった回数が94回となっている（日弁連・接見交通権ニュース22号〔1993年〕1頁）。また、98年5月1日から7月31日までの調査では、勾留人員が29867人であり通知事件に指定されたのは196人（0.66％）。通知事件中接見申出1178回について174回は接見指定をせず、接見指定1004回中時間を短縮したのは16回である（司法制度改革審議会第26回会議・2000年7月25日・配付資料、法務省「『国民の期待に答える刑事司法の在り方』について」、2001年3月1日現在http://www.kantei.go.jp/jp/sihouseido/dai26/26siryou.html）。
　　［2］　甲山事件に関する神戸地決昭49・4・25（昭49㈢83、未公刊）は、特定日について即時接見を命じ、神戸地決昭49・4・14（昭49㈢172、未公刊）は、具体的指定の取消と同時に「接見の申出があり次第直ちに被疑者に対する接見を許さなければならない」とし即時接見の一般的な容認ないし命令の裁判を言い渡した。捜査の顕著な支障説であっても、事情によりかかる救済命令も法39条3項に反しまい。
　　［3］　最高裁は、被疑者が接見を求める場合にも捜査の顕著な支障基準説に従い指定要

件の有無を判断する趣旨とみていい。最判平12・2・24（平7（オ）2512）は「被疑者はあくまでも接見等の日時等を指定する要件のない場合に限り希望どおり弁護人と接見することができるにとどまる」とし、指定要件のある場合には弁護人からの接見申出を被疑者に告知する義務は留置担当官に生じないとする東京地判平5・12・7（昭62（ワ）8456）、これを支持する控訴審・東京高判平7・9・11（平5（ネ）5159）を是認する。なお、被疑者が逮捕後に警察署から弁護人を依頼する旨架電して弁護士が深夜に署へ来た事件で、警察署側が執務時間外の接見請求を拒否することを適法とする福岡高判昭63・4・12判時1288号89頁は、原告となった被疑者の損害を否定し、最判平4・12・10（昭63（オ）1576）はこれを是認している。

[4] 罪証隠滅のおそれによる指定を排斥しない趣旨と理解するものとして、大野重國「判例評釈」警論52巻6号（1999年）30頁、同「最近の判例から」法律のひろば1999年9月号63頁、座談会「取調べと接見交通権をめぐる諸問題」現代刑事法13号（2000年）23頁〔椎橋隆幸発言〕。なお、座談会「ミランダの射程」現代刑事法22号（2001年）24頁〔椎橋隆幸発言〕参照。他に、中川清明「弁護人と被疑者の接見（1）」新実例Ⅰ162頁参照。

[5] 旧捜査全般説として、例えば、田邉信好「弁護人との秘密交通と接見指定の在り方」警論38巻7号（1985年）60頁。新捜査全般説として、例えば、法務省刑事局刑訴法研究会『実務刑事訴訟法』（立花書房、1994年）114頁。前説から後説への推移について大コメ（1）404頁以下〔河上和雄〕参照。

[6] 札幌高判平5・5・19判時1462号107頁、東京高判平6・5・11（平4（ネ）1651）、福岡高判平6・2・21（昭63（ネ）386、390、上田事件控訴審、47頁表参照）も罪証隠滅のおそれを排除する。但し、東京地決平7・8・1（平7（む）328）は、オウム真理教教祖Ｍと弁護人となろうとする者としての接見を求めた弁護士に対する検察官の接見拒否取消を求める準抗告を棄却するにあたり、依頼者が当時12歳4月の三女であったこと、申立人が別件で多数回弁護人となろうとする者として接見しつつ弁護人に選任されていないことの他に、「申立人は、被疑者との別件における接見の際、その接見内容をテープに録音し、被疑者が接見禁止中であったにもかかわらず、右テープをオウム真理教の教団関係者に手交するという行為に及んでいること」も考慮して、弁護人選任権者の依頼により弁護人となろうとする者であるとの疎明が不十分であるとした。実質的には罪証隠滅のおそれある者の接見を許さない趣旨を含むが、かかる技巧的な解釈には疑問が残る。

[7] 接見室がない検察庁舎での接見を拒否した検察官の処分を違法とする広島高判平11・11・7（平7（ネ）427、430）も、逃亡・罪証隠滅・戒護に支障のある物の授受を防止する措置は法39条2項の法令に委ねられているので、検察官は右目的のため同条3項の指定権限を行使できないとする。但し、検察庁舎内に逃亡・罪証隠滅・戒護の支障を防止しつつ接見させる場所が存在しない場合に限り、接見交通権の内在的な限界として接見を拒否できるとする（定者事件）。

[8] 窃盗、有印公文書偽造・同行使・詐欺事件で共犯者2名とともに通常逮捕され勾留された被疑者との接見について、検察官が数回にわたり即時接見を拒み翌日の接見指定をした事案で（胡田事件）、これを違法とする一審・広島地判平7・3・28（平4（ワ）445）を是認する控訴審・広島高判平9・12・26判タ979号104頁は、「本件被

第3章　接見交通権の展望　　59

疑事件のように、共犯者が存在し、しかも被疑者らが否認しており、接見が禁止されている事件においては、勾留の全期間を通じて、昼食、夕食等を含む休息時間を除き、午前中から深夜に至るまでの取調べが行われることが通常である（本件被疑事件についての被疑者Aの具体的取調べ経過については後に認定する。）ことからすると、本来はそのような事件こそ弁護人の接見交通権の役割が重大であり、その機能を果たすことが期待される場面であるにもかかわらず、間近い時に取調べが予定されていることにより、直ちに具体的接見指定要件を充足するとの解釈に立つときは、これを理由として弁護人の接見が原則として行えない事態を許容する結果となる」が、「弁護人の接見交通権が憲法の保障に由来するものであり、弁護人の固有権の中で最も重要なものの一つであることに鑑みれば、捜査機関の接見指定権の行使は必要やむを得ない例外的措置であることは明らか」なので、「捜査機関としては、間近い時に取調べをする確実な予定をしているときであっても、その開始を若干遅らせることにより捜査に顕著な支障が生じるか否かあるいは取調べ終了時刻を遅らせることにより捜査への影響を回避できるか否か等を慎重に検討することにより、顕著な支障がないあるいはこれを回避できるとの判断に至った場合には、弁護人の接見交通権の重要性に鑑み、多少取調開始時刻を遅らせてでも、接見を認めるべき義務がある」とする。

[9]　いわゆる内田事件判決。「弁護人を選任することができる者の依頼により弁護人となろうとする者と被疑者との逮捕直後の初回の接見は、身体を拘束された被疑者にとっては、弁護人の選任を目的とし、かつ、今後捜査機関の取調べを受けるに当たっての助言を得るための最初の機会であって、直ちに弁護人に依頼する権利を与えられなければ抑留又は拘禁されないとする憲法上の保障の出発点を成すものであるから、これを速やかに行うことが被疑者の防御の準備のために特に重要である」とする。本件について、笠井治「初回接見交通権の優位性」現代刑事法18号（2000年）55頁参照。

[10]　村田和宏「接見交通権と取調べの関係について」九大法学78号（1999年）90頁以下参照。

[11]　違憲説として、さしあたり、村岡啓一「接見交通権問題にコペルニクス的転回はあるか」法セ531号（1999年）22頁、同「接見国賠訴訟大法廷判決の評価と今後の課題」自正50巻7号（1999年）134頁、高田昭正「接見指定制度の問題性と違憲性」自正50巻2号（1999年）120頁参照。

[12]　但し、3・24判決は次の点で評価できる。第一、憲法34条の弁護人依頼権は、弁護人の選任だけではなく、相談・助言など「弁護人から援助を受ける機会を持つことを実質的に保障している」とし同権利の実質解釈をした。第二、従来の下級審裁判例は、刑罰権ないし捜査権を憲法上所与のものとし、接見交通権と憲法上の優劣はなく対等の価値あるものと認識した上で両者の調整は立法政策であると解してきたが（例えば、札幌高判平5・5・16判時1462号107頁、福岡高判平6・2・21〔昭63(ネ)386、390〕、東京高判平6・5・11〔平4(ネ)1651〕、東京高判平6・10・26判時1519号91頁、名古屋高判平7・10・18〔平6(ネ)518、522〕）、同条の右趣旨が「実質的に損なわれない限りにおいて、法律に右の調整の規定を設けることを否定するものではない」とし接見交通権の優位性を認めつつ刑罰権と調整すべきことを明示した。

[13]　但し、関連現行法は、弁護人と被疑者・被告人の信書の検閲手続等（監獄法50条、同施行規則130条）違憲・無効の条文を含むので、別途検討を要する（刑事裁判と防

御75頁以下)。なお、弁護人・被告人の書信内容を記録した拘置所の措置を違法とする大阪地判平12・5・25(平10(ワ)1394)参照。同判決の意義について、宇藤崇・法教244号(2001年)108頁参照。

[14] 拙著『被疑者取調べの法的規制』229頁以下は、これを強制処分優先説と名づけたが、接見排除は令状裁判の効力であって、指定権限固有の効力ではない。なお、逮捕・勾留中の被疑者を客体とする強制処分実施中も接見を優先させるべきであるとする説があるが(高田・前掲注[11]126頁)、憲法35条は、被疑者・被告人について直ちに弁護人を依頼する権利を与えなければ捜索・差押等を受けない権利は保障していない。令状主義固有の適正手続によって市民的利益の保護を図る趣旨だ。被疑者・被告人としての弁護人依頼権はその限度で内在的に制約される。

[15] 丹治初彦「接見交通権の再構成」刑事手続の最前線112頁以下。

[16] 学説は、杉山事件判決・最判昭53・7・10民集32巻5号820頁前後から、旧捜査全般説と捜査の顕著な支障説(判例)および物理的限定説が対立してきたが、今後は、新捜査全般説、捜査の顕著な支障説、接見交通権優位説(私見である任意処分説や法39条違憲説も含む)の対立へと推移するだろう。物理的限定説は、捜査機関が被疑者の身体拘束を利用した取調べなどの捜査に着手していればこれに優先性を認めた上で、接見を優先させるべき例外を付加するものだが、後2説に吸収されよう(光藤(上)117頁以下参照)。

第4章　初回接見と憲法34条

一　最三小判平12・6・13の紹介

1　平成12年6月13日最高裁第三小法廷判決(平7(オ)105、損害賠償請求事件)民集54巻5号1635頁——一部破棄自判(被上告人の控訴棄却)、一部上告棄却の判決要旨は次の通りである。

　「弁護人を選任することができる者の依頼により弁護人となろうとする者から被疑者の逮捕直後に初回の接見の申出を受けた捜査機関は、即時又は近接した時点での接見を認めても接見の時間を指定すれば捜査に顕著な支障が生じるのを避けることが可能なときは、留置施設の管理運営上支障があるなど特段の事情のない限り、被疑者の引致後直ちに行うべきものとされている手続及びそれに引き続く指紋採取、写真撮影等所要の手続を終えた後、たとい比較的短時間であっても、時間を指定した上で即時又は近接した時点での接見を認める措置を採るべきである」。

2　問題となったのは、次のような事実である。

　甲は、事件当日午後3時53分ころ東京都公安条例違反(デモ行進の許可条件違反)の容疑で現行犯逮捕され、午後4時10分ころ、警視庁築地警察署に引致された。築地署のK警察官が、午後4時15分ころ甲に犯罪事実の要旨及び弁護人を選任することができる旨告げて、弁解の機会を与えた。甲は、救援連絡センターに登録された弁護士を弁護人に選任する旨述べた。

　同センターの弁護士乙は、午後4時25分ころ、築地署に赴き、甲の弁護人となろうとする者として接見に来た旨を告げた。対応にあたったY警備課長は、甲は取調べ中であるから待つように告げた。同課長は、午後5時45分頃、乙弁護士に対して上記センターの弁護士と確認できた旨述べた上、取調べ中なので接見させられない、接見の日時を翌日午前10時以降に指定する旨告げた。この措置の適否が争点となった。

　乙弁護士は、午後6時ころ、築地署の玄関前から引き揚げた。他方、甲は、

午後4時40分頃から写真撮影を受け、引き続き取調べを受けている。Y課長は午後5時28分頃、K警察官に対して、甲の取調べを一時中断して食事のため留置場へ戻し、食事後再び取調べをするように指示した。Kは、甲を留置場にもどすとともに、留置係の警察官には夕食後取調べをするので連絡してほしいと伝えている。ただ、Kらは、甲の夕食終了直前、甲の逮捕現場の実況見分の応援に出向くことになった。Kらは、午後8時ころ実況見分から戻ったが、Y課長は、この時点から取調べを開始すれば深夜に及ぶおそれがあると考え、その日の取調べを中止させた。

甲・乙は、乙弁護士の接見申入れに対するY課長の措置を違法とし、東京都に対して国家賠償請求を提起した。一審・東京地判平5・12・7判タ1519号97頁は、右主張を一部認容した。が、原審・東京高判平6・10・26判時1519号91頁は、乙が即時接見を求めていた時間帯は取調べ実施または予定中で即時接見を認めることは捜査の顕著な支障を生じ、夕食時間帯の接見は施設の管理運営上の支障がある等の理由で接見を翌日に指定したY課長の措置に違法はないとした。

上告理由は、次の3点である。

①刑訴法39条3項は憲法34条に違反する、②おなじく国際人権B規約14条3項b、dに違反する、③Y課長の接見指定はいわゆる浅井事件判決・最判平3・5・10民集45巻5号919頁に違反する。

3　最高裁は、①について、最大判平11・3・24民集53巻3号514頁(以下3・24判決)に従い違憲ではないとし、②の主張も斥けた。しかし、以下の理由により③の主張を認容して、Y課長の接見指定を違法とした。

「検察官、検察事務官又は司法警察職員(以下『捜査機関』という。)は、弁護人又は弁護人を選任することができる者の依頼により弁護人となろうとする者(以下『弁護人等』という。)から被疑者との接見又は書類若しくは物の授受(以下『接見等』という。)の申出があったときは、原則としていつでも接見等の機会を与えなければならないのであり、刑訴法39条3項本文にいう『捜査のため必要があるとき』とは、右接見等を認めると取調べの中断等により捜査に顕著な支障が生ずる場合に限られる。そして、弁護人等から接見等の申出を受けた時に、捜査機関が現に被疑者を取調べ中である場合や実況見分、検証等に立ち会わせている場合、また、間近い時に右取調べ等をする確実な予定があって、弁護人等の申出に沿った接見等を認めたのでは、右取調べ等が予定どおり開始できなくなるお

第4章　初回接見と憲法34条　　63

それがある場合などは、原則として右にいう取調べの中断等により捜査に顕著な支障が生ずる場合に当たると解すべきである（前掲最大判平11・3・24参照）」。

「弁護人を選任することができる者の依頼により弁護人となろうとする者と被疑者との逮捕直後の初回の接見は、身体を拘束された被疑者にとっては、弁護人の選任を目的とし、かつ、今後捜査機関の取調べを受けるに当たっての助言を得るための最初の機会であって、直ちに弁護人に依頼する権利を与えられなければ抑留又は拘禁されないとする憲法上の保障の出発点を成すものであるから、これを速やかに行うことが被疑者の防御の準備のために特に重要である。したがって、右のような接見の申出を受けた捜査機関としては、前記の接見指定の要件が具備された場合でも、その指定に当たっては、弁護人となろうとする者と協議して、即時又は近接した時点での接見を認めても接見の時間を指定すれば捜査に顕著な支障が生じるのを避けることが可能かどうかを検討し、これが可能なときは、留置施設の管理運営上支障があるなど特段の事情のない限り、犯罪事実の要旨の告知等被疑者の引致後直ちに行うべきものとされている手続及びそれに引き続く指紋採取、写真撮影等所要の手続を終えた後において、たとい比較的短時間であっても、時間を指定した上で即時又は近接した時点での接見を認めるようにすべきであり、このような場合に、被疑者の取調べを理由として右時点での接見を拒否するような指定をし、被疑者と弁護人となろうとする者との初回の接見の機会を遅らせることは、被疑者が防御の準備をする権利を不当に制限するものといわなければならない」。

乙弁護士は、甲本人の依頼により弁護人となろうとする者として「初めての接見の申出」をなしたのであり、「それが弁護人の選任を目的とするものであったことは明らかであって、上告人甲が即時又は近接した時点において短時間でも上告人乙と接見する必要性が大きかった」もので、しかも「比較的短時間取調べを中断し、又は夕食前の取調べの終了を少し早め、若しくは夕食後の取調べの開始を少し遅らせることによって、右目的に応じた合理的な範囲内の時間を確保することができた」。甲の取調べを担当していたK警察官は、「夕食終了前、逮捕現場での実況見分の応援の依頼を受けて、夕食後の取調べについて他の捜査員の応援を求める等必要な手当てを何らしないまま、にわかに右実況見分の応援に赴き、そのため、夕食終了後も同上告人の取調べは行われず、同巡査部長が築地署に戻った後も、同上告人の取調べは全く行われないまま中止された」が、右取調べの経過に照らすと、「取調べを短時間中断し、夕食前の取調べの終了を少し早め、又は夕食後の取調べの開始を少し遅らせて、接見時間をやり繰りすること

により、捜査への支障が顕著なものになったとはいえない」。

Y課長は、午後5時頃までには乙弁護士が被疑者甲の希望する救援連絡センターの弁護士であることを確認できた。したがって、「上告人乙が午後4時35分ころから午後5時45分ころまでの間継続して接見の申出をしていたのであるから、午後5時ころ以降、同上告人と協議して希望する接見の時間を聴取するなどし、必要に応じて時間を指定した上、即時に上告人乙を上告人甲に接見させるか、又は、取調べが事実上中断する夕食時間の開始と終了の時刻を見計らい（午後5時45分ころまでには、上告人甲の夕食時間が始まって相当時間が経過していたのであるから、その終了時刻を予測することは可能であったと考えられる。）、夕食前若しくは遅くとも夕食後に接見させるべき義務があった」。

【参照条文】刑事訴訟法39条、憲法34条前段

二　本判決の意義

結論に賛成する。但し、理由付けには疑問がある[1]。

刑訴法（以下、法）39条1項は被疑者・被告人と弁護人の接見交通権を保障する一方、同条3項は公訴提起前に限り捜査機関が「捜査のため必要があるとき」接見の日時・場所・時間を指定する権限を規定する。現在も、殺人事件等一定の重大な事件では、捜査機関が被疑者を勾留する監獄の長に対して、接見指定権限を行使することがある旨通知しておき、弁護人が接見を希望する場合にはあらためて個別的に接見指定の要件の有無を検討した上日時等を指定する運用がみられる。このため、即時かつ十分な接見を求める弁護人と捜査機関との間であつれきが生じることがなお少なくない[2]。ことに事案によっては逮捕直後の弁護士の初回接見をめぐり警察側と紛議をよぶこともある[3]。

その場合、接見交通権と接見指定権限の優劣が問題になるが、この点は後者の要件である捜査の必要性の広狭によって定まる。その解釈について、3・24判決は、同条3項の合憲性を認めるとともに、「原則としていつでも接見等の機会を与えなければならない」としつつ、「捜査の顕著な支障」があれば捜査の必要を認めるとした（捜査の顕著な支障説）[4]。本判決は、右大法廷判決を前提に逮捕直後の接見申出を認めなかった捜査機関の措置を違法としたものであるが、次の点で注目に値する。

第1に、初回接見を直ちに弁護人に依頼する権利を与えられなければ抑留・拘禁されないとする「憲法上の保障の出発点」と位置づけた。第2に、初回接見

のための接見交通権行使を妨げることは、「被疑者が防禦を準備する権利を不当に制限するもの」とし、法39条3項但書が接見指定権限を制約する原理になることを明示した。第3に、初回接見申出の時点で実施または予定されている取調べ等の捜査をとりやめても、捜査中断の支障は生じないことがあるとし、捜査の顕著な支障説の厳格な解釈・適用の一例を示した。第4に、一般には施設の管理運営上の支障によって接見を制限してよいとしつつ、本件では夕食を供すべき時間帯または夕食後留置施設の執務時間外にあたる時間帯であっても接見を認めるべき余地を認めた（この点は注［6］参照）。第5に、捜査機関は、初回に関する限り弁護人となろうとする者と協議して、比較的短時間であっても時間を指定した上で「即時または近接した時点での接見」を認めるようにすべき義務があるとした。

但し、かかる意義とともに問題点も残しているので、以下で検討したい。

三　初回接見と弁護人依頼権

まず、本判決は、初回接見を憲法34条の保障する弁護人依頼権の「出発点」としたが、その意味は何か。

3・24判決は、憲法34条の弁護人依頼権を弁護人の選任だけではなく相談・助言など「弁護人から援助を受ける機会を持つことを実質的に保障している」と解するが、法39条の接見交通権については同条の「趣旨」にのっとり「弁護人等から援助を受ける機会を確保する目的で設けられたもの」で「憲法の保障に由来する」権利と位置づけた（趣旨・由来の権利説）［5］。接見交通権を弁護人「依頼」の「機会確保」のための手段的な権利に留めている。このことが、刑罰権ないし捜査権との調整を許容する解釈に道を開く。捜査の顕著な支障説はかかる権利論に由来する。

しかし、逮捕・勾留中の被疑者・被告人が弁護人と相談し助言等法的援助を受ける権利は接見の権利と不可分一体だ。他に右目的を達成する手段はありうる。だが、秘密・対面による協議が弁護人「依頼」の実質である。接見交通権は憲法34条の本質に内在する権利だ（本質・内在の権利説）。

この点で、初回接見を憲法34条の弁護人依頼権の「出発点」とするのは、独自の解釈である。もとより、3・24判決を先例として踏襲するものであるから、なお手段的な権利の出発点を意味する側面が色濃い。しかし、判決が初回接見を重要とするのは、弁護人選任目的と取調べに対する助言の機会だからである。この

認識からすれば、初回接見のための接見交通は、憲法34条に内在する本質的な権利とする趣旨とみていい。

　これと同じく、憲法34条の明文に照らした場合、勾留理由開示手続に関する接見も初回接見と同じ重みをもつ。他にも、実質上、勾留質問前の接見、勾留期間延長後の接見等初回接見と劣らず「出発点」と同等の重要性を認めるべき場合がある。本判決は、接見が憲法34条に内在する本質的権利として保障されるべき場合を拡大し類型化する道を開いた点で注目すべきである。

四　判例と捜査の顕著な支障基準

1　判決は、一方で、乙弁護士の接見申出が継続している間も、取調べが実施されまたその予定があったので、「捜査の中断等による支障が顕著な場合に当たる」としつつ、他方で、「取調べを短時間中断し、夕食前の取調べの終了を少し早め、又は夕食後の取調べの開始を少し遅らせて、接見時間をやり繰りすることにより、捜査への支障が顕著なものになったとはいえない」とするが、その趣旨は何か[6]。

　捜査の顕著な支障の有無に関する矛盾した評価がそのまま残っている点が問題になる。これに関連して、判決は、本件で夕食後の取調べが結果的に実施されなかった経過を重く見る。取調べの必要性がその程度なのであれば、初回接見の重要性に照らしたとき、取調べを中断し、あるいは食事時間帯で中断する取調べを短縮するか、夕食後の取調べ再開を遅らせる予定で接見を一定時間認めたとしても、捜査の顕著な支障は生じないとする。

　その場合、判決が予定している捜査の顕著な支障の内実が問題になる。本判決も、3・24判決に従って、捜査の顕著な支障とは現に取調べ等を実施中の場合と間近で確実な取調べ等の予定があって申出通り接見を認めると「取調べ等が予定通り開始できなくなるおそれがある場合」であるとしつつ、その最後を「など」と包括的文言で結んでいる。この文理に照らすと、罪証隠滅の防止など迅速・効率的な捜査実施の観点から総合的に接見を認める是非を判断する余地（いわゆる捜査全般説[7]）を否定していない、とも読める[8]。

2　しかし、判決は、弁解録取等を終えた後の取調べ実施中または予定中であっても、その中断ないし延期が捜査の顕著な支障にならない場合がありうることを認めている。つまり、支障の内容は、被疑者の身体拘束を利用する優先度に関

する調整の観点から物理的な差し障りを中心に捉えられている。ただ、単なる身体拘束利用にとどまるのではなく、まとまりのある捜査実施の利益を加味している。判決文に則しても、「取調べの中断等により捜査に顕著な支障が生ずる場合」かどうかを判断基準としている。支障は取調べの中断等と同一性状のものに限られ、「等」を加えたのは取調べ以外の捜査手続がありえるし、中断の他に再開遅延も入るからである。その意味で、本判決は捜査全般説と距離があることが明白である[9]。

　では、さらに本件で捜査の顕著な支障が初回接見申出によって消滅・縮減するのは何故か。この点では、「初回の接見」が弁護人依頼権を保障する憲法上の保障の「出発点」であり、「これを速やかに行うことが被疑者の防御の準備のために特に重要である」とする判示とこれに基づく次の結論部分の説明に注目すべきだ。

　「Y課長は、上告人乙と協議する姿勢を示すことなく、午後5時ころ以降も接見指定をしないまま同上告人を待機させた上、午後5時45分ころに至って一方的に接見の日時を翌日に指定したものであり……右の措置は、上告人甲が防御の準備をする権利を不当に制限したものであって、刑訴法39条3項に違反する……そして、右の措置は、上告人甲の速やかに弁護人による援助を受ける権利を侵害し、同時に、上告人乙の弁護人としての円滑な職務の遂行を妨害したものとして、刑訴法上違法である」。

　判決は、他の箇所でも即時または近接時の初回接見を妨げる指定権限行使が、被疑者の防御準備の権利を制限するものと摘示する。ことのほか但書に注目していることがわかる。

3　思うに、判決は、初回接見の重みなど憲法34条に内在しまた由来する接見交通権の価値が、但書を通して法律の次元に注入されるとみていると解してよい（「橋渡し条項」説）。まず、法39条3項本文では捜査の顕著な支障が生じるときには指定権限行使が認められるが、その支障の内実は、一般的に但書の保障する被疑者の防御準備権に抵触しない性状・態様のものに限定される（身体拘束利用の優先性を機軸とする支障）。さらに、本文でいう捜査の顕著な支障が一般的には認定できる場合でも、但書の制約の結果、各事案に即してみたとき、即時または近接時接見を認めないことが被疑者の防御準備を妨げる場合、これが縮減ないし消滅することもありうる。本件の初回接見は右の場合にあたる。これが判決の趣旨であろう。加えて、指定権限の行使の態様についても、但書が制約原理として機能する（4参照）。

4　本判決は、逮捕直後の初回接見の申出については、弁護人となろうとする者と協議して、即時または近接した時点での接見を認めても接見時間を調整すれば捜査の顕著な支障が生じるのを避けることが可能か検討することを求めているが、どう評価すべきか。

　この点について、杉山事件判決では[10]、「捜査機関は……現に被疑者を取調中であるとか、実況見分、検証等に立ち会わせる必要がある等捜査の中断による支障が顕著な場合には、弁護人等と協議してできる限り速やかな接見のための日時等を指定し、被疑者が防御のため弁護人等と打ち合せることのできるような措置をとるべきである」とするのに留まる。3・24判決も、弁護人等が求める接見の時間帯について指定要件がある場合、「捜査機関は、弁護人等と協議してできる限り速やかな接見等のための日時等を指定し、被疑者が弁護人等と防御の準備をすることができるような措置を採らなければならない」と判示した。形式上指定要件がある時間帯について、接見を認める必要がないことを前提としつつ、捜査機関は、捜査の顕著な支障がない時間帯がいつか検討して、その時期に接見を指定すれば足りる、と解釈できる側面が濃い。

　他方、前掲浅井事件判決は、「弁護人等から接見等の申出を受けた捜査機関は、直ちに、当該被疑者について申出時において現に実施している取調べ等の状況又はそれに間近い時における取調べ等の予定の有無を確認して具体的指定要件の存否を判断し、右合理的な接見等の時間との関連で、弁護人等の申出の日時等を認めることができないときは、改めて接見等の日時等を指定してこれを弁護人等に告知する義務がある」とする。この判決は、取調べ実施中または予定中であっても、弁護人の求める接見時間との兼ね合いで接見を優先させることが捜査の顕著な支障を生じる場合にあたるか否かも具体的に吟味し協議することを求めている[11]。

　本判決は、端的に但書がかかる義務の根拠となり、指定権限の行使態様を規制することを認めた。捜査機関は、弁護人が接見を求める時間帯が指定要件の認められる時間帯と重なっている場合であっても、なお接見の時間を制限することで捜査の顕著な支障を回避できるかどうか検討することを義務としたのである。

五　判決の問題点

1　本判決は、3・24判決が確認した捜査の顕著な支障説に基づいて、初回接

見を被疑者取調べより優先させるべきであるとする。これは、右基準が接見の申出がなされた段階での捜査状況を踏まえて、接見の必要性と捜査実施の必要性を柔軟に調整する役割を果たすことを示す。では、本判決の採る捜査の顕著な支障説は妥当か。

以下の問題がある。

第1に、取調べ等の捜査手続実施または予定があるとき「原則として」捜査の顕著な支障があるとするが、多義的であって接見を妨げる論理を内包している点で疑義がある。

一方では、本判決は、取調べ実施中または予定中であってもその中断ないし延期が捜査の顕著な支障にならない場合がありうることを認めた。そして、その点に関する吟味・協議を捜査機関に義務づけた。この点は、即時接見の道を拡げるものである。

他方で、本判決は、接見指定にあたり、「犯罪事実の要旨の告知等被疑者の引致後直ちに行うべきものとされている手続」（法203条1項所定の犯罪事実の要旨および弁護人依頼権の告知、弁解の機会の提供をさすと思われる。ここでは弁解録取等とする）および指紋採取・写真撮影については、当然にその中断ないし再開遅延を捜査の顕著な支障にあたるとみなして接見を優先させる必要はないとする[12]。

だが、弁解録取の際作成される弁解録取書に犯行を認める概括的な供述が記載され、後の公判廷で自白として有罪立証の重要な柱になることは少なくない。また、被疑者が逮捕後直ちに弁護人依頼の意思を表示している場合、弁解録取に先立ち助言を得ることも接見の目的に含めているとみるべきだ。このときなお弁護人依頼権の告知手続を先行させる実質上の必要性もない。しかも、弁解録取等の手続は強制処分ではない。初回接見こそ優先されるべきであった。その意味で、捜査の顕著な支障説が接見指定要件を形式的に認定することで接見を制限する法理であることがあらためて確認できる。

第2に、一般には被疑者取調べを優先する判断を正当化する点で適切ではない。

例えば、最判平12・2・22判時1721号70頁は、弁護人が翌日の接見を希望して指定を求めたときでも、時間的には「間近」とは言い難いとしてもその時期に身体拘束を利用する捜査の予定が確実な場合、指定要件があり希望通り接見を認めなくとも違法ではないと判断している。さらに、捜査機関がある程度の計画性をもって策定した被疑者取調べスケジュールがあれば、これを重視した接見指

定が是認される[13]。

　第3に、捜査の顕著な支障説は、捜査の顕著な支障の有無についてはもとより、接見に要する時間についても、捜査機関側が捜査の必要性との兼ね合いで裁量により決定することを許す点で弁護人依頼権の本質に反する。

　というのも、判決は、初回接見の重要性を摘示するが、他方で、即時または近接時であれば「比較的短時間」でもよいとする。だが、弁護人選任は、一定の信頼関係の形成が必要であるし、被疑者取調べに対する助言は事件に関する事情聴取を前提にしなければできない。初回接見こそ十分な接見時間の確保を要する。その判断は被疑者と弁護人に委ねるべき性質のものである。

2　本判決は、法39条3項は違憲ではないとする。が、上記1で述べたように、捜査の顕著な支障説は即時接見を妨げるおそれを常に伴う法理である。同条項は、かかる解釈の余地を残す。とすれば、立法として不備であり違憲と見るべきではないか[14]。

　確かに、弁護人依頼権は被疑者に保障されているのに、これに基づく接見交通権の行使の態様を事前の司法審査を経ず、捜査機関が裁量により接見指定の要件を判断し、しかも接見の日時・場所・時間も制約できる強制処分の権限を与えたものとすれば、違憲だ（憲法31条と憲法34条に反する）。が、別の解釈の余地がある。

　まず、接見交通権にも内在的な限界がある。接見の機会が抑留・拘禁の目的を阻害しないことだ（逃亡と罪証隠滅防止。監獄の戒護妨害防止も付随的だが不可分の目的である）。但し、これらも接見の秘密と防御の準備を害しない範囲でのみ制約理由となる。右の限度の内在的制約を法律で規定することに問題はない。法39条2項はそれを目的とし、監獄法上の戒護権にこれを委ねた。捜査権限との関係でも接見交通権が内在的に制約される場合がある。被疑者が捜索差押許可状、検証許可状など憲法35条の保障する令状審査に基づく強制処分の客体となっている限度では、令状の排他的効力により令状執行に合理的に必要な時間内の接見は排除される。同じく、刑訴法218条2項は、すでに令状主義によって正当化された身体の拘束を受けている被疑者については、あらたな令状がなくとも、指紋・足型採取と写真撮影を強制できるとする。かかる処分の実施中またはその予定時間中については、接見が劣後してよい。本判決もこれを認めている。

　しかし、さらに捜査の必要一般による広範囲の制限が及ぶ権限を「捜査機関」

に与えること、とりわけ取調べの必要による接見制限の権限を捜査機関に認めることは、接見交通権の本質を掘り崩す。逮捕・勾留に伴って法律上取調べのための出頭・滞留義務があるとしても、取調べ自体は任意捜査だ。被疑者はいつでも取調べを拒んで自己に必要な防御活動を行う自由がある。被疑者が弁護人による法的な助言・支援なく取調べに臨むように強制するのは、憲法34条の弁護人依頼権を侵害し、これに伴い憲法38条の供述の自由ないし黙秘権とその根元にある被疑者の包括的防御権を侵害する。取調べの必要は接見交通権を制限する「指定」権限の理由にできない。

　接見交通権は内在的な限界を除くと、捜査権限・戒護権限に優越する（接見交通権優位説）。とすれば、法39条3項が予定した接見指定権限は、憲法上の権利を制限できる強制的効果を伴う措置と解することはできない。処分の性質は、任意とみなければならない（任意処分説）[15]。捜査機関が、捜査の都合上接見の日時・場所・時間を指定し被疑者と弁護人に協力を求める処分だ。指定自体に法的強制力はない[16]。もっとも、捜査機関は、強制処分終了まで接見できないことを指定権限の行使として告知できる。このとき、接見できないのは指定権限が強制力をもつのではなく、強制処分の排他的執行力による。

　任意処分であるにも拘わらず、刑訴法が接見指定権限を法定する理由はある。事実上、憲法が保障する弁護人依頼権に基づく接見交通権の制限にかかわることなので、そうした権限の確認をしつつ、同時に、調整を求める理由の点でも、その協議のありかたの面でも被疑者の防御準備を妨げてはならないとし（法39条3項但書）、権限の任意処分性を明示することである。法198条1項の取調べが任意捜査であるのに、明文でこれを規定しているのと法構造は同じである。また、任意処分といえども、過剰・不当な働きかけになり、事実上接見交通権を侵害する事態はありうるから、任意捜査の権限行使に伴う救済を準抗告で行うことも合理性がある（法430条参照）。

　かくして、捜査機関が、捜査の必要に照らして接見の日時・場所・時間について被疑者・弁護人に調整を求める任意の権限を否定する必要はない。そうであれば同条を違憲とする必要もない（むろん、法39条3項は国際人権自由権規約にも抵触しない）。

3　本件の接見指定は、①憲法34条の保障する弁護人依頼権に内在する即時接見の権利を侵害し、②法39条3項は、捜査機関が被疑者・弁護人に対して接見の日時・場所・時間の調整に関する協力を求める任意処分にとどまるのに、事

実上強制的に即時接見を妨げることとなった点で違憲・違法とみるべきであった。

[1]　以下の評釈参照。①笠井治・現代刑事法18号 (2000年) 55頁、②田尻野猛・法律のひろば2000年10月号58頁、③警察大学校重要判例研究会・捜査研究587号 (2000年) 68頁、④林眞琴・警論53巻9号 (2000年) 176頁、⑤矢尾渉・ジュリ1197号 (2001年) 74頁、⑥山本和昭・現代刑事法26号 (2001年) 90頁、⑦後藤昭・ジュリ1202号 (2001年) 178頁、⑧小早川義則・判評510号 (2001年) 207頁。なお、座談会「最高裁判決を越えて／接見交通のあるべき姿を探る」季刊刑事弁護26号 (2001年) 38頁以下参照。

[2]　拙稿「接見交通の到達点と実効的保障の展望」季刊刑事弁護26号 (2001年) 29頁以下。

[3]　例えば、革新政党系の県会議員候補を支持する運動員が公選法違反で現行犯逮捕されてまもなく、弁護士らが引致された警察署に赴いたが、他の支援者らの行う逮捕に抗議する活動と混然一体となった面があったため、正規の初回接見申出として処理されるのに時間を要した場合、警察官らが接見を遅延させてもやむをえないとする福岡高判平3・5・29 (平元(ネ)664) とこれを是認した最判平6・2・24 (平3(オ)1304) 参照。同じく、政党の演説会のポスター貼りを屋外広告物条例違反、軽犯法違反として現行犯逮捕された被疑者が関係者の依頼で警察署に赴いた弁護士を弁護人に選任する旨述べているのに、警察官が弁護人選任手続の先行を要求し、しかもそのための接見も認めないとした措置を違法とした福岡地裁小倉支判平元・8・29 (昭61(ワ)267) 接見交通権ニュース16号23頁とこの判断を是認した福岡高判平6・2・21 (平元(ネ)608) 接見交通ニュース23号93頁参照。

[4]　大法廷判決は、検察官の接見を認めなかった措置を違法とするいわゆる安藤・斎藤国家賠償請求事件が上告された際、上告人代理人 (接見を妨害された弁護士側代理人) の求めに応じて、法39条の違憲性の論点のみ大法廷に回付した上、判断を示したものである。その経過について、柳沼八郎「大法廷回付事件の経過レポート」接見交通権ニュース27号 (日弁連、1999年) 1頁参照。判決の評価等について、日弁連接見交通権シンポ記録集「大法廷の判決は小法廷で活かされたか」(2000年9月26日)。

[5]　3・24判決が接見交通権を「憲法上の権利そのものであるとした」との解釈があるが (例えば、笠井・前掲注 [1] 55頁)、本質・内在の権利を意味するとすれば必ずしも正確ではない。

[6]　留置施設の戒護権・管理運営権による接見制限の厳格解釈にも注目すべきである。本件原判決は、留置場の夕食時間帯の接見は、他の留置人との関係で戒護が手薄になること、留置講習を受けていない刑事課の警察官では戒護補助はできないこと等を摘示し、Y課長がこの時間帯にかかる接見指定をしなかったことを違法としなかった。本判決も、一般論としては留置施設の管理運営上支障がある場合は初回接見を制限できるとする。しかし、原判決が摘示する程度の負担は、初回接見を制限できるほどの戒護上の支障とはみないことを間接的に示した。また、夕食時間帯の後の接見が執務時間外にかかることを理由として接見の翌日指定を正当化していないことも注目に値する。

第4章　初回接見と憲法34条　　73

ちなみに、牟田事件の控訴審判決・福岡高判昭63・4・12判時1288号89頁は、スピード違反で夜8時前に現行犯逮捕されて同10分過ぎに警察署に引致された被疑者について、弁護士が午後10時頃面会を求め被疑者が弁護人に選任する意思を表示したが、警察側が時刻が遅いことを理由にその日の接見を認めなかった事案で、「執務時間外の接見要求に応じることが捜査機関側の戒護保安の態勢に現実的、具体的に支障を生じる虞れがある場合のあることは勾留中の被疑者の場合と同様である」とし、被疑者・弁護人側に執務時間外接見を必要とする「防御上の緊急性等の特段の事情も認められない場合においては、施設管理権及び接見交通権の調整を図る観点から、最も接近する執務時間に接見させるなどの接見交通権の補償措置を採る限り、執務時間外の接見要求に応じないことが、直ちに違法な措置になるものではない」とし、初回接見について防御上の緊急性等の特段の事情を認めなかった。最判平4・12・10（昭63(オ)1576）も、控訴審の判断を是認して控訴を棄却した。但し、橋元裁判官が次の補足意見を付した。

　　　「弁護人又は弁護人を選任することができる者の依頼により弁護人となろうとする者と被疑者との接見交通権が憲法上の保障に由来する趣旨及びその機能、とりわけ本件事案のような逮捕の直後における接見が被疑者の防御活動にとってこの上なく重要であることにかんがみれば、捜査の中断による支障が顕著な場合はさておき、接見の申出が夜間においてされたときにも、接見の機会は原則的に保障されるべきである。したがって、夜間における接見についても、捜査機関および留置施設を管理する機関において、できる限りの配慮をし、迅速かつ円滑な接見交通を害しないよう対応することが望まれる」。

[7]　　例えば、法務省刑事局刑訴法研究会『実務刑事訴訟法』（立花書房、1994年）114頁。この点について、拙稿・前掲注[2] 28頁。
[8]　　大野重國・警論52巻6号（1999年）45頁、山本・前掲注[1] 95頁参照。
[9]　　拙稿・前掲注[2] 28頁参照。
[10]　　最判昭53・7・10民集32巻5号820頁
[11]　　浅井事件判決に付された坂上裁判官・補足意見も次のように指摘していた。「捜査機関が、弁護人等の接見申出を受けた時に、現に被疑者を取調べ中であつても、その日の取調べを終了するまで続けることなく一段落した時点で右接見を認めても、捜査の中断による支障が顕著なものにならない場合がないとはいえないと思われるし、また、間近い時に取調べをする確実な予定をしているときであつても、その予定開始時刻を若干遅らせることが常に捜査の中断による支障が顕著な場合に結びつくとは限らないものと考える」。
[12]　　本判決が、弁解録取等の実施または予定中には接見指定ができることを認めた点は、3・24判決を拡張するものではない。本判決も、3・24判決と同じ文言を用いて捜査の顕著な支障を認めてよい捜査手続を列挙したが、例示末尾の取調べのうしろに「等」という包括的な言葉を付け加えている。本判決は、右判示が例示列挙であることを確認したものといえる。今後も、これに準ずる捜査手続が問題となることが予想される。
[13]　　例えば、最判平12・2・24裁判集（民事）196号841頁は、午前、午後と取調べが継続予定の場合、昼食時間帯前後の接見に関して、捜査の顕著な支障を認定して

いる。「当日の上告人E及びTの取調べは、勾留の満期を控え、終日継続する可能性があり、その終了時刻を予測することが不可能であったことや、身柄拘束中の被疑者にとって食事及びその前後の休息時間が重要であることなどにもかんがみると、上告人Kの接見申出があった時点において、接見の日時を即時若しくは昼食時間中に指定し、又は午後の取調べの開始時刻を遅らせた上で右日時を昼食時間の終了直後に指定することは、取調べの中断等により捜査に顕著な支障を生じさせる」。実際にも夕方まで取調べが継続した点も考慮して、接見を認めなかったことを是認している。

　また、仙台・筋弛緩剤投与殺人事件では、被疑者は初回逮捕後代用監獄で勾留されていたが延長決定後に検察官の指揮で拘置支所に移監された。その間の接見について、「弁護団は……仙台拘置支所に移ってからは毎日午前8時半から9時までの間の20分間しか接見できなくなっているとし、『接見を妨害し、供述を取ろうとしている』と述べた」と報じられた（朝日新聞2001年1月21日朝刊）。弁護人は、かかる指定の取消しと即時接見の命令を求める準抗告を申し立てたが、仙台地決平13・1・18（平13(む)12）は、申立を棄却するにあたり、「本件の事案の性質・態様等に照らすと、多数の関係者の供述や具体的事実関係等の証拠を基に、被疑者の取調べを相当要する」とし、検察官が1日あたり20分の接見指定をする運用について「本件事案の状況と対比すると、被疑者の防御権を不当に制限する違法なものとは認められない」とする。

　なお、この事件では、接見指定にあたり、「接見等の日時及び時間」を例えば「午前8時30分から9時の間、20分」とする指定書が作成された。これは、指定時間帯を除く身体拘束期間はすべて指定要件が充足されていることを前提にする。裁判所もこれを是認する。が、これでは捜査の顕著な支障とは抽象的概括的な捜査の必要で足りることになる。捜査の顕著な支障説にたつ場合でも、指定のあり方としては、「取調べが開始される午前9時までの間」あるいは「取調べが終了する午前11時45分から再開される午後1時15分まの間」とすれば足りるはずである。

[14] 　違憲説として、例えば、高田昭正「接見指定制度の問題性と違憲性」自正50巻2号（1999年）120頁参照。
[15] 　丹治初彦「接見交通権の再構成」刑事手続の最前線112頁。
[16] 　学説上、被疑者の身体拘束を利用した取調べなど捜査手続が現に実施中には接見できないが、それ以外の機会には接見指定すべき捜査の必要性がないとするいわゆる物理的限定説が有力である（例えば、井戸田侃・民商法雑誌122巻6号〔2000年〕62頁）。しかし、①被疑者の身体拘束を利用する捜査実施が憲法上の接見交通権に優位することを認めている点、②その限度で、指定権限自体が強制効果を持つことを是認する点で不当である。

第4章　初回接見と憲法34条

第5章　接見等禁止と被告人の防御権

一　問題の所在——接見等禁止処分と被告人・弁護人の書類の授受

1　1999年、埼玉県本庄市のあるパブを舞台として、客に市販のかぜ薬などを大量に飲ませて殺害したとされる特異な事件が報道などで大きく取り上げられた。事件関係者が連日有料の記者会見を開くなどしたため、社会の耳目を集めた。2000年3月、事件の中心人物甲他女性3名は、殺人未遂の被害者との偽装結婚に関わる公正証書原本不実記載・同行使罪で逮捕された。以後、甲被告人等は殺人未遂、殺人（2件）、保険金詐欺事件などで逮捕、勾留、起訴がなされた。一連の事件に関する第一回公判期日は、2001年3月に開かれた。以後さいたま地裁で審理が重ねられており、2002年2月までに甲被告人を除く3名の共犯者に対する判決が言い渡された。なお、乙被告人は、中学卒業後しばらくして甲の経営するパブで働きはじめ、まもなく甲と愛人関係になっている。

甲、乙被告人は、公正証書原本不実記載・同行使被疑事実による勾留以来、いずれの被疑事実についても勾留中接見等禁止が付され、起訴後も第1回公判まで接見等禁止とされている。各決定は定型文である。公訴提起に至るまで、または、第1回公判まで、各被疑者または被告人と「刑事訴訟法39条1項に規定する者以外の者との接見及び文書（新聞・雑誌・書籍を含む）の授受を禁止する」とされている[1]。

2　2000年5月頃から、甲、乙被告人がそれぞれ作成した事件に関する文書について次のようなやりとりがあった。

乙被告人は、4月頃からの取調べ状況と否認から自白へ至った自己の心境、事件の詳細などを記載した日記風のノートを綴っていた。その一部には、たとえば、「マスターも早く外に出ることを考えて。無罪は勝ちとれないよ。少ない可能性にかけるのはやめて。それは死刑への道をまっしぐらになっちゃうよ」など甲へのメッセージ性のある文書も綴られている。

乙の弁護人M弁護士は、これら4冊を宅下げにより受領し、そのコピーを甲の

弁護人であるＴ弁護士に渡した。Ｔ弁護人は、甲被告人に差入れて検討を指示した。甲は、事実経過に関する詳細な反論をまとめたメモを作成した。これには、独白とも乙宛てのメッセージともとれる文章が多数含まれている。

たとえば、「２人で、心の雪だるまを溶かさないように守って行こうじゃないか」、「乙城の殿の首を取られないように、守ってもらいたい、城は殿の首を取られたら、今までの歴史でも、城は陥落する」、「殿の首が飛んだら以前に戻る事は出来ない。姫と殿で、争っていたのでは、敵人に攻められる。今の姫は、敵人の味方だ。姫は殿を守れないか、このまま突入したら、間違いなく城は陥落する」等である。

後に、乙被告人は公判廷で右メモを読んだ感想について、「私がこのままずっと自白を続ける限り……おれを失うぞという意味のことが……殿や姫の話とか雪だるまの話とか、お城の話とかに交えて書いてありました」とし、甲の愛情を失うことになるかもしれないことに「動揺」したという。その意味で「私にとっては脅迫状というふうにしか取れない手紙でした」と述べている（平12(わ)748、第12回公判、被告人供述調書）。

Ｔ弁護人は右メモを宅下げにより受領した。７月下旬から８月上旬頃、Ｔ弁護人は、これをＭ弁護人に渡した。８月８日、Ｍ弁護人はこれを乙被告人に差し入れた。2000年11月25日、甲被告人の代用監獄内居房に対する地検の捜索・差押により乙のノート・コピーが押収された。

3　2001年11月12日、さいたま地検次席検事は、埼玉弁護士会に対して、両弁護人が接見等禁止決定を潜脱する行為を行ったことを理由として懲戒を申し立てた。理由は以下の点にある。

「甲及び乙に接見等の禁止が付されていた趣旨は、同人らが共犯関係にあることから、口裏合わせ、威迫及び否認のしょうようといった相互の意思疎通を手段としてなされる罪証隠滅工作の防止を図ることにある……各弁護人によって敢行された接見等禁止決定を潜脱する行為の結果、甲が、乙の自供の過程及びその内容等を知って、同人に自供を翻して罪証隠滅をするよう指示したノート又はその写しを送りつけることが可能になったことは明らかであって、Ｔ弁護士及びＭ弁護士の接見等禁止決定潜脱行為により、罪証隠滅の現実的おそれが生じた」。

懲戒請求申立書によると、２弁護士の活動は弁護士倫理54条の定める「偽証のそそのかし」禁止に「実質的に違反する行為」であるという。したがって、弁護士法56条が掲げる懲戒事由中、「職務の内外を問わずその品位を失うべき非行

があつたとき」に当たるとする趣旨かと思われる。

　確かに、両弁護人がそれぞれ乙のノート・コピーおよび甲のメモを各被疑者・被告人に差し入れた行為が、刑訴法上違法・不当なのであれば、品位喪失非行に当たる可能性が出てくる。

4　弁護人が、調査活動の一環として共犯事件を担当する弁護人から相互に情報や資料をやりとりすることは、正当な弁護活動である。参考人から弁護人が事情を聞くのと同性質の活動とみていい。

　では、被疑者・被告人との間で資料を授受するに当たり、本件の経緯は法81条に基づく接見等禁止決定に反するとみるべきか、法39条1項に基づく物・書類の授受に関する権利の正当な行使とみるべきか。以下、検討したい。

二　接見等禁止一部解除について
——一部解除先行説と自由な授受優先説

1　上記問題については、法81条の接見等禁止決定を尊重して処理することも考えられる。

　ある検察実務家は、「被疑者の防御とは無関係に弁護人が単なる使者として他の者の被疑者あての手紙を預かって被疑者に受領させるような行為は、もはや39条1項が規定する書類の授受の範囲を逸脱しており……弁護人との間の書類の授受とは認められない」とし、さらに「書類等が防御に関連すると認められる場合であっても、その授受が第三者との間で行われたと評価される限り、接見等禁止決定の禁止に違反する」とする。かかる場合懲戒事由になりうるし、監獄当局は接見等禁止決定の趣旨に従った措置をとることもできるとする[2]。したがって、弁護人は被疑者・被告人と第三者間の手紙や情報交換の趣旨を含むものは、裁判官・裁判所に接見等禁止一部解除を申し立てて司法審査を経てから授受を行うべきこととなろう（以下、一部解除先行説）。

　この立場では、本件は次のように処理すべきことになる。M弁護人が乙からノートを受領するにあたり、あらかじめ接見で甲宛の書信と読める内容があることを知った場合には、裁判官・裁判所の接見等禁止一部解除の申立を先行させるべきこととなろう。被疑者・被告人が宅下げ手続により事実上送付したときは、弁護人は防御のための検討材料であると判断し罪証隠滅や逃亡のために利用することはない場合であっても、客観的にみて接見等禁止決定の趣旨に反する虞があ

る以上、その当否の判断は司法審査に委ねるべきこととなる。やや技巧的だが事後的であっても一部解除を求めるべきであろう。T弁護人がM弁護人から受領したノート・コピーを甲に差し入れるにあたっても、一部解除申立を行い、甲のメモの宅下げ、M弁護人による乙への差入れも同様の手順を踏むこととなる。

2　このように、接見等禁止決定の効果に優位性を認めることに合理性がないではない。主たる理由は、法81条の措置が司法審査を経ていることだ。次のようにいえようか。

　この手続は、憲法34条に由来する。同条は、拘禁（勾留）の正当な理由を公開法廷で開示することを求める権利を保障する。そこには、勾留を司法審査を経て行われる処分とする原理が読みとれる。接見等禁止処分は勾留の一態様だ。その正当性も司法審査の対象にするのが望ましい。法81条は憲法の趣旨にそった手続である。他方、憲法34条は、弁護人依頼権も保障する。そして、判例は、法39条1項の接見交通権は同条の趣旨に由来するとする[3]。そうであれば、接見交通権は司法審査を経た勾留を前提にして保障される。裁判官・裁判所による接見等禁止決定と接見交通権が矛盾を生じる状態は予定されていない。司法審査を経て裁判として接見等禁止の状態とすることが宣言された以上、その法効果を妨げることは許されない。接見交通権は、接見等禁止決定と調和する限度でのみ保障されていることとなる。

3　しかし、一部解除先行説には疑問がある。

　まず、接見交通権は憲法34条に内在する本質的な権利である[4]。同条が保障する弁護人依頼権は依頼の機会の保障ではなく、現に適切有効な弁護それ自体を保障する。被疑者・被告人と弁護人が防御のための打合せを行い、これに必要な資料の交換ができる状態は弁護に不可欠である。勾留の正当性はかかる権利を損なわない限度でのみ認められる。

　確かに、接見等禁止は司法審査を経ている。これは、被疑者・被告人の地位におかれた市民が十分な防御を行う上でも家庭と職場など社会生活上の連絡ができる状態が望ましく、その自由を制限することの重大性を考慮したものである。ただ、その対象は一般人である。逃亡・罪証隠滅につながる情報交換にならないかどうか、法的にみて適切な判断を期待できないからである。弁護士たる弁護人にはこの点の判断を信頼して委ねるべきである。何故なら、司法審査の際、検察官の意見の聴取が欠かせない。検察官は捜査と有罪立証に責任を負い、接見等

禁止処分を請求する権限をもつ以上、その意見を聞くことなく、裁判官・裁判所が処分を一部とは言え解除するのは相当ではない。とすると、被疑者・被告人と弁護人の授受する情報は検察官に示されることになる。防御の手の内が検察官側に明らかになる。これを避けるには、被疑者・被告人、弁護人側で授受する情報を自制、制限するしかない。それは、防御を萎縮させる。

　勾留に関する処分は、司法審査を経るべきであるが、弁護人依頼権が保障されている限度でのみ市民の自由を拘束できる。物・書類の自由な授受を原則として保障しなければ、被疑者・被告人は弁護人と十分な情報交換を行って最善の弁護を受ける利益を失う。弁護人依頼権は、防御のための情報交換の秘密性を伴わなければならない（自由な授受優先説）。

三　弁護人の自主規制について——弁護の自粛説と弁護の拡充説

1　本問題について、一律に一部解除を求めることなく、弁護人の自主的判断を尊重する運用指針を確立することで問題を解決する道もないではない。

　つまり、弁護人が、被疑者・被告人との書類などの授受にあたり、内容上第三者へのメッセージが含まれている場合であって逃亡・罪証隠滅につながると疑われるおそれがあるとき、念のため一部解除を申し立てるが、主として防御のための情報であり、秘密性を守る必要が高い場合には弁護人の責任でこれを授受するものとする。この場合、第三者への書類の交付は控えるようにすることとなろうか。

　こうしたソフトな対応の前提は、裁判官・裁判所に要らざる不信感を持たせることが各ケースにおける被疑者・被告人の防御のマイナスになるという実際上の配慮に基づく。

　さらに、弁護人が接見等禁止措置の対象ではないので法的に拘束されることはないものの、裁判官・裁判所が判断した接見等禁止の効果を法律家としては一般的に尊重すべき立場にあるという認識によっている。

　したがって、接見等禁止決定の効果を損なう接見交通や書類・物の授受のあり方は、弁護人側で自己抑制して、客観的に接見禁止潜脱状態になることをあらかじめ回避するようにこころがけることになる。そのためにも、なるべく司法審査を受けるのが好ましいこととなろう（弁護の自粛説）。

　しかし、自主規制を重視する運用にも疑問が残る。なにより、司法への遠慮と控えめな弁護観に基づく点に問題がある。

弁護人は、捜査機関の捜査、検察官の公判での立証活動と平行して、手続の適正が守られているかどうか、真実解明が歪められていないかどうかを監視しつつ、被疑者・被告人の視点から弁護活動を行う。その際、弁護人が法39条1項によって行なう接見、書類・物の授受（以下、接見等）を自由・秘密に行う権利を法81条の効果によって制約することは法自体が予定していないのではないか。

　何故なら、法81条は、一般市民との接見等について司法判断により直接これを禁止する一律の法効果を被疑者・被告人に及ぼすが、法39条3項によると、捜査機関の行えるのは弁護人と被疑者との接見等について日時・場所・時間を制約することであり、その禁止ではない。むしろ、防御の準備権の妨害を禁ずる但し書に照らすと、捜査機関は迅速に接見できる機会を確保する責務を負担する。しかも、法430条では事後的な司法救済の道も保障する。

　にも関わらず、一般人との接見等を禁止する強制処分の法効果を弁護人との接見等に事実上及ぼすことは、法39条の趣旨を潜脱して法の予定していない被疑者と弁護人との一律の接見等禁止効果を生むことになる。

　弁護人は、被疑者・被告人の利益を守って弁護活動を行うことを期待されている以上、一般人との関係で逃亡・罪証隠滅を防ぐ措置がとられていることを、自ら足枷とすべきではない。

　法39条3項による捜査機関との調整が必要でない場合、弁護人の責任で逃亡・罪証隠滅にならないように配慮しつつ被疑者・被告人との接見等を行うべきである。

2　ただし、検察官と対比すると、逃亡・罪証隠滅のおそれに関する弁護人の判断権は制限があると解する余地もないではない。

　というのも、判例上、捜査段階では検察官が罪証隠滅等のおそれがないと認めた場合、接見禁止中の被疑者を第三者と接見させることができる、とされている（福岡高判昭47・5・30高検速報1138号）。

　これは、法81条の接見等禁止措置の効果が、捜査段階の被疑者取調べ権限を性質上制約しないと解されていることを意味する。条文上も、検察官は接見等禁止の請求権限を認められている以上、逃亡・罪証隠滅を疑う相当の理由の有無を独自に判断することを法が本来認めているといってよい[5]。

　事実上も検察官が被疑者・被告人の逃亡を援助したり罪証隠滅を図ることは考えにくく、裁判官・裁判所による接見等禁止決定が出されて以後も独自の判断権は残るとみることは不当ではない。かかる検察官と弁護人を同列に扱うのは相

当でない面もある。

　だが、法39条1項の接見・物と書類の授受の自由を制約する手続としては、刑訴法は同条3項による捜査機関が行う接見等指定しか予定していない。これ以外の制約を明文なく及ぼすべきではない。強制処分法定主義に反する（法197条1項但書）。

　しかも、捜査機関による接見等指定の場合にも、判例上弁護人による罪証隠滅のおそれを考慮に入れることには消極的である[6]。さらにいえば、同条3項の接見等指定は捜査機関の任意的処分と見るべきである[7]。このように解すれば、被疑者・被告人、弁護人の求める接見等こそ優先することになる。

　ただ、監獄に居る被疑者・被告人の身体を管理する捜査機関側と異なり、弁護人は自由に第三者を被疑者・被告人に接見させることが事実上できないが、この点については、むしろ被疑者・被告人と弁護人は接見禁止の一部取消し請求の権利を認められるべきである。現在行われている一部解除申立てによる職権発動は、これに代わるものとして位置づけるべきであろう[8]。

　この場合を除き、被疑者・被告人と弁護人が防御のために行なう物・書類の授受は、法81条と平行して容認されている権利である。自由に行使していい。

3　ところで、本条の罪証を隠滅すると疑うに足りる相当な理由について、判例上は被告人が拘禁されていてもなお罪証を隠滅すると疑うに足りる相当強度の具体的事由が存する場合をいうと解されている（京都地決昭43・6・14判時527号90頁、浦和地決平6・5判タ763号287頁等参照）。

　しかし、犯罪または被疑者・被告人の属性による類型的概括的判断で足りるとする緩やかな解釈を認める説もあり[9]、実際の運用もこれに近いと推測される面がないではない[10]。

　仮に、弁護人の自主的判断に委ねつつ接見等禁止決定の趣旨を尊重することを求めると、実は、かかる運用を定着させるものとなりかねない。「司法の目」によって弁護活動の有り様を弁護人自身が点検して、自主規制することを意味するからだ。だが、これは、弁護人の活動に大きな萎縮効果をもたらす。

　弁護人は、被疑者・被告人との接見・物と書類の授受の自由を最大限活用して弁護を行うことこそ期待されている。権利行使を自粛するのは任務違反でさえある。

4　ただ、なおかつ運用の工夫によって罪証隠滅等のおそれを縮減する方法はほ

かにも考えられる。
　たとえば、被疑者・被告人と第三者間の書信については、弁護人が内容を要約したり、部分引用にとどめるなど弁護人自身の書信の内容にそれを組み込んだ上、その内容を伝達することが考えられる。
　この方法によって、弁護人が罪証隠滅や逃亡につながる情報をスクリーニングすることができるし、暗号を使った情報交換を防ぐ余地も広がる。なにより裁判官・検察官からみても弁護人の慎重な配慮を信頼する条件ができる。
　裁判に関する書類を被告人に渡す場合にも、「刑事記録には、多数の方々のプライバシー等、秘密にすべき情報が含まれています。その取り扱いには、十分ご注意下さい」等の趣旨の注意書を添える弁護士もいる。
　確かに、本件のノートやメモのコピーには、「司法の目」からみると、被疑者・被告人が共犯者に宛てたメッセージが含まれていると非難される可能性がある。
　だが、そうであるからといって法的に見て、本件各差入れ・宅下げが違法・不当になるものではない。乙の用意した相当量のノートを甲みずからていねいに点検することによって読みとれる情報があろう。それが防御に役立つこともある。むろん、双方の弁護人は、内容を精査し、万が一にも逃亡や罪証隠滅に関わることとならないか慎重に判断し、さらにそれぞれの防御にとって積極的に役立つからこそ差入れをしているはずである。被疑者・被告人の提供する第三者宛のメッセージを弁護人が書き写すのは、余分の負担であり、迅速・効率的な弁護を妨げる面もあろう。なにより「司法の目」を気にして、差入れの「かたち」を変えることは弁護の自粛である。正当化できない。

四　防御に関する情報保護について
——防御権と「情報プロセス」・「情報ストック」の保護

1　視点を変えて、被疑者・被告人と弁護人が授受する情報保護一般について概観してみよう。
　現行法は、被疑者・被告人と弁護人が自由に立会人なく接見することを認める。接見指定によりその自由を制限はできるが禁止はできない（法39条）。口頭による情報授受のプロセスの秘密性を保護するものだ（「情報プロセスの自由」）。物・書類の授受、信書の発受については、同条2項により監獄法上の規律を受けるため、一般人と同じく検閲等内容を点検する手続に付される（監獄法施行規則130条、139条など）。物・書類などの授受のプロセスに関する秘密性は必ず

しも保障されていない。

　他方、弁護人が被疑者・被告人から防御のため受領し保管する情報に関しては、特段の保護規定がない。但し、弁護士たる弁護人である限度で、法105条で業務上の秘密に関する押収拒否権が、また法149条で証言拒絶権が保障されている。

　しかし、被疑者・被告人の側が弁護人から受領した情報に関する保護規定はない。もっとも、供述拒否権ないし黙秘権を行使できる限度で防御に関する情報を供述することは拒める。ただ、授受された物・書類・信書等は必要に応じて捜査機関が捜索・差押の対象とすることができ、この点の制限規定はない。現に、本件でも甲の居房に対する捜索・差押が実施されて乙のノート・コピーが押収されている。要するに、保持・保管している情報の秘密性（「情報ストックの自由」）については保護規定はない。

2　実際には弁護士の不法行為がある以上、なんらかの規制手段は要る。刑法の逃走の罪、犯人蔵匿・証拠隠滅の罪に該当する場合、捜査・訴追、裁判の対象になるのは当然である。

　しかし、刑事手続上弁護人が被疑者・被告人の逃亡、罪証隠滅を招く情報提供に関与しないことは、当然の責務として予定されており、これをスクリーニングする措置は法律上予定されていない。法81条の接見等禁止一部解除の手続にスクリーニング機能を持たせることはできない。

　憲法34条は、被疑者・被告人の自由拘束手続に付随して弁護人依頼権を保障し、憲法37条は事件に対する防御一般に関して弁護人依頼権を保障する。どちらの権利を行使する場合にも情報のプロセスとストックの両者の秘密性が保護されなければ適切な防御活動はできない。防御情報の秘密性の保障は、弁護人依頼権に内在し、さらには被疑者・被告人たる地位に伴う包括的防御権の原理がこれを求める。現行法は、捜査機関が独自に罪証隠滅や逃亡のおそれを判断する権限を認めているのと同じく、弁護人が弁護活動上行なう同種判断についても基本的にこれを信頼して委ねる法構造となっている。

　本件の各弁護人が各自の責任で行った差入れ・宅下げは接見等禁止を潜脱するものではない。

　　　[1]　　大局的には接見等禁止処分の多用が本件の問題の背景にある。接見等禁止決定は近年増加傾向にある（表参照）。

接見等禁止決定数

年	95年	96年	97年	98年	99年
勾留数	94,753	99,365	106,713	109,862	116,972
決定数(%)	22,359 (23.6%)	25,435 (25.6%)	28,222 (26.4%)	30,412 (27.7%)	33,832 (28.9%)

＊勾留数は請求または職権で勾留状が発付された総数である。各年の司法統計年報による。

[2]　尾崎道明「弁護人と被疑者との物の授受」新実例I186、188、190頁。

[3]　最大判平11・3・24民集53巻3号514頁は、憲法34条の「弁護人に依頼する権利は、身体の拘束を受けている被疑者が、拘束の原因となっている嫌疑を晴らしたり、人身の自由を回復するための手段を講じたりするなど自己の自由と権利を守るため弁護人から援助を受けられるようにすることを目的とする」ので「被疑者に対し、弁護人を選任した上で、弁護人に相談し、その助言を受けるなど弁護人から援助を受ける機会を持つことを実質的に保障している」とし、法39条はその「趣旨にのっとり」身体の拘束を受けている被疑者が弁護人等と相談し助言を受けるなど弁護人等から援助を受ける機会を確保する目的で設けられたもので「憲法の保障に由来する」とする。

[4]　さしあたり、拙稿「接見交通の到達点と実効的保障の展望」季刊刑事弁護26号(2001年) 25頁参照。

[5]　同じように、接見等禁止中の被疑者について、収税官吏が税法事件に関する調査の必要上検察官の同意を得て質問を行うことを許さない効果はないとされている(東京高判昭39・10・28高検速報1262号)。ただし、公訴の提起後は捜査機関が一部解除等の裁判を得ないで被告人と第三者とを接見交通等せしめるのは許されないとする(名古屋高裁金沢支判昭56・4・14判時1019号135頁)。

[6]　前掲最大判平11・3・24は、同条3項本文にいう「捜査のため必要があるとき」とは接見等を認めると取調べの中断等により捜査に顕著な支障が生ずる場合に限られると解している。

[7]　接見等指定＝任意処分説として、さしあたり丹治初彦「接見交通権の再構成」刑事手続の最前線112頁。

[8]　接見等禁止決定自体に対して準抗告(法429条)または抗告(法420条)を申立てることはできるが、その後に取消しまたは一部取消しを求める権利は条文上認められていない(法87条に相当する規定がない)。判例上、一部解除申出は職権発動を促す事実上の行為に留るとされている(名古屋地決昭45・5・4判時594号106頁、東京地決昭46・6・30刑月3巻6号839頁参照)。

[9]　さしあたり、注釈(2)80頁〔河上和雄〕。

[10]　立法論として、弁護人と被疑者・被告人の授受する情報が防御に関して授受したものであるか否かに着目してその秘密・自由な授受、保管・保持を認め、その点に疑義があるときには司法審査で判断する法制度を導入すべきではないか。この点について、拙稿「弁護人と押収拒否権」『光藤景皎先生古稀祝賀論文集(上)』(成文堂、2001年) 205頁参照(本書第1章参照)。

第6章　勾留の執行停止について

一　問題の所在——大阪高決平11・2・10の紹介

1　1999年2月に大阪高裁が勾留執行停止決定を取り消した事案に接した。被告人は、次のような殺人の公訴事実により、1998年9月14日起訴され、勾留中であった。

「被告人は、平成10年8月17日午前6時30分ころ、○○県○○の義兄S方便所において、女児を分娩したが、同児が妻子を有する○○国籍のO.Jの子供であったことから、分娩の事実を母及び姉らに隠ぺいするため、殺意をもって、同日午前7時30分ころから同50分ころまでの間、同所において、同児の鼻口部に下着及びタオルを巻きつけるなどしてこれをふさいだ上、同児をビニール製手提げバッグの中に詰め込み、同バッグを右S方2階西側洋間の窓から同人方南隣の田地に投げ捨て、よって、同月18日午後1時39分ころ、同県○○市○○所在の○○病院において、同児を頭部右側打撲に基づく脳腫脹、脳硬膜下出血及びくも膜下出血などによる脳圧迫（脳腫脹）により死亡させて殺害したものである」。

99年2月5日、被告人の実母が死亡し、被告人の親族らが、被告人にその事実を伝えないまま、同月6日から7日にかけて右実母の通夜及び葬儀が執り行われた。その後、親族らの協議により、同月10日に行われる初七日の法要に被告人を参列させたいと希望するに至った。99年2月9日、弁護人から、勾留の執行停止の申立がなされた。

大津地裁は、右申立ての趣旨に沿って次のように勾留執行の停止を認めた。「右の者に対する殺人被告事件について、検察官の意見を聴いたうえ次のとおり決定する。被告人に対し平成10年8月26日にした勾留の執行を平成11年2月11日午後3時まで停止する。被告人の住居を○○県○○郡○○町○○番地○○、F方に制限する」（大津地決平11・2・10、平成10(わ)387）。

しかし、検察官は、以下の理由で抗告を申し立てた。

①勾留執行停止が非常救済的な身柄解放処分であること。「『裁判所が適当と認めるとき』とは、勾留の目的を阻害することとなっても、なおその執行を停止し、

釈放すべき緊急あるいは切実な必要がある場合をいう」。

②逃亡の虞れがあること。「本件は、被告人が、分娩した嬰児の口や鼻をタオル等で塞いだ上、同児を右手提げバッグに詰め込んだ上、これを実姉方2階窓から隣地の水田に投棄して同児を殺害したという重大悪質事案であり、事件の重大性、内容等からしても被告人に勾留の執行停止の恩恵を与える必要性は乏しい」。「被告人は、公判段階に至って、捜査段階では認めていた確定的殺意を争い、さらに、殺意そのものの有無を否認するかのごとき供述をなすに至っており、被告人が、本件による実刑判決を恐れて逃走する可能性が大である」。

③初七日法要はそもそも「適当」性要件を満たさないこと。「被告人の母親の通夜、葬儀は既に執り行われているところであり、法要等については、遺族の亡骸に面会することのできる最後の機会である葬儀等の場合とは全く異なり、勾留の執行を停止すべき緊急又は切実な必要性が認められものではなく、弁護人が申立ての理由とする初七日の法要での霊前へのお参りについても、霊前へのお参り自体は、いつでも可能なことである上、初七日の法要という事実をもって格別に扱うことは、一般的に見て、宗教の違い、あるいは、当該被告人が親族の死亡の時期を知った時期いかんによって不公平を生ずるものであり、そもそも勾留執行停止の理由とするに適当しない」。

「右初七日の法要は、平成2年2月10日であるから、同日を経過することにより被告人の勾留を執行停止する利益は消滅する」。「以上によれば、本件勾留執行停止は、勾留の執行を停止すべき実際の必要性・緊急性に乏しいことが明らか」であり「速やかに取り消されるべきである」。

2　これをうけて、大阪高決平11・2・10（平11（く）30）は、勾留執行の停止を取消す決定をした。次の理由による。

「刑訴法95条にいう『適当と認めるとき』とは、勾留執行停止制度の趣旨からして、勾留の目的を阻害することとなっても、なおその執行を停止して釈放すべき緊急性ないし必要性があり、勾留の執行を継続することによって、勾留の目的以上に被告人に不当な苦痛又は不利益を与える場合をいうものと解されるところ……実母の初七日の法要へ参列するという事情は、右のような場合に当たるとはいえない。したがって、被告人に対する勾留の執行を停止した原決定は、その裁量の範囲を逸脱した不相当なものというほかはないから、右原決定の取消しを求める本件抗告は理由がある」。検察官の①②の主張を認めたものである。

3　さて、故田宮裕博士は、勾留執行停止制度について次のように論じた。
　「実際問題としては、親族等に委託できる場合はほとんど保釈が可能であること、委託すべき保護団体の数がきわめて少ないことなどのため、この制度が活用されるのは、被告人等の病気、親しい親族の冠婚葬祭、学生である被告人の試験等の場合に限られざるをえない。しかし、身柄の解放こそ原則であるべきこと、貧困者には保釈以外の非金銭的条件による制度を考案すべきことが、比較法的すう勢であること、わが国には起訴前の保釈がないので、その代役がどうしても必要な場合がありうることなどから、この制度はもう少し弾力的に運用すべきではないか」[1]。
　そこで、本稿では、上記高裁決定を素材にして、故田宮博士の右提案を解釈論として裏付けられるか検討したい。

二　判例と「緊急の生活利益」基準説の定着

1　勾留執行停止を認める決定が公判されることはあまりない。そこで、勾留執行停止が認められた裁判例をいくつか紹介して、今の運用状況を確認しておきたい。
　◎東京地決昭39・9・29判タ166号221頁。勾留執行停止の裁判を相当とし、検察官の準抗告申立を棄却した事例。暴力団総長が2名と共謀の上タクシーによる事故を口実に社員を脅迫して金員を喝取しようとした恐喝未遂事件。原決定は、叔父の葬儀出席を理由に、被告人について6日間の勾留執行停止を認め、準抗告審もこれを相当とした。
　「本件のばあい、検察官は恐喝未遂の公訴維持のため必要とされる証拠の蒐収を一応終り、共犯者は依然勾留中であって、現段階においてあらたな罪証隠滅を企図し或いは証人威迫を計るような状況は推認できない」。「過去において捜査官憲において長期間被告人の所在を探知できなかった事実があっても、これをもって直ちに被告人が勾留執行停止の機会を利用して逃亡を企図しているとする具体的事情とすることはできない」。
　◎大阪地決平3・12・11（昭60(わ)3216）。逮捕監禁、殺人、死体遺棄被告事件で審理中の被告人について、白内障による左目失明状態、右目視力の急激低下のため両眼失明の恐れがあり、眼科医の治療を要するため、勾留執行停止を認めた事例。6月、11月と2度申入れの後、12月に決定。ほぼ一月の停止を認め、その後も一月単位程度で執行停止決定を繰り返した。期間延長について

は、新たな勾留執行停止決定を行って対処した。

◎大阪地決平5・4・23（平5(わ)948、1027）。強盗致傷事件の女性被告人が、共犯者であり内縁関係にあった者との間でできた子供を中絶するために認めた事例。期間延長申出については、延長決定で対処した。

◎大阪地決平8・5・10（平8(わ)1208）。恐喝、覚せい剤自己使用事件で審理中の被告人について、化膿性扁桃腺炎で高熱を発したため治療のため約2日の勾留執行停止を認めた事例。

◎大阪地決平9・3・27（平8(わ)2853）。覚せい剤自己使用罪で起訴された被告人について、拡張型心筋症という重い心臓病の加療のため認めた事例。但し、大阪地決平9・4・2（平8(わ)2853、勾留執行停止取消決定）で、入院中に覚せい剤の差入れを受けたため執行停止の取消となった。

◎大阪地決平10・1・9（平3(わ)190）。詐欺被告事件で審理中の被告人について胆石症の手術のため、15日間の勾留執行停止を認める。大阪地決平10・1・23（平3(わ)190）で、「勾留執行停止期間延長決定」が出されて、さらに15日の延長が認められている。

以上の限りでは、緊急の治療を要する病気などの例が多い。ただ、最決平4・10・19裁集刑261号165頁は、被告人が経営する会社の従業員の結婚式と披露宴出席のため当日午後零時から6時まで勾留執行停止とした原決定について、期日を経過したため抗告の利益を失ったとして事実上これを容認した。なお書きなどでかかる勾留執行停止を不相当とする等の指摘はない。

また、千葉地決平11・4・26（大麻取締法違反、関税法違反被告事件。千葉刑事弁護ニュース・第2号〔金子宰慶弁護士発行〕）では、イギリスから大麻樹脂27グラム余りを郵送で輸入をはかった事件と被告人方で大麻樹脂0.8グラムを所持した事件で審理中の被告人について、父の経営する工場で働いていたが、機械類のプログラミングを自ら作成し生産ラインを稼働させているもので、納期までの製造、新規受注ができなくなり、倒産の危機に直面しているので、生産ラインの修復など職場環境整備のため勾留執行停止を1週間求めたのに対して、2日に限りこれを認めた。

この2つの事例からは、市民生活上の重要性も加味していくぶん柔軟に運用する姿が浮かび上がる。

2　次に、原審が勾留執行停止を認めても、（準）抗告審がこれを取り消す等した事例をまとめておこう。こうした裁判例を総合すると、裁判所が勾留執行停止

の可否を決める一定の判断基準を読みとることができる。

　①東京地決昭42・2・21判時475号62頁は、社会党の東京都の区議が、同党の衆院立候補者の選挙運動に関する法定外選挙運動文書の作成の報酬として金員を支払った公選法違反事件の被疑者として勾留中、原審が認めた3日の勾留執行の停止を取り消した。ⓐ原審は中野区議会臨時会の総務財政委員会に出席するために認めたが、これについては、「右の審議に参加ができなかったというだけで、被疑者の政治活動全体に著しい支障を来し、或は回復できない不利益を生ずるとは考えられない」とし、「本件事犯の性質上なお被疑者の勾留の執行を継続する必要がある」とした。ⓑ次に、他に弁護人が上申書で主張する理由中、2月後に迫る同区議会議員選挙立候補準備については、「勾留期間満了を待つことができない程重大な事由とは言えない」し、ⓒ弱視のため勾留中の生活に多大の不便を蒙る点については、「仮に被疑者に多少の生活上の不便を感じさせるとしても、緊急に治療を要する状態にあるわけではなく、このため勾留が不当な苦痛を与えるという程のものとも認められない」とした。

　②広島高決昭60・10・25判時1180号161頁も、殺人未遂、銃砲刀剣類所持等取締法違反罪により広島地裁で審理中の被告人が、神戸市長選に立候補しその選挙運動のために申し立てた勾留執行停止を認めた原審決定を取り消した。

　「被告人が勾留されたままであれば、自らの主義主張を直接選挙民に訴えられないなど、釈放された場合に比し選挙運動にある程度の支障が生ずることは明らかであるが、選挙公報或いは支持者、運動者による選挙運動も可能であること、被告人は昭和58年12月19日以来勾留され、数度の保釈請求がいずれも却下された状態で、即ち自ら街頭へ出ての選挙運動ができないことを承知のうえで敢えて立候補したものとみられること、勾留が選挙運動にある程度の影響を与えても、立候補或いは選挙運動の自由を害するとは言えず、勾留の執行停止の要件である緊急かつ切実な必要性に直ちに結びつくものとは解されないこと、本件公訴事実が改造けん銃の発砲による殺人未遂であり、重大な事案であることなどに照らすと、被告人が神戸市長選挙に立候補したことによる選挙運動の必要性は本件事件についての勾留の執行を停止するのを適当と認める理由とは言い難い」。

　③他に、東京地決昭39・10・27曹時18巻5号737頁は、暴力団の党首代理が他人の不動産売買に介入して因縁をつけて小切手を喝取した事案で、被告人が経営する会社の更生計画立案のため管財人と十分な打合せができないという理由では勾留解除は相当でないとする。

　④東京高判昭50・6・25令状関係裁判例集（逮捕・勾留）（法曹会、1985年）

369頁は、よど号ハイジャック事件の被告人について、手術不能の胃癌のため余命数か月の実父の見舞ないしは面会という心情的理由は勾留の執行停止をなすべき必要ないし緊急性のある事態とは認め難いとする。

⑤東京高決昭59・9・7東高刑報35巻8・9号73頁は、被告人の母親の危篤を理由とする勾留執行停止の決定につき、凶器準備集合罪、傷害致死罪という被告事件の性質、態様、背景、被告人の役割、捜査段階からの事件の経過等からうかがわれる「逃亡及び罪証隠滅の虞れの程度」を考慮し、「検察官が被告人に介護者を付することができる等の条件」があることを考慮しても停止期間の31時間は不当であるとして取り消し、9時間に短縮した。

⑥大阪高決昭60・11・22判時1185号167頁は、在日韓国人の被告人が親族のつながりを美風とする文化的背景などを根拠とする、実弟の結婚式への出席を理由とする勾留の執行停止決定を取り消している。

3　裁判所は、事案の重大性、捜査または審理の進行状況、被疑者・被告人の防御方針、勾留執行停止した場合の罪証隠滅・逃亡の危険性、その他の事情を総合的に考慮しながら、緊急の手術・処置などを要する病気治療や両親などごく近親の者の葬儀出席、将来発生する生活利益の重大な逸失の防止が必要か否かを判断しているとみていい（「緊急の生活利益」基準説）[2]。

この点について、前掲東京地決昭42・2・21は、適当性の要件について、「勾留執行停止制度の目的から考えると、勾留の目的を阻害することとなってもなおその執行を停止して釈放すべき緊急或いは切実な必要がある場合をいう」とし「例えば被疑者の重病或は急病のため緊急の治療を要するとか、被疑者に回復することのできない、経済的、社会的不利益を生ずるとか、家族の危篤又は死亡等の場合の如く、勾留期間の満了或いは保証金の納付を条件とするところの保釈による釈放を待つことができず、勾留の執行を継続することによって、勾留の目的以上に、被疑者及び家族等に対して、不当な苦痛或は不利益を与えるような場合」とする。前掲広島高決昭60・10・25も、「制度の目的に照らすと、それは緊急かつ切実な必要性がある場合をいう」とする。

4　裁判例が「緊急の生活利益」説に従い[3]、ごく例外的にやむをえない場合に期間を絞って勾留執行停止を認める運用を行っている背景として、とりあえず保釈・勾留執行停止中の被疑者・被告人の逃走抑止問題がある。新法制定当初、保釈・勾留執行停止の積極運用の反面で、逃亡抑制が大きな課題になった。

1950年、最高裁事務総局は、「新保釈制度については、個人の基本的人権を尊重するあまり、或は公共の秩序維持を害するのではないかとの論議が特に最近新聞雑誌誌上においてみられるところであつて、今後立法上の問題は別としても更に運用上考慮を要する」と指摘した[4]。4年後にも、権利保釈率の高さ、保釈・勾留執行停止中の逃亡者の多さを問題として取り上げ、「逃亡の禍根は権利保釈制度にある如くであつて、逃亡の虞ある者に権利保釈を許す制度自体の矛盾を是正しなければ、年々の逃亡者の増加を阻止できない」と指摘した[5]。この前後から勾留数上昇、保釈率減少傾向が続き、これに伴い逃亡人員も減少する。

　2年後、「勾留率は簡易裁判所でも地方裁判所でも年毎に高くなり、保釈率は漸次減少する傾向にあり、之に伴い逃亡率も減少する傾向にある。……逃亡の減少は国家の治安及び国民生活一般の安定による点も少なくないことと考えられるが、しかし、勾留及び保釈の適正な運用が逃亡率を減少させるに与って力があったことを覗うに足る」と評価している[6]。

　1960年代から80年代にかけても、著しく高かった勾留執行停止中の逃亡率が、保釈率・勾留執行停止率の全般的な減少により激減した事実がある。

　こうした実情に照らして、法95条をみなおすと、法が予定している親族への委託、住居制限では保釈の保証金に比べると逃走・罪証隠滅の抑止力が裁判上の経験則として弱いと受けとめられているのではないか。刑訴法は保釈を被疑者・被告人の権利とし、勾留執行の停止を裁判所の職権に委ねているとの解釈を妥当と解する理由のひとつはここにある。

　そのため、勾留の効力を維持しつつ身体を釈放する手段としては保釈が原則で、勾留執行の停止を緊急かつ例外的とする運用および法解釈が定着したのではないか[7]。加えて、現代社会では親族間、地域間の絆が弱まっている。勾留執行停止については、一層慎重に運用する必要が強く、その面からも勾留執行停止の当否を決めるには「緊急の生活利益」基準説が妥当とされているのかもしれない[8]。

5　とすると、本件高裁が勾留執行停止を取り消した処分は必ずしも不当とはいえなくなる。次の事情があるからである。

　①公判がはじまってから、被告人は犯意の態様を争っているが、かかる被告人の態度は勾留・保釈の運用との関連では逃亡、罪証隠滅の相当の理由をうかがわせる一事情と扱うのが普通である。②社会生活の一般常識として、かかる事件を起こした被告人は兄弟など親戚との人間関係でも居たたまれずに身を隠すお

それは低くはない。母親が死んだとすればなおのこと、家族との絆が薄れる。兄宅への住居制限で逃亡防止の抑止として十分とはいいにくい。③本件では、不倫の結果妊娠した子を殺害した不名誉な犯罪であって、実刑の可能性がなくはない。その分、逃亡のおそれが高まる。④通夜、本葬もすみ、初七日法要に出席する利益は、多々ある同種の冠婚葬祭に関する行事に比較したとき、特に「生活利益」としての緊急性・重大性が高い訳ではない。

三　勾留執行停止の再構成──「防御の利益」基準説の可能性

1　しかし、勾留執行停止をいくぶん柔軟に運用する余地はないものだろうか。それにはなによりも勾留執行停止中の逃亡数をどうみたらいいかを問題にしなければなるまい。

　まず、勾留の有無に拘わらず、裁判自体から逃避する被告人も毎年相当数居る。また、今のところ幸いなことに、保釈中逃亡人員に比して勾留執行停止中逃亡人員が格段に高いとはみられない。逃亡数はさておき、逃亡率が特に上昇するなどの変化もない。もともと勾留の効果を維持しつつ、保釈または執行を停止する制度の性質上、逃走者が皆無になることはありえない。逃亡人員が少ないことが望ましいのは当然であるが、一定数の逃亡率は制度に伴う「病理」ではなく、「生理」現象と割り切らざるを得ない。

　それを防ぐため、勾留執行の停止にあたり、指定条件として「逃亡若しくは罪証を隠滅すると疑われるような行動は避けなければならない、召喚を受けたとき正当な理由がなく出頭しないようなことがあってはならない」と付すことがある。これに加え、事件に即して、「被告人は○○市○区○丁目○番○号所在の○○病院に入院していなければならない」といった条件を付すこともできる（例えば、大阪地決平9・3・27（勾留執行停止決定）、平成8(わ)2853、大阪地決平9・4・2（勾留執行停止取消決定）、平成8(わ)2853）[9]。

　結局、勾留執行停止を認めるべき積極的な事由とのバランスで考えざるを得ないが、ことさら逃亡のおそれを重視する運用は好ましくないのではないか。

2　その上で、勾留執行停止制度の役割を従来よりも修正して捉えることはできないか。すでに学界では勾留執行の停止を保釈と独立・固有に、被疑者・被告人の「防御の利益」を保障するための身体解放の制度とみる視点、立場が散見される。

例えば、被疑者の場合に、勾留執行停止の「弾力的運用」を求める摘示は従来からある[10]。さらに踏み込んで、勾留中の被疑者について、勾留執行停止に関する請求権を解釈論として認める説もないではない。理由は、①起訴前勾留の期間が短くないこと、②にも拘わらず保釈が認められていないこと、③勾留の執行停止が保釈に代替する機能を果たすべきであること、④起訴前段階でも身体解放が原則であるべきことも考慮すれば、執行停止の要件はより弾力的に捉える必要があること、⑤法95条の文理上請求権を認めても矛盾はないことなどである[11]。では、この点をどう考えたらいいか。

3　基本的には、被疑者・被告人ともに、勾留執行の停止の運用を広げるべきではないか。そのためにも、勾留執行の停止については、法88条所定の被告人・弁護人その他の者に請求権を認める余地があるのではないか。次の理由による。
　保釈、勾留の取消し、勾留執行停止は、勾留の効果を実質上消滅させる手続である。手続の明確性と被疑者・被告人の利益の確保の点からも、①要件、②発動の手続、③裁判形式が明示されていなければならない。
　法87条の勾留取消しの要件は勾留の理由または必要性の消滅である。発動の手続は、検察官または被告人、その弁護人などの請求または職権である。裁判形式は決定である。保釈については、法89条で要件を定め、法88条で発動手続として被告人らに請求権を与える。裁判形式は決定である（法92条参照）。法90条の保釈では、「適当」事由が要件にあたる。発動手続としては職権に限定している。裁判形式は決定である（法92条参照）。法91条では、不当長期拘禁を要件として、保釈と勾留取消し2つの救済手段を定める。発動手続は、職権で行える場合と法88条規定の被告人・弁護人その他の者の請求権を定める。裁判形式は決定である。
　こうした条文構造と比較すると、法95条では、①適当事由を要件とすることと、③裁判形式を決定とすること、委託または住居制限を条件とすることは定められているが、実は②発動手続については定めがない。
　従来、明文がないことを理由として被告人らの請求権は認められていない。他方、特に職権によると定めていないにも拘わらず、職権発動の権限があると実質解釈がなされている。
　だが、発動手続の欠如は立法の不備である。職権発動の権限のみ認めるのは、旧法上保釈と勾留執行停止が職権によるものであったことなどに引きずられた解釈である。必ずしも正当性はない。少なくとも、被告人らの請求権を認めない不

均衡を正当化できる根拠はない。むしろ、勾留の効果を事実上消滅させる手続に関する刑訴法の構造をみると、上記のように、発動手続としては、職権、検察官の請求、被告人または弁護人など被告人関係者の請求が認められている。そうであれば、勾留執行停止の性質に反しない限り、検察官および法88条に所定の被告人らの請求を認めても法解釈として無理はない。立法史に照らしても、旧法まで保釈・勾留執行停止とも職権によっていたが、他方で、ふたつの処分の「同質性」も認められている[12]。新刑訴法上保釈について請求権を認めたとすれば、同性質の勾留執行停止についてことさら請求権を排除すべき根拠はない[13]。

4　請求権を認める実質上の根拠は、勾留執行停止が単なる「緊急の生活利益」の保護にとどまらず、「防御の利益」からみて重要視すべき利益を保護する制度として運用すべきだからである。条文の「適当」性事由については、この角度からの総合判断をすべきではないか。本件に即して考えてみよう。
　まず、逃亡の可能性と初七日法要出席とのかねあいでは、勾留執行停止の「適当」性事由はあるのか。
　①検察官のいう逃走の虞れは、防御活動の在り方を理由に勾留執行停止を否定するものであり、まさに「防御の利益」基準の視点に反する。
　担当弁護士の私信によると、本件勾留執行停止の申立は、被告人質問の途中でなされた。被告人側は、犯行の外形的事実および犯意については争っていない。ただ、確定的故意ではなく未必的であり、突発的な犯行であったことを主張する方針であった、という。
　この枠内で考えれば、犯意を全面的に争ったり、犯行関与を否認するのとは態様が著しく異なる。犯行の非計画性、故意の未必性を争うことは反省・悔悟と矛盾するものでもない。また、検察官の主張に対する被告人側の主張を法廷で立証すること自体は正当な防御権の行使である。他に特殊な事情がない限り、逃走のおそれを認定することはできない。
　現に、検察官の主張からは特に逃亡を疑わなければならない具体的な徴表が捜査段階などで浮き彫りになっている訳ではない。あまり抽象的類型的な事情により、逃走を疑う相当の理由を認定すべきではない。
　②反省悔悟と更生の気持ちを固めることが、本件でのもっとも重要な「防御上の利益」である。担当弁護士の私信の一節に相応の説得力がある。
　「本件の罪名は殺人ではありますが、いわゆる嬰児殺の事案であり、かかる事件の被告人は、判決をうけなくとも真摯に反省をし、罪滅ぼしのためなら収監さ

れることも苦としない場合があります。本件被告人も、公判で確定的故意は否定していますが、殺意自体を争うものではありませんし、実刑となることも覚悟をしています。逆に、実刑を予期しているからこそ、刑を務めに行く前に是非とも母の霊前にお参りをしたいと考え、勾留執行停止を求めたところです」。「肉親の死という事実を受けて勾留執行停止がなされるのは、亡骸に面会するためなどではなく、勾留中の被告人に勾留制度が予定する以上の無用の苦痛を与えないためであると考えます」。「世間では、遺体を荼毘に付してから通夜・葬式を執り行う場合もあり、かかる場合には勾留執行停止が認められないとするのは不当です」。「たとえ亡骸はなくとも、一度霊前に手を合わせることができたならば、被告人とて以後の公判及び服役にあたっては落ち着いた心境で臨むことができるはずです。従って、かかる場合に勾留執行停止を認めることこそが、以後の公判を円滑に進め、被告人の反省をも促すのに有効であり、まさに法95条にいう『適当と認めるとき』に該当するものと考えます」。

その意味で、本件は「緊急の生活利益」基準から「防御の利益」基準へと視座を移すことにより、勾留執行停止の事由を認定しやすくなる事例と言えないか。

四　結語——勾留執行停止の柔軟な運用

保釈は、保証金によって逃走防止の担保にしている。しかし、保釈保証金は相場が固まっている。被告人の財産状況に従って名目的な金額で対処することは、今の実務感覚にそぐわない（例えば、1万円とする等）。他方、被告人の立場からは、数日に限り保釈を認められれば、とりあえず社会生活の整備などを含めた広い意味での防御準備ができる事例もある。しかし、保釈について、例えば、「保釈期間を○月○日○時までとする」と期限を限定することは、実務上熟していない（但し、法93条3項の解釈上も実質的な必要性に照らしても、期限を条件とすることはできると解する）。

他方、勾留執行停止については、期限は付けられるが、逃走防止の法定の手段は委託または住居制限だけでありやや弱い。

とすると、保釈保証金に代わる程度の強い「条件」を付すことができれば、積極的に勾留執行の停止を活用する余地はある。条件の一つとして、監視付きで行動することや、保釈保証金としては不十分だが、その被告人の立場からは逃亡を防ぐに値する金額を納めること等も考えてはどうか。

このようにして、被疑者・被告人段階いずれでも、勾留執行の停止が保釈代

替機能を果たせるような手続に改善することを考えるべきではないか。

[1]　田宮編267頁〔田宮裕〕。
[2]　勾留執行停止の申立に対して原審が職権を発動しない措置に対して、抗告がなされることがある。しかし、判例は、勾留執行停止は職権で行うものであり被疑者・被告人など当事者に申立権がないので、職権不発動は(準)抗告の対象となるべき裁判ではないとする(例えば、最決昭61・9・25裁集刑243号821頁参照)。

　ただ、抗告を棄却するにあたり、実際上事案に関する判断を示すことがある。その結果、運用上勾留執行停止を認めない事由が浮き彫りになる。例えば、大阪高決昭49・11・20刑月6巻11号1158頁は、実刑判決を受けた被告人が、韓国で結婚式を挙げるため、挙式に必要な20日間ほどの期間の勾留執行停止を求めたが、原審がこれを却下したのに対して申し立てられた抗告を棄却している。

　同じく、東京高決昭46・9・6高刑集24巻3号530頁も職権不発動に対する抗告を棄却した。5回の審理を経た段階で「被告人は全面的に公訴事実を否定しており、これまでに僅か証人数名と証言の一部の証拠調を了したに過ぎず、書証も重要なものはほとんど同意がなく、今後相当数の証人の取調が予想されること等に徴すれば、被告人がその地位を利用して、関係者に働きかける等罪証を隠滅すると疑うに足りる相当な理由があるとすることも是認され得る」し、「被告人が常習として長期3年以上の懲役にあたる罪を犯したものにあたることも明らか」である一方、「病名は肺結核(陳旧性)というのであるが……被告人が勾留に耐えられないほどその病状が重篤であることは認められない」。その結果、原審がした保釈請求却下は妥当であり現段階でも保釈すべき事由はなく、さらに勾留執行停止をしなかった点について抗告はできない上、現時点でも勾留執行停止すべき事由は認めがたいとした。

[3]　但し、名古屋高決昭45・12・15判時623号111頁は、やや特殊な事案である。被告人は、強盗と窃盗で起訴されたが、第1回公判で訴因をすべて認め検察官提出書類も同意して取調べが終了した。しかし、検察官が余罪捜査、追起訴見込みだが一月を要すると申し出た。弁護人も窃盗に関する証拠の検討は終わっていないと申し出た。裁判所は、第2回公判期日を2月ほど先に指定するとともに、職権で勾留執行停止を決定した。これに対し、検察官が抗告した。高裁も、捜査当局が、本件勾留を、被告人に対する余罪取調べ、追起訴準備のために事実上利用していることを認めつつ、原審が2月後に次回期日を指定していることに照らして、「本件において検察官が述べているような程度の余罪捜査、追起訴準備のために、本件勾留を利用したとしても、原決定が指摘しているとおり、専ら余罪捜査のためにこれを利用しているものとは謂えず、従つて人権保障を基調とする令状主義の原則に背馳するものではない。また本件勾留を、その儘の形で継続させて置いたとしても、右勾留の基礎事実である強盗の訴因につき十分な防禦方法を講ずることができなくなるというような特段の状況など、本件勾留の執行を停止するのを相当とするような事情を窺うことができない」として、勾留執行停止を取り消した。

[4]　最高裁事務総局刑事局「新刑事手続一年間の運用状況」曹時2巻8号(1950年)392頁。

　最高裁事務総局刑事局「新刑事手続半年間の運用状況」曹時1巻9号(1949年)

第6章　勾留の執行停止について　　97

392頁によると、現行法が施行された1949年1月から6月までの保釈、勾留執行の停止の運用は次の通り。

地裁	月末現在勾留人員	53,030人
	保釈人員	11,890人
	保釈率	48%
	執行停止	110人
簡裁	月末現在勾留人員	24,875人
	保釈人員	4,685人
	保釈率	26%
	執行停止	243人

[5]　「昭和28年における刑事事件の概況」曹時6巻11号(1954年)68頁。

　　　検察サイドも、同時期の統計によって、保釈、勾留執行停止中の者の再犯ならびに逃亡の実状を明らかにし、保釈・勾留執行停止の運用拡大に批判的な姿勢を示した。武安将光「新刑訴法の運用状況について(二)」曹時3巻6号(1951年)59頁参照。これによると、勾留執行停止の制度について、戦前は数がかなり限られていた。例えば、昭和18年で、保釈者10,748人(保釈率、25.6%)、勾留執行停止63名、責付24名に対して、昭和25年の月末別の身体拘束の状況に関する平均では、勾留中12,983名、保釈中15,015名、勾留執行停止中667名であって、勾留執行停止の数が相当数増えているが、再犯に及ぶ者が、昭和25年では年間で334人と多数にのぼっている。そこで、現行制度が「濫用されていることは明らかである」と指摘する(72頁)

[6]　「昭和30年における刑事事件の概況」曹時8巻10号(1956年)56頁。

[7]　保釈が勾留執行停止の原則形態であり、狭義の勾留執行停止は、市民生活上の緊急・切実な不便・不利益を損なわないようにする特別の救済方法とみる立場として、例えば、法律実務講座・刑事編2巻293頁〔安村和雄〕、戸田弘・判夕83号(1958年)22頁、西村好順『勾留・保釈に関する準抗告の研究』(法曹会、1972年)229頁、新版令状基本問題354頁〔木谷明〕、木谷明「勾留の執行停止」捜査法大系Ⅱ299頁、西村尤克「刑訴法九五条の適当とみとめるときの意義」判夕296号(1973年)378頁、平田友三「勾留執行中の被疑者の逃亡を防ぐ措置」判夕296号(1973年)382頁。

[8]　実務関係者は「緊急の生活利益」基準説を支持する。例えば、安西(下)793頁は、「実務上は、被告人または被疑者の病状が悪化して入院・手術の必要が生じそれ以上拘禁を継続することが不適当であるとか、父母兄弟・配偶者等の近親者の冠婚葬祭等、身柄の釈放を必要とする差し迫った理由のある場合」とする。「家事整理・示談交渉・商談等の必要があるにすぎず事案の性質上逃亡・罪証隠滅のおそれなしとしないような場合は執行停止は適当でない」。石丸俊彦他『刑事訴訟の実務(上)』(新日本法規出版、1990年)722頁は、被告人の場合、「兄弟姉妹の結婚式の出席や、子供の入学式の出席などでは適当と認められない」が、「勾留の内容(法定刑が軽くて、社会における正義を有し、逃亡の虞れがないとき)に応じて、その被告人の人生を左右する出来ごと(たとえば、年1回の国家試験など)の場合、裁判所の裁量により、短期間の勾留執行停止をしても、不適当とはいえない」とする。他に、注釈(1) 128頁〔河上和雄〕、臼井滋夫『刑事訴訟法』(信山社、1992年)174頁、同『基本と実務刑事訴訟法入門』(東京法令、1995年)341頁、坂本武志『刑事訴訟法』(酒井書店、

1992年)、条解155頁。

学界でもこれを支持する説が多い。例えば、石川才顯『刑事訴訟法講義』(日本評論社、1974年) 215頁、注解 (上) 302頁〔髙田卓爾〕、渥美東洋『刑事訴訟法』(有斐閣、新版、1990年) 265頁、松尾 (上) 106頁、田口守一『刑事訴訟法』(弘文堂、2版、2000年) 70頁。

こうした解釈に基づく申立の実務について、熊谷弘編『逮捕・勾留・保釈の実務』(日本評論社、1965年) 208頁、「勾留執行停止に関する手引」書協会報102号18頁以下、工藤涼二・神戸弁護士会刑事弁護センター通信3号 (1991年) 19頁以下参照。

[9] 勾留執行停止に様々な条件を付せるかいくぶん問題になる。

例えば、本件原決定では、平成11年2月11日午後3時まで執行を停止するとして期間を付している。従来から勾留執行停止については、始期は定めないが終期を定める運用が多くみられる。考え方としては、終期の定めはできないとする説もありうる。期限を付すことを認める条文がないからである。勾留執行停止は保釈と同じく勾留の効力を停止する処分であるが、保釈には期限を定めることはなされていない。これと同じく、勾留執行停止にも期限を付せないとみる余地がある。さらに、勾留執行停止事由があるか否かは、委託または住居制限を条件とすれば、逃亡または罪証隠滅、被害者などへの加害・畏怖行為を防止できる場合であることを裁判所が総合衡量の上認定するものである。こうした条件を満たせば執行停止を認めるべきであり、さらに期限を付すことはむしろ処分の本質に反するといえなくもない。

だが、むしろ終期を付せると扱うのが適当であろう (さしあたり、団藤・条解上191頁参照)。なによりも、勾留執行停止事由の性質上一定時期に事由が消滅することはある。その場合、その期間の限度で勾留執行を停止することは処分の性質に反しない。病気治療など勾留執行の停止を要する事由が消滅したとき、期限を定めておかないと、収監にあたりあらたに勾留執行の停止取消し決定を要することになる。だが、法96条列挙の事由ではかかる場合が含まれない。逆に言えば、期限を定めることで対処することを法も許容する趣旨とみていい。期限を付すことを認める条文はないが、法98条1項で勾留執行停止に期間を付せることが前提となった収監手続規定がある。これは、裁判所の内在的な権限として期間を定めることを法が許容する趣旨とみていい。

終期以外にも勾留執行停止後の被告人の行動制限などに関する条件をつけることはできるか。本件原審決定では、住居制限の他に特段の条件は付されていなかった。が、例えば、「警察官が寄留先まで同行すること」、「検察官の付す看守と行動を共にすること」など検察官が被告人の行動を監視・看守できる条件を付すことはできるか。

この点について、条件をつけられないとする説もありえる。ちなみに、瀧川幸辰他『刑事訴訟法』(1950年) 131頁〔中武靖夫〕は、法95条前段の処分を旧法にならって責付と呼び、これには明文がないので住居制限の条件を付せないとしている。ただ、同条後段の住居制限付き処分を勾留執行停止とよび、責付と勾留執行停止を併せて許可できるとする。

確かに、かかる考え方にも一応の正当性がある。以下の理由による。条文上条件を付せる権限はない (法168条3項参照)。法律が規定するのと異なる条件を付するのは、裁判官・裁判所の裁量で勾留の効果を解除する新たな処分を創設することにな

第6章　勾留の執行停止について　99

る。むしろ、勾留執行停止は、委託または住居制限という法定の条件を除き、被告人が身体を拘束されていない自由な状態に置くことを法律効果とする。捜査機関または検察官の同行監視を条件とするのは、これに反する。また、勾留の執行停止が認められれば、勾留に伴う戒護・処遇の権限は消滅する。裁判所が看守を命ずべき法的根拠がない。法167条3項によると、鑑定留置を裁判所が命じた場合、その効力の一部として司法警察職員に被告人の看守を命ずることができるが、勾留執行停止に関連してはかかる権限規定がない以上、監視・看守に関する条件を付すことはできない。事実上検察官を介して警察に監視を依頼することを許容する説もあるが、これも自由な活動を束縛しない限度に留めざるを得ない（参照、安西（下）795頁）。

ちなみに、名古屋地判昭40・9・28下刑集7巻9号1847頁は、勾留執行停止に「警察官を同行すること」との条件を付すことはできないとし、次のように述べている。「被告人がその条件を遵守するかしないかが被告人の自由意思によつて決定し得られる事項のものでなければならない」ので、右条件は適法なものでない。また、「団員が多衆集合する解散式に出席する各被告人等に対しその同行警察官の数、同行計画等を前以て予定してこれを行うことは困難であろうし不慮の事態が発生した場合は所期の目的である罪証隠滅、逃亡のおそれを阻止するに万全を期することができない」。

しかし、自由拘束を解除するために職権で適当な条件を付すことは認められてよい（鈴木茂嗣『刑事訴訟法』〔青林書院、新版、1990年〕151頁。他に、法律実務講座・刑事編第2巻295頁〔安村和雄〕、注釈・刑訴法（上）〔1987年〕303頁〔高田卓爾〕、註釈・刑事訴訟法1巻129頁〔河上和雄〕、大コン(2) 197頁〔川上宅一〕など参照）。以下の理由による。

条文上は、法96条1項5号で保釈または勾留執行停止を取り消すことのできる事由として「裁判所の定めた条件に違反したとき」が予定されているが、これは法93条3項の保釈に関する条件と別に、勾留執行停止の場合にも裁判所が裁量で条件を付すことを予定していると解釈できる。実質的には、勾留執行停止も保釈と同性質の広義の勾留の効力を停止する処分である。ただ、保釈保証金による逃走・罪証隠滅の抑制力がない。だから、これに代わる適当な条件を付すことは制度の趣旨に反しない。また、原勾留裁判の効果は消滅していない（勾留取消しとは異なる）。勾留裁判の執行について責務を負う検察官は、勾留執行取消し事由の発生の有無を監視する責務も残る。被疑者・被告人との関係で身体拘束からの解放の効果を認めつつ、勾留裁判が無に帰さないための執行に関する条件を付すことは、法95条に内在している裁判所の権限とみていい。

したがって、検察官に行動監視を命ずるとともに、「看守者の看守の範囲内で行動すること」という条件を付すことも許容される。

ちなみに、先述の東京高決昭59・9・7は、原審の勾留執行停止の期間を短縮したものであるが、原決定が付した「検察官が被告人に介護者を付することができる等の条件」については特に問題にしていない。広島高決昭60・10・25判時1180号161頁が取り消した原決定では「被告人は選挙運動以外の目的でみだりに外出してはならない」等の条件が付されていた。

[10] 前掲・田宮編Ⅰ267頁〔田宮裕〕の他、同『注釈刑訴法』（有斐閣、1980年）116頁、同・刑訴法（新版、1996年）90頁。他に、庭山英雄・岡部泰昌編『刑事訴訟法』

（青林書院、1994年）43頁〔水谷規男〕、福井厚『刑事訴訟法講義』（法律文化社、1994年）112頁、田宮裕編『ホーンブック刑事訴訟法』（北樹出版、1998年）98頁〔木本強〕。

[11]　大出良知他『刑事弁護』（日本評論社、1993年）23頁。同旨、刑弁コン81頁〔村井敏邦〕。

[12]　立法史に照らすと、保釈、責付、勾留執行の停止の処分の同質性が認められる。このことも、勾留執行の停止について、解釈上被疑者・被告人の請求権を補い、保釈との同質性を発展的に維持してよいひとつの理由になる。

　　明治初期の刑事裁判を規律する統一法典はないが、明治6年の断獄則、明治9年の糺問判事職務仮規則等の各種通達類で手続を形作っていた。この当時から、保釈は保証金により逃亡と罪証隠滅を防ぐ担保として身柄拘束を停止する処分と解されていた。例えば、保釈条例（明治10年布告）2条は「裁判官ハ被告人ノ逋逃シ或ハ罪証ヲ隠滅スル﹁ナキヲ察スレハ懲役終身以上ニ該ル者及ヒ先ニ重罪ノ刑ニ処セラレタル者ヲ除クノ外保釈ヲ許スヘキモノトス」と定めていた。

　　その後、治罪法は、保証金納入を条件として勾留の執行を停止する保釈（同210条）と別に、責付（同219条）の制度を取り入れた。「予審判事ハ保釈ノ請求アルト否トヲ問ハス検事ノ意見ヲ聴キ被告人ヲ其親属又ハ故旧ニ責付スル﹁ヲ得」。

　　保釈は、フランス法にならうものであった。治罪法、明治刑訴法、大正刑訴法とも勾留は罪証隠滅または逃走の虞れあることを要件とするもので、保釈については保証金差出などにより逃亡・罪証隠滅を防ぐ担保のあることが条件であると解されていたと思われる。この点について、福井淳『刑法刑事訴訟法註釈大全』（1890年）141頁も「凡ソ予審中ニハ被告人ヲ取扱フニハ宜シク無罪人ヲ以テスベシ然レトモ若シ之ヲ拘留セザレバ証拠ヲ湮滅若クハ逃亡ノ虞アルトキハ一議ニ及バス直チニ拘留状ヲ発シテ拘留スベキナリ人斯ク証拠湮滅若ハ逃亡ノ虞ナキ以上ハ之ヲ無罪人ト同一ノ取扱ヲナシテ須曳ク之カ自由ヲ復セザルベカラズ」と説く。

　　責付は、徳川時代の親類預かりまたは五人組預かりの慣習に由来する（富田山壽『最近刑事訴訟法要論（上）』〔1910年〕611頁）、木頼三郎『刑事訴訟法論』〔訂再版、1917年〕426頁、安平政吉『日本刑事訴訟法』〔1938年〕300頁。「本邦の旧慣を因襲せしもの」とする井上操『日本刑事訴訟法述義（上中下）』〔1890〜1891年〕592頁など参照）。徳川時代の「お預け」の制度については平松義郎『近世刑事訴訟法の研究』〔1960年〕752頁以下参照）。樫田忠美『日本刑事訴訟法論（上）』（1935年）260頁も、親類預け、五人組預けの慣習によるとするが、「家族制度ヲ採用セル我ガ国情ニ最モ好ク適合発達シ来レル醇風美俗ノ成文化トシテ我ガ国刑事訴訟法ノ特色ヲ形成セルモノ」と高く評価している。

　　治罪法上の責付の要件に関しては、「本条ハ被告人逃亡シ又ハ其罪蹟ヲ湮滅スルノ恐アラサル時ハ其罪禁錮以上ノ刑ニ該ル可キ者ト雖モ保証ヲ立テスシテ其親属若クハ故旧ニ責付スル﹁ヲ得ルノ方法ヲ定メ」（太田聿郎『治罪法義解』〔1880年〕）、あるいは、「被告事件禁錮以上ノ刑ニ該ル可キ時ト雖モ被告人ノ身分高貴ナルカ若クハ巨大ノ財産ヲ有スル等ノ原由ニ因リ其逃亡ノ恐アラサルニ於イテハ保証ヲ要セスシテ之ヲ其親族又ハ故旧ニ責付スル﹁ヲ得」と解されていた（村田保『治罪法註釈5巻』〔1880年〕9頁）。立野胤政『治罪法註解』（改正増補、1882年）238頁は「被告人ノ身分貴顕ナ

ルカ又ハ富豪等ニテ逃亡等ノ恐レアラサルニ因リ保証ヲ要スルニ及ハスト認ムル時」とする。

明治刑訴法は、保釈・責付両制度を引き継いだ。富田・前掲611頁は、保釈と責付の差は請求によるか職権によるかであるが、その他の点では「全然保釈ト相同シ」であり「責付中ノ被告人モ亦勾留中ノ被告人ト全然同一ノ取扱ヲ為ス可ク」とされる。明治33年8月27日司法省通達によると、「重罪事件ノ公判中被告人逃走罪証湮滅ノ虞ナク其他特殊ノ事情ナキ場合ハ重罪事件ノ被告人ニ対シテモ成ル可ク保釈責付ヲ許ス方針ヲ採ル可シ」とされている（金田謙『刑事訴訟法解義』〔大正3年〕342頁から引用）。清水孝蔵『刑事訴訟法論綱』（1910年）277頁も「保釈ニ於テハ財産ヲ担保トシテ其出頭ヲ確実ニシ責付ニ於テハ人心ヲ担保トシテ其出頭ヲ確実ニスルモノ」と説明している。

他に、責付に関しては、林・前掲426頁が、「我国特有ノ制度」と評価し、その意義・効果について、責付を受けた親属故旧は出頭させる義務は観念的に生じるがこれを担保する方法は特になく、被告人が出頭しない場合制裁はないし、親属故旧が直接出頭を強制する権限もないが、それでも「実際上ニ於テハ被告人ハ保証ヲ得タル親属故旧ヘノ徳義上出頭ヲ肯ンスヘク又親属故旧ニ於テモ自己力保証シタル責任上種々ノ方法ニ依リ被告人出頭義務違背ヲ防止スルニ努力スヘキカ故ニ実際上ニ於テハ実益アルモノトス」としている。

但し、保釈の除外事由の定めは特にない。また、被告人は申立ができるという限度での権利はあるのにとどまり、現行法の意味での「権利」保釈制度ではない。保釈の許否は裁判所の裁量により職権で決定する（例えば、豊島直道『修正刑事訴訟法新論』〔明治43年〕336頁は、「被告人ハ保証金ヲ差入ルルトキハ権利トシテ勾留ヲ免カルルニアラス保釈ヲ許スト否トハ裁判所ノ自由ナリ」とする）。

大正刑訴法に至り、責付の対象先を拡大し、また別に住居制限を条件とする勾留執行停止を導入した。

「裁判所ハ検察官ノ意見ヲ聴キ決定ヲ以テ勾留セラレタル被告人ヲ親族其ノ他ノ者ニ責付シ又ハ被告人ノ住居ヲ制限シテ勾留ノ執行ヲ停止スルコトヲ得」（同118条1項）。

『刑事訴訟法案理由書』（大正11年）82頁によると、住居制限付き勾留執行停止制度の新設の理由として、「被告人保証金ヲ納ムルコトヲ得サル為保釈ノ処分ヲ為スコトヲ得サルカ又ハ引受人ナキ為責付ヲ為スコト能ハサル場合ニ於テモ可成拘束ヲ解キ得ルノ途ヲ開キ勾留ノ時間ヲ短縮セムトスルノ趣旨」とする。

いずれの制度についても、淵源は異なるものの、福井・前掲147頁は、「同一ノ目的ニ出テタルモノ」と理解していた。南波杢三郎『新刑事訴訟法──実際的研究』（1924年）203頁も、「未決勾留ハ当事者主義ヨリ見レハ被告人ノ権利ニ対スル非常ノ制限也。夫故既ニ勾留ノ必要消滅スルカ、又ハ比較的其必要減殺シタルトキニハ身体上ノ自由ヲ復帰セシムルヲ当然トスヘシ。是レ保釈又ハ責付或ハ住居ノ制限ニ依ル勾留執行停止ノ制度ヲ設ケラレタル所以也」とする。

このように、大正刑訴法で、責付の他、住居制限付き勾留執行の停止を導入したことにより、かえって広義の勾留執行の停止としての同質性と相互補完性が認識されるようになった。

例えば、平沼騏一郎『新刑事訴訟法要論』(1923年) 284頁も「被告人ヲ責付スヘキ適当ノ者ナキ場合ニ於テ勾留ヲ停止スルノ途ヲ開キタルモノニシテ旧法ノ欠点ヲ補正シタルモノナリ」と解説している（草刈融『改正刑事訴訟法詳解』〔5版、1922年〕150頁同旨）。林頼三郎『刑事訴訟法要義（総則）（上巻）』〔3版、1924年〕199頁は、「被告人保証金ヲ納ムルコトヲ得サル為保釈ノ処分ヲ為スコトヲ得サルカ、又ハ引受人ナキ為責付ヲ為スコト能ハサル場合ニ於テモ、成ル可ク拘禁ヲ解キ得ルノ途ヲ開キ勾留ノ期間ヲ短縮セムトスルノ趣旨」とする。平井彦三郎『刑事訴訟法要綱』(1932年) は、「保証金ナキ為保釈シ能ハサル被告人ヲ保護シ、又責付ノ外住居ノ制限ヲ認メタルハ、身元引受人ナキ為責付ニ付シ能ハサル被告人ヲ保護シ、全被告人ニ対シ不公平ナカラシムルノ趣旨ニ出タルモノトス」(224頁) とする。
　樫田・前掲では、広義の勾留の執行停止の中に保釈、責付、住居制限付き勾留執行停止があるとしている (256頁)。大正刑訴法が住居制限付き執行停止を新たに導入した意義については、保証金を納入できず、親族その他の者がなくてもなお「住居ノ制限ヲスルコトノミニ依リ勾留ノ執行ヲ停止スルノ便法ヲ必要トシタルモノナリ」とする (261頁)。

[13]　戦後の刑訴法改正では、大正刑訴法の保釈、責付、住居制限付き勾留執行停止の3つの制度をどう継受するか揺れ動きがあったようだ。
　司法省刑事局別室が策定した、昭和21年8月の「刑訴法改正要綱試案」第12では、「勾留及び勾留の更新は、検事の請求により、勾留の取消、保釈、責付及び勾留の執行停止は、検事、被告人、弁護人、被告人の法定代理人等の請求により、原則として相手方の意見を聞き、これを行なふものとすること」との基本指針が定められている。
　これを受けて、昭和21年8月作成の改正刑訴法第1次案では、これらを「勾留の停止」としてまとめる案が策定された（同案38条）。「勾留を停止する場合には、保証金額を定め、被告人を親族その他の者に責付し又は被告人の住居を制限しなければならない」、「前項に規定する処分は、その2以上を併せて行ふことができる」とする。検事と被告人・弁護人等が請求権を有し、裁判所の職権によるのは「急速を要する場合」に限られていた（「刑訴法の制定過程」(13)(14)法協93巻4号〔1976年〕、5号〔1976年〕参照）。
　昭和21年11月作成の改正刑訴法第3次案では、請求による権利保釈制度を独立させた（同案124条以下）。これと別に、責付と住居制限付き勾留執行停止を定めた（同案128条）。「裁判所は、適当と認めるときは、決定で、勾留されている被告人を親族、保護団体その他の者に責付し、又は被告人の住居を制限して勾留の執行を停止することができる」。この段階で、発動手続についてどうするのかに関する文言が削除された。このため、当事者の請求権を削除して職権に委ねる趣旨なのか、発動手続については、保釈と同じく当事者の請求権を残す趣旨なのか文案の比較からは不明なものとなった。昭和22年6月段階の第6次案もこれと同じである（「刑訴法の制定過程」(16)(17)法協95巻9号〔1978年〕1535頁以下、同12号〔1978年〕1902頁以下）。同年10月、GHQに提出した9次案で、「責付」の語が「委託」に代えられた。GHQ側のプロブレムシートでは、この制度は特に取り上げられることなく（「新刑訴法制定資料」検察資料28号）、現行法通りの国会提出案が策定されて現在に至っている。

この立案プロセスから、勾留中の身体解放は広義の勾留の停止であり、その中に要件を異にする保釈と狭義の勾留執行の停止があると考えられていたことがわかる。他方、勾留執行停止について被告人側の請求権をことさら排除し職権に限定する趣旨であったのか否か、その積極的な理由が何であったのかは必ずしも明らかではない。今後の研究にまちたい。

＊本件については、大津地判平11・5・25（平10(わ)387）で、被告人に対して懲役3年、未決勾留日数200日算入、4年の執行猶予とする判決が言い渡されて確定している。

第2部 公訴——当事者処分権主義を考える

第7章　公訴権の濫用

一　最決昭55・12・17刑集34巻7号672頁の紹介

1　事実の概要は以下の通りである。

　我が国公害史上規模・期間とも未曾有の水俣病の患者の一人である被告人が、被害補償のためチッソ株式会社社長らとの交渉を求めて1971年暮れから東京本社に重ねて出向いた際、72年7月から10月まで5度の機会に警備にあたっていた従業員4名に咬傷・打撲傷・挫傷等最大約2週間の加療を要する傷害を生じさせた。一審・東京地判昭50・1・13は、傷害罪で有罪を認めたが、罰金5万円・執行猶予1年とした。

　控訴審・東京高判昭52・6・14高刑集30巻3号341頁は、以下の事情を考慮し、これを破棄して公訴棄却とした。①国が公害の被害を放置した責任。チッソに対する刑事訴追の遅れと工場排水排出中止を求める漁民らへの刑事訴追・処罰の迅速・峻烈さ。②被害補償交渉におけるチッソ側の不誠実な態度に照らして、自主交渉を求める被告人ら患者らの行き過ぎに「直ちに刑罰で望むのは妥当を欠く」こと。③被害者らの負傷は軽視しがたい態様であるが、補償の手がかりをつかもうとして面会を要求する者と阻止する者の間のできごとで個人的な遺恨はなく、水俣病に苦しむ患者の抗議でもあり、「被告人に対する感情の何程かは減じる」こと。④自主交渉の過程における従業員とのトラブルで被告人らに負傷者がでた事件では従業員らは不起訴となっており、「どちらの側にも理由のある行為によって生じた事件で双方に負傷者が出ていること、そして片方は全然訴追されていないという事実」。かくして、本件訴追は「いかにも偏頗、不公平」で「法的正義に著しく反する」こと。⑤原審も執行猶予付き罰金としたもので「可罰性の程度が著しく微弱」「刑はノミナルなもの」としたこと。これに対し、検察官は法411条1号による著反正義の法令違反として上告したが、最高裁はこれを棄却した。

2　決定要旨は、以下の通りである。

　判決は「検察官の裁量権の逸脱が公訴の提起を無効ならしめる場合のありう

ことを否定することはできないが、それはたとえば公訴の提起自体が職務犯罪を構成するような極限的な場合に限られる」とする。

本件の場合、犯行態様は「かならずしも軽微なものとはいえない」点で公訴提起を不当とできない。また、その相当性に関して、水俣病をめぐる会社側と被告人ら患者側相互間に発生した本件以外の違法行為に関する捜査権・公訴権の発動状況の「不公平」を考慮できるか問題とし、「公訴権の発動については、犯罪の軽重のみならず、犯人の一身上の事情、犯罪の情状及び犯罪後の情況等をも考慮しなければならないことは刑訴法248条の規定の示すとおりであつて、起訴又は不起訴処分の当不当は、犯罪事実の外面だけによつては断定することができない」とし、「審判の対象とされていない他の被疑事件についての公訴権の発動の当否を軽々に論定することは許されないのであり、他の被疑事件についての公訴権の発動の状況との対比などを理由にして本件公訴提起が著しく不当であつたとする原審の認定判断は、ただちに肯認することができない」。「本件の事態が公訴提起の無効を結果するような極限的な場合にあたるものとは……とうてい考えられない」。

他方、一審有罪判決に検察官が控訴しなかったこと、本件のきわめて特異な背景事情、犯行から長期間経過した上被告人ら患者と会社との補償協定が成立したこと、被害者等が「今なお処罰を求める意思を有しているとは思われないこと」、被告人が公害で父を失い自らも健康を損なう結果を被っていること「などをかれこれ考え合わせると」、原判決を破棄し執行猶予付罰金刑を復活させなければ「著しく正義に反することになるとは考えられず、いまだ刑訴法411条を適用すべきものとは認められない」。

二　公訴権濫用論について

本件は、最高裁が不平等訴追に関連して起訴猶予裁量権の逸脱がある場合、公訴を無効とする余地を認めた点で意義が高い。ただ、決定は、公訴無効は検察官の職務犯罪に匹敵する逸脱のある場合と例示したため、右法理は事実上閉塞された観もある。しかも、藤崎反対意見は、原審の公訴無効判断自体が著反正義条項に反する上、裁判所が暴力認容の姿勢を示すのを嫌い、一審有罪判決復活のため原判決を破棄すべきとした。山本反対意見は、訴追裁量権の司法審査に関する明文がないこと（宣告猶予など立法で解決すべき事項だ）、刑事訴追は検察官同一体の原則のもとで行われるのが刑事司法の構造であり、誤った訴

追は公訴取消し（刑訴法257条）で検察官が是正することが予定されていること、極限的な場合に限定してかかる法理を認める必要性に乏しく基準としても不明確であること等の理由で公訴権濫用論を否定した。かかる反対意見は「判例」ではないが、公訴無効の余地を狭める事実上の重みをもつ（適式な公訴提起は適法・有効とする最判昭24・12・10刑集3巻12号1933頁等が維持されていることも同じ効果をもつ）。

　が、決定は、起訴猶予相当の起訴を無効とする実質的な条文上の根拠を刑訴法248条、1条、同規則1条2項、検察庁法4条に求め、いまだ憲法14条1項・平等条項違反に言及していない。起訴の差別性が憲法違反になる余地はある。その場合にも、司法権の本質（憲法76条1項）・違憲審査権（憲法81条）に照らし、公訴を受理した裁判所において被告人を救済すべき責務が生じる。原審は、刑訴法338条4号が形式的な手続違反にとどまらない実質的な公訴棄却事由を定めたものと解し、本決定はこれを維持したが、同条の文理上規定「違反」に特段の限定はなく、憲法に反する訴追裁量権逸脱も当然に含まれる。

　他方、従来の下級裁判例は、起訴猶予相当性の明白性と検察官の悪意ないし不法目的の存在が認められる例外的な場合に公訴無効を認めるとし、本決定よりやや幅の広さを示す（福岡高判昭46・9・29刑裁月3巻9号1166頁等）。本決定は、これを排斥する趣旨は読みとれない。しかも、本件では、検察官の職務犯罪は問題になっていない。

　結局、公訴無効に関する「判例」の要点は、訴追裁量権限逸脱の「極限」性にある。検察官の職務犯罪は、極限性が明白な場合を示す例である。公訴無効の限度は、一審有罪判決を復活させてでも刑罰を科す道と、原審の公訴無効判断を維持する道を比較し後者でよいとする事情があり、そうしても「正義に著しく反しない」ことである。公訴無効の幅はさほど広くないが、あまり窮屈に限定して解釈するほどでもないのである。

三　本決定の意義

1　本決定は、本件自体軽微でない点を重視した。同一公害紛争にまつわる他の犯罪との比較における不平等性の考慮にはやや消極的だ（最判昭56・6・26刑集35巻4号426頁は、共犯者に対する警察の利益取扱いがあっても公訴無効にならないとし、概ね同旨の判断をしている）。確かに、他事件との比較の困難さ、多様な事情を考量する検察官の起訴猶予裁量権の尊重、その濫用・逸脱の認定

の困難、起訴されていない他者の犯罪の有無・処理の当否を当該事件で争うのは司法機能の逸脱になること、審理の複雑化・長期化等を考えれば、これも頷ける（他事件に関する証拠調べ請求に制限的な運用例として、東京高判昭56・6・18判時1030号131頁参照）。

　が、検察官も同一公害紛争をめぐる刑罰権発動の全状況の考慮や同種の傷害事件との類型的・概括的比較を抜きに起訴の相当性を判断しまい。裁判所が、本件犯罪の「重み」を認定するにも、同種の比較考慮はせざるを得ない。その立証も可能だ（関係検察官を証人尋問する等）。これは司法機能に反しない。罪体立証とともに審理すれば裁判の長期化は招かない。

　とすると、①公害など同一紛争内の犯罪や一見すると同種・同程度の犯罪であり、同一処理が公正なのに、起訴・不起訴の別が生じており、これを正当化できる合理的な理由がないこと（不平等性）、②事件の重大性に疑義があること（軽微性）、③国家が公害防止を十分にしない一方、迅速な救済を求める過程で患者が惹起した事件について処罰を急ぐ等の不公正さ（処罰の不相当性）があれば、訴追裁量逸脱・公訴無効を認めてよい（被告人が右要件の存在を一応証明した場合、検察官が厳格な証明により右要件の不存在を立証する責務を負う）。

　その場合、検察官の故意・悪意を重視する判例があるが（例、東京高判昭59・1・11税務訴訟資料142号1681頁等）、妥当か。

　公訴権は自然人たる検察官に帰属せず、検察官同一体の原則が働く組織としての検察庁に委ねられ、捜査・公判を複数検察官が分担することもある。自然人の故意・過失の立証は意味がない。ただ、特定検察官の私情や悪意は公訴無効の重大な事情になる。故意・悪意は、補充要件であり必要要件ではない。

2　起訴猶予相当性を訴訟存続の要件とみる説では、被告人が公訴権濫用を主張したとき、独自の立証・判断の先行が不可欠となるが（例、田宮裕・刑訴法Ⅰ490頁）、妥当か。

　事案の軽微性・起訴猶予相当性の有無は当該事案の有無・軽重・量刑事情の考慮を要し実体審理を経ずには判断できない。罪体立証と二重になり訴訟経済に反する。防御の負担も二重になる。予断排除原理に反する。検察官の故意・悪意も事案の性質・背景を離れて立証が困難である。

　また、訴訟条件は、公訴権・裁判権・防御権それぞれの成立・行使の要件の複合であり、適法・不適法、有効・無効は多面的に判断すべきであり、起訴猶予相当性を欠く起訴は公訴権行使としては不適法だが、裁判権行使まで直ちに

不能にしないとも言える。公訴権行使の不適法性は、裁判で考慮できる。審理を二分する必要はない（判例同旨。京都地裁見解昭46・11・18判時654号105頁、東京地裁見解昭48・5・2判時713号141頁等参照）。

3 証拠調べを経ると、判例の多くは無罪など実体判断を優先するが（浦和簡判昭40・7・3下刑集7巻7号1422頁、山口地裁下関支判昭47・1・26判時666号100頁、仙台地判昭47・2・27刑裁月4巻2号320頁等）、妥当か。
　司法の目的は被告人の犯行関与に関する真実発見であること、被告人が公訴無効も無罪もともに主張・立証するときは無罪判決でも「防御の利益」に適うこと、一事不再理効が生じること等に鑑みれば右結論も妥当である。しかし、当事者主義の司法機能は、国家の処罰適格（捜査・訴追・裁判を通じ刑罰権を適正に行使できる相当性）と被告人の被処罰適格（有罪・量刑事情の存在）両者の確認である。起訴猶予裁量権逸脱は処罰適格を失わせる。
　「防御の利益」については、一事不再理効を裁判形式を基準に認めるのではなく、実質上実体審理・防御活動が尽くされた点に注目して認めれば、法的にこれを損なうことにならないし、公訴無効・公訴棄却が無罪・有罪と並ぶ事件処理の「第三の道」として定着すれば、事実上も損なわれることはない。公訴棄却を優先すべきであろう。

四　まとめ

　公訴権は概ね厳正に行使されている。ただ、ときに問題を含む事例もある。
　例えば、軽微な小銭窃盗などで起訴された聴覚障害のある被告人につき、数年の審理を経ても裁判の意味を通訳では伝達不能で裁判の成立が認められない等の理由で公訴無効・公訴棄却としたが、控訴審で破棄された事例（岡山地決昭62・11・12判時1255号39頁、広島高裁岡山支判平3・9・13判時1402号127頁・破棄差戻、上告審・最決平7・2・28刑集49巻2号481頁・上告棄却を経て、岡山地決平9・7・8（平7(わ)138号）で公判手続停止が決定された例（上告中）。
　また、口頭注意ですます程度の駐車違反について杜撰な捜査と検察官がこれを見逃してした公訴であり公訴棄却としたが、控訴審で破棄された事例（山口簡判平2・10・22判時1366号158頁、広島高判平3・10・31高裁刑事裁判速報集（平3）128頁）もある。そして、白紙調書に警察官が勝手に架空の事実を書き

込んで捜索差押許可状請求の疎明資料として家宅捜索を行い、立会した被告人を警察署へ任意同行の上尿を提出させて判明した覚せい剤自己使用について起訴した事例で、公訴権濫用について判断せず、証拠排除・無罪とした事例（岡山地裁倉敷支判平7・8・4判時1593号146頁）。

さらに、不倫に端を発した妻への暴行事件で弁護人が立会わなければ取調べに応じないと主張した被告人を起訴したのは、弁護活動を妨害する意図によると争ったが、これを斥けた事例（埼玉地判平9・8・19〔平8(わ)181〕）。

このように、公訴権濫用は労働・公安事件で争われることが多かったが、時代と共に内容を変えつつ「あるべき公訴権」を求めて論じられている。当事者主義「司法」観に立てば、「公訴権濫用論」に「終焉」はない。

〈参考文献〉
・河上和雄『刑事訴訟の課題とその展開』（立花書房、1973年）230頁以下。
・鈴木茂嗣『続刑事訴訟の基本構造（上）』（成文堂、1996年）138頁以下。
・寺崎嘉博『訴訟条件論の再構成』（成文堂、1994年）132頁以下。
・渡辺咲子「公訴権濫用」『刑事手続（上）』（筑摩書房、1994年）391頁以下。

第8章　訴因の特定

一　問題の所在——覚せい剤自己使用罪と訴因の概括記載の背景

　覚せい剤自己使用罪（以下、使用罪）の主たる証拠は、被疑者から採取した尿にガスクロマトグラフィー質量分析などを施し覚せい剤を検出する鑑定である[1]。覚せい剤は摂取後20〜30分[2]ないし1時間から5時間くらいより尿より検出されることがあり、48時間程度で大部分が排出されるが[3]、尿中覚せい剤が摂取後何日目のものか正確には分析できない[4]。このため、覚せい剤成分の検出の事実から故意の体内摂取を一応推認するのは相当であろうが[5]、訴因に使用の日時、場所、方法を記述するには（個別記載）自白がいる。
　そこで、被疑者否認事件では、尿中覚せい剤が10日程度は体内に残留し検出可能であるとの実験データなどをもとに[6]、検察官は、採尿時から概ね2週間程度以内を覚せい剤の体内摂取の犯行時期とあつかう（以下、検出可能期間とする）[7]。これを裁判所に顕著な事実とする判例もある[8]。
　この場合、訴因には「被告人は、法定の除外事由がないのに、昭和54年9月26日ころから同年10月3日までの間、広島県高田郡吉田町及びその周辺において、覚せい剤であるフェニルメチルアミノプロパン塩類を含有するもの若干量を自己の身体に注射または服用し、もって覚せい剤を使用したものである」等と記述する（概括記載）。
　判例は、右記載について「日時、場所の表示にある程度の幅があり、かつ、使用量、使用方法の表示にも明確を欠くところがあるとしても、検察官において起訴当時の証拠に基づきできる限り特定したものである」場合、適法とする[9]。
　さて、訴因は、具体的な犯罪事実とその法的構成を内容とする検察官の処罰に関する主張であり、審判対象の明示と防御範囲の限定を目的として起訴状に記載される。概括記載のため、被告人は的確な防御ができない結果、不当な有罪判決を受けたり、同一事実で再度起訴されるおそれを残すなどの不都合を伴うなら、訴因不特定として違法・無効とすべきだ。以下、検討する。

二　概括記載と実体法説

概括記載の理論的根拠として、罪数に注目するいわば実体法説がある。

1　まず、使用罪の罪質を尿採取時点での「体内保有」とする説がある[10]。その結果、①訴因には尿採取の日時・場所を記載すればよく概括記載の必要がないとし、②同一検出可能期間内であれば使用回数に関わらず一罪と扱うとする。

が、問題がある。①尿採取時の体内保有の「事実」を即成犯と構成しない限り、右の訴因記載は正当化されない。その場合、各採尿時毎に処罰が可能になり二重処罰を防げない。②二重起訴・二重処罰を防ぐため、体内保有の「状態」を処罰する「継続犯」とした場合、尿採取時にも右状態は終了していないし犯行の始期も不明なので、両時点とも概括記載にせざるをえない。③体内保有 (使用) と同罪の未遂罪 (覚せい剤取締法41条の3)、同法41条の2の所持罪の区別がつかなくなり、罪質の理解に問題を残す。④使用罪の罪質は、人の健康を損なう顕著な危険性が「保健衛生上の危害」(覚せい剤取締法1条) を構成する点にある[11]。相当量が自然排出された後でも覚せい剤検出時点での体内保有を処罰するのは、いわば健康回復義務違反を罪質の中心とするもので犯罪論としても適切でない。

2　包括一罪説は、同一検出可能期間内の使用行為は複数行われていても、法益の単一性・行為の継続性ないし機会の同一性を認め全体を一罪として処罰するとし、この場合、判例程度の概括記載も許容する[12]。

しかし、法が覚せい剤には依存性・常習性が伴いやすいのに常習使用罪を設けていないのは、各1回の使用自体が個人の健康破壊のみならず保健衛生上の危害防止など社会的な法益侵害も伴う重い罪であることを示す趣旨だ。併合罪処理よりも処罰を軽くすべき刑事政策上の必要性は疑わしい。また、継続使用の形態は多様だ。短期間に異なる売人から異なる成分の覚せい剤を購入し気化吸引と注射など異なる態様で使用する事例や[13]、逆に、裁判傍聴では1個の意思で2年程度も同一態様で使用を反復する事例などがある。一罪性の判定は不明確になる。さらに、検察官は信用できる自白によって検出可能期間内の複数の使用行為を立証できる場合でも尿採取直近の行為のみ最終使用として訴因に個別記載し、他の使用行為は論告で薬物との親和性、犯行の常習性、再犯の危険性など情状の裏付けとして主張するのが通常だ。包括一罪処理が検察官の処罰意

思に合致するわけでもない[14]。にもかかわらず、裁判所が包括一罪と扱うのは当事者処分権主義にそぐわない[15]。

三　最終行為説、最低一行為説

　そこで、複数使用を併合罪処理することを前提にしつつ、概括記載でも訴訟法上特定性を認めるいわば手続法説がある。①最終行為説は、尿採取または逮捕時に直近する最終使用[16]、あるいは、尿から検出された覚せい剤を体内摂取したうちの最終使用を起訴対象とする[17]。②最低一行為説は、検出された覚せい剤を体内に摂取した一回の使用行為を起訴対象とする[18]。以下、(a)事実認定、(b)訴因変更、(c)一事不再理効に関して検討する。

　(a)　両説とも同一検出可能期間内に複数回使用の可能性があるとき問題を残す。①説では、鑑定書の存在のみでは検出した覚せい剤が最終行為によるとは推認できない。事実認定の擬制を要し、妥当でない。②説では、いずれか一行為を処罰することになり、公訴事実の同一性がないのに択一的事実認定を許容するのに等しい[19]。

　(b)　当初の個別記載の訴因に対して、概括記載の訴因を予備的に追加する必要が生じたり（自白の信用性が崩れた場合）、日時・場所・方法の異なる個別記載の訴因に変更を要する場合（自白の変遷）、公訴事実の同一性との関連で問題はないか。

　裁判例は、事実の共通性と非両立性があればかかる訴因変更を認める[20]。この点について、①説では、検察官が最終行為たる使用としての共通性があると主張する限り、どちらの訴因変更とも是認せざるをえない[21]。②説でも、観念的に特定された当初の使用行為の日時・場所・方法がずれたのにとどまるという主張が成り立つので、訴因変更を不当とはいえない。ただ、複数使用の可能性がある場合に同一の使用行為の態様の修正にすぎないことを疎明するのはいくぶん困難であり、その限度で公訴事実の同一性に疑義が生ずる[22]。

　(c)　概括記載の訴因に基づく公訴提起または実体判決の後に、検出可能期間が重なる別個の使用行為の起訴は許されるか（理論的問題であり、運用上はほぼない）。

　この場合、検察官は後の起訴にあたり前の概括記載の事件とは区別できる旨疎明を要するが、覚せい剤の検出について尿の鑑定書を利用する限り、検出可能期間が重複している場合、二重起訴（刑訴法338条3号、339条1項5号参

第8章　訴因の特定　115

照)・二重処罰 (刑訴法337条1号、憲法39条参照) の危険を否定できない[23]。①②説いずれでも再訴禁止効・一事不再理効が生じると解すべきだ。なお、②説にたつならば「ただ一回の使用」と明記すべきであるとする説がある (唯一回行為説) [24]。同一検出可能期間内については一使用行為について1回しか起訴できず、他の使用行為に関しては公訴権の放棄ないし縮減が生じるとする趣旨と思われる[25]。が、概括記載でも1個の使用行為を処罰する趣旨は明白だ。同一検出可能期間内には再訴禁止効・一事不再理効が及ぶのに、起訴行為に公訴権の消滅効を与えるのは過剰な法理であり適切でない。

四　手続法説と防御権

　被告人の防御との関連ではどうか。現状では覚せい剤所持と別にその使用を処罰する刑事政策上の必要性はあるが[26]、概括記載が「えん罪」や二重処罰に至らない歯止めが要る。現在は、捜査段階で最終行為に焦点をあてた被疑者取調べや裏付け捜査がなされるという[27]。これに加えて、検察官が冒頭陳述で起訴対象は最終使用行為である旨説明ないし釈明すれば手続全体として防御対象は明らかで、防御準備に支障はないともいえる。ただ、「セックスの前に飲んだジュースに、相手が勝手に入れたかもしれない」などの弁解について、①説では、最終使用行為との関連性について被告人に事実上の立証の負担がかかる。②説では、検出可能期間内のできごとであれば、右弁解の信用性はさておき訴因との関連性は認めざるを得ない[28]。判例も、被告人の弁解については②説類似の扱いをしている[29]。②説が妥当だ。

　では、訴因の特定を認めるには、尿の「検査結果を示す書面」の証拠開示を要するとし、これを訴訟条件とする説[30]は妥当か。鑑定書は通常証拠調べが予定され、事前開示されるので (刑訴法299条)、右の説は事実上概括記載を無条件に正当化するものとなる。被告人の防御の利益の観点からは、尿の一部保存など被告人側が再鑑定を行える条件の整備を訴訟条件とする説[31]が説得的だ。ただ、尿の廃棄・費消により再鑑定できない証拠状態を使用罪に限り起訴無効の根拠にできるか疑問が残る。もっとも、被疑者の尿の任意提出・所有権放棄手続の見直しは要る。再鑑定用に尿の還付を求められることを説明しなければ任意性を欠くとみるべきだ (鑑定書に対する違法収集証拠排除法則援用の根拠になる)。また、尿の一部保存を鑑定の真正の一事情 (刑訴法321条3、4項) とすべきだ。

さらに、犯罪の日時・場所・方法を欠く訴因の記載は「犯罪の種類、場所等の如何により、これを詳らかにすることができない特殊事情」のある限度で許される[32]。したがって、証拠調べ後信用できる証拠に照らして個別記載が可能であれば、裁判所は訴因変更を検察官に促すべきであり、概括記載のまま有罪を認定することは訴訟手続の法令違反と扱うべきで[33]。

　以上を前提にすると、概括記載の正当化としては、①証拠による事実認定に擬制がともなわず、②訴因変更についてやや厳格であり、③防御面でも被告人の弁解の関連性を広く認めるため公訴事実の同一性を欠く択一的認定のおそれがあっても実害を生じないことなどを考慮すると、最低一行為説が妥当ではないか。

[1]　鈴木真一他「マスフラグメントグラフィーによるヒト毛髪中のメタンフェタミン分析」衛生化学30号（1984年）23頁以下、片木宗弘他「尿中覚せい剤の抽出・誘導体化及びGC/MSの全自動分析」衛生化学41号（1995年）148頁以下。

[2]　瀧賢太郎「覚せい剤使用事犯についての訴因変更（最決昭63・10・25）」警論42巻4号（1989年）171頁参照。

[3]　丹羽瀬鑒「覚せい剤について」衛生化学25号（1979年）4頁以下。

[4]　最高裁判所事務総局『薬物事件執務提要』（法曹会、1986年）241頁以下参照。

[5]　高松高判平8・10・8判時1589号144頁。

[6]　日本薬学会編『薬毒物化学試験法と注解』（南山堂、1992年）295頁。

[7]　松田昇他『覚せい剤犯罪の捜査実務101問』（立花書房、1983年）159頁参照。

[8]　札幌高判昭60・5・7高検速報126号。

[9]　最決昭56・4・25刑集35巻3号116頁。

[10]　荒木伸怡「覚せい剤使用罪における訴因」警察研究54巻7号（1983年）69頁はこれを「継続犯」とする。

[11]　香城敏麿「V　覚せい剤取締法」『注解特別刑法（5-Ⅱ）』（青林書院、1992年）59頁。

[12]　鈴木茂嗣『続刑事訴訟の基本構造（上）』（成文堂、1996年）278頁以下。

[13]　法務総合研究所『刑事法セミナーⅤ・刑訴法（下）』（信山社、1992年）30頁〔大林宏〕。

[14]　仙台高裁秋田支判昭56・11・17判時1027号135頁参照。

[15]　後藤昭「現代刑事法学への視点」法時59巻8号（1987年）120頁参照）。

[16]　例えば、宇津呂英雄「覚せい剤使用罪における訴因への特定と既判力（最決昭56・4・25）」警論35巻7号（1982年）152頁、神田忠治「覚せい剤使用罪における訴因の特定と訴因の変更」書記官114号（1983年）6頁、藤永幸治編集『薬物犯罪』（東京法令、1995年）133頁〔渡邉一弘〕など。裁判例として、東京高判昭54・10・24刑月11巻10号1141頁、東京高判昭55・2・28高刑集33巻1号72頁、東京高判昭57・3・24判時1063号214頁、福岡高判宮崎支判昭59・11・20高検速報1319号な

ど。

- [17]　馬場俊行「覚せい剤使用事犯における訴因変更について」研修493号(1989年)56頁、田宮裕『日本の刑事訴追』(有斐閣、1998年)312頁。
- [18]　古田佑紀「新判例解説」研修406号(1982年)763頁、香城・前掲注[11]222頁。前掲注[14]仙台高裁秋田支判昭56・11・17参照。
- [19]　馬場・前掲注[17]56頁参照。札幌高判昭58・5・24判時1108号135頁も使用態様の異なる二事実を択一的に認定することを不告不理違反とする。
- [20]　最決昭63・10・25刑集42巻8号1100頁。他に、札幌高判平元・9・5判時1339号150頁、東京高判平6・12・7高刑集47巻3号309頁、東京高判平9・9・17判時1623号155頁。
- [21]　東京高判昭61・6・25判時1218号142頁。
- [22]　前橋地判昭56・6・19判時1014号144頁は犯行日が2日、犯行時刻2時間、水溶液の量が0.1グラム違う訴因間の公訴事実の同一性を否定する。
- [23]　町田幸雄「覚せい剤使用事犯の捜査と訴因の特定」捜査研究31巻5号(1982年)25頁、宇津呂・前掲注[16]155頁参照。
- [24]　高田昭正「訴因の特定」争点137頁、光藤(上)271頁。
- [25]　松尾(上)176頁参照。
- [26]　反対、松宮孝明・百選[7版]99頁。
- [27]　瀧・前掲注[2]172頁参照。
- [28]　安原浩「覚せい剤使用罪における訴因の特定について」『刑事裁判の復興〔石松竹雄判事退官記念論文集〕』(勁草書房、1990年)346頁。
- [29]　前掲注[20]札幌高判平元・9・5。大阪地判平11・3・24(平9わ3602)は、同種弁解を認めて無罪にした。
- [30]　渥美東洋「訴因の特定・明示の意味」研修445号(1985年)11頁。
- [31]　高田昭正・小早川義則「覚せい剤事犯の多発化と刑事訴訟理論」刑法雑誌27巻2号(1986年)452頁。
- [32]　最大判昭37・11・28刑集16巻11号1633頁。
- [33]　大阪高判平2・9・25判タ750号250頁、東京高判平6・8・2判タ876号290頁。

第9章 「訴因」の機能(1)——共謀共同正犯

一 ある訴因逸脱認定——「共謀共同正犯」から「幇助」へ

1　本稿は、あるオウム真理教関連事件を素材にして、訴因逸脱認定の限界を検討するものである。1995年3月末、山梨県上九一色村所在の元オウム真理教教団施設に対する捜索差押の際、元自衛隊員の信者が意識不明のまま救出されたが、同年6月7日、大阪地検は、オウム真理教の大阪支部幹部であった被告人Arらを同人に対する監禁罪で起訴した。一審・大阪地判平9・4・24 (平7(わ)1748、1816、4151) は、被告人の実行関与も謀議も認定しなかった。ただ、検察官の冒頭陳述中「共謀状況及び犯行に至る経緯」の項目で記載された被告人の行動等を訴因変更手続なく「幇助」と認定し有罪を認めた。大阪高判平10・3・13 (平9(う)692) も、右認定を是認し被告人控訴を棄却した。

　本件で、審判対象に関して2つの問題が生じた。第1、検察官は、冒頭手続において弁護人の釈明に答え、実行共同正犯であると言明した。さらに、検察側立証をほぼ終えた段階で右「釈明」に追加する「釈明書」を提出して共謀共同正犯の主張を「予備的」に付加した。かかる検察官の2度の釈明と訴因の関係をどうみるべきか。第2、「共謀」の起訴状のまま、謀議形成過程の行為を幇助と認定する運用は妥当か。以下、順次検討したい。

2　起訴状の「公訴事実」欄は次の通りである。
　「被告人は、宗教法人オウム真理教 (以下『教団』という。) に所属するものであるが、教団所属のI、T、Kらと共謀の上、教団信者であったY (当時25年) が教団の分裂を図ったなどとして制裁懲罰を加えるため、同人を山梨県〇〇上九一色村〇〇所在の同教団施設までその意に反して連行することを企て、平成6年12月9日、大阪市〇〇区〇〇ビル所在の教団大阪支部において、真実は同人に制裁懲罰を加えるため右教団施設まで連行する意図であったのに、その情を秘し、同人に対し、『尊師が話しがあると言って、富士に来るように言っている。』などと申し向けてその旨誤信させ、さらに、同人に睡眠薬様の錠剤を服用させた

上、教団大阪支部前路上に駐車中の普通乗用自動車（登録番号○○○）に乗車させ、同年12月10日午前零時過ぎころ、同所を出発して、同日午前6時ころ、前記上九一色村○○所在の第6サティアンと称する教団施設に到着するまでの間、右普通乗用自動車内において、同人の両手に手錠をかけた上、同人の上腕部に薬物を注射して人事不省の状態に陥らせるなどし、もって、同人を不法に監禁したものである」。

3　訴因に関する手続をまとめる。

　1995年6月7日付上記起訴状に対して、弁護人は、共謀の日時、場所、方法、内容と何を実行したのか特定する釈明を求めた。第1回公判の95年9月4日、検察官は釈明書で「実行共同正犯である」と明示した。共同実行の意思形成時期については、「平成6年12月8日ころから同月10日午前零時過ぎころまでの間、大阪市○○区○○ビル所在の教団大阪支部その他の場所において、被害者をその意思に反して山梨県○○上九一色村○○所在の教団施設まで連行することについて、電話及びファックスによる指示並びに謀議により、共同実行の意思を形成した」とした。被告人Arの実行行為も特定した。「Yに対し、『尊師が話しがあると言って、富士に来るように言っている。』などと申し向けたこと、Yに睡眠薬様の錠剤を服用させたこと、同人が乗車させられた普通乗用自動車（登録番号○○）に同乗して同人を山梨県○○所在の第6サティアンと称する教団施設に連行したこと」。弁護人側は、同日付で謀議の具体的態様を明示する再釈明を求めたが、検察官は詳細は冒頭陳述で明らかにすると応じた。

　冒頭陳述では、次の謀議態様を明らかにした。12月8日夜、Iらの他に支部長代理として派遣されたO（同一事件で起訴され、本件被告人と併合で審理された）を含む数名が、元教祖の指示を受けてY連行の謀議をした。これには被告人Arは関与していない。Oは、Yの自宅や友人宅などを探す最中に、被告人と2度電話連絡をした。他方、被告人は、翌9日午後元教祖からYに「エネルギーの中枢を切るよ」との伝言を伝えるよう命じられた。そこで、Y宅に赴き、帰宅を待った。「同日午後7時ころ、被害者が帰宅したことから、被告人は、被害者に対し、『尊師がY君に話があるから、富士まで来るように言っている。』と申し向けて同行を求めたが、被害者がこれを拒否したため、いったん教団大阪支部に戻った。その間、同日午後5時49分ころ、上九一色村の第6サティアンから、教団富士山総本部道場を介して教団大阪支部に対し、『Yを教団分裂の大罪及び女性信徒に対しての性的強要により、永久破門とする。彼は5万カルパの間、無間地獄

(ヴァジラ地獄)に落ちるだろう。』という内容の麻原彰晃名義の告示がファックスで送信された。被害者方から教団大阪支部に戻った被告人は、この告示を見て、教団上層部は、被害者を教団分裂という大罪の首謀者と断定し、被害者に重い制裁懲罰を加えるため、教団大阪支部の幹部に対し、被害者を上九一色村の教団施設に連行するよう指示したことを知り、Iらと共に、被害者をその意思に反しても上九一色村の教団施設に連行することを決意した」。つまり、被告人は、元教祖名義の告示文をみた時点で自らも連行を決意し、既に形成されていたO等他の信者の謀議と合体したというものかと思われる。

4　1996年9月、検察側立証がほぼ終了したが、1996年10月24日・19回公判で（被告人側立証が予定されていた）、検察官は、上記95年9月4日付け再釈明に対する「釈明書」の形で「予備的に『共謀共同正犯である』を付加する」とした。弁護人が謀議の時期に関して釈明を求め、冒頭陳述記載の通り、「被告人が告示文を閲読した後」に共謀成立と理解していいか確認した。が、検察官は「最終的に謀議が成立したのはそう理解してもらっていい」とあいまいに答えた。弁護人が、告知文を見る以前に謀議には不参加なのか確認したが検察官は検討を約して公判が終わった。
　1996年12月24日・21回公判で（被告人質問など被告人側立証が続いていた）、検察官は釈明書を提出し、謀議成立時期について「遅くとも……告示をみた時点までに、共謀が成立した」と主張。弁護人は、かかる釈明は実質的な訴因変更として異議を述べたが、裁判所は特段の訴訟指揮、意思表示をしなかった。1997年1月9日・22回公判で、検察官は、告知文を見る前には謀議には参加していないのかどうかの点に関する弁護人の求釈明についてあらためて「釈明する必要はない」と応じた。だが、1997年2月6日・論告では、実行共同の主張の他、予備的に追加した共謀共同正犯の主張に関しては、「Yを大阪支部から上九に向けてワゴン車に乗せる段階で、Yを騙して上九に連れて行く謀議が成立し、それ以後の監禁について共謀共同正犯が成立」したと主張した。

5　前掲一審判決は、被告人Arの実行関与、共謀関与どちらも認定できないとした。ただ、偽計による監禁幇助を認定した。
　まず共同被告人Oについて次の事実を認めた。「大阪支部に着任した際、被告人Arから、教団幹部に反感を抱いているY（当時25歳、以下「Y」という。）ら在家信者が、右幹部による指導を受けず、在家信者だけで独自の修行しようと種々

画策し、教団を分裂させる活動をしているなどと報告を受けると共に、麻原に伺いを立てているので直ちに事を荒立てないようにして欲しいと言われていたが、平成6年12月8日午後9時ころ、麻原から大阪支部に電話があり、右Yと直接話がしたいから連絡を取るように命じられ、同人が教団施設に行くのを拒否する場合は、同人を監禁して教団施設まで連行しようと企て、出家信者のKらと共謀の上、同月9日未明から、右Yを捜して同人と交際していたS宅やY宅に押し掛けたり、S女を教団施設に連行するなどした後、同日午後11時ころ、大阪支部に戻ったところ、右Yが教団関係者からの電話を受けて、自ら大阪支部に出向いていたことや、教団施設から教団富士事務所を介して大阪支部宛てに、同日午後5時49分ころに麻原名義の告示がファックス送信されていることを知ったが、右告示には　『Yをヴァジラヤーナ五逆の罪の一つである教団分裂の大罪および女性信徒に対しての性的強要により、永久破門とする。彼は5万カルパの間、無間地獄（ヴァジラ地獄）に落ちるだろう』と記載されており、右記載中『永久破門』とは教団の中では最も重い処分であり、その他の記載事項も教団信者であれば、到底平常心ではいられない内容のもので、右Yを教団施設に連れて行けば、同人が前記内容のバルドーの悟りのイニシエーションを受けさせられることを予期しながら、同人に対し、右告示内容や同人が教団施設に行った後、どのような措置がなされるかなどを秘匿して告げないとの偽計を用い、同人に麻原と話をするために教団施設に赴く旨決意させ、大阪支部前路上に駐車中のワゴン型普通乗用車最後部座席に乗車させ、同月10日午前零時すぎころ、同所を出発し、同日午前6時ころ、教団施設に到着するまでの間、同人を右自動車に乗車させたまま連行し、もって、偽計により同人を不法に監禁し」た。

　その上で、本件被告人Arは、上記の「犯行の際」に「大阪支部において、同6年12月8日、右Yを監禁して教団施設に連行するため、同人を捜しに行こうとする被告人Oに携帯電話を渡し、被告人Oと右電話で連絡を取り合い、『Sから電話があり、同女が「Yが帰った。」と言っていた。』などとYの所在場所を知らせたり、同月9日ころ、前記告示が出され、教団上層部が……右Yを首謀者と見ていることを認識しながら、大阪支部に出向いて来た同人と対応した際、右告示の有無、内容等について話さず、被告人Oらが……偽計により右Yを右自動車に監禁して大阪支部から教団施設へ出発するのを認識しながらこれを見送るなどし、もって、被告人Oらの右犯行を容易ならしめてこれを幇助した」とした。

6　弁護人は、事実誤認の他、訴因の逸脱認定（不告不理または訴訟手続の法

令違反）を主張したが、前掲控訴審は、次の理由で、右主張を斥けた。

「この起訴状記載の事実と原判決の認定事実を比較すると、具体的事実として前者が後者を包摂する関係にはなく、両事実の間では被告人Arの行為の態様、日時、場所も異なるのであるから、これだけをみれば訴因外の事実を認定したとも考えられるところであり、少なくとも訴因変更の手続を経ていないことを問題とする余地がまったくないとは言い難いところである。しかしながら、原審における審理経過をみると、最終的に被告人Arの監禁幇助行為として認定された各事実も、平成7年9月4日の第1回公判期日における検察官の冒頭陳述『共謀状況及び犯行に至る経緯』の項で同被告人がYを捜す過程で電話連絡をとったことが、また、同じく『犯行状況』の項で同被告人が本件告示の有無等をYに知らせなかったことが、それぞれ具体的に述べられているなど、いずれも本件監禁行為に至る経過として重要視されていた事実であり、その後の証人尋問、各被告人質問等においてもそのような被告人Arの行為がそもそも存在したか否か、存在したとすればそれまでの経緯、行為の具体的内容、その際の同被告人の意図はどのようなものであったのかなどについて詳細に尋問等がなされていることが認められる。そして、検察官は、右を含む証拠調べのうちの検察官立証を概ね終えた段階に至り、それまでの経過を踏まえた上、平成8年9月17日付釈明書に予備的に共謀共同正犯の主張もする旨の記載をして裁判所に提出し、原審第19回公判においてこれを陳述したのであるから、このことにより、監禁の実行行為の有無、態様等の問題とは別個に、同被告人における他の共犯者との共謀の成否が事件における重要な争点となり、したがって、監禁幇助行為とされた同被告人の各行為も、共謀の事実を推認するための重要な間接事実として攻撃防御の対象となったことが訴訟手続上明確になったのであるが（なお、検察官は、同被告人が告示を見た時点までに共謀が成立した旨釈明しているが、最終的な共謀成立の時期の釈明によって、それ以前の間接事実の重要性が失われるものではない。）、弁護人は、予備的に共謀共同正犯であるとの釈明が実質的には訴因変更に相当するとして異議を述べたものの、それまでの証人について再尋問の請求等をすることなく、そのまま被告人質問等を行い、弁論においても『本件直前までの関係者の行動と被告人の認識〜共謀の不存在』の項において詳細に同被告人の行為に関する主張をしている……右のような審理経過に照らせば、本件においては原判決が被告人Arの犯罪事実として最終的に認定した事実は、原審において審判の対象となっていたものと認めることができ」る。「訴因変更の手続をとらなかった点も被告人Arの防御に手続上特段の不利益を与えていない」。

二　起訴状の記載と審判の対象——事実記載説と新法律構成説

1　本件起訴状の「公訴事実」欄では、検察官が監禁に至る経緯・監禁の態様等自然的歴史的事実の重要なものを摘示し、そのまとめとして「もって、同人を不法に監禁した」と記載しているが、この場合審判対象は何であったのか。特に、事実記載説はどの部分を「訴因」と捉えるのか。

　一般に審判対象は、具体的事実を記載した訴因とみるのが通説であり、その場合の訴因とは、例えば、「起訴状に主張された具体的事実であるが、それだけが訴訟の対象を構成する」とされている（事実記載説）[1]。従って、「具体的事実が、どの構成要件にあたるかの判断を示す（罰条同一説）ものではない」、「どの構成要件にあたるかの判断は、罰条によって示される」とし[2]、可罰性評価と事実摘示を峻別する。

　しかし、「もって」以下の記述は、主要な社会的事実に対する検察官の構成要件的評価ないし可罰性評価ではないか。他の起訴状でも「公訴事実」欄には構成要件をあてはめるのに必要な事実の摘示とともに、検察官の構成要件的評価が記載されている。例えば、殺人罪では、「……殺意をもって、同女の頭部等を数回殴打し、よって即時同所において、頭部打撲による全般的なクモ膜下出血に基づく脳機能麻痺により死亡させて殺害したものである」と記載する。「死亡」と「殺害」の2語を必ず使う。これは一読すると、日本語の意味としては同義反復になる。だが、後者は、構成要件該当性を示すために、実行行為と結果を摘示しているものとみていい。強盗罪であれば、暴行または脅迫にあたる被告人の言動を叙述した後、必ず「犯行を抑圧し」た、という法的評価を加える。わいせつ罪でも、例えば、「被告人は○○の路上において甲ら不特定かつ多数人の容易に覚知しうる状態で、ことさらに自分の陰茎を露出し、もって公然わいせつの行為をした」と記述する。被告人の言動の公然性とわいせつ性の法的評価を記載している。覚せい剤自己使用罪では、「覚せい剤であるフェニルメチルアミノプロパン塩類若干量を加熱し気化させて吸引した」という事実のみ記載することなく、「もって覚せい剤を使用した」と可罰性評価ないし構成要件的評価を加える。暴行罪の公訴事実でも、「同人の頭部を押さえてその顔面をカウンター上に打ちつけるなどの暴行を加えたものである」と記述する。要するに、現在の運用上は「公訴事実」欄に事実と可罰性評価を記載するのが通常である[3]。

　むろん右の可罰性の評価部分も構成要件該当事実の摘示であるとみることが

できないではないが、単なる「事実の記載」とみなすことには無理がある。といって、検察官の可罰性評価も訴因に含むと解するのは事実記載説に反する。むしろ、「公訴事実」欄の記載中、可罰性評価に関する部分を除外し、裸の事実の記載のみが訴因であり、審判対象であるとみることになろう。

　もっとも、そうであれば事実記載説は起訴状の訴因部分における法律構成に関する記述を除くように強く批判するべきである。が、それはいままで必ずしもなされていないように思う。そうであれば、この部分について、罰条の記載と同じ趣旨であり、便宜上公訴事実欄に記載がなされているだけなので、予断を生じる余事記載（法256条6項）とまではみない、とでも解するしかない。が、これは長年の運用を事実上是認するための無理な説明にとどまる。

　むしろ、事実記載説を貫いて余事記載とし違法無効となると扱うか、逆にこうした訴因の記載方法を前提にしながら、被告人の防御権保障の観点にたって審判対象を再構成することを考えるべきであろう。

2　さて、事実記載説をつらぬくと、例えば、「見張りの事実関係は明白でただ単に共同正犯か幇助かが問題になるような場合は、法令の適用は裁判所の専権であることからみて、訴因変更を要しないと解すべきである」とされる[4]。もっとも、殺人罪のように故意に該当する心理状態を起訴状にも記述する場合、訴因変更を要するから、この指摘にあてはまる場合がどれほどあるのか疑問がないではない。だが、一般論としてはこれが事実記載説の帰結となろう。

　むろん、この場合、事実面の変動の大小だけでなく、被告人の防御の利益を加味して訴因変更の要否を考えるのが一般であり（いわゆる抽象的防御権説または具体的防御権説）、この面からは法定刑が重くなる正犯の認定には訴因変更を要しよう[5]。もっとも、被告人の防御の利益を訴因変更の一基準にするのは、訴因が審判対象を明示しそれによって被告人に防御の範囲を告知する機能を有するからである。事実記載説から論理的に導き出される原理ではない。

　また、事実記載説に従えば、検察官が被告人を正犯で起訴した場合、裁判所が検察官主張と同じ外形的事実を認めつつ、正犯意思と正犯に値する実行行為の欠如を認めたとき、訴因変更なく幇助で処罰することを認容せざるをえない[6]。ここでも、事実記載説の論理だけでは裁判所が審判対象を職権で補充して処罰を実現する運用を是認せざるを得なくなる。これに歯止めをかけるためには、被告人の防御権の侵害になるか否かを考慮するしかない[7]。

　とすると、訴因に関する事実記載説は、被告人の防御の範囲の明示の点から

は必ずしも十分ではなく、むしろこれを基礎にしながらも一定の修正を要するのではないか。

3　では、どう考えるべきか。検察官は、刑罰権実現のため公訴権を行使する責務を負う。刑罰権は、犯罪を処罰する国家の一般的権能である。公訴権は、社会で起きた裸の犯罪事実に対して刑罰権を具体的に適用実現するため、検察官が公訴を提起する権限である。公訴提起は、刑法上犯罪を構成する「事実の所在」、これを刑法上どう処罰するのが妥当かという可罰性ないし構成要件へのあてはめに関する「法的判断」の両者を裁判所に提示して、両者に適正・妥当な理由があることの確認を求める検察官の意思表示である。

審判の対象、つまり裁判所が理由の有無を判断すべきなのは、検察官の事実と可罰性評価に関する主張である（新法律構成説）。これは、起訴状全体から読みとるべきである。①被告人の特定は、起訴状の前半部分に記載する本籍・住居・職業・氏名・生年月日等で行われる。②「公訴事実」の項目には、犯行に関する「事実」と、可罰性ないし構成要件的評価が記載される。③「罪名」欄は、検察官が適用を求める罪名と罰条を摘示する。以上で示される「処罰」に関する検察官の主張全体を審判対象とみるべきである[8]。その核になる②が、訴因である[9]。

本件では、冒頭一2で紹介したように、検察官は、被告人を「共謀」による逮捕監禁の「正犯」として処罰することを求めている（実行共同か共謀共同かについてどこまで記載すべきかは、三参照）。裁判所は、訴因の主張が証拠で裏付けられているかどうか審判するのが主たる責務であり、かつこれに徹すべきである。本件の訴因のまま、幇助を認定するにあたり、仮に審判対象に含まれている事実を基礎にしたと解釈できるとしても、検察官の可罰性の主張については逸脱する認定を行っている。これも不告不理の原理に反する（法378条3号参照）。もとより被告人の防御権侵害になるのは当然である。本件控訴審判決が訴因変更なく幇助の認定ができるとした点は不当である（四で詳述する）。

三　訴因と検察官の釈明——争点説と訴因説

1　控訴審は、起訴状に「謀議の上」と記載されているので、謀議に関連する生の事実関係は包括的に審判対象になっていると解釈している。この面では、訴因を法律構成説に近いものと理解し、これを審判対象とみたとも言える。他方、こ

の範囲内の事実であれば、正犯と法律構成が異なる幇助を認定してもよいとする。この面では、事実記載説に立って判断していると言える。ところが、幇助の認定にあたり、訴因変更手続はもとより「争点の顕在化」など争点を被告人に明示する機会がなくとも訴訟手続は適法であるとする。その意味では、公訴事実審判対象説に近い立場で判断している面がある。

こうして、控訴審判決は、全体として訴因逸脱認定を許容する幅を緩和し、縮小認定によって有罪事実を認めたが、審判対象の範囲は不分明なまま手続がすすめられた観がある。これに伴い、被告人が十分な防御を尽くせたか疑問がないではない。そこで、以下では、本件での審判対象に関する手続の問題点を順次検討したい。

2　検察官が冒頭手続で実行共同正犯と釈明し、検察側立証が一応終了後には共謀共同正犯を予備的に付加する旨再度の釈明をしたが、かかる釈明の効果は何か。

記録によると、一審裁判所は、弁護人の求釈明申立に関して検察官に積極的に釈明を勧告ないし命令する訴訟指揮をした様子がなく、事実上の仲介をしたのにとどまる。2度目の釈明についても、その段階での検察官の争点の再確認、再提示と解したのではないか。というのも、弁護人が実質上の訴因変更だとして異議を申し立てたが、裁判所は法廷では「弁護人の意見は承りました。その旨調書に記載しておきます」と扱ったのみで、特段の職権発動はしていないからだ（当日の公判調書には手続事項のため応答の言葉は省略され、手続の流れのみ記載されている）。

控訴審は、検察官の冒頭陳述と96年9月17日付け釈明書により幇助該当行為も「重要な争点」となったことが「訴訟手続上明確になった」と解釈し、再度の釈明に対する弁護人の異議に関する原審の措置も是認している。控訴審も、検察官の釈明はともに訴因を構成するものではなく、単に「争点の顕在化」の効果しかないことを前提にしている（争点の顕在化説）[10]。かかる取扱いも、次の点を考えれば、うなずけなくはない。

①本件公訴事実の記載は、実行行為とこれに対応する「謀議」で構成される「共同正犯」を処罰する旨の検察官の主張である。刑法上、実行行為に対応する謀議も謀議関与のみ処罰する共謀共同正犯も、共同して犯罪を行なう意思が形成されている状態を処罰する点で規範的構造は共通である。また、謀議は故意と同質の主観的な可罰性の要件である。日時・場所・方法・態様等は訴訟法上謀

議を推認する間接事実としては重要でも犯罪＝「罪となるべき事実」を構成する要素ではない。訴因に「共謀の上」と明示すれば罪となるべき事実の記載としては充分である。

②「共謀の上」と記載することで、「共同正犯」を処罰する検察官の意思表示は明確である。実行共同・共謀共同いずれにせよ犯罪の識別は可能であり、刑訴法上訴因の特定として充分であるし、防御対象の特定もこの限度で満たせば足りる。

③再度の釈明で、共謀共同正犯の主張をしたのは、訴因で明示した実行行為に関与しなかった状態を処罰する趣旨である。事実の縮小認定に類似している。防御の範囲を拡大し不鮮明にするものではない。

④捜査段階で取調べによる自白を得て謀議を特定する従来の捜査手法を抑制する必要からも、起訴状記載の「謀議」は現状程度でやむをえない。また、迅速・効率的な公訴権の行使を考えると、起訴段階で実行共同・共謀共同の特定を求めるのは妥当でない。証拠調べの進展（場合により起訴後の補充捜査）に応じて検察官が釈明により処罰すべき事実と刑法的評価を絞ればよい。

⑤したがって、当初の実行共同とする釈明は検察官の裁量によってその段階での証拠状態を前提にした争点を明示したものであり、訴因を明確化するために必要な釈明ではない。裁判所が求釈明の責務を負うべき事項ではない以上、検察官の釈明は訴因にならない[11]。また、共謀共同正犯を排除する意思は含まない。処罰の効率的実現のためにも、証拠調べの推移をみて、再度の釈明で共謀共同正犯を予備的に主張し争点にすることは許される。

3　しかし、疑問がある。
①「共謀の上」と記載しただけで、共謀共同正犯の処罰も求める検察官の特定、明示の意思があると認めるのは刑法上疑義がある。実行共同の場合、謀議は事前であれ現場であれ実行行為と一体となって存在する。事実の重みの裏付がある。しかし、共謀のみ関与した者を処罰するには、謀議関与が実行行為に匹敵するほどの可罰性があることが必要だ。実行行為者に強い心理的影響または支配を及ぼした状態に裏付けられなければならない[12]。「共謀の上」と記載しても処罰すべき重みのある「罪となるべき事実」の摘示になっていない。

②裁判所が後に判決で「罪となるべき事実」を認定するのに必要な範囲で犯罪事実の識別ができるか否かと、被告人が防御の準備を強いられる範囲が明示されているか否かは異なる。訴因は、防御の対象を特定することで審判対象を明

示するべきである。実行共同・共謀共同、現場共謀・事前共謀では防御の範囲・方法が異なる。共謀共同正犯の場合も、共謀の成立経緯は共謀認定の間接事実ではなく、防御の対象として起訴状に明示すべき「罪となるべき事実」である[13]。

本件では、当初の釈明で、検察官は実行共同とした。これは防御範囲の実質的な限定を意味する。本来訴因変更手続で行うべきである。そうでなくても訴因を構成すると扱うべきである。裁判所も、これを確認する訴訟指揮をすべきであった。

再度の釈明では、検察官は、共謀共同正犯は告示文を見る時期までに成立したとするが、謀議成立の契機となる事実関係は実行共同を主張した冒頭陳述のままである。が、実行行為が欠けた場合、冒頭陳述記載事実では他の謀議関与者との意思疎通の有無・方法・時期・内容などが全く不明になる。それでも、実行共同と同じ可罰性のある謀議があったと特定・明示したとはいえない。しかも、訴因変更手続を経ず、前の釈明書の補足というあいまいな訴訟行為で審判対象に関する検察官の主張の追加を許すのは、防御範囲の不安定化・不明確化を招く。

③検察官は、冒頭陳述と当初の釈明では、麻原彰晃の告示文を見た時期以後に被告人の謀議が成立したと主張した。その後の共謀共同正犯の主張では、告示文をみたときまでに謀議が成立したとした。重なるのは告知文を見た時点だけだ。それ以前のいずれの事情が謀議成立の契機となったのか不明確である。したがって、実行共同正犯中、実行関与のみ認められない場合とは異なり、訴因の縮小認定ではない。

④訴追の利益に関して、法256条5項は複数訴因の併記で対応している。「一事件一訴因」の運用は、刑訴法の予定するものではない。「一事件複数訴因」の起訴状に基づき、証拠を検討してどの範囲で検察官主張が立証されたか検討するのが刑事裁判の役割だ。検察官は、必要に応じ証拠状態に照らして、実行共同正犯と共謀共同正犯両訴因を当初から記載すれば足りる。また、自白中心捜査は抑制するのが望ましいが、だからこそ一事件複数訴因での訴追で対処することも考えるべきではないか。

のみならず、防御の面でも問題が残る。実行行為に結実する謀議状態がないと争うのと、告示文閲覧時までに謀議が成立するような被告人の態度はなかったと争うのでは、時間の面などからみても防御対象が大きくずれる。検察官の共謀共同正犯に関する釈明が最終的になされたのは、第21回公判であって被告人質問は終っていた。防御面からは不意打ちに近い。訴因変更手続により審判対象

にすることを明示すべきであった。

　⑤冒頭手続の機能は、被告人の人定、被告人の黙秘権など防御権の説明の他、審判対象の確認と争点の整理・確認にある。右手続段階での検察官釈明の意味は重く扱うべきで、検察官の釈明により訴因の明示が行われたとみるべきだ（訴因説）[14]。再度の釈明も、検察官立証をほぼ終了したことを踏まえて訴因内容を修正・変更する意味があったとみるべきである。しかも、共謀共同正犯の追加は、実行共同正犯とは事実面でも可罰性の面でも内実の異なる処罰請求である。検察官の訴追意思にズレが生じた以上、本件の共謀共同正犯の予備的追加の手続は法312条に従うべきであった。釈明によって審判対象を拡大した訴訟状態は、違法・無効である[15]。

四　「共謀」と「幇助」——縮小認定説と逸脱認定説

1　一審は次の行為を幇助と認めた。①12月8日夜、Oが被害者Yを捜しにいくときに被告人が携帯電話を渡した、②同日中に両名が電話で会話をした、③12月9日夜、被告人は、支部に来た被害者に告示文について説明しなかった、④Oの偽計による監禁によって車に乗った被害者を見送った、以上である。一部は、当初の訴因に明示されていない。にも拘わらず、幇助を認定したことは妥当か。

　控訴審は、かかる訴因の逸脱認定を許容した。理由は次の通りである。①審理上幇助該当事実が顕在化しているとみなせること、②弁護人が証人の再尋問請求等をしていないこと、③弁論で関連する被告人の行為について主張がなされていること等である（縮小認定説）。

2　しかし、疑問がある。

　①幇助該当事実は、審判手続上顕在化していない。上記①の事実は、訴因にも冒頭陳述にも記載がない。②は、謀議成立に至る経過中の一行為として冒頭陳述に記載されている。③は、公訴事実に記載なく冒頭陳述で付加された。④に関しては、被告人も同乗して上九一色村に向かったとする実行行為に、偽計の黙認も含まれると読む余地はあるまい。また、全体として、検察官がかかる態様の幇助でも処罰を求める明示の意思表示は示されていない。正犯と共犯は事実面でも処罰の重みの面でも異なる。検察官が起訴猶予の権限と責務を持つことも重視すべきだ。検察官が正犯で起訴した場合、裁判所の職権で幇助まで審

判対象を拡大する必要はない[16]。

　②審判対象に関して被告人の責問権を想定し、その不行使を根拠に共謀共同正犯や幇助を審判対象に組み込むのは妥当でない。

　本件被告人Arが相被告人Oに携帯電話を渡した事実はある。が、Oが積極的に用意するよう命じたのか、被告人が勧めたのか両名それぞれの被告人質問でも食い違いがある。その電話でOと話をした内容、その意味等についても両被告人質問で供述はでているが、食い違いが残ったままだ。弁護人は、実行共同に至るほど被告人は犯行の経緯に深く関与していないこと、共謀共同正犯との関連では謀議の成立を導くほど重要な関与ではないことを立証することを目標にした質疑を行っていたはずで、右目的からすれば、こうした矛盾を残していても反証に十分と判断した可能性がある。現に証拠調べの結果、「合理的疑い」が残ったため、一審は共謀関与も実行関与も認めなかった。

　だが、弁護人は、電話の受け渡しが、起訴して処罰すべき幇助にあたるのかどうかという観点から関連事項の質疑を行っていたかどうかは記録上はっきりしない。被害者Yが犯行当日自ら支部に来たときに、告示文の説明をしなかったことについても同じである。裁判所が幇助での処罰を予定していることを明示した場合であれば、弁護人側は、右経緯が幇助としての意味があるか否かに関する質疑なり補充立証をする余地がなかったとはいえない。その限度で、実質的に防御の利益を侵害している。

　また、本件では一審裁判所は、弁護人の「異議」に応答しなかった。審判対象に関する釈明で、なにが明らかになり、現段階で何が審判対象か明らかにするための訴訟指揮がないまま手続が進行した。これを、被告人の防御権不行使による瑕疵と捉えるのは誤りだ。

　③弁論で、共謀共同正犯に対する反論をするのは当然であって、これも審判対象の拡大を承認した趣旨ではない。そもそも訴因の特定・明示は、検察官の本来的責務だ。有罪立証における「合理的疑いを超える証明」の原理と同じく、検察官が負担する片面的な責務だ。また、共謀共同正犯の釈明がなされた後、新たな証拠調べを請求しなかったことと審判対象の所在は関連がない。

3　かかる訴因逸脱認定を違法とみた場合、控訴理由はどうなるか。控訴審判決は、審理の状況を通じて幇助が審判対象になっているか否かを問題としただけなので、仮に審判対象の扱いに関する違法を認めても、一般的な審理不尽・訴訟手続の法令違反として扱うことになったであろう。

しかし、「争点の顕在化」手続の要否を問題にする余地はある[17]。さらに、審判対象が何かは、起訴状の訴因記載または明示的な変更手続により常に手続上明確でなければならない。謀議形成行為とその後行われた実行行為に対する幇助は、事実面の共通性があるが、検察官の可罰性の主張の程度が大きく異なる。それに応じて防御の範囲・程度にも差異が生じる。これは、法312条による訴因変更手続をしなかった訴訟手続の法令違反にとどまらない。検察官が明示の処罰意思を表示していない幇助について認定したことになる。不告不理違反（法378条3号）として厳しく咎めるべき重大な瑕疵である（逸脱認定説）。

五　まとめ──「裁量糺問主義」の克服と「弾劾主義」の徹底

　新刑訴の運用も50年になるが、裁判所が事件の実体に迫るため、審判対象の設定について後見的な役割を果たし、結果として処罰に遺漏を来さない運用が根強い。右運用は、証拠調べの範囲・順序、証拠能力の要件の決定や事実認定の姿勢など刑事裁判の全般にわたり、処罰の実現を優先する傾向にもつながる。法制度上は、検察官が起訴する弾劾主義が採用されているが、運用上裁判所の審判対象設定に対する介入・支配の裁量権限がかなり強い。これを大局的には「裁量糺問主義」と捉えていい。

　だが、被告人に公正な裁判を保障し「えん罪」を防止する利益と、厳正・迅速な処罰の実現を調和させるには、裁判所が検察官の処罰要求を中立・公正な立場で判断する審判官に徹すべきだ。裁判所が審判対象の設定に介入する権限を縮減し、検察官の事実と可罰性の評価に関する主張たる訴因に限り審判対象と扱う必要がある（弾劾主義の徹底）。

　その意味で、訴因に関する現在の運用が、刑事裁判の好ましからざる「歪み」の原因になっていないか慎重な見極めが要る。

[１]　田宮187頁。
[２]　平野132頁。
[３]　ただし、窃盗罪の場合には、「セカンドバック１個（時価１万円相当）を窃取したものである」といったまとめ方になるが、これは「盗む」行動の摘示と構成要件的評価の叙述を同一用語でまかなえるからである。
　　　旧法下の起訴状中、予審請求書の書式は時代とともに変化している。例えば、犯罪の事実を記載する欄は、1926年には「犯罪事実」欄であったが（黒瀬善治『実用刑事訴訟法』〔1924年〕326頁）、1938年には「公訴事実」欄になっている（司法省刑事局『強盗・殺人・死体遺棄事件記録（上）』〔1938年〕368頁）。また、手元には2、3

の書式しかないので運用の実態は定かではないものの、1940年のある殺人事件の予審請求書には、犯行に至る経緯、犯行の動機、犯行状況を記載した上、「台所ニ在リタルタオル及ビ雑巾用手拭ニテ同女ノ頚部ヲ絞メテ窒息死ニ至ラシメ以テ之レカ殺害ノ目的ヲ遂ケタルモノナリ」と記載されている（司法省調査部『実務参考資料・殺人』〔1940年〕194頁〔中根一郎〕）。事実の摘示と可罰性評価両方が記載されている。現在の書式とそう変化がない。

[4]　小林充「訴因と公訴事実」判タ644号（1987年）11頁。同旨、田宮編586頁〔田宮裕〕。

[5]　最判昭40・4・28刑集19巻3号270頁。

[6]　最判昭26・6・15刑集5巻7号1277頁は、縮小認定については訴因変更手続を不要とする。正犯の訴因を変更せず幇助を認定した上級庁の事例は多数ある（かっこ内は罪名）。例えば、最判昭29・1・21刑集8巻1号71頁（窃盗）、最判昭29・1・28刑集8巻1号95頁（関税法違反）、最判昭33・6・24刑集12巻10号2269頁（強盗殺人正犯→殺人幇助）、東京高判昭43・1・11判タ221号221頁（窃盗）、東京高判昭50・2・4東高時報26巻2号19頁（収賄）、大阪高判昭53・5・11判時919号112頁（殺人）、東京高判昭57・12・21判時1085号150頁（詐欺）、札幌高判昭60・3・20判時1169号157頁（窃盗共謀共同正犯）、福岡高判昭61・9・11判タ625号238頁（密輸出罪）、東京高判平4・8・26判タ805号216頁（強盗致傷共謀共同正犯）等参照。

[7]　三井誠「訴因の変更(3)」法教175号（1995年）96頁は、具体的な防御の有無と抽象的な防御の要否の「二段構えの防御説」を提唱している。

[8]　鈴木茂嗣『刑事訴訟法の基本問題』（成文堂、1988年）144頁は、罰条記載説、法律構成説、事実記載説を融合し「訴因は事実をその法律構成とともに明示特定し、一定の罰条に該当する『公訴事実』を特定するもの」とする。同『刑事訴訟法』（青林書院、新版、1980年）107頁も「法律構成説を取り込んだ事実記載説」を提唱する。

[9]　「公訴事実」の意味も再構成が要る。審判対象を巡り従来は「公訴事実」概念に重い意味を与えた上で、公訴事実対象か訴因対象かが論じられてきた。例えば、「公訴事実」とは「検察官が、被疑者の生活事実の流れの一齣を構成要件的評価によって切断し捉えた事実（構成要件の切断作用）」とし、これこそ審判の対象とする説（岸盛一『刑事訴訟法要義』〔広文社、1962年〕51頁以下参照）。逆に、公訴事実とは「犯罪の嫌疑」を意味することになるとみた上で、これを審判対象とする公訴事実対象説を批判する立場（平野龍一『刑事訴訟法概説』〔東京大学出版会、1968年〕88頁、田宮編578頁〔田宮裕〕）。

　　　だが、法256条の「公訴事実」は起訴状に記載すべき項目の名称と理解すれば足りる。捜索差押許可状における「捜索すべき場所」などと同じである（法107条、219条参照）。訴因は、犯行態様に即して一個の場合も併合罪のように複数列挙すべき場合もある。「公訴事実」欄はこうした訴因を書き込む場所の区分をいう。訴因変更の限界に関する「公訴事実の同一性」（法312条1項）の解釈にあたっても、「公訴事実」の項目に記載された審判対象たる訴因の規範的な「同一性」こそ重要であって、「公訴事実」に重大な法的意味を与える必要はない。この点の詳細は別の機会に論じたい。

　　　なお、検察官の可罰性の主張も審判対象になるとすれば、「罪名」欄に記載される検察官の罰条の主張も拘束性を有する。但し、「公訴事実」欄の訴因に具体的な可罰

性の主張がなされているので、「罪名」欄の記述の誤りは、防御の実質的不利益を生じない限り、公訴提起を無効とするほど重大な瑕疵と扱わなくてもよい（法256条4項但書参照）。

[10]　これを支持する実務家の諸説として、さしあたり、小林充「起訴状に関する求釈明」争点（旧版）136頁以下、同「共謀と訴因」大阪刑事実務研究会『刑事公判の諸問題』（判例タイムズ社、1989年）33頁以下、植村立郎「起訴状に関する釈明」争点139頁、大コメ(4)207頁〔河村博〕、大山隆司「起訴状に対する求釈明」新実例Ⅲ206頁以下等。

[11]　仙台高判昭52・2・10判時846号43頁も、訴因の特定、明示に必要な範囲を超える検察官の釈明は、「訴因たる事実を推知させる可能な個々の事実についての検察官の一応の見解の表明にとどまる」とする。

[12]　さしあたり、前田雅英『刑法総論』（東京大学出版会、3版、1998年）414頁。但し、山中敬一『刑法総論Ⅱ』（成文堂、1999年）812頁以下参照。

[13]　さしあたり、石松竹雄「訴因の特定」実務ノート(2)29頁以下。
　　　共謀共同と実行共同を区別した公訴事実の記載は容易である。例えば、「被告人Arは、教団所属のO等と、平成6年12月8日ころから同月10日午前零時過ぎころまでの間、電話及びファックスによる指示並びに謀議により、Yが教団の分裂を図ったなどとして制裁懲罰を加えるため、同人を山梨県○○所在の同教団施設までその意に反して連行することを企て、もって共謀し、右O等において、平成6年12月9日、大阪市○○所在の教団大阪支部において、真実は同人に制裁懲罰を加えるため右教団施設まで連行する意図であったのに、その情を秘し、同人に対し、『尊師が話しがあると言って、富士に来るように言っている。』などと申し向けてその旨誤信させ、第6サティアンに到着するまでの間普通乗用自動車（登録番号○○○）に乗車させ、もって同人を不法に監禁した」。
　　　但し、最判昭33・5・28刑集12巻8号1718頁はかかる記載を不要とする。その批判として、石川才顯『刑事手続と人権』（日本評論社、1986年）262頁参照。

[14]　さしあたり、大コメ(4)493頁〔高橋省吾〕。なお、東京高判昭51・3・30判時824号121頁も、裁判所の義務的求釈明事項については訴因の一部になるとする。

[15]　現場共同に基づく傷害の実行共同正犯の訴因に対し、事前共同による共謀共同正犯を認定するには訴因変更を要するとした大阪高判昭56・7・27判タ454号166頁、及び検察官の釈明の範囲を超える事実認定を訴訟手続の法令違反とする東京高判昭51・3・30判時824号121頁参照。

[16]　なお、三井誠「共同正犯・幇助犯の限界と訴因変更の要否」研修544号（1993年）11頁参照。

[17]　最判昭58・9・6刑集37巻7号930頁参照。

第10章　訴因の機能(2)——恐喝罪

一　問題の所在——恐喝の原因と訴因逸脱認定

1　恐喝罪の訴因には、恐喝に至る背景・前提事情ないし動機・原因とでもまとめるべき事実が記載されるのが通常である(以下、恐喝の理由とまとめる)。裁判所が訴因と異なる恐喝の理由を認定する場合、訴因変更を要するか。この点について、一審と控訴審で判断が分かれた事案について検討する。

神戸地判平11・11・15(平10(わ)1089、平11(わ)13)は、次の訴因について審理を行った。

「被告人両名は、知人C(当時35年)が被告人Aに商品の仕入れを依頼したものの後日それを撤回し、その交渉を巡って暴力団員に仲裁をさせたなどと因縁を付け、右Cから金員を喝取しようと企て、共謀の上、平成10年11月21日ころ、神戸市長田区《番地略》所在の甲野事務所前路上において、右Cに対し、『甲田会から追い込みが入るぞ。追い込みかかったら嫁はんも子供もたまったもんやないぞ。』『長田港に殺して沈めてもたる。』『30万円は当たり前や。』『すんまへんですまへんぞ、極道出てきた以上きっちり落とし前つけてもらおか。』などと語気鋭く申し向けるとともに、被告人Aが右Cの顔面を手拳で数回殴打する暴行を加えて金員の支払いを要求し、右要求に応じなければ、同人及びその家族の生命、身体等にどのような危害を加えるかもしれない気勢を示して脅迫しその旨同人を畏怖させ、翌22日、同区《番地略》所在の乙山前路上において、同人から現金30万円の交付を受け……もって、人を恐喝して財物を交付させたものである」。

なお、実際の訴因には、上記他2回の機会に同種脅迫を加えて多額の借用書を書かせ、クレジットカードでネックレスを購入させてこれを交付させたことも含まれている。

2　一審では、検察官は訴因中の「商品の仕入れの依頼」とは、被害者であり被告人の知人であるCが被告人Aに対してルイ・ヴィトンのバッグの購入方を依頼したものを指すとする。後に被害者はこれをキャンセルしたことから話しがこじれ、

被害者が話を収めるため被告人らと共通の知り合いである他の暴力団員を介在させるなどしたため一層ことがこじれた。その過程で被告人らが恐喝を行ったものと主張した（冒頭陳述及び釈明）。

　被告人らの弁解は異なる。Cから検察官主張のようなバッグの購入方の依頼を受けていないとし、むしろ、Cから金品の交付等を受けたのはCとの間で成立していたパチンコ玉の出が良くなる裏ロムを購入してこれをパチンコ店に不正に設置した上で被告人らが打ちに行き不正な利益を得ようという合意があったという。ところが、被害者Cが裏ロム代金も支払わず、これを設置するパチンコ店の関係者も紹介しなかった。被告人らはCとの話し合いの下で、同人が負担すべき購入した裏ロム購入代金の半額を受領し、それを設置した場合に被告人らが得ることができたはずの一カ月分の得べかりし利益分の支払の約束をさせたものであるという。

3　一審は、証拠調べの結果、概ね被告人側の主張が正しいと認定した。他方、検察官は、論告に先立ち訴因変更の意思がない旨釈明した。そこで、一審は、以下の理由により恐喝罪について無罪とした。

　「本件においては、『恐喝行為』とその原因とは密接不可分の関係にあるから、『恐喝行為』が検察官主張のような原因によるものなのか、あるいは被告人らの主張するような原因によるものかによって、外形的に同じように見えたとしてもその内容・実体は異なってくるはずであるから、全体としての社会的事実は全く異なったものになる」。

　「『恐喝行為』は、それが存在するとすれば、被告人らの主張するような原因でなされたと見るべきところ、本件においては訴因変更の手続がなされておらず、検察官においてその意思がないことを明確にしている以上、ルイ・ヴィトン製のバッグ等の売買契約を撤回したことに因縁を付けて金品を喝取したとする本件恐喝の公訴事実についてはその余の点について判断するまでもなく犯罪の証明がないことに帰する」。

4　検察官の控訴を受けて、控訴審・大阪高判平12・7・21判時1734号151頁・高検速報（平12）141頁は、一審を破棄し自判した。
　判決は、罪となるべき事実中問題となった事件の経緯について、一審と同様に、「被告人両名は、Cが、被告人Aに依頼した不正なロムの代金を約束の期日に支払おうとしなかったこと、被告人両名に不正なロムを設置したパチンコ遊技機

を使用させる旨の約束を履行しなかったこと、右ロムの代金の支払を巡って暴力団員に仲裁させたことに因縁をつけ、右Cから金員を喝取しようと企て」たと認定した。他は、起訴状とほぼ同様の犯行態様を認めている。その上で、かかる経緯の訴因逸脱認定には訴因変更手続は不要とし、無罪判決を破棄して被告人らを有罪とした。理由は次の通りである。

「恐喝の動機原因は、恐喝罪の構成要件要素ではなく、訴因を特定する上での必要的記載事項でもない。恐喝の動機原因に食い違いが生じても、それだけで社会的事実としての同一性が失われることはなく、それが被告人の防禦に実質的な不利益をもたらすものでない限り、検察官が主張する恐喝の動機原因と異なるそれを認定することについて必ずしも訴因変更の手続を経る必要はない。むろん、恐喝の動機原因が公訴事実に記載された場合には、それと異なる動機原因を認定するには、その点を争点として顕在化させ、被告人に防禦の機会を与えなければならないが、本件では、右のとおりの審理経過からみて、恐喝の動機原因につき充分な防禦活動がなされている上、結局被告人両名が供述するとおりの動機原因を認定することは、情状面においても被告人両名に有利なものであり、被告人両名の防禦に不利益を生じさせるおそれは全くない。また第14回公判期日における検察官の釈明が、検察官主張の原因が認められなければ処罰意思を放棄する趣旨でないことも明らかである。そうすると、恐喝罪該当の事実が肯認できるのに、それが公訴事実に掲げられた検察官主張の原因によるものとは認められず、検察官に訴因変更請求の意思がないとの理由で無罪の判決をした原判決は、訴因変更の要否についての解釈を誤った訴訟手続の法令違反があり、その誤りが判決に影響を及ぼすことが明らかである。論旨は理由がある」（被告人が上告したが棄却されている。最決平14・1・21、平12(あ)1283、未公刊）。

5　恐喝の理由を上記控訴審のように恐喝罪の構成要件要素でも訴因を特定する上でも不要と割り切り、訴因逸脱認定をすることが妥当か疑問が残る。以下、訴因の機能一般にもふれながら検討する。

二　恐喝罪の訴因と事実記載説の意味

1　検察官は、公訴提起にあたり起訴状の「公訴事実」欄に訴因を掲記する。訴因とは、日時・場所・方法を記述して罪となるべき事実を特定したものである（法256条2項、3項）。審判対象の設定は、検察官の専権に委ねられている（法

247条)。司法権が介在・補完・補強することはない(弾劾主義)。起訴後、実際の証拠調べの結果、証拠状態から推認できる事実と訴因が食い違うことは充分にありえる。その場合にも、検察官が事実をどのように修正変更するのかを決める専権を有する(法312条1項)。裁判所は、事実認定については検察官の主張に理由があるかないかのみ判断する(その限度で訴因に拘束性がある)。

ただし、すでに審理が開始されており、裁判による真相解明には裁判所も責務を負うものとなっている。また、法律適用については、検察官の主張に拘束されず、裁判所に専権がある。したがって、公判開始後訴因のあり方、罪名・罰条については、裁判所の関与も認める。訴因変更命令はこの趣旨である(法312条2項)[1]。

2　訴因は、一般に検察官が主張する犯罪となるべき具体的事実をいう。その有無が審判の対象となる。ただ、記載すべき事実の程度・内容について、考え方に差がある。

ある立場は、「起訴状に主張された具体的事実であるが、それだけが訴訟の対象を構成する」とする(純粋事実記載説)[2]。従って、「具体的事実が、どの構成要件にあたるかの判断を示す(罰条同一説)ものではない」、「どの構成要件にあたるかの判断は、罰条によって示される」とする[3]。事実摘示と可罰性評価は峻別し、後者は罪名・罰条の記載によって示すこととなる。

さらに、訴因にどの程度の事実を記載すれば特定性を認めてよく、またどの範囲の記載を固有の「罪となるべき事実」とみるべきかも問題となる。

この点について、「訴因は……『罪となるべき事実』を特定するものであれば充分で、微細の点にわたって具体的である必要はない。審理はこれから始まるのであるから、むしろある程度の抽象性を帯びている方が審判の対象としての訴因にふさわしい」とする摘示がある[4]。また、犯罪事実の構成要件的評価を特定する事実、行為を特定する事実、結果を特定する事実、立証と防御に資するため記載される「犯罪の意図、計画、謀議の日時、場所、内容、犯罪の方法、態様、経過」など犯罪事実の一層詳細な事実に区分して、訴追対象となる犯罪事実が識別できる記載があれば足りるとの考えもある[5]。

こうした考え方に立てば、必ずしも「日時、場所、方法」を罪となるべき事実に含めて考える必要はない[6]。犯行の動機も犯意や実行行為を明確化するのに必要な限度で記載すれば足りることとなろう[7]。むろん、当初から検察官が違法性阻却事由、責任阻却事由のないことを掲げる必要はない。

以上の考え方を総合すると、恐喝罪の場合、例えば、次のような構成要件該当性の骨格を示す訴因でも直ちに違法ではないこととなろう（むろん、適・不適の問題は残る）。
　【例1】「被告人は、パチンコ店Aの遊技客のB（当時22歳）から金員を脅し取ろうと考え、同店内において、同人に対し語気鋭く因縁をつけた上、金員の交付を要求し、もしその要求に応じなければ同人の身体等にいかなる危害を加えるかもしれない気勢を示して脅かし、同人をしてそのような強い恐怖感を持たせ、よって、同人から、自分の妻Gを介し現金の交付を受けた」（後掲【例2】と対比）。

3　しかし、以上のような訴因の記載事項のとらえ方には疑問がある。
　訴因には3つの機能がある。第一に、裁判所に対して何を審判対象とするのか明示しなければならない。第二に、被告人が防御準備を要する範囲を明示しなければならない。第三に、他の裁判所との関係で二重起訴かどうか区別できる程度に他の事案と識別できるものでなければならない（無罪判決の場合に一事不再理効の生じる範囲が明確になる程度に他の事案と識別できることでもある）。
　審判対象の明示と防御範囲の提示には、ふたつの意義がある。我が国は、事実認定手続と量刑手続を区別しない。1個の審理で両者を判断する。したがって、訴因の第一の意義は、検察官が主張する犯罪事実の提示である。第二の意義は、犯罪事実自体のもつ量刑上の重みを示す事情の摘示である（一般情状は後に立証すれば足りる）。その意味では、以下の訴因の構成が妥当する[8]。
　【例2】「被告人は、パチンコ店Aの遊技客のB（当時22歳）から金員を喝取しようと考え、平成16年1月13日午後5時50分ころ、神戸市C区Da番地所在の同店内において、同人に対し、『コイン3枚入れとったん気付かへんかったんか。』などと告げて因縁をつけた上、そのころから同日午後7時過ぎころまでの間、同店内及び同店駐車場において、同人に対し、『どついたるから表に出ろ。』『今なんぼ持っとんや。』『お前が打っているとき、俺、別の台でなんぼ使ったと思っとんや。4万5千円くらいつぎ込んだんや。』『お前、なんぼ出すんや。』などと語気鋭く告げて金員の交付を要求し、もしその要求に応じなければ同人の身体等にいかなる危害を加えるかもしれない気勢を示して脅迫し、同人をしてその旨畏怖させ、よって、同日午後9時30分ころ、同区Eb番地のc所在のF駐車場に駐車中の普通乗用自動車内において、同人から、自分の妻Gを介し、現金3万円の交付を受け、もって、人を恐喝して財物を交付させた」[9]。

4 【例2】の訴因は、日時・場所・方法を含み、また恐喝の理由となる前提ないし背景事情を具体的に記載している。こうして本件恐喝独自の構成要件該当要件を摘示している。なお、最後の文では、脅迫等の上現金を交付させた事実の摘示の後に再度「もって、人を恐喝して財物を交付させた」と加えている。国語の意味としては同義反復だ。だが、かくして構成要件を充足するのに必要な要件事実があることとその該当性判断、つまり事実とその法的評価ないし可罰性の評価を分けて示している[10]。

恐喝の理由と可罰性の評価の記載があれば、裁判所は、起訴された恐喝事件特有の事実とその法的な意味を知ることができ、他の態様の恐喝、単なる脅迫や強盗と異なることを認識把握できる[11]。被告人も検察官が恐喝としてとらえる生活事実を具体的に認識して防御を準備することもできる。したがって、可罰性評価を訴因に加えることには積極的な意味がある。訴因に事実のみ記載し法的評価を罪名・罰条の記載する方法（法256条4項）では賄えないものがある[12]。

もっとも、恐喝罪に関わる背景・前提事情を詳細に列挙すること自体に意味があるわけではない。そこで、恐喝の理由の記載の機能を再確認した上で、その訴因逸脱認定の当否について検討をする。

三　恐喝の理由と訴因の逸脱認定

1　本件起訴状では、恐喝の原因としてブランド商品の購入契約解約に伴うトラブルを摘示している。また、控訴審の「罪となるべき事実」では、裏ロム取引に伴うトラブルの発生が恐喝の理由として摘示されている。これらによって審判対象の識別機能、防御範囲の明示機能が十分に果たせることは明らかだ。だが、これはいかなる性質の事実とみるべきか。要するに、訴因に記載することが必要な事由であり、その逸脱認定には訴因変更を要するとみるべきか。

検察官が主張する犯罪事実とは、検察官が社会生活上のできごとに刑法の目で評価を加えて、構成要件該当の事実を取り出し、整理したものである。法的な構成を離れて事実の意味はない。訴因は、検察官が主張する法的に構成された事実ととらえるのが妥当だ[13]。

だから、恐喝罪の訴因については、①被告人（主体）、②脅して金員などを奪う意思（故意）、③被害者の畏怖を引き起こす程度の脅迫または暴行による害悪の告知と財産の処分行為の要求（実行行為）、④被害者と財物の存在（客体）、⑤被害者の畏怖状態の発生（結果）、⑥畏怖状態で処分行為がなされたこと（因

果関係)、⑦財産処分行為(結果)を裏付ける社会的事実を記載するべきだ。しかも、犯行態様を量刑事情として評価できる記述(恐喝罪の場合の被害金額など)も含むべきであろう。

2　では、どのような事情をどの程度記述することが訴因の記載として必要か。この点と恐喝の理由となる事情とはどのような関係にあるか。

　この点を考える前提として、恐喝罪の態様についてみておく。恐喝罪は多様な形態で発生する[14]。これに応じて、判決が認定する「罪となるべき事実」も異なる。

　(a)　路上でのたかり行為の例として、神戸地判平15・6・25(平14(わ)274、1079)は、被告人が「平成14年2月23日午前零時12分ころ、普通乗用自動車を運転して神戸市a区b町c丁目d番e号所在のb保育園グランド南側路上にさしかかった際、同所において、原動機付自転車にまたがって携帯電話をかけていたA(当時26歳)を認めるや、同人からその所持品を喝取しようと企て」脅迫暴行におよび傷害を負わせた上現金と原付バイクのエンジンキーを奪ったと認定し有罪を認めている[15]。

　(b)　企業取引、経済取引に関わる言いがかり・難癖・口実に藉口して金品を求めている場合[16]、喝取の企図の内容自体が複雑となる。

　例えば、神戸地判平15・6・19(平12(わ)71)では、「被告人は、指定暴力団五代目A組B組組長であるが、東証一部上場企業であるV株式会社の子会社で、東京都中央区Ca丁目b番c号(当時)に本店を置き機械製品等に関する輸出入及び売買等を目的とするV商事株式会社(以下「V商事」という。)の当時の取締役営業統括部部長であったDが、株式会社Eの代表取締役F及びG企画代表者ことGらと共同して産業廃棄物事業を計画し実行するに当たり、産業廃棄物処分場の買収資金等を捻出するため、V商事の了解を得ないまま、Fが入手した多数の約束手形に「V商事株式会社取締役営業統括部長D」と裏書するなどしていたところ、その割引が得られないまま、同約束手形がいわゆる金融ブローカー等に交付されるなどしたため、G、D及びFから、その返還交渉を依頼され、同約束手形の一部(額面金額合計3億8000万円)を入手したことなどを奇貨として、Dの上記手形行為にかこつけて、V商事から金員を喝取しようと企て」た上事件の公表の示唆など脅迫して金員を交付させた事件で有罪を認めている。

　(c)　様々な生活関係の中でいわば言いがかり・難癖・口実をみつけてあたかも正当性がある装いの下に金品を得ようとする場合、独特の背景事情・前提事情な

ど恐喝の理由が当該事件の個性を示すものとなる[17]。

神戸地判平16・2・19（平15(わ)1196）は、次の「罪となるべき事実」について有罪を認めている。

「被告人らは、兵庫県立C病院に入院中であった被告人Bに出された昼食の盛りつけが粗雑であったことを種に『食べ残しを出してるんか。』などと因縁を付けて同病院関係者から金員を喝取しようと企て、共謀の上、平成15年9月30日午後1時45分ころから翌10月1日午前5時ころまでの間、神戸市a区b町cd番地所在の同病院において、同病院総務部長D（当時57歳）に対し、こもごも『誠意を見せんかい。』『部長やったら責任とらんかい。新聞社に言うぞ。』などと、被告人Aにおいて、『お前、辞表書かんかえ。こっから飛び降りろ。』『責任の取り方にはいろいろあるやろ。例えば1000万包まんかい。Bの命は1000万円ではすまんぞ。』などと語気鋭く申し向け、さらに、被告人Aにおいて、前記Dに対し、その腹部を1回足蹴にする暴行を加えた上、こもごも、『謝るのと責任とるのとは別や。誠意を見せろ。』などと、被告人Aにおいて、『警察呼ぶんやったら、呼んだらええ。警察が来るまでに、ぼこぼこにしたる。』などと語気鋭く執拗に申し向けて金員の交付を要求し、もしその要求に応じなければ同人の生命、身体等に更にいかなる危害を加えるかもしれない気勢を示して脅迫し、同人をしてその旨畏怖させて金員を喝取しようとしたが、同人らが警察官に届け出たため、その目的を遂げず、その際、前記暴行により、同人に加療約2週間を要する腰部、尾骨打撲の傷害を負わせたものである」。

(d) 以上と別に、恐喝の被告人が被害者との関係でなにがしか正当な権利行使を伴っている場合もある。典型例が、例えば、被告人を有罪とした神戸地判平14・11・28（平13(わ)809、819）の認める「罪となるべき事実」である[18]。

「被告人Aは、株式会社C代表取締役Dから、その取引先の株式会社Eに対する約350万円の工事請負代金債権の支払を受けられずに困っている旨聞知するや、その取立を買って出て同人からその旨の依頼を受け、被告人Bと共謀の上、平成13年7月5日午後7時40分ころ、神戸市a区b町c丁目d番e号所在の前記株式会社E事務所において、前記株式会社Eの代表取締役F（当時61歳）に対し、こもごも前記工事請負代金債権の支払を強く求めた上、被告人Bにおいて『お前車あるやろ。早よ車出さんかい。』『わしも若衆3人おるんや。このまま帰ったら飯食われへん。店潰したるぞ。がたがたにしてしまうぞ。お前の頭かち割ったろか。』などと怒鳴りつけて前記工事請負代金債権の支払を求めるとともにその支払の担保として前記F管理に係る普通乗用自動車1台の交付方を要求し、もしその

要求に応じなければ、前記Fの身体、財産又は前記株式会社Eの財産、営業等にいかなる危害を加えるかも知れない気勢を示して脅迫し、その旨同人を畏怖させ、よって、同日午後8時20分ころ、神戸市a区f町g丁目h番i号所在のjの北側路上において、同人から同人管理に係る前記普通乗用自動車1台（時価約650万円相当）の交付を受け、もって、これを喝取したものである。」

(e) 神戸地判平16・3・17（平15(わ)733）は、次の訴因事実について証拠調べの結果、「その行為態様は……相手方を畏怖させるに足りる害悪の告知というには合理的な疑いが残る」として無罪とした。

「被告人は、平成15年5月15日午前10時20分ころ、神戸市a区bc丁目d番e号所在のガソリンスタンドAにおいて、普通乗用自動車を運転して発進し、同所設置の計量器の縁石に同車右後輪部を接触させるや、同店従業員B（当時19歳）の誘導の仕方が悪いとして因縁を付け、同店関係者から同車のタイヤ交換費用名下に金員を喝取しようと企て、かねて自己が暴力団員であることを知っていた同店従業員C（当時31歳）に対し、同人をにらみ付けながら、『あいつがハンドル切れと言ったんやろう。どないすんねん。直さんかい。お前んとこが悪いんちゃうんかい。どないしてくれんねん。』などと怒号し、引き続き、上記Bに対し、その顔面に自己の顔を接近させ、同人をにらみ付けながら、『お前が悪いんやろ。上司の前で、ちゃんと言っとけ。』、『お前が悪い。はっきり言え。』などと怒号して脅迫し、同月19日ころ、情を知らない株式会社D従業員Eを介し、上記ガソリンスタンドにタイヤの交換費用合計10万円の請求書を郵送し、上記Cらに閲覧させてその旨要求し、同人らをして、もしその要求に応じなければ同人らの生命、身体等にいかなる危害を加えられるかも知れない旨畏怖させたが、同店従業員が警察官に届け出たため、その目的を遂げなかったものである。」

3　以下若干検討する。

(a)の事例のように、「たかり」行為としての恐喝事案では、「金員の喝取を企てる」主観とこれに応じた脅迫の言動が示されていればよい。現場における脅迫の言動、これらを認識している「喝取の故意」、被害者側の畏怖とこれに基づく金品交付等の言動の記述があれば足りる。恐喝に至る経緯や事情（例えば遊ぶ金ほしさなど）は一般情状の問題であり、恐喝罪固有の構成要件該当性や違法性とは関わりがない。審判対象の識別の上でも、防御対象の明示の上でも訴因に特に記載する必要も乏しい。

(b)や(c)の事例では、恐喝の理由によって社会的事実としての事件の個性、特

第10章　訴因の機能(2)——恐喝罪　143

殊性が示されている。構成要件該当性はかかる事実があってはじめて認定できる。

　まず、恐喝の理由を被告人が認識していることが故意の根拠である。また、恐喝の理由を示して脅すことが当該事件における実行行為性を示す。そしてそれが違法性の程度を示し犯行態様としての量刑事情となる。

　また、恐喝の理由が被告人と被害者との間で共有されているから、被告人の言動に対して被害者が強い恐怖を抱く状態（畏怖）になる。そうでなければ、路上のたかりと同じ態様となる。同時に、脅しの根拠が特定・具体化されているから脅しの効果が限定され、全面的な反抗抑圧状態に陥ることがない。要するに、かかる事例における恐喝の理由は、当該事件の構成要件該当性を裏付ける具体的な事実である。

　(d)と(e)の訴因は権利行使を伴う事実を訴追するものである。

　(d)の事例では、訴因で権利行使につながる事情を摘示しつつも、判決は被告人による脅迫行為があったと認定し、「被告人らの本件犯行は、債権取立という権利の実行にあたり、社会通念上許容されない程度の恐喝手段を用いた場合に該当するというべきであるから、本件が正当な債権取立行為の範囲内の行為である旨の弁護人らの主張は理由がなく、恐喝罪が成立する」とした[19]。

　(e)の事例では、ガソリンスタンドでの給油時のタイヤ破損の事実の摘示があってはじめて当該恐喝事件の社会的な意味をとらえたものとなる。裁判所は、かかる訴因をもとにした証拠調べの結果、次の事実を認定して無罪としている。現にガソリンスタンドの従業員Bが誘導ミスにより被告人がタイヤを縁石にこすりつける曲がり方をし、タイヤを破損する実損があったこと、これに対応して被告人が従業員らに立腹の態度を示したこと、しかし手を出されたら怖いという以上の具体的な危害を予想させる状況を従業員らが認識していないこと、現場では被告人は暴力団所属であることをひけらかす言動をしていないこと、たまたま現場に居合わせて給油していた警察官も従業員に事情を聞いた上事件性がないと判断し立ち去っていることなどである。

　この類型では、検察官がまず訴因の中であらかじめ権利行使にもつながりうる事情を恐喝の理由として具体的に摘示しておくべきだ。それでも、なお恐喝の構成要件該当性があり権利行使による違法性阻却ないし実行行為性欠如にはならないというのが検察官の具体的な主張となる。権利行使に関わる恐喝の類型に特有の構成要件該当性と可罰性評価が示されれば、被告人側も防御の範囲と争点が具体的に明確に読み取ることができる[20]。

一般的に犯罪の動機を訴因に掲げる必要はない[21]。しかし、恐喝罪の多くの事例では、恐喝に至る背景事情、前提事情ないし動機形成事情など恐喝の理由こそが故意、実行行為、結果など構成要件該当性を裏付ける要件事実を構成している。恐喝罪の前提事情・背景事情は本来訴因に掲記すべき事情とみるべきではないか[22]。

四　防御の利益と訴因変更の要否

1　本件では、訴因掲記の恐喝の理由と証拠調べの結果明らかになった理由が異なる。この場合、裁判所が後者の事実を認定するのには訴因変更を要するか。訴因変更の要否の判断基準は何か。

　訴因変更の要否は、訴因の上記3つの機能に即して判断すべきである（もっとも、第3の二重起訴が生じない程度に他の事案と識別できる状態であるかどうかという視点は、以下第1の視点での分析と重なる）。

　第1に、審判対象の設定である。本件の場合、ブランド品を格安で手に入れる依頼を巡るトラブルに端を発した恐喝なのか、被害者自身が裏ロムによるパチンコ玉不正放出によって利益を得ることをもくろんでいる中で起きた被害者に起因するトラブルが原因であるのかは、当該裁判のもっとも重大な関心事である。裁判所が後者のかたちの犯罪として認定するのであれば、これが審判の対象であることを手続上明示しておくべきである。本件の訴因と逸脱認定事実の差異は、犯罪態様とその可罰性評価を実質的に変えるものであり、防御範囲を手続上も明確にしておく必要上訴因変更を要する。

　第2に、被告人が防御準備を要する範囲もまた手続上常に明示されていなければならない。この点について、従来、訴因記載事実と認定される事実とを抽象的類型的に観察して被告人が負担するのが合理的な防御の範囲内での異同かどうか（抽象的防御）、および具体的な証拠調べ手続に照らして被告人・弁護人が後に裁判所が認定することとなる事実に関する防御を尽くしたとみれるかどうか（具体的防御）、このふたつの一方または両方を判断基準とするのが一般である[23]。ただ、この点の分析にも問題がある。

2　具体的防御の利益について、今の運用では訴因逸脱認定をする一審裁判所またはこれを違法として控訴した場合の控訴審裁判所が職権で判断することとなる。その場合、証拠調べの中で、訴因逸脱事実に関する攻防が裁判所の目から

見て事実上なされていれば、防御の具体的利益の侵害はないと判断する[24]。実務上、多くの場合にはかかる判断でも具体的な不都合は生じないであろう。

ただ、観念的には、当初から審判対象として明示されていた事実について、攻防を尽くしたのではなく、証拠調べの過程で審判対象になることを特に意識することなく事実上は攻防の対象としていた場合では、十分に防御の機会があったといえない。

この点を補うためには、通常、「争点の顕在化」と呼ぶ手続ないし措置を裁判所が踏み、合理的な弁護人であれば、裁判所が訴因逸脱認定も視野にいれた心証形成をしていると認識できるようにしなければならない。

本件の場合、控訴審判決が指摘するように、一審証拠調べの中心は恐喝の背景事情・前提事情が裏ロムの取引であったか否かを争点として進められたようである。しかも、一審裁判所が検察官に訴因変更について釈明を求めている。検察官はこれを拒んでいる。だが、弁護人としては裁判所が証拠調べの経過を点検して防御の機会が十分であると判断すれば訴因逸脱認定をするものと推測すべきだ。だから、弁護人は必要があれば証拠調べをさらに求めるなどの措置をとることができた。本件では、そのまま論告・求刑、弁論に進み結審に至っている以上、被告人側としては必要な証拠調べは尽くしたとみてよい（弁論では、証拠調べをふまえて恐喝行為そのものがないと主張している）。この限度では、防御上の不利益は実際にはないとする控訴審の判断は是認できよう。

3　抽象的防御の利益については、一般に訴因と認定すべき事実自体を比較して、両者の差異が防御準備上看過できないほど重要で実質的か否かによって判断することとなる。これは、犯罪態様と可罰性を構成する事実について実質的で重要な差異があることを意味する。つまり審判対象としてズレが大きいか否かに注目するものである[25]。このズレの大きさを「防御」に着目してとらえ直すと、次のようにいえる。

法は、検察官が事件の審判に必要なすべての証拠の取調べ請求（一括請求）を義務とし（規則193条1項）、証拠調べ請求予定証拠はこれをあらかじめ被告人・弁護人に開示するものとする（法299条）。被告人は、第1回公判期日前に検察官請求予定証拠を一括して開示されている。準備すべき防御の範囲について訴因記載事実と開示証拠をみて判断することを、法は期待する。だから、検察官開示証拠がそのまま取調べをされた状態を仮定したとき、合理的な弁護人であれば裁判所が認定すると予想できる事実の範囲を超える事実認定であれば不意

打であって、まず訴因変更を先行すべきこととなる。

　したがって、裁判所は、この点の判断の機会を両当事者に与えるためにも、あらかじめ訴因逸脱認定がありえることを手続上明示し争点を顕在化させ、場合によっては訴因変更命令を出さなければならない。検察官は、訴因を維持するのか、上記の視点からみた場合、訴因を変更して審判対象を修正し、裁判所が心証を形成しつつある事実に焦点をあてて処罰意思を明示するかどうか判断することとなる。これにあわせて、被告人側も当初予想した防御の範囲とのズレを確認し必要な防御活動を追加・補充することができる。

　本件の場合、開示証拠中には被告人が裏ロム取引に関する説明をした供述調書などが含まれていよう。しかし、検察官開示の証拠構造全体と訴因に照らしたとき、裁判所が事件を裏ロム取引にかかるトラブルに起因するものと認定することはないと合理的に推測されるのであれば、裁判所がこれと異なる事実を認定するのは防御の利益を奪う。

　この場合、裏ロムに関する主張は結果的には被告人側の有利な事情となる。しかし、その内容や意義付け、さらに権利行使の側面があること、そうした事情の下であれば金銭による解決の話し合いの枠内のことであり恐喝の実行行為性がないこと等様々な理由によって被告人側は無罪を主張する余地がある。防御上有利な事情でも、訴因変更によって審判対象として明示する必要がある。

4　以上要するに、訴因変更の要否は、3つの視点から複合的に判断して決めるべきだ。①審判対象である構成要件該当性の根拠となる事実とその可罰性評価の実質的な同一性の有無。②当初の訴因と開示証拠を判断材料にした場合に被告人・弁護人の視点からも認定可能と思われる事実の範囲か否か。③証拠調べ手続上被告人が審判対象と認識して攻防を尽くした事実か否か[26]。

五　まとめ──「糺問化」の克服と弾劾主義の徹底

1　以上を踏まえて本件の各裁判所の措置についてどう考えるべきかまとめる。

　①一審が無罪としたことは妥当か。本件では、検察官が訴因を変更すれば有罪になる可能性が高かった。但し、正当な権利行使であること（違法性阻却）または恐喝の実行行為性の欠如が正面から争われる余地はある。だからこそ、求釈明にとどまらず訴因変更命令を出し検察官の処罰意思を再確認するべきであった。なお検察官が訴因事実による有罪判決を求めるのであれば、「処罰意思を放

棄する趣旨」とみて無罪を宣告してよい。

②控訴審が訴因逸脱認定をしたことは妥当か。控訴審は、裏ロム取引にまつわる事件であると認定した。検察官が処罰を求める犯罪のかたちと証拠から推認できるそれが異なり、前者のかたちの犯罪は認定できないとするものだ。そうであれば、その段階であらためて検察官に訴因変更について求釈明をすべきであった。なお検察官が訴因変更を申し立てないのであれば、訴因変更命令を出す余地もあった。それでも、検察官が対応しないのであれば、控訴審のいう「処罰意思を放棄する趣旨」とみて控訴を棄却してよい。

③「争点の顕在化」はどうあるべきか。これは明文規定のない手続だ。場合によって当事者に混乱をもたらす。これを避けるには、裁判所が形成する心証と当事者の攻防にずれが生じているとき、「裁判所は、裏ロム取引が恐喝の原因であるとの心証を強く持つ。訴因について適切な措置を求める」など意思を明示すべきだ。ただ、これは判決前に心証を明らかにすることとなり好ましくない。もっとも、検察官立証が終了した後に、裁判所が被告人側に立証する機会を認めるのは、その段階までの証拠状態では「合理的疑いを超える有罪証明」があるとの心証を前提にしている。訴因と証拠のずれはその後に被告人側の立証が進んでから生じる。そうであれば、この程度の心証開示は弊害が少ない一方、防御の利益と的確な有罪立証の利益のため適正な証拠調べを実施する必要上やむをえない。

2　以上のように他に採るべき措置があるのに、本件控訴審は、訴因逸脱認定により審判対象を事実上拡張し、刑罰権実現に遺漏なきを期した。訴因変更をしない検察官に代わる後見機能を果たしたものである。それは、検察官の主張に理由があるかないかを公正に判断する司法機能をはみ出すものだ。

「当事者主義」にはバリエーションがある。ただ、その骨格は、裁判所が中立公正な立場から検察官の主張を裏付ける証拠があるかどうかを審判する司法機能に徹することにある。被告人が当事者として防御権を保障されていても、検察官の訴追権を裁判所の司法権限で補強することを許すと、捜査機関の資料に基づく有罪認定が容易になされる。裁判の糾問化と言い換えてよい。そして、それは避けるべきである。

3　2005年秋に公判前整理手続が施行される（論文執筆時は未施行）。公判廷における審理に先立ち、受訴裁判所が主導して証拠開示、争点整理と証拠整理

がなされる。訴因・罰条の明確化、訴因の追加、撤回、変更など訴因を巡る争いも処理される（法316条の5）。検察官が審判対象である訴因を示す責任を負う弾劾主義は維持されているが、その修正については運用上も制度上も職権介入の余地が広がる。

　他方、勾留された被疑者のための公的弁護制度も重大事件からはじまり徐々に拡大が予定されている。公判前整理手続による証拠開示と相まって、被告人側が審判対象に関する防御準備を十分に行うことも可能となる。また、2009年から重大事件に限るが、市民が裁判員として裁判に関与する制度が始まる。これはプロの裁判官の知識・経験と市民良識を加味した事実認定・量刑判断によって裁判の質を改善し司法への国民の信頼を高めるものである。同時に、各事件の事実認定と量刑にのみ責任を負う市民を関与させることで裁判所の中立な立場での審判機能を強化することも意味する。

　かくして、大局的にみて、21世紀初頭の我が国刑事司法は、「裁判の糺問化」が強化されるのか、当事者主義が徹底されるのか、その岐路にある。後者を選択することができるかどうかは、これからの実務と理論が決めることとなる。

[1]　念のため、訴因変更命令には訴因を変える形成力はない。罰条（強盗致傷から窃盗及び傷害等）や罪数（包括一罪の訴因から併合罪へ等）に関する訴因変更命令が出された場合にも検察官の主張自体を修正する効力は認める必要はない。犯罪事実に修正・変更がない限り、裁判所には法律適用、罪数処理に関する専権がある。検察官の主張する訴因・罪名・罰条に拘わらずこの権限を適用できる。もっとも、明文にはないが、補正手続によって事実上裁判所の意向に添った訴因、罰条に修正することは認めてもよいが、本来は訴因変更手続を採るべきだ。以上を含めて、訴因に関する諸問題について、さしあたり、大コメ(4)785頁〔高橋省吾〕参照。
[2]　田宮187頁。
[3]　平野132頁。
[4]　松尾（上）174頁。もっとも、「本体ないし核心的部分」と「修飾ないし周辺的部分」に区分し、後者を訴因に含めることが「起訴状の迫力を増し（訴追側の利益）、同時に被告人に反論の手がかりを提供する（防禦の利益）」点で排斥できないことも認める。両者の限界は固定的ではなく、周辺的部分が核心的部分に移行することもあるとする（同263頁）。
[5]　香城敏麿「訴因制度の構造（上）」判時1236号（1987年）20頁、同（中）判時1238号（1987年）8頁。
[6]　判例も「犯罪の日時、場所及び方法は、これら事項が、犯罪を構成する要素になっている場合を除き、本来は、罪となるべき事実そのものではなく、ただ訴因を特定する一手段として、できる限り具体的に表示すべきことを要請されているのであるから、犯罪の種類、性質等の如何により、これを詳らかにすることができない特殊事情があ

第10章　訴因の機能(2)——恐喝罪

る場合には、前記法の目的を害さないかぎりの幅のある表示をしても、その一事のみを以て、罪となるべき事実を特定しない違法があるということはできない」とする（最大判昭37・11・28刑集16巻11号1633頁）。

[7] さしあたり、毛利春光「訴因変更の要否」新実例 (2) 49頁

[8] なお、末永秀夫他『犯罪事実記載の実務（刑法犯）』（近代警察社、4訂版、2004年）425頁参照。

[9] 神戸地判平16・7・14（平16(わ)78）。被告人は有罪とされた。

[10] 司法研修所検察教官室編『検察講義案（平成15年版）』（法曹会、2004年）64頁は、実務の扱いについて、「犯罪構成要件に該当する具体的事実を法令用語を用いないで記載した後に、『もって他人の不動産を侵奪した』（刑235の2）というように法令用語を最後に付け加え、訴因の法的構成を明らかにする例も多い」と説明する。

[11] 強盗または同致傷罪などで起訴された事件で、恐喝に留まる旨被告人側が主張する例も多い。例えば、神戸地判昭53・5・17（昭51(わ)794、神戸地判平14・11・14（平14(わ)879）、神戸地判平15・12・19（平14(わ)1375等）など参照。

神戸地判平14・3・19（平13(わ)1056）が認めた罪となるべき事実は、被告人は「金員を強取しようと企て、平成13年9月22日午後2時45分ころ、神戸市Ａ区Ｂａ丁目ｃ号Ｃ１階所在のコンビニエンスストア『ＤＢ店』店内において、同店従業員Ｖ（当時41歳）に対し、その右脇腹に所携のサバイバルナイフ（刃体の長さ約8センチメートル。平成14年押第14号の1）を突き付けて『金を出せ。』と申し向け、さらに、同人が所携のモップで被告人を突く等して抵抗するや、『なめとんか、殺すぞ。』などと申し向けながら前記サバイバルナイフをその顔面に突き出し、その眼前で刃先を二、三回左右に振る等の暴行を加え、同人の反抗を抑圧して金員を強取しようとしたが、同人にその場で取り押さえられたため、その目的を遂げなかったが、その際、前記暴行により、同人に対し加療7日間を要する鼻尖部切創の傷害を負わせた」と認定している。

恐喝罪の訴因ないし罪となるべき事実と比較したとき、①被告人の犯意（強取か喝取か）、②被害者の心理状態（反抗抑圧状態か畏怖状態か）、③実行行為と結果（強取か喝取か）が異なる。しかし、外形的事実だけ取り出すと両者は類似している。だから、訴因では法的構成・可罰性評価も明示しなければならない。

[12] 逆に、純粋事実記載説にたつ平野龍一『訴因と証拠』（有斐閣、1981年）96頁は、訴因中にかかる法的評価を加えることについて「このようなことばを用いる必要があるとはとうてい解し難い」と摘示している。

[13] 鈴木107頁、田口175頁、白取250頁。

[14] 最高裁判所のホームページ、「下級裁主要判決情報」（http://courtdomino2.courts.go.jp/kshanrei.nsf/）で神戸地裁における「恐喝」関連判決を検索すると、2005年2月28日段階で32件ヒットする。うち、27件が恐喝または恐喝未遂で起訴されたものである（判決文中被告人の恐喝前科にふれているものと民事事件が1件ある）。27件中1件では無罪とされている。うち、3件は強盗致傷事件で、被告人が恐喝を主張した事例である。また、TKC法律情報データベースで同じく検索をかけると（2005年2月28日現在）2件の恐喝事件判決と1件の強盗致傷（恐喝を争う）がヒットする。本文は以上30件をデータベースとする。

[15] 神戸地判平14・7・5（平13(わ)1414）は、パチンコ店で遊技中にパチスロの大当た

りで出るコイン枚数が少ないと因縁をつけ5000円の補償を申し出た店員に1億円の年収で待たされた2時間半の補償を求めたもの。

[16] 他に神戸地判昭56・3・31 (昭49(わ)79、141)、神戸地判平13・11・7 (平12(わ)810) 参照。

[17] 神戸地判昭57・7・6 (昭57(わ)170)、神戸地判平14・3・25 (平13(わ)36等)、神戸地判平14・7・22 (平13(わ)1213)、神戸地判平16・10・28 (平15(わ)457) 等。

[18] 他に、神戸地判平14・6・14 (平13(わ)1050)、神戸地判平15・6・19 (平12(わ)71)、神戸地判平15・7・31 (平15(わ)232、485)。

[19] 最判昭30・10・14刑集9巻11号2173頁は、「権利の範囲内であり且つその方法が社会通念上一般に忍容すべきものと認められる程度」を超えるとその権利行使全体が恐喝にあたるとする。参照、最判昭33・5・6刑集12巻7号1336頁。本文裁判例もこれに従うものである。

[20] 恐喝罪事件では、怒鳴る・脅す等の言動があって行きすぎではあってもなお権利行使の範囲内の言動として逸脱の程度は低いとし無罪とする事例がある。例えば、東京地判昭38・7・15判タ154号160頁、東京地判平14・3・15判時1793号156頁、福岡高宮崎支判平15・5・1 (平14(う)55) など。

[21] 前掲注[10]検察講義案64頁。但し、東京高判昭27・4・21東高刑時報2巻6号140頁は「放火、殺人等の事件においては被告人の経歴、身分、犯行の動機等を明らかにしなくては事件の全体を具体的に把握することができず、裁判所が罪となるべき事実を確定するのに多大の困難を感ずる虞があるのみならず、ひいては、刑の量定の上にも少なからず不便を生ずることが明らかであるから、これ等の事件について起訴を行う場合にはその起訴状に犯罪の構成要件に該当する事実のみならず、これと直接不可分の関係があると認められる被告人の経歴、身分、犯行の動機等をも相当具体的に記述することが許される」とする。

[22] 大阪高判昭28・4・7高刑集6巻4号527頁は、恐喝罪の訴因中に「被告人は京都市左京区○○○○番地M旅館ことTの異母弟であるが、同人が被告人に対しかねてより冷酷な態度をとると称してひそかに怨恨の情を抱いておつたところ、昭和23年6月頃同人が同22年頃より被告人と許婚の間柄にあつたYを女中として使用し、爾来同女と情交関係のあることを知つたため益々右怨恨を強めるに到つたが、昭和25年1月頃親族知己などの仲裁にて同人が右Yとの関係を清算し、同女と被告人との結婚を幹旋すると共に、同年2月中旬被告人及び妻Yの為にその生活資金として現金4万円を交付し、互に和解し、従来あつた相互のわだかまりを解消し、その際被告人及び妻Yより爾後金銭上の迷惑をかけない旨誓約したにかかわらずその後生計が意の如くならないため、同人より金品を喝取することを企て云々」と記載した部分について、「恐喝罪の動機犯情等を記載したものに過ぎないものであつて、恐喝罪の如くその動機犯情等に多様性のある犯罪事実を摘示するに当つては、これ等の事情を示すため、起訴状に右の程度の記載をなしたとしても、これを以つて直ちに違法とは言えない」とする。

[23] 大コメ(4)759頁〔高橋省吾〕。

[24] 例えば、最判昭29・1・21刑集8巻1号21頁は、窃盗共同正犯の訴因に対して幇助を認定することについて、「法が訴因及びその変更手続を定めた趣旨は……審理の対象、範囲を明確にして、被告人の防禦に不利益を与えないためであると認められる

第10章 訴因の機能(2)——恐喝罪 151

から、裁判所は、審理の経過に鑑み被告人の防禦に実質的な不利益を生ずる虞れがないものと認めるときは、公訴事実の同一性を害しない限度において、訴因変更手続をしないで、訴因と異なる事実を認定しても差支えないものと解するのを相当とする。本件において被告人は、第一審公判廷で、窃盗共同正犯の訴因に対し、これを否認し、第一審判決認定の窃盗幇助の事実を以て弁解しており、本件公訴事実の範囲内に属するものと認められる窃盗幇助の防禦に実質的な不利益を生ずる虞れはない」とする。

[25]　最判昭30・10・4刑集9巻11号2136頁は、詐欺罪について「犯罪の日時、場所、相手方を欺罔した方法、相手方に交付した物品の品質、数量及び相手方から騙取した現金の金額は全く同一であり、ただ、被欺罔者及び被害者が前者は父、後者は娘である点において差異があるにすぎないものであつて、結局の被害はただ一個しかなく、しかも、これに関与する被告人らの行為もただ一つしかありえないという関係にあることが認められるから、訴因の変更手続を経ないで右第一審判決のような認定をしたからといつて、被告人の防禦権の行使に不利益を及ぼしたということはできない」とする。

　　　最判昭36・6・13刑集15巻6号961頁は、収賄の訴因のまま贈賄の事実を認定した原審判決について、「犯罪構成要件を異にするばかりでなく、一方は賄賂の収受であり、他方は賄賂の供与であつて、行為の態様が全く相反する犯罪であるから、収賄の犯行に加功したという訴因に対し、訴因罫条の変更手続を履まずに、贈賄の犯行に加功したという事実を認定することは、被告人に不当な不意打を加え、その防禦に実質的な不利益を与える虞れがある」とし破棄差戻とした。また、最判昭41・7・26刑集20巻6号711頁は、特別背任の訴因に対してこれとほぼ類似の事実を内容とする業務上横領の事実を認定するには訴因の変更を必要とするとした。

　　　これらの判例は、本文の抽象的防御の利益の視点にたちながら判断しているとみることもできるが、端的に構成要件該当性の根拠となる具体的事実と可罰性評価の同一性の有無を点検しているとも言える。

[26]　最大判昭40・4・28刑集19巻3号270頁は、原審としては証拠調べ手続に照らして被告人の防御の利益を奪っていないとみて、公選法違反事件の幇助犯の訴因のまま正犯を認定したところ、訴因の同一性欠如ないし抽象的防御の利益違反の観点から、訴因変更なき事実認定を違法とし控訴審の判断を誤りとした。

　　　「職権により調査するに、被告人Tに対する関係において、第一審は、衆議院議員総選挙に立候補の決意を有するSに当選を得しめる目的でYが被告人Gほか4名に対し金3,000円宛を供与した際、T被告人は、その情を知りながら右Yを案内し、受供与者に紹介し、更に受供与を勧める等その犯行を容易ならしめてこれを幇助したとして、公職選挙法221条1項1号違反の幇助罪としての起訴に対し、検察官の訴因変更がないのに、被告人Tが右Yと共謀の上、被告人Gほか4名に対し前同趣旨で現金3,000円宛を供与したという共同正犯の事実を認定し、原審も、右の如き幇助犯としての起訴事実を、第一審判決の如く共同正犯と認定しても、被告人の防禦権の行使に実質的な不利益を与えるものでないから、訴因変更の手続を要しない旨判示して、第一審判決を是認している。しかし右のように共同正犯を認めるためには、幇助の訴因には含まれていない共謀の事実を新たに認定しなければならず、また法定刑も重くなる場合であるから、被告人の防禦権に影響を及ぼすことは明らかであつて、当然訴

因変更を要するものといわなければならない」。結局、訴因変更の要否は複合的な視点で判断するべきだ。この趣旨を含む「二段構えの防御」説（三井Ⅱ199頁）が妥当である。

第3部 裁判──当事者追行主義を考える

第11章　裁判官の役割

一　職権尋問の実情

　法廷傍聴をすると、当事者の交互尋問の後に裁判官が積極的に証人尋問を行なう場面によく出会う。
　①89年8月。警察官が現行犯逮捕した被疑者の逃走を抑圧する際、ひざげりをして死亡させた特別公務員暴行陵虐致死罪に問われた事件の公判。被告人の行為を見た同僚警察官の証人尋問。同人は警察の取調べでは目撃を供述せず、逮捕前の被告人にも否定的な発言をし、弁護人の調査にも右行為はないと述べていた。が、検察官取調べで目撃を供述した。裁判官が、当初から供述しなかった理由を繰り返し問い質した。証人は、典型的なひざげりの形として見たのではないので明示的な供述は避けたと弁解。被告人に不利な証言が残った。
　②94年11月。甲山事件差戻審の一期日。被害園児の死体解剖を担当した医者の証人尋問。検察官主尋問で、医者は74年実施の鑑定のときからみかん数房が胃内の食物の一番上にあったと記憶している旨証言した。被告人が被害園児を浄化槽に投げ込む直前にみかんを食させたという検察官主張を裏付けるものだ。が、裁判官が「鑑定書では米飯などと混じり、位置関係不明と書いてある。証言と矛盾がある。どういうことか」と問う。証人は、矛盾はある、そんな書き方をした理由はわからない、しかしみかんが一番上だという記憶は確かだと弁明した。が、釈然とせず証言の信用性は縮減した。
　③96年末から関西のある地裁に係属した妻の傷害致死事件。被告人は、訴因の犯行日前に妻の知人が殺害し逃走した、自分は犯人を追ってあちこち探したが発見できず警察に出頭したと弁解。右弁解の信用性を検討するため、裁判所が職権で死体検案をした医者の証人尋問や足跡痕の鑑定などを採用決定した。検察官請求の証人尋問や検察官の物証展示、被告人質問でも、裁判所が詳細に質問を尽くした。結局、被告人の弁解は信用されず、実刑が言い渡された。

二　職権尋問の正当性

　かかる「積極・究明型職権尋問」は、法文上も運用上も正当性がないではない。
　①1946年の「刑訴法改正要綱試案」第34は、交互尋問を原則とし職権尋問は必要性と共に「補充的に自ら訊問できる」と提案したが、同年の刑訴法改正1次案19条は交互尋問優先を残しつつ職権尋問は必要があれば随時行えるとし、同年10月策定の3次案406条で職権尋問優先が規定され、これが現行法に引き継がれた。
　1957年の刑訴規則改正により交互尋問優先が定められたが (199条の2)、これは交互尋問を司法の裁量により法廷技術として許すもので、法304条の職権尋問の優越性が残っている以上、職権追行主義も活きている。
　②実際の職権尋問は当事者尋問を前提にして控えめに行われている。有罪・無罪いずれかに偏った尋問も少ない。裁判官が罪体の判断の必要上心証の欠落を補充する姿勢が貫かれている (一の①②事例もそうだ)。裁判官の発問には事案の真相究明に必要な供述を引き出す的確なものが多く、襟を正して答える証人の姿も少なくない。運用に問題はない。
　③被告人の防御を補充する上でも、検察官の過誤で有罪立証が不十分に止まるのを防ぐ上でも職権尋問が必要な場合がある。防御と訴追の後見機能は、「司法の正義」実現に不可欠である (一の③事例は、防御方針の定かでない弁護人の肩代わりを裁判所がした観が強い)。

三　「裁量糺問主義」

　だが、職権尋問の当否は刑事裁判全般の運用の中で評価を要する。
　①94年9月。同一被害者に対する同一日時・場所における傷害と窃盗の併合起訴事件の第1回公判で、起訴状朗読後、裁判長の側から検察官に傷害の動機記載がなく窃盗との関連が不明として釈明を求め、事実上強盗致傷罪への訴因変更を促す訴訟指揮をした。その後検察官はこれに従い有罪判決を得た。
　97年4月。オウム真理教大阪支部幹部であった被告人が共謀の上信者を欺罔などで監禁し山梨県の教団本部に連行したとする訴因について、ある地裁が正犯性を否定したが、訴因記載事実以前の被告人の言動を幇助と認定した。証人尋問・被告人質問で右言動の有無・意味が供述されていたものの、主位的に実行共同正犯、予備的に共謀共同正犯と釈明する検察官の訴追意思とずれた認定で

あり、被告人側も防御の焦点を絞りきれなかった。

このように、裁判所の訴因に関する釈明・勧告・命令の積極的運用や、訴因逸脱認定を許す幅を広げることは、審判対象を裁判所が支配する「糺問」機能強化を意味する。

②法321条1項2号後段の求める検面調書の特信性について、「検察官に嘘を言ってないか」「読み聞け、受けたか」「署名・指印は、証人のものか」という3つの質問で検察官が疎明を終える例がないではない。これは、裁判所が調書作成の真正の立証をそのまま特信性立証と扱うもので、事実上検察官の有罪立証をサポートするものだ。また、鑑定、検証のなされる被告人数は激減している（次頁の表参照）。裁判所は、検察官提出証拠への依存度を高め、自ら客観証拠を吟味することに消極的となっている。

③70年代後半から係属した甲山事件1次一審で、事件から数年して急に数名の知的障害園児が目撃供述をはじめた特異性に照らし、弁護人は寮内で目撃園児等の近くにいた職員2名と園児等の捜査段階の供述調書・捜査復命書等検察官手持証拠の全面開示を求めた。が、裁判所は職権を発動しなかった。職員2名の証人尋問は、捜査段階の園児や職員本人の捜査段階の供述の詳細を弁護人が把握し切れないまま行われた。職員が園児の行動をどこまで把握していたかは、目撃供述の信用性に大きく関わる。不十分な証人尋問がその後の真相解明を妨げる一因となったおそれなしとしない。

一般にも、裁判所は、弁護人が証拠開示命令を求めても、検察官に特段の弊害の疎明を促すことなく必要性を認めずに、職権を発動しないことが多い。被告人の視座からの真実究明に裁判所は消極的な面がある。

④保釈率の激減（地裁で80年約38％、90年約28％、96年約17％）、一般接見禁止数の激増（93年18,684人員、98年約28,221人員へ。大阪地裁では、361人員から1,919人員へと急増。しかも、起訴後の接見禁止事例が増加している）の結果、弁護人との自由な打合せも、家族との面会・連絡も著しく妨げられている。防御準備の遅れや孤独な身体拘束の長期化が、防御意欲喪失の一因になるおそれがある。

⑤職権尋問では、裁判所自ら心証形成に必要な質疑をするもので、事実認定上の比重は重い。裁判官が、最後に発問する「三者尋問」と言っていい。しかも、上記背景に照らすと、その積極性は訴追と処罰の重視につながりやすい。現在の裁判官は、歴史的・巨視的にみると、裁量権限を駆使して「必罰主義」を実現する「糺問官」として刑事司法を支配しているのではないか（裁量糺問主義）。

四　「裁量糺問主義」から「真の当事者主義」へ

1　「三者尋問」を「真の交互尋問」に変えるには、裁判官が「糺問官」から「審判官」へと意識改革を図る必要がある。検察官提出の有罪証拠により「合理的疑い」を残さない立証がなされたか見極める「審判官」に徹することである。そのためにも法曹三者による次の改革が要る。

①訴因は、犯罪構成事実に関する検察官の「主張」であるとの認識を徹底し、訴因逸脱認定は大小関係も含め行わない。罰条記載の誤りも公訴無効・公訴棄却の必要はないが、訴因変更なく異なる罰条適用はしない。適宜に検察官に求釈明し適宜の処置を促して対処する。裁判所は、訴因変更命令の義務を負担せず、命令は勧告効しかないものと扱う。

②法321条1項2号前段について絶対的特信性を加重要件とし、後段の特信性については、録音・録画テープの利用等取調べ状況の客観的再現を求める厳格な立証を促す。犯行現場などの検証の活性化を促す。

③交互尋問充実のため、関係者の身辺の安全または罪証隠滅の相当の理由がある場合を除き、検察官は起訴後迅速に手持証拠を開示し、裁判所も第1回公判期日以後開示を命ずる。

④勾留、保釈、接見禁止に関連して、黙秘・否認を罪証隠滅の相当の理由を認めるべき一事由としては考慮しない。

2　職権尋問を優先する法304条は旧刑訴の運用が残る時代に策定されたが、新刑訴法が採用した起訴状一本主義、当事者追行主義とは調和しない。新法施行後、交互尋問の習熟は当事者主義徹底のシンボルとして法曹三者の共通課題であった（法曹時報「刑事事件の概況」は交互尋問実施率を毎年掲げた。49年前半に地裁で67％だったが、53年には90％を超え、16巻10号で63年の職権尋問率が約2％であったことを報告してこの項目の掲載が終了した）。もはや同条は削除すべきだ。

また、職権尋問は当事者に釈明を行い再尋問を促してもなお必要やむをえない事項に限り補充的に行う運用にすべきだ（謙抑・補充型職権尋問）。

	55年	65年	75年	85年	96年
鑑定	1,108	715	547	251	238
検証	4,616	3,071	662	134	61

第12章　被告人質問と黙秘権

一　黙秘と被告人質問

　札幌高判平14・3・19判タ1095号287頁（城丸君事件）は、公判廷における被告人質問の際、黙秘権を行使する被告人に執拗に発問することを禁じ、適度な発問は認容した。
　「もともと弁護人は、被告人には黙秘権を行使する意思があるとして、被告人質問を実施することに反対していたのである。もとより、そのような状況の下であっても、被告人質問を実施すること自体を不当ということはできないけれども、実際に被告人質問を実施してみて被告人が明確に黙秘権を行使する意思を示しているにもかかわらず、延々と質問を続けるなどということはそれ自体被告人の黙秘権の行使を危うくするものであり疑問を感じざるを得ない」。
　右判断は、適当か。

二　質問権の優位性と証拠調べの「客体」説——職権主義の重視

1　裁判所は、黙秘権を行使する被告人に対しても適切な範囲では、検察官に質問を認め自ら質問をしてよいと解することもできる（質問権優位説）。次の理由による。
　第1に、被告人への発問は、証人尋問と異なり、法定の強制処分としての証拠調べ手続ではなく、広い意味での証拠調べないし任意の証拠調べである。裁判所は一般的訴訟指揮権に基づき被告人に発問をする権限が本来ある。
　現に、法311条2項は裁判長が何時でも被告人に質問できる権限を認める。裁判長の発問は、被告人が供述を任意にする場合に限るべきことは当然であって、この頭書きは注意規定でしかない。かかる同条の文理上、個々の質問に先だち被告人に任意に供述する意思があるかどうかを確かめる必要はない[1]。
　第2に、被告人に在廷義務があっても、適度な発問の継続は供述「強要」ではない。公開の公判廷であり、弁護人が立会している。早朝、深夜、徹夜にわた

る長時間の公判はない。法311条1項が保障する黙秘権の行使は自由にできる。

　第3に、被告人が黙秘権行使を宣明しても、個々の質問内容によっては翻意して供述する可能性がある以上、裁判所は被告人に十分な弁解の機会を提供する責務がある。

2　質問権優位説は、被告人質問における被告人の証拠方法としての地位のうち、裁判長などが供述を引き出す客体として利用する側面を重視する。これも理由なしとしない。

　まず、被告人質問は沿革上大正刑訴法で認めていた被告人訊問を基本的に継受したものである。同法134条は「被告人ニ対シテハ被告事件ヲ告ケ其ノ事件ニ付陳述スベキコトアリヤ否ヲ問フヘシ」とし、同345条2項は、被告人の人定質問、検察官の事件に関する陳述に続き直ちに「被告人訊問及証拠調ヲ為スヘシ」と定める。実際上第1回公判では、被告人人定質問、検察官の公訴事実陳述に続き、直ちに裁判長が事件の内容に関する被告人訊問を詳細に行っていた[2]。原理的には被告人の当事者性はこれを肯定しつつも、被告人訊問は実際上証拠（供述）を得る手続であった[3]。

　現行法311条は、「旧法では……当事者としての地位よりもむしろ証拠調の対象としての地位が表面に出ていた感があった」ので「新憲法及び新法においては……当事者としての地位を強めた形で、然もその供述を聴き、これを証拠とする途を開く必要がある」から規定されたとされている[4]。被告人の供述を得て証拠にする手続である点では旧法との連続性がある。

　この結果、運用上も証拠調べ手続と一体のものとして実施されている。一般には、被告人側の重要な立証手段である。被告人側立証の最後に、弁護人の主質問、検察官の反対質問、裁判官の補充質問の順で行われる。争いのある事件では、被告人質問の際被告人が述べる供述こそ重要な反証になる。量刑事情に関する証拠調べとしても、被告人の反省の情など示す上で被告人質問は不可欠である。被告人質問は証拠資料の収集方法として定着しており、特段の問題はない。この限度で被告人を証拠調べの客体にすることは不当ではない（証拠調べの「客体」説）。

三　客体説批判——黙秘権の優位性と当事者主義

1　しかし、黙秘権の行使を宣明した被告人に対して、裁判官または検察官が

発問することは許されない。以下の理由による。

　第1に、法311条は1項で黙秘権を保障し、2項で「被告人が任意に供述する場合」に限り、裁判長の発問を認容する。被告人が任意に供述する状態が先行していてはじめて、裁判長の「発問権」が成立する。

　厳密には、裁判長は訴訟指揮権に基づいて被告人に任意に供述するか否か確認し、被告人がこれを肯定した場合に限り、本条に基づく発問ができる[5]。被疑者取調べに関する法198条の規定ぶりとの差異がこれを示す。同条は、取調べ権限行使にあたり、捜査機関に黙秘権告知を義務づけるが（同条2項）、これは黙秘する被疑者に対してなお任意の供述を求める発問を予定したものである。法311条はこれと全く逆の文理構造となっている。

　第2に、被告人は在廷義務を負う以上、検察官などが発問するのを受忍せざるを得ず、発問に対する被告人の言動は被告人供述調書に記録される。冒頭の城丸君事件でも、一審で2綴りの被告人供述調書が作成された。検察官は同事件の起訴時期との関係で傷害致死罪や過失致死罪であれば公訴時効が完成する可能性に触れて、次の発問をした。

　検察官：もしあなたがH君に対してやった犯行が傷害致死罪や過失致死罪ということであれば、あなたがこの裁判で処罰されることはありませんが、それでも答える気はないんですか。
　被告人：お答えすることはありません。
　検察官：それを答えられないのは、あなたがH君に対して犯した犯行が、過失致死罪や傷害致死罪ではなくて、殺意を持って行った殺人罪だったからではないんですか。
　被告人：お答えすることはありません。

　裁判所が右問答を含む調書の取調べをすること自体は禁じられない。その際、合理的な質問に対して、被告人が黙秘権を行使した態度が事実上不利益な言動と受けとめられかねない。憲法38条1項はかかる状態の発生も禁ずる。

　第3に、被告人が弁解の機会を放棄した以上、裁判所が介入する必要はない。裁判所が直接聞き取る供述こそ真実発見の好材料になるという意識は当事者主義に反する。黙秘権を行使する被告人に、裁判所が後見的に弁解の機会を提供するのは職権探知主義に基づく手続運用に他ならない。

2　法311条の被告人質問については、沿革上被告人訊問との断絶こそ重視しなければならない。被告人質問手続は、防御権尊重に沿って改革されてきたからだ。

　大正刑訴法案に関する貴族院特別委員会では、政府委員の側から明治刑訴法下の被告人訊問について、「現行法デハ被告ト云フモノモ矢張リ一ツノ此証拠方法ヲ見テ居リマス、被告人カラ矢張リ事実ノ陳述ヲ聴ク」ものとなっているのに対し、大正刑訴法案では、「被告人ノ当事者タル地位」を重視し、「被告人ニ対シテハ被告事件ニ付テ何カ弁解スルコトガアレバ、ソレヲ聴クト云フヤウナ形式」にしたと説明されている[6]。大正刑訴法起草委員の平沼騏一郎も、131条以下の規定は被告人の当事者としての防御権の行使に重きを置いたもので、「利益ニナル所ノ事実ガアレバ其陳述ノ出来ル機会ヲ与エテヤラナケレバナラヌ」ためのものとする[7]。

　その被告人訊問が廃止されたのは、「従来の審理のしかたが余りにも職権審理的の色彩が強くて中世的糺問の名残をとどめ被告人の基本的人権の尊重という点にいささか欠くる感があった」点、「従来のやり方では、裁判官は全く検察官の代弁者の如き状態に陥る虞がないでもなく、時としては、一般国民をして裁判官が事件に対し予断を抱いて審理しているという誤解を生ぜしめる」点にある[8]。

　にも拘わらず、現在の運用は旧法下と類似する。まま「糺問的な質問」をする裁判官がみられるというが[9]、実際には、裁判所が最後に回るにせよ詳細な補充質問をする例が少なくない。裁判官の心証形成に必要な事実を直接被告人に問い質す姿勢が濃厚だ。情状に限っても、被告人の犯罪の認識不足や反省の姿勢の甘さなどを追求する場面はよくある。裁判官が意図している訳ではないが、大局的には検察官の主張を裏付ける供述を採る姿勢が強く、この限度で「糺問的」でもある。少なくとも職権探知主義が色濃い。

　証拠調べの「客体」説はこれを正当化するものとなる点で適切でない。

四　「被告人質問」から「被告人陳述」へ──証拠調べの「権利」説

1　当事者主義に立てば、被告人が、裁判所・検察官に問い質されて証拠を引き出される客体になるのは不適切だ。

　確かに、憲法38条1項上被告人が証人となることは強制できないが、自己負罪拒否権を放棄して証人になることまでは必ずしも禁止はされていない。だが、刑訴法上証拠たる供述を提出するために被告人の地位をすて証人となり証拠調

べの客体になれるとするのは[10]、必ずしも適切でない。検察官は、法322条により被告人が捜査段階でした自白等の調書を有罪立証のために利用できる立場にたつが、これと大きな不均衡を生じるからだ。しかも、弁護人の立会や録音・録画の導入などの被疑者取調べの可視化は進展していない。取調べの改善なく立法・法解釈で被告人の証人適格を認めることは、当事者主義を歪める。

2　法311条は、裁判長などが被告人を客体として問い質す機会としてではなく、被告人自らが、証拠の性質も併有する自己自身の陳述を述べる機会と捉えるべきである（証拠調べの「権利」説）。

　つまり、1項が被告人の黙秘権を確認する一方、2項冒頭で、被告人が自己を証拠方法とする権利、つまり「被告人が任意に供述をする」権利があることを前提にした上で、その限度で裁判長が被告人を問い質す反射的な権限を認めるのに留まる。裁判長などに固有の質問権限はない。

　その意味で、「被告人質問」の用語はもはや妥当でない。「被告人陳述」とすべきだ。被告人側立証にあたり、弁護人は、争わない事件などでも、例えば、「父親を情状証人として申請します。在廷させております。また、被害者との示談書を書証として請求します。最後に、被告人が陳述します」と述べるべきだ。

3　被告人が、黙秘権を行使する場合、裁判所は一般的な訴訟指揮権に基づき、再度黙秘権について注意を喚起した上、「任意に供述する意思はあるか」確認すべきである。右の意思確認ができなければ、裁判長にはそもそも発問権はなく、3項が機能する余地もない。冒頭の城丸君事件判決は、執拗にならない限り黙秘権行使の意思が確認できるまで、具体的な発問を個別に続けることを認容するが、これも許されない。

　被告人が黙秘権を行使した場合、被告人供述調書は作成できない。作成されても証拠にできない状態を記録しているから、規205条の6第2項、規207条により職権または被告人・弁護人の異議申し立てに従い証拠排除すべきだ。

　被告人質問の場面こそ、当事者主義を徹底するべきである。

　　［1］　例えば、注解(中) 611頁〔高田卓爾〕。
　　［2］　例えば、司法省刑事局『強盗、殺人、死体遺棄事件記録（司法警察官吏訓練資料第10巻）』(下) (1938年) 281頁以下など。
　　［3］　団藤重光『刑事訴訟法綱要』(1943年) 414頁、宮本英脩『刑事訴訟法大綱』(1936年) 266頁。

第12章　被告人質問と黙秘権　　165

- [4]　野木新一他『新刑事訴訟法概説』(立花書房、1948年) 204頁。
- [5]　平野255頁、光藤84頁。
- [6]　第45回帝国議会貴族院刑事訴訟法案特別委員会議事録第1号 (1922年3月15日)。
- [7]　同「刑事訴訟法改正案ノ要旨 (三)」法協35巻4号 (1917年) 104頁。
- [8]　岸盛一『新刑事訴訟法義解』(法文社、1948年) 50頁。
- [9]　刑事弁護研究会編『新版刑事弁護マニュアル』(ぎょうせい、1997年)。
- [10]　田宮裕「被告人・被疑者の黙秘権」日本刑法学会編『刑事訴訟法講座1巻』(有斐閣、1963年) 76頁。

〈参考文献〉
- 赤間鎮雄「公判廷における被告人に対する質問」名城法学1巻1号 (1950年) 14頁。
- 「研究会・被告人質問について」判タ69号 (1957年) 38頁。
- 毛利与一『刑事訴訟法序説』(法律文化社、1959年) 278頁。
- 鴨良弼『刑事証拠法』(日本評論社、1962年) 170頁。
- 佐々木哲蔵「被告人質問」『生きている刑事訴訟法』(日本評論社、1965年) 201頁。
- 環直也「被告人質問」証拠法 (4) 71頁。
- 田中輝和「被告人の地位」公判法 (2) 154頁。
- 平野龍一・松尾浩也編『実例法学全集　刑事訴訟法』(青林書院、新版、1977年) 281頁〔中野次雄〕。
- 高木甫「被告人質問」北山六郎監『実務刑事弁護』(三省堂、1991年) 345頁。
- 松尾編211頁〔松本時夫〕。
- 法務省刑事局刑事訴訟法研究会『実務刑事訴訟法』(立花書房、1994年) 264頁。

第13章　聴覚障害者と訴訟能力

＊本稿は、ある窃盗事件の上告審に提出した意見書『聴覚障害者と刑事裁判における訴訟能力の有無』（2004年6月21日、未公刊）を要約したものである。

一　問題の所在——刑事裁判の理解力

1　先天性の聴覚障害または幼少期の聴覚喪失のある被告人について、手話通訳人を介して裁判の意味を伝えることが困難な事件がある。被告人が裁判の法的な意味やそこで実施される手続の意味について理解できているかどうか、裁判所並びに検察官、弁護人に確認がとれない場合、訴訟能力があるとみてよいか。

最近、福岡高判平16・2・3（平15(う)34、未公刊）は、聴覚障害のある被告人の窃盗事件について、被告人の訴訟能力を肯定する一審・那覇地判平15・3・25（平13(わ)423、未公刊）を支持した。また、被告側の上告を棄却した最決平16・10・14〔平16(あ)452、未公刊〕も控訴審判断を是認した。

事件の内容は以下の通りである。被告人は、2001年9月の事件当時、年令49才である。幼少時から聴力を欠いていた。ろう学校に2年ほど在籍したが、手話など充分なコミュニケーション手段を身につけることなく成人し、各所を転々としてやがて沖縄に渡った。幼少期から窃盗を繰り返していたため、保護処分歴、医療少年院送致、前歴の他、有罪前科11犯に及ぶ犯歴を持つに至った。特に、1979年に窃盗で懲役8月の実刑判決を受けて以来、服役し釈放されてすぐに窃盗を繰り返す生活を続けている。

被告人は1998年7月にも窃盗で懲役3年に処せられて（那覇地平良支判平10・7・10〔平10(わ)12、未公刊〕）服役し、2001年5月に出所したが、それから4月後に空腹のためと推測されるが、スーパーで弁当2点を窃取し現行犯逮捕されたものである。

一審は、被告側の主張する訴訟能力の欠如などについてこれを容れることなく、懲役2年の実刑を科した。被告側は訴訟能力の欠如を主たる理由にして控訴した。控訴審はこれを斥け、控訴を棄却した。主たる理由は次の点にある。

2 「被告人は、手話通訳を介することにより、刑事手続において自己の置かれている立場をある程度正確に理解して、それに基づいた状況判断をすることができるし、個々の訴訟手続においても、手続の趣旨に従い、手話通訳を介し、自らの意思に沿った供述をすることができる能力を有していたと認められる。そして、本件事案の内容に照らせば、被告人が自己の利益を防御するために、微妙な状況判断や厳密な防御の方針の決定を行う必要は全くないし、黙秘権についてもそれが機能する余地が殆どないのであるから、被告人に黙秘権を理解させることが事実上不可能であったとしても、黙秘権の実質的な侵害もないと認められる。また、弁護人の援助を受ける点についても、本件事案において弁護人が防御を働かせる余地があるのは、窃盗の犯意、責任能力、訴訟能力、情状等であり、窃盗の犯意の存否については、客観的な行為態様からの論理的推論の過程がその重要部分を占めるから弁護人と被告人の意思伝達は必ずしも重要ではなく、責任能力、訴訟能力に関しても弁護人が防御活動をするに際しては被告人との間の意思伝達は重要ではないし、情状に関しては、弁護人がその信じるところに基づいて十分な防御活動を行ったことは記録上明らかであるから、弁護人と被告人との間に意思伝達の困難さがあったとしても、弁護人の援助を受けることの妨げとはなっていないことは明らかである。以上によれば、被告人の訴訟能力に欠けるところはないと認められ、被告人の訴訟能力を認めて実体審理を行い、被告人に刑の言渡しをした原判決には所論のような訴訟手続の法令違反があるとは認められない」。

3 一般に、刑事裁判において被告人が「心神喪失の状態」にあるとき公判手続を停止しなければならない（法314条1項）。ここにいう心神喪失とは「訴訟能力」を欠く状態を言う。被告人の訴訟能力とは、「被告人としての重要な利害を弁別し、それに従って相当な防御をする能力」（最判平10・3・12刑集52巻2号17頁）を言う[1]。この点について、本件控訴審は、裁判所からみて当該事件における意味のある防御活動が何かを判断した。そうした防御活動の内容と要否に応じて、被告人に必要な精神諸力が何かを測定し、これを充足していれば訴訟能力があると判断した。

しかし、訴訟能力に関するかかる判断は、防御権の主体的な行使の可否を検討するものではない。裁判所による事案解明の視点から訴訟能力を捉えたものだ。当事者主義的訴訟能力ではなく、職権主義的訴訟能力論だが、これは不当

ではないか。以下、検討する。

二　刑事裁判の認識理解力について

1　本件では、刑事裁判における特定・個別の訴訟行為の有効・無効が争われている場合ではなく、全般的な「公判手続続行能力」が問われている[2]。かかる場合、判例のいう「被告人としての重要な利害を弁別し、それに従って相当な防御をする能力」の実質はなにか[3]。
　この点で、控訴審判決は、「訴訟手続に関する一般的・抽象的・言語的な理解能力ないし意思疎通能力までは必要とせず、具体的・実質的・概括的な理解能力であれば足りる」とする[4]。
　しかし、かかる定義はふたつの点で疑問がある。
　第1。訴訟能力を被告人が裁判の意味等について消極的に理解する能力で足りると狭めている。確かに、学説にも、この点について、「黙秘権、弁護人依頼権等の手続上の権利、各訴訟行為の内容の伝達・理解、被告人自身のおかれている立場の理解など」ができる状態とする説がある[5]。
　しかし、被告人は防御権の主体である。防御については通常弁護人の弁護活動で代替する。それには、弁護人と防御について意味のある意思疎通が不可欠だ。だから、被告人の訴訟能力の定義は、ふたつの精神諸力の総合としなければならない。第1に、裁判の意義、防御することの意義を認識し理解する力がいる。第2に、防御に関する情報交換、意見交換が弁護人とできる力である（これがあれば、裁判に関わる他の関係者、裁判官、検察官との意思疎通もできるし、証人尋問についても弁護人がこれを実施すれば足りることとなる）[6]。
　第2。裁判の意義の理解力を一般的・抽象的・言語的な理解能力・意思疎通能力と具体的・実質的・概括的な理解能力に区別するが、概念内容も区別の基準も明瞭ではない。この点について以下に述べる。

2　控訴審判決は、本件被告人は「これまでに9回も同種の前科によって公判手続を経て服役する経験を有しているから、刑事手続についての相当程度の理解を形成し得る経験を有している」とし、本件被告人の具体的・実質的・概括的理解能力を肯定する一事情としたが、妥当か。
　しかし、本件被告人に対する過去の判決文上訴訟能力が争われた形跡はない（那覇地判昭63・8・18〔昭63(わ)13、未公刊など〕）。各裁判手続において被告

人がどの程度の理解を示していたのか不明である。裁判の場に居たからその意味も解ってくるはずであるとする推論の根拠はない。被告人が意味内容の伝わらない裁判を何度経験しても、現象の反復を認識するだけであり、訴訟主体たる被告人に必要な意味の認識理解に至らないのは自明だ。

控訴審は、他に、窃盗がよくないことであるとの認識があることを伺わせる言動をしていること、公判廷で当日の行動を説明する言動をしているという状況も「具体的・実質的」な訴訟能力を認める根拠にする。

だが、これも、裁判所の有罪心証形成の視点から見て、被告人の言動が有用な情報提供を行っている状態と観察できるというのに留まる。被告人がそうした言動をする裁判上の意味と効果を認識理解しているかどうかを検討しているものではない。

さらに言えば、被告人は裁判手続の意味内容を一般的概括的に理解できる状態でなければ、自己の裁判における有効な防御はできない。もともと「被告人」とは、国家の訴追行為によって市民が置かれる不利益な法的地位である。「被告人」は防御を余儀なくされ、これに失敗すれば刑事制裁を科される。そうした地位を強制できる条件の一つが、刑事裁判の意味を理解できる力のある者のみにしかこうした地位を強いないというものである。法も、起訴後そうした能力を欠くことが判明した場合には、公判手続を停止するものとしている（法314条）。

我が国刑事訴訟法は、被告人本人が公判廷における種々の手続行為の権利主体となることを認めている。主なものとして、起訴状謄本の受理（法271条）、冒頭手続における意見陳述（罪状認否）（法291条2項）、証拠調べの請求（法298条1項）、証人尋問（法157条、304条）、被告人の任意の供述（法311条）、書証に対する同意（法326条）、最終弁論（法293条2項）等がある。

つまり、被告人は、裁判所が送達する起訴状謄本を受領した後、公訴提起の意味、起訴された公訴事実の内容をまず理解しなければならない。そして、これに対する自己の主張、種々の利害関係の整理・判断などを踏まえて防御の基本方針を決定することになる。それには、裁判のしくみ、裁判官、裁判所の役割、検察官と弁護人の役割を一般的・概括的に理解していなければならない。また、手続の流れ、証拠で有罪か無罪か裁かれること、有罪の場合の効果、刑罰を科される意味など法的な手続と効果に関する一定の理解も不可欠である。

次に、被告人は、憲法上弁護人依頼権を保障されている（憲法34条、37条）。訴訟法上も被疑者・被告人はいつでも弁護人を選任でき（法30条）、逮捕・勾留中も原則として自由秘密の接見が保障されている（法39条1項）。被告人が行使

できる権限は、一身的な権利は別にして、包括的に弁護人に代理行使を依頼でき、弁護人自身が権利主体として明記されているものも多い(証拠調べ請求や証人尋問など)。裁判の性質上市民の法的な知識の不足を補い、的確な防御を行うのには専門家の助言と援助が不可欠である。我が国の当事者主義は、被疑者・被告人が防御の主体であるが、弁護人の援助を受けることを前提にしたものでもある。その意味で、被告人が弁護人と防御に関する意思疎通を円滑・迅速・的確に行える能力が要る。

3　本件被告人は裁判の意味一般について理解する力はそもそもあるとみていいか。

　この点について、一審取調べ済みの鑑定書『精神鑑定書──常習累犯窃盗被告事件・被告人K』は、本件被告人が裁判の意味を了解できる可能性について、こう叙述する。

　「実際の公判場面で、被告人に最適な方法で手話表現を含めた意思伝達ができるのであれば」被告人の境界知能レベルからして「大まかな刑事手続きを理解できる可能性はある」。

　ところで、一審の被告人質問で、裁判官は裁判の意味を理解しているか確認する趣旨であろうか、「ここはどこですか」と発問した。

　これに対しては、調書上「被告人に『ここ』の手話が通じない」と通訳人の判断が示されているのに留まる。

　さらに、「ここが裁判所だということは分かりますか」との発問には、「被告人は『分かる』と表現した」との通訳人の説明が記述されている(一審第2回公判調書)。

　この記述から読み取れるのは、被告人が場所として今所在する空間を「裁判所」という記号で表すことができることである。刑事制裁を科す手続を行う法的な空間としての裁判所ないし「公判廷」という規範的な意味が理解されているかどうかは、分からない。

　前掲鑑定書によると、本件被告人のWAIS−R成人知能検査を2度実施し、第1回目の結果について、言語性知能49、動作性知能64であり、「知能に換算すると51であった」とされている。第2回目の結果については、言語性知能49、動作性知能70とされている。いずれの場合にも、知能測定値は軽度精神遅滞レベル、「境界レベルの知能」を示しているという。

　鑑定書は、「刑事手続きに関連すると思われることについては、弁当を盗んだ

ため警察に捕まったこと、豊見城警察署に連れて行かれたことは理解し、警察署と入獄していた刑務所との区別もできていた。法廷については前方に裁判官、左側に検察官、右側に弁護士を配置した図を見せて理解を求めた。それぞれに位置していることはわかっているが、それぞれの専門官の役割や公判の意味について被告人がどの程度理解しているかを把握することは困難であった」という。

本件と比較するため、岡山地決平9・7・8（平7(わ)138、未公刊）を紹介する。この事件も窃盗事件であるが、決定は被告人について、言語性知能は測定不能、動作性知能検査では、精神年齢13才8月、知能指数85、普通知の下と評価する鑑定書に基づき、やはり訴訟能力なし・公判手続停止として最高裁もこれを是認している（最決平10・2・18〔平9(し)125、未公刊〕）。

この決定が依拠した鑑定書では、被告人の理解力について次のようにまとめている。

「被告人にとって意味があり理解可能な内容は、具体的な自分の行為・経験・関心事だけに限定されるから、裁判という純粋に言語のやりとりによって進行する非日常的場面の意味内容を理解することは難しい。法廷場面の机や人の配置を記憶していて、通訳人の場所を指して〈前ここにお前が居たのにもう居ない、クビか〉と通訳人を辞退したF氏に語ったが、このような現象面への反応だけで、法廷内の人間の役割にも無関心であり理解していない。『裁判・裁判官』には地図で特定したり、服装を表す身振り表現をし、『検察官・弁護人・証人』の文字には無反応であったし、〈〇〇〇〉らしい文字（筆者注・弁護人の氏名）を書いて地図上で裁判所の近くに居ると表現しただけであった。何をしている人なのかわからなくても疑問も持たないのは、目に見えるものと動作的適応の世界が全てでそれ以外の精神世界を感知しないから、『わからないことがわからない』のである」。

これら2鑑定書を比較しても、本件被告人が上記事件の被告人に比して裁判全般の意味を理解できる認識理解力がより高いとは思われない。裁判の意味を一般的・抽象的に理解し、あるいは言語通訳を通じて認識理解できる力の面でも劣る。さらに、自己自身の体験の積み上げから「窃盗⇒裁判」という事の推移の社会的法的な意味連関を理解できているとは思えず、具体的・実質的な認識理解も欠けているのではないか[7]。

三　黙秘権と弁護人依頼権──意思疎通力について

1　一審では、冒頭手続において、起訴状朗読後、被告人の意見陳述の前に、

通常黙秘権告知がなされる（法311条1項、規則197条1項）。一般人でも黙秘権の特殊な意味と効果は、公判廷で裁判所が告知することによって認識理解することが予定されている。意思疎通による理解が不可欠となる。

ところが、控訴審における被告人質問で、弁護人が「今あなたは、答えたくなければ答えたくなくともいいというふうに言われたのですけれども、それはどういう意味か分かりますか。答えたくなければ答えなくともいいというのは、どういう意味ですか」と質問したところ、被告人は、手話通訳を介して「自分も遊びだけです。座っていただけです」と答えた（控訴審第3回公判調書・被告人供述調書）。これで、有効適法な黙秘権告知があったといえるか。

これに関連して、鑑定と一審公判の通訳を担当した通訳人が、控訴審で証人尋問にたった。弁護人が「しゃべりたくないことはしゃべらなくてもいいという言葉の意味を被告が理解するように伝えることは、証人の目からみて可能だと考えられましたか」と問うと、通訳人は、次のように答えた。

「いえ。そのときに『黙ってもいい』とか『言う必要ない』とか、そういうような言葉を手話の言語としては幾つかかえたんですが、答は一緒だったので伝わらなかったというふうに思っています。」

こうした状況等を踏まえて、控訴審判決は、「被告人には、仮定的な観念を理解させることは困難であり、二重の否定を含む構造を有する黙秘権を理解させることは殆ど不可能に近い」とまで認定した。

ところが、控訴審判決は、窃盗の現行犯で逮捕された事件であるから、裁判所の視点からは微妙な判断を伴う防御の必要性がなく、また、「黙秘権についてもそれが機能する余地が殆どない」ので、こうした判断と権利行使を理解するレベルの精神諸力は、本件における被告人の訴訟能力としては要らないとする。

先述の「具体的・実質的・概括的な理解能力」を基準にして、裁判所の視点から防御の要否を判断し、黙秘は意味がない以上これを理解し行使できる精神諸力は本件事件の被告人には不要とするものだ。

しかし、これは、黙秘権保障の意味に関する不当な解釈である。

現行法は、被告人に黙秘権（法311条、規197条）を保障している。これは不利益供述強要を禁止する憲法38条1項を刑事訴訟法上も確認したものである。当事者主義のもとでは、被告人が防御の主体である。防御の要は、自ら事件について供述をしない黙秘の選択である。憲法もこれを保障している（憲法38条1項）。

有利・不利を問わず、被告人自らが証拠となる供述をするかしないかこそ、防

御の方針の根幹に関わる。現に、一審でも、控訴審でも、罪体、情状及び訴訟能力に関わる被告人質問が行われて、被告人の一定の応答がなされているが、いずれもが一審、控訴審で証拠または疎明資料として役にたっている。そうした情報提供の是非を判断する最小限度の理解力と判断力が必要である。

　裁判所が、黙秘権行使は有効な防御方法ではないと判断したのは、有罪・無罪の心証形成上黙秘しても有罪認定ができる事案とみているからだ。しかし、黙秘を含めていかなる反証をするかは、被告人と弁護人の判断に委ねるべき事柄であり、その要否について裁判所の心証形成を基準に判断することは、黙秘権保障の基本原理を無視するものだ。裁判所にとって有罪が明白な被告人には黙秘権保障は要らないというのに等しいからだ。

　被告人には、黙秘権の意味と効果を手話等の手段で伝達されて理解する意思疎通の力は一般的に欠けている。むろん、当該事件における黙秘の意義と効果を弁護人と相談の上判断選択する面での意思疎通もできない[8]。

2　控訴審判決は、「本件事案では弁護人が防御を働かせる余地があるのは、窃盗の犯意、責任能力、訴訟能力、情状等であり、窃盗の犯意の存否については、客観的な行為態様からの論理的推論の過程がその重要部分を占めるから弁護人と被告人の意思伝達は必ずしも重要ではな」いとし、その限度で訴訟能力に求められる精神諸力の程度を低くみてよいものとする。また、「情状に関しては、弁護人がその信じるところに基づいて十分な防御活動を行ったことは記録上明らか」であるとする。このように弁護人との意思疎通の必要性を低くみた上でこの面を訴訟能力の有無の判断から除いてもよいか。

　ところで、前掲最判平10・3・12は、「被告人は、重度の聴覚障害及びこれに伴う二次的精神遅滞により、訴訟能力が著しく制限されてはいるが、これを欠いているものではなく、弁護人及び通訳人からの適切な援助を受け、かつ、裁判所が後見的役割を果たすことにより、これらの能力をなお保持していると認められる」と判示した。

　本件控訴審判決は、本件被告人が事実上弁護人と裁判に関する相談を円滑かつ効果的に実施できないことを認識した上で、上記最高裁判例に反しないようにするため、弁護人の援助ないし防御の必要性について被告人とのコミュニケーションがなくてもできる程度であると認定したものとみてよい。

　このため、控訴審判決によれば、裁判所が当該事件における弁護の内容・要否を判断・決定した上で、そのレベルに応じて、被告人が弁護人と意思疎通でき

る程度の能力を持ち合わせているか否かを測定して訴訟能力の有無を決めることとになる。

　しかし、かかる判断方法は、被告人が弁護人の援助を受けて防御を行なう権利を損なう。以下の理由による。

　第1に、当事者主義の本質に反する。防御の主体は被告人だ。被告人は場合により有罪と認定されて服役するリスクを負わされている。これを防ぐ防御の利益は、被告人たる地位に専属した権利である。弁護人の「援助」は、被告人が防御方針を決断するにあたり、当人の情報受容・理解・判断・意思表示を手助けする限度にとどまらなければならない。

　したがって、弁護人の介在は被告人に本来求められる意思疎通力や認識理解力の水準を下げて評価してよい根拠にならない。不十分な点を補えてもこれを増幅させるものではない。むろん、弁護人が本人の意思を推認・推測して弁護することは本来できない。

　第2に、当事者追行主義が認める防御ないし弁護観に反する。情状弁護にあたっても、被告人の広義における防御活動──市民生活の安定、心情の安定に始まり、被告人の地位に関する情報提供──刑事裁判の意味、被告人の地位、各種の権利義務、刑罰の意味効果などの情報交換を行わなければならない。それらを踏まえた上で、量刑の側面から、当該事件における罪体および一般情状に関する防御・弁護活動を行なうため、被告人と弁護人とがさらに相談、検討、助言、判断などのコミュニケーションを図る必要がある。

　窃盗の現行犯事案なので、罪体について法廷で提示すべき争点が裁判所の目からみて乏しいことは、弁護活動の裾野を無視した理解である。また、情状弁護は弁護人独自の判断で実施すれば足りるとするのは、公判における職権主義を重視した弁護観であって、当事者主義のもとでは容認できない。

　第3に、本件被告人と弁護人の弁護に関する意思疎通は現に不十分である。一審第2回公判調書記載の被告人質問で、弁護人が「あなたはどうしてジャスコに行ったのですか」との問いに、「被告人に『どうして』ということが伝わらない」との通訳人のコメントが挿入されている。

　おなじく「あなたはどうして弁当を盗んだのですか」との発問には、「被告人に『どうして』という手話が通じない。被告人は『弁当を取った。見て無理だと思って袋に入れて行きました』と表現した」と記載されている。

　一審第4回公判調書記載の被告人質問でも、弁護人が被告人服役中にも障害者年金が支払われていることを確認するため、「役所から送られてきた記録による

と、その間にもあなたには障害者年金が払われていることになっていますが、あなたはそれを自分で受け取りましたか」と発問した。調書には、「被告人は質問の意味が分かっていない」と記述されている。さらに、弁護人が「あなたの障害年金は誰が使っているのですか」との問いに、「(被告人は『ある。』と表現した後) 見たら何もない。引き下ろされていて、おかしい。なにもない」と答えている。

控訴審第3回公判調書被告人質問でも、弁護人が「あなたは、なぜジャスコに入ったのですか」との問いに対して、被告人は「飲んでいるだけです。飲んでいるだけ。その辺をぶらぶらして飲んでいるだけです……」と全くかみ合わない答をしている。

被告人と弁護人は、各手続段階における個々の防御活動それぞれについて、その意義と効果に関する情報を授受交換して双方がこれらを理解し、そうした情報の共有に基づいて適切な防御が何かを判断することとなる。右理解と判断について弁護人と双方向の意思疎通ができる能力が必要・不可欠である。

記録から伺われる限り、被告人と弁護人の間で、窃盗の故意があるとしてもその発生時期が何時であったかなど罪体に関わる情状事実や、障害者年金の管理(被告人が自由に管理できる状態であれば空腹のあまり窃盗をすることはない) など一般情状に関するやりとりが円滑かつ有意義になされている状況は浮かび上がらない。

3　最高裁は、「裁判所の後見機能」も考慮して訴訟能力の有無を検討してよいとする。ところが、本件控訴審は、弁護の機能を縮減して理解し、黙秘権が意味をなさない事案であることを確認した上で、その枠内で被告人の訴訟能力の有無を判断した。結果として「えん罪」と言えず、それなりの量刑相場に収まっていれば、被告人の裁判の意味の理解力が低くても裁判結果については「後見機能」を尽くしたものとして正当化することになる。これは妥当か。

このように、最高裁判例のいう「裁判所の後見機能」を重視すると、職権追行、効率・必罰優先の運用と結びつきやすい。また、裁判の意味の理解力が低くても訴訟能力がある扱いにして、裁判所が適宜処理する運用を認容するものともなる。このため、聴覚障害者からみれば結論の当否はさておき、なにが行われているのか理解できないまま刑務所に送られる文字通りの「暗黒裁判」を是認するものとなる。

過去多くの聴覚障害者事件では、形だけ手話通訳等を付して被告人が実際に裁判を理解したか (情報受容の有無・程度) について、さほど重視せず裁判がす

すめられていた可能性が高い。

　当事者主義を徹底するなら、訴訟能力の有無は、弁護人との意思疎通が十分合理的に行うことができる力を前提にしなければならない。弁護人は被告人の理解力・判断力を補充し、被告人が主体的に防御方針を判断・選択できるようにするのが任務だ。裁判所が後見すべきなのも、かかる弁護人の援助が円滑・迅速にできる条件整備であって、裁判の意味の分からない被告人を職権によって公正に裁くことではない。

四　「手続打切り」への道

1　一審の通訳人は、手話通訳士の資格をもつから、聴覚障害のある人が一般的な手話を身につけている場合には的確な通訳ができる。その場合でも、手話の性質上みぶり・手ぶりによる意味の補充はなされる。ところが、被告人は、多くの聴覚障害者が共通に利用する手話を体得している訳ではない。この限度では、本件被告人を基準にしたとき、鑑定書が指摘した「最適な方法」によるコミュニケーションの補助は本件捜査、公判では保障されてはいない。

　裁判記録上、被告人が、公判手続をトータルに理解しつつ、自己の立場と防御の方針を弁護人とのコミュニケーションのもとに決定し実行する力があったと推認できる状態にはない。

　結局、本件被告人は、聴覚障害のために、健聴者が作り出す刑事裁判の世界を理解したか否か確認する術もないまま、裁判所によって有罪判決が宣告され、実刑に服することとなったとみるべきだ。

2　本件被告人に訴訟能力がないことは明白である。数回の裁判を通しても裁判手続の意味を伝えることはできていない。

　さらに、被告人は多年にわたり服役の経験があるが、手話学習も含めてその後の更生に役立つ処遇を受けた跡も伺われない。通訳による裁判の意味を伝達することがほぼ不可能な状態に変化はない。今後、手話等のコミュニケーション手段の習得と同時に裁判の意味内容が理解できる程度の知的判断力をあわせて習得しなければ、裁判の意味を理解し弁護人と相談して防御を準備することはできない。それは、人の成長可能性を一般的に認める限り不可能と断言することはできない。だが、学習の機会の保障などを含めて、相当長期間を要する。

　では、訴訟能力の回復が望めない場合、どのような措置が妥当か。

最決平7・2・28刑集49巻2号481頁は、ある窃盗事件の被告人について聴覚障害が理由となって訴訟能力がないと認めるときは、「原則として同条一項本文により、公判手続を停止すべきものと解する」とした。また、「原判決は……公判手続停止の期間が異常に長期にわたり、かつ、訴訟能力回復の可能性が全くないと認められる場合は、検察官が公訴を取り消し、これに基づいて公訴棄却の決定がされることも十分考えられるとしているのであって、所論のように被告人が生涯にわたり被告人の地位に置かれることも肯定しているものでないことは明らかである」と示唆した。
　これは、裁判所が訴訟指揮により検察官に公訴取消しを打診しさらに助言・勧告すること（法294条、規則208条）を是認する含みをもつ。
　また、同決定に付された千種判事の補足意見は、訴訟能力の回復可能性の判断は時間をかけた経過観察が必要としつつ、公判手続停止後「その後も訴訟能力が回復されないとき、裁判所としては、検察官の公訴取消しがない限りは公判手続を停止した状態を続けなければならないものではなく、被告人の状態等によっては、手続を最終的に打ち切ることもできる」とする。
　司法の主たる責務は、「有罪・無罪」の判断にある。司法による真実解明への国民の期待と信頼も大きい。裁判所が一般に手続打切りに慎重なのもうなずける。
　しかし、手続を停止することは、迅速な裁判を受ける権利を侵害することになる（憲法37条1項）。その後裁判を再開しても有効適切な防御が事実上困難となり、公正な裁判を受ける権利の保障にも疑問が生じる（憲法37条1項）。以上に伴い適切・効果的な防御活動ができず、防御権の実質的な侵害となる。
　かかる場合には、刑事裁判における真相解明よりも、手続の正義を優先すべきである。被疑者・被告人の防御権と適正手続の優越という異次元の原理に基づく「手続打切り」を考えるべきだ。

　3　本件被告人は、現在服役中であるが、遠からず社会にもどる。被告人に必要なのは、障害者年金の受取、住居の確保を含む日常生活についてケアするシステムである。それが欠ければ、被告人が窃盗を反復し再度刑事裁判の場に引き出されることも予想される[9]。だからといって、福祉の貧困を刑務所収容でカバーするのは本末転倒だ。こうした事件では、手続を打切る司法の英断が早晩必要になろう[10]。訴訟能力についても、職権探知主義・実体的真実主義にたって緩やかに解釈するのではなく、被告人の防御権行使の機会を保障する当事者

主義の視点に立つ厳格な解釈を徹底すべきではないか[11]。

[1]　本文で紹介する窃盗事件と同種の被害額が比較的軽微な窃盗事件について、最決平7・2・28刑集49巻2号481頁は、「原判決の認定するところによれば、被告人は、耳も聞こえず、言葉も話せず、手話も会得しておらず、文字もほとんど分からないため、通訳人の通訳を介しても、被告人に対して黙秘権を告知することは不可能であり、また、法廷で行われている各訴訟行為の内容を正確に伝達することも困難で、被告人自身、現在置かれている立場を理解しているかどうかも疑問であるというのである。右事実関係によれば、被告人に訴訟能力があることには疑いがあるといわなければならない」とする。

　他方、本文掲記の最判平10・3・12刑集52巻2号17頁は、聴覚障害のある被告人が訴訟能力の欠如の他無罪も主張していた窃盗事件で、「被告人は、重度の聴覚障害及び言語を習得しなかったことによる二次的精神遅滞により、抽象的、構造的、仮定的な事柄について理解したり意思疎通を図ることが極めて困難であるなど、精神的能力及び意思疎通能力に重い障害を負ってはいるが、手話通訳を介することにより、刑事手続において自己の置かれている立場をある程度正確に理解して、自己の利益を防御するために相当に的確な状況判断をすることができるし、それに必要な限りにおいて、各訴訟行為の内容についても概ね正確に伝達を受けることができる。また、個々の訴訟手続においても、手続の趣旨に従い、手話通訳を介して、自ら決めた防御方針に沿った供述ないし対応をすることができるのであり、黙秘権についても、被告人に理解可能な手話を用いることにより、その趣旨が相当程度伝わっていて、黙秘権の実質的な侵害もないということができる。しかも、本件は、事実及び主たる争点ともに比較的単純な事案であって、被告人がその内容を理解していることは明らかである」とし、「被告人は、重度の聴覚障害及びこれに伴う二次的精神遅滞により、訴訟能力、すなわち、被告人としての重要な利害を弁別し、それに従って相当な防御をする能力が著しく制限されてはいるが、これを欠いているものではなく、弁護人及び通訳人からの適切な援助を受け、かつ、裁判所が後見的役割を果たすことにより、これらの能力をなお保持している」とした。

[2]　この点について、指宿信「訴訟能力と鑑定」季刊刑事弁護17号（1999年）42頁を参照した。以下、個別訴訟行為に関する訴訟能力が問題になった裁判例を紹介する。

　①起訴状謄本送達の受領能力を問題にした東京高決昭39・2・4高刑集17巻1号138頁は、聴覚障害がある被告人に対する傷害致死事件の起訴状謄本送達が有効であることを認めるにあたり、その受領のための訴訟能力に関連して、拘置所職員が「手真似で斯る格好をしたり、裁判所の方を指したり、書く真似をしてそのことを知らせたが、被告人はこちらが話をするときは必ずよく口元を見ており、手真似、口振りで大体のことは判つた様子でうん、とうなづいた、という。また、起訴状の謄本を渡すときは、内容は被告人本人も知つていることなので特に説明はしなかつたが、被告人は他の在監者が起訴状の謄本を渡されるのを見ており、大体呑み込めたと思うという説明」を根拠に有効性を肯定している。思うに、起訴状謄本を受理する限度での訴訟能力は、その後の防御準備に支障が生じない状態になっていることとあいまって判断すればよく、弁護人選任、保釈申請などが順次行われた事実に照らして、謄本送達の効

果を認めることに問題はない。

　②最終陳述および判決宣告手続と訴訟能力の関係について、名古屋高判平9・2・10高検速報（平9）105頁が、結審前に被告人が脳内出血で倒れたため精神諸力の減退を生じているのに、なお最終陳述の機会を設け、判決を宣告したのは判決影響明白性のある訴訟手続法令違反とした。「訴訟能力が完全に失われた状態ではなく、言語的伝達手段の障害を受け、法廷で判決の宣告を受けても即座に理解することは困難であり、精神医学と神経心理学の領域で適切な知識と経験のある専門家の助言ないし介入によって適切な伝達方法を用いるのであれば、判決内容を理解する能力は完全とまではいかなくてもかなり良好なものになる可能性が高い」という鑑定が得られているのに、「控訴審は、原判決を宣告するにあたり右のような専門家の協力を得なかったばかりか、控訴審において指定した鑑定人の鑑定書及び証言を参考に適切な伝達方法、例えば、原判決書の主文及び理由を予め短い文で記載し、裁判長がこれを朗読するとか、裁判長が原判決書をかみ砕いて説明するなどの方法により、原判決の趣旨を理解させるべき措置を取っていない」とする。確かに、判決宣告については、上訴との関係でも主文と理由をその場で被告人本人も理解していなければならない。その理解力がない以上、判決宣告手続については訴訟能力を欠く状態とみるべきだろう。

　被告人による控訴取下手続の有効性と訴訟行為能力が問題となった裁判例群がある。③東京高決昭51・12・16高刑集29巻4号667頁は、パラノイア患者である被告人の控訴取下を有効と判断した。「被告人は、控訴取下の申立の結果原審の死刑判決が確定し、その後これを動かす手段が全くないことになる旨を熟知した上で右申立に及び、この決意はパラノイアとは直接関係がない」。④大阪高決平3・12・24判時1427号144頁も、被告人が家族の者に暴力を振るっていた息子A（当時20歳）を殺害した事件について、一審の実刑判決に対する控訴申し立てを取り下げたことを無効とする申立に対して、これを有効とする。「被告人は、大阪拘置所内に備え付けの冊子によって、控訴を申し立てた後もいつでも控訴の取下ができることや、控訴の取下をすれば第一審の判決が確定して受刑しなければならなくなることを予めよく知っており、このことをよく知りながら、右のとおり控訴取下の手続をした」とする。⑤福岡高決平13・9・10高刑集54巻2号123頁は、死刑判決に対する被告人の控訴取下が訴訟能力を欠く状態でなされた無効なものであることを前提にして、公判期日指定を申し立てた事件で、控訴取下は有効であるとした。その理由として、次のように判示している。「本件と同種事犯により無期懲役に処せられたことがある申立人においては、本件犯行について、死刑判決は予期していたところであり、心情的にも反省悔悟し、死をもって償いたいと真摯に述べていた……本件控訴の申立は……原審弁護人によるもので、もともと自ら積極的に控訴するまでの意思はなかったこと」の他、「本件控訴取下げに当たって、日常的な意思疎通に欠けるところがないことはもとより、控訴取下げの意味を良く理解し、その利害得失を十分承知して、これを決意し、実行に移した」ものとする。

　⑥最決平7・6・28刑集49巻6号785頁は、死刑判決に対する控訴取下げ時における訴訟能力が欠けるとし、控訴取下を無効と認めた。「死刑判決の言渡しを受けた被告人が、その判決に不服があるのに、死刑判決宣告の衝撃及び公判審理の重圧に

伴う精神的苦痛によって拘禁反応等の精神障害を生じ、その影響下において、その苦痛から逃れることを目的として上訴を取り下げた場合には、その上訴取下げは無効と解するのが相当である。けだし、被告人の上訴取下げが有効であるためには、被告人が上訴取下げの意義を理解し、自己の権利を守る能力を有することが必要である」とした。

　思うに、控訴申立の取下行為に関する訴訟能力の有無について、判例が、取下げの意義を理解する力を中心にして捉えている点について疑問がある。裁判は、手続が段階的複合的に進行する。その結果を反映した判決の意味を理解し、控訴の意味、これを取り下げる効果の理解力は、訴訟を全体として理解できる力を前提にする。その際、内心の理解力とあわせて、控訴の意義に関するコミュニケーション能力があるかどうかも問題にすべきだろう。現に、規則220条は、有罪宣告をした場合、上訴期間及び上訴申立書を差し出すべき裁判所を被告人に告知しなければならないとするが、形式的に期間と裁判所を指定しても意味がない。裁判所が控訴の意義を説明し被告人が了解できる力が要る。もっとも、一審における攻撃防御については、訴訟能力があることを前提にして手続が進められている以上、特段の事情がない限り、控訴の意味もその取下の意味も理解できると判断してよい。また、この場合、特に弁護人とのコミュニケーション力があることも前提になっているとみるべきだろう。

[3]　聴覚障害のある被告人の公判手続全般の理解力の有無が問題になった事例として、①大阪地決昭和63・2・29判時1275号142頁（訴訟能力否定、公判手続停止）、②東京地八王子支決平2・5・29判タ737号247頁（訴訟能力否定、公判手続停止）、③最決平7・2・28刑集49巻2号481頁（訴訟能力否定、手続打切りを主張する上告を棄却）、④最判平10・3・12刑集52巻2号17頁（訴訟能力肯定。これを否定した控訴審を破棄し差戻）。

　なお、問題全体について、大コメ(4)812頁〔高橋省吾〕参照。他に、岩井宜子「訴訟行為能力」専修法学64号（1995年）65頁。

[4]　最判解（平13年）25頁〔中谷雄二郎〕が前掲最判平10・3・12の趣旨をこのように解説したことによると思われる。但し、中谷説は、理解能力と意思疎通能力の両者について、それぞれ一般的・抽象的・言語的範疇と具体的・実質的・概括的範疇に分けている。控訴審判決は、後者について「意思疎通能力」を外した。

　ちなみに、新潟地判平成15・3・28（平13㈹350）もこれに倣って、訴訟能力を認めている。強盗未遂事件の被告人の訴訟能力について、「検査知能指数50と判定され、中等度精神遅滞と軽度ないし中等度の自閉性障害が認められること、その精神的能力は障害されており、その程度が就学期以前（幼稚園児）レベルで、意思疎通能力、重大なコミュニケーション障害があるが、義務教育年齢における全期間を通じて、コミュニケーション障害や知的障害により、一般教育機関での教育が困難であり、コミュニケーション障害を主とした自閉性障害及び知的障害（中等度精神遅滞）が存在する」ことを前提にして、肯定している。

　訴訟能力について、「自己の置かれている立場、各訴訟行為の内容、黙秘権等に関して必ずしも一般的・抽象的・言語的な理解能力ないし意思疎通能力までは必要ではなく、具体的・実質的・概括的な理解能力があれば足りる」とし、「中等度精神遅滞及び自閉性障害に罹患しており、その程度は軽度から中等度であること、被告人の

精神的能力は障害されており、その程度は就学期以前(幼稚園児)レベルと判断され、かつ、意思疎通能力についても重大な障害が存在する」場合であっても、学歴、職歴の他、捜査段階における供述の態度、公判廷における被告人質問における応答の状況などを考慮に入れて訴訟能力を肯定している。

[5] 三井Ⅱ390頁。

[6] 刑事裁判と防御158頁。学界でも訴訟能力に弁護人とのコミュニケーション能力を含める説が有力である。さしあたり、田口165頁参照。

[7] 仮に、法学の世界で一般的・抽象的理解力と具体的・実質的理解力を分けるとしても、これを精神諸科学の面から裏付けることが鑑定の手法に照らして可能かは疑わしい。この点で、西山詮「精神遅滞者の訴訟能力」精神神経学雑誌90巻2号(1988年)、同「日本の刑事訴訟における当事者主義と訴訟能力」精神神経学雑誌94巻3号(1992年)268頁以下が参考になる。なお、同「知的障害者と刑事手続」自正51巻9号(2000年)26頁。

[8] 山口地決平7・12・20(平6(わ)70、76、未公刊)は、強姦未遂事件の被告人Sについて、訴訟能力なし・公判手続停止としたが、同事件における被告人の訴訟能力に関する鑑定書によると、被告人は1947年生まれ、ろう学校高等部1年半ばで中退、その後主に漁師として仕事をしている。ろう学校が口話教育中心で手話を禁じていたこと等の諸事情のため、共通手話は十分に身についていない。指文字も習いはじめであって、使いこなせない。文字を書くが、意味連関のある文章力はほぼなく、単語を羅列するにとどまる。意思疎通能力は比ゆ的には5歳以下、動作性知能8歳から10歳、言語機能5歳以下、構文力3歳以下である。

黙秘権告知について、同事件の鑑定書では、被告人の黙秘権の理解度に合わせて内容を説明した提示文を手話で再生表現させたところ、「④裁判　黙ってる　おこる　ありません　⑤話す　いい　⑥黙っている　いい　⑦話す　いい　話す　いや　か　まわない　⑧話す　黙る　決める　という一連の表現が出ている……従って、このレベルにおいては、黙秘権の意味するところが何となく伝わっていると判断できる。だがしかし、黙秘とはどういうことかとSに定義させようとすれば失敗する。手話言葉と書き言葉を組み合せ、くり返し黙秘権の説明文を提示し表現させても、その理解度は大して変わらなかった。今後どのような手段を講じても、結局のところ、定義できるほど明確にはわかっていないが、全くわからないわけではない、何となくこういうことらしいという程度の曖昧なわかり方にとどまるだろう。それは明らかに言語機能が5歳以下、構文力は3歳以下という彼の精神能力の限界によるものである」とする(1995年8月20日付け「鑑定書」)。

前掲岡山地決平9・7・8(平7(わ)138、未公刊)が基づいた鑑定書では、「被告人に黙秘権を告知しようとしていかなる手段を用いても、理解させることは難しい。被告人には、一般概念・言語の文脈で理解する(言語を組み込んだ)認知機構が形成されていないから『言いたくないことは言わなくてもよい』という条件文が意味をなさない。『今、話しなさい・黙りなさい』は理解可能だが、『話してもよいし黙っていてもよい』は理解不可能である。『不利』『有利』という一般概念も伝わらない」とした。

[9] 神戸地姫路支判平7・4・21(平7(わ)21、未公刊)は、窃盗で起訴された、1949年生まれで聴覚障害のある男性被告人に対して、累犯前科を考慮し、懲役2年6月に

処した。服役後出所した被告人は、平成9年に出所し平成11年に寄宿先の親戚の家をでて窃盗数件を犯しまた逮捕された。この事件を審理した神戸地尼崎支判平11・12・24（平11(わ)164、未公刊）は、訴訟能力欠如という弁護人の主張を斥けて、懲役2年6月に処した。2回とも各公判を傍聴し取調べおよび公判の通訳を担当した手話通訳人と幾度か意見交換をしたが、罪の意識は特に形成されているのではなく、窃盗が見つかると裁かれるプロセスになることを「悪い」と表現するものと受けとめるだけであって、意味内容の理解は伴っていないという。しかし、前者の裁判では、弁護人は訴訟能力を争点にすることはなかった。後者の公判では、黙秘権の告知は困難を極めたし、取調べ段階の通訳人2名の証人尋問でも犯行に係る動機、経緯の発問が通じない状況が浮き彫りになった。しかし、裁判所は訴訟能力を肯定した。他に、近藤伸夫「聴覚障害者通訳のビデオ撮影」季刊刑事弁護18号（1999年）84頁も同種事案を紹介している。

[10]　手続打切りには免訴と公訴棄却がある。田口守一「公判手続の停止と打切り」研修597号（1998年）9頁は、法338条4号を準用する公訴棄却説をとる。が、訴訟能力の欠如は、検察官の公訴提起自体の瑕疵ではない。指宿信「聴覚言語障害を理由とした訴訟能力と手続打切り」判夕977号（1998号）25頁は、裁判所が検察官に公訴取消しを要請しこれが斥けられたときに訴訟の主宰者として非常措置として代替的に公訴を取消し・公訴棄却とすることを提案されるが、裁判で訴訟能力欠如が判明したことを検察官の責めに帰して公訴提起の瑕疵とすることは不自然だ。その段階で裁判係属を妨げる事由が生じたことを率直に裁判形式に表すべきだ。そこで、司法権に内在する裁判所固有の訴訟指揮権により裁判を係属できない実質的理由があるものとして法337条に準じて免訴とするのが妥当だ。もっとも、現行法の免訴判決と公訴棄却決定・判決の事由は必ずしも整合性のある分類ではない。だから、今後、こうした事例を含めて実質的な意味での裁判権の喪失事由を法338条1号に読み込むことも検討の余地がある。

[11]　補足として、本件被疑者取調べと供述調書についてふれておく。本件被告人の被疑者段階の取調べ時に作成された調書の一節に「今回も盗み癖が出た盗みの常習者だと言われても弁解はできません」と記載されている（平成13年10月3日付け検察官面前調書）。この供述内容からは、被告人が、「なぜ」または「どうして」という趣旨の発問に答えることができる扱いになっている。しかし、一審取調べ済みの鑑定書「精神鑑定書――常習累犯窃盗被告事件・被告人K」によると、本件被告人は刑事手続における防御の意味を理解できる力はない。次の一節がこれを物語る。「『なぜ？』『どうして？』『どのように？』などの理由や原因を問う質問、『もし？』などの仮定をする質問に対して、まったく理解できない」。

　　　だが、一審裁判官は、かかる供述調書を証拠として被告人に有罪、実刑判決を宣告した。他方、控訴審裁判官は、被告人が手話の有する観念的、抽象的な概念そのものを理解しているか不明であり、二重の仮定を含む構造を有する黙秘権を理解させることは殆ど不可能に近いことを認めている。

　　　そこで、検察官調書、警察官調書について、「何故私が手巻き寿司……を万引きしたかというと……からです」、「仕事の探そうと思い……逃げた」、「お金を稼ごうと思い……パチンコ遊技をした」など被告人の表現できない記載があることを認める。それ

第13章　聴覚障害者と訴訟能力　　183

でもなお結果として調書の証拠能力を是認する。理由は、①3頁の程度の調書作成に約7時間もかけて通訳人が絵や文字を使って対話を図っていたこと、②行動を順に追うと空腹なので盗んだと伺われること、③被告人も公判手続で現に所持金が少額であり弁当を盗むことにしたと供述していること等を考慮したものである。

控訴審は次のように述べる。「被告人の検察官調書、警察官調書は、被告人がその調書の記載の表現どおりの明確な因果性をもって、空腹であったから窃盗に及んだという供述をしたという領域に至ってはその任意性、信用性を認められないものの、なお、空腹であることと窃盗に及んだことをある程度の論理的関連性をもって供述をしたという限度では、その任意性、信用性を肯定することができる」。

自白の証拠能力を考える前提は、供述調書が被告人の供述を（仮に要約したものであっても）記載していることである。本件事案の場合、被告人が手話やジェスチャー等の言動によって説明したことを手話通訳人を介して通訳して記載したのではなく、捜査官が他の資料から犯行の場所、態様などを整理し、これにそって自白を作文したものと言わざるを得ない。

本件被告人の場合、捜査段階の取調べにおける言動が有罪・無罪の認定上重要な証拠となると捜査機関・検察官において判断したのであれば、通訳人の手話にいかなる言動によって応答したかを録画などの方法により客観的に記録化しておくべきであろう。そして、その言動を通訳人を交えて捜査機関としてどう解釈したかを実況見分調書としてまとめ、あるいは手話通訳に関する高度の専門性のある者に鑑定を依頼することによって、被告人の言動の意味内容を推認すべきであった。本件供述調書は、体裁を整えているが、供述録取の実体を伴わない。本件被告人は、被疑者取調べでの複雑な質問を理解して的確に答えるコミュニケーション能力はなかった、とみるべきだ。有罪証拠たる供述調書がこのような形で作成されたことには疑問が残る。

第14章　不一致供述、自己矛盾供述

一　321条1項1号と供述の「不一致」

1　証人が事件に関して公判廷でした証言と食い違う供述を捜査段階や別事件での証人尋問などで述べている場合がある（広義の供述の不一致）[1]。法はこうした供述を録取した書面も場合により罪体に関する実質証拠とすることを認め（法321条1項）、また公判廷供述の信用性を弾劾する証拠として利用することを認める（法328条）。本稿は、それぞれの場合に生じる問題のいくつかを検討する[2]。

2　法321条1項1号、2号の各後段の供述の不一致の程度は、同じか。
　2号後段の相反性について、判例は、公判廷での供述と検面調書の内容が大綱において一致しているが後者の供述が詳細である場合でもよいとする[3]。2号後段の相反性を1号後段の供述の不一致性と同程度のものと解しているといってよい。
　だが、法は、裁判官の面前における供述を録取した書面の証拠能力については、両供述が異なることのみでよいとする（法321条1項1号後段）。検察官面前調書については、両供述が「相反する」か「実質的に異なる」ことを求める（あわせて「供述の相反性」とする）。不一致の程度を記述する用語が異なる。これは理由のないことではない。裁判官面前でなされた供述と、検察官が密室で行う取調べに対する参考人の供述とでは、信用性に差異がある。また、公判中心主義を徹底し、被告人の反対尋問権を実質的に保障するためにも、検面調書の証拠採用には慎重でなければならない。このため、法は検察官による取調べが公判廷よりも信用できる供述を得ることのできる状況であったことを求めている（特信性）。とすると、「相反性」については、供述の不一致の程度が著しく、それぞれから推認できる事実に基づくと罪体または情状の認定に矛盾が生じる状態を意味すると厳格に解すべきである。

3　では、1号後段の供述の食い違いの程度を2号後段よりも緩く解釈することは妥当か。

　通説は、1号後段については証明力の強弱のある場合、及び、認定可能な事実の詳細さに食い違いがあれば不一致性を認め、自己矛盾を意味する2号後段の相反性と区別する[4]。これは、当該事件に関する裁判官面前調書については妥当である。なによりも、同一事件に関する供述であるから、内容の詳細さの点で食い違いがあっても罪体または量刑事情の立証上見逃せず、これを証拠とする必要性が高い。その意味で、内容の矛盾はもとより詳細さ・具体性の違いも不一致性に含めてよい（狭義の不一致。但し、証拠能力の要件なので、証明力の差異は除外すべきだ）。

　ただ、例えば、当該事件に関して行われた法226条、227条による第1回公判期日前の捜査のための証人尋問調書の場合、捜査の必要性が優先するから、被疑者・被告人または弁護人は必ずしも立会・反対尋問の機会は保障されない（法228条）。証人審問・喚問権の保障の点ではやや問題が残る。しかし、実際の運用は活発ではないものの、法は被疑者・被告人に防御のための証人尋問（法179条）の権利を保障してバランスをはかっている。その一方、裁判官面前での供述なので違法・不当な働きかけがないことは保障されている。この限度で、不一致性をやや広く解しても不当ではない。

4　しかし、他の事件で同一証人が証言した公判調書や別事件で被告人として供述した公判調書、民事事件の口頭弁論調書など国法上の意味での裁判官の面前で作成された供述調書も1号書面に含めるのが通常であるが[5]、かかる場合、一定の制限を要しないか。

　他事件での供述である以上、争点のズレや当事者の攻防の重点の差などのため供述が一致しないのは自然である。ささいなズレについては、公判廷で証人本人に問い質せば、先の供述を再現した上、現在の記憶に従う供述もさせることができる。この場合、1号後段書面を採用する必要性は乏しい。他方、検察官が他事件の調書の証拠調べを請求するとき、被告人または弁護人が反対尋問をする機会はなかった。だから、憲法37条2項の証人審問・喚問権の保障の観点からも、必要性は相当高度でなければならない。立証趣旨だけでなく[6]、尋問事項が共通であるのに、相反性がある場合に限るべきだ[7]。

二　検面調書と供述の相反性の意味

1　法321条1項2号後段の検面調書の場合、「供述の相反性」とは何を意味するか。

　判例は、主尋問に対する供述または反対尋問に対する供述と検面調書の供述との相反性があればよいとする[8]。つまり、公判廷での供述全体と検面調書の供述とが内容上一致しないことと解しているとみてよい。

　これに対し、学説上、検面調書の供述内容が公判廷で再現されているか否かを考慮する説が有力である。例えば、矛盾する供述が「最後まで共存する場合は、検面調書に沿う供述は再現されているから、相反性なし」とするが、反対尋問の結果、主尋問への供述が明確に「撤回」あるいは「修整」され反対尋問への供述が「残る」場合にそれぞれ相反性を認める[9]。この説は、主尋問と反対尋問に対する法廷供述のどちらが「残る」か、つまり裁判所が一応信用できる供述はどの部分なのかについて、実質的な判断を行い、それと検面供述が相反するかどうか問題にする（一応の信用性基準説）。なお、供述の相反性判断にあたり、すでに取調べ済みの他の証拠と関連させながら判断できるとするのが通説である（全証拠基準説）[10]。だが、いずれについても疑問がある。

　①供述の相反性は、証拠能力の要件であり文理上も信用性とは区別しなければならない。一応の信用性基準説は両者を混同している。全証拠基準説も特信性ないし供述の信用性を相反性の有無の判断の中に取り込んでいる。これ自体適切でない。しかも、こうした信用性の判断は裁判所の裁量に委ねざるをえない。証拠能力の要件が不明確になる。その上、より多くの資料を見たいという裁判所の意図が働くため、相反性の認定が緩やかになりやすい。

　②主尋問では検面供述を再現するのは比較的容易だ。反対尋問でこれと異なる証言がでても再主尋問で両者の差異を確認できる。公判廷で再現されたのと同一内容の検面供述を取り調べる証拠法上の必要性はない。しかも、検面調書の内容は主尋問に対する証言で再現されているのに調書を証拠とするのは、直接主義・公判中心主義に反する。

　③検面供述と矛盾する供述が一応信用できるから相反性があると判断しつつ、検面供述にも特信性を認めることになる。内容が矛盾するふたつの供述が、ともに一応信用できるという不合理な心証形成を許すことになる。

　④憲法上、証人審問・喚問権が保障されている以上、反対尋問を経た法廷供述を事実認定の基礎とするのが刑事裁判の原則である。にも拘らず、反対尋問

が効を奏したときにこれを覆すため、検面調書を証拠に採用できるとする解釈は、証人審問・喚問権の保障を潜脱するものである。

⑤調書は捜査機関の抱く心証にしたがって作成される。右基準により検面調書に証拠能力を認めるのは、裁判所が捜査機関の心証を事実上信頼して事実を認定することを法上認知することになる。これはいわゆる「調書裁判」につながる。妥当でない。

　以上の結果、2号後段の相反性については、法廷供述の文理のみを判断資料として（供述の文理基準説）、形式的・客観的に検面供述の再現がなされているかどうかで判断すべきだ（再現性基準説）[11]。他事件の裁判官面前調書についても同様に解すべきである。

2　2号後段による検面調書の請求に時期的制限はあるか。
　判例は適宜の時期に証拠調べ請求がなされればよいとする[12]。また、相反性に関する全証拠基準説は、全体証拠に照らして相反性の判断をするので、かかる扱いを許容する面がある。
　だが、特信性の疎明とその反証には当該証人に取調べ状況などを確認する必要性が高い。証人尋問終了後数開廷を経てから検面調書の請求を許す場合、被告人側がこの点を問い質すため証人の再尋問を求めても、裁判所は必ずしもこれを認める訳ではない。場合により証人が所在不明になることもある。
　思うに、再現性基準説によると、検察官の主尋問終了段階で検面調書が再現されたかどうかは判断でき、反対尋問を終えれば、証人の供述の全体像は明らかになる。相反性の有無も直ちに判断できる。したがって、検察官は、原則として当該証人尋問の行われた期日中に2号後段による証拠調べ請求を行うべきである（裁判所が採否の判断を留保し、証拠調べの進展に照らして、適宜の時期に決定することで柔軟な対応ができる）。

三　328条と証明力を争う証拠

1　法328条により、公判で供述した証人または被告人の公判廷における供述の証明力を争う証拠は、自己矛盾供述に限るか。
　古い判例上、弾劾に適する限り自己矛盾供述に限らず広く伝聞証拠を使用できるとする非限定説[13]、自己矛盾供述による弾劾しか認めない限定説とが対立していた[14]。やや古い実務書によると、被告人の否認を信用できないものとして

弾劾するためポリグラフ検査書を申請し採用される運用があったという[15]。

だが、近年東京高裁が相次いで限定説に立つ判断を示した[16]。これらは実務に事実上大きな影響を及ぼしている。非限定説の運用が皆無とはいえまいが[17]、大勢は限定説にしたがっているとみていい。一般には、検察官または被告人が、証人または被告人本人の自己矛盾供述が記載された員面調書または検面調書など供述記載書面を申請する場合が多い。

学説上は、①非限定説[18]、②限定説[19]の他、次の諸説がある[20]。③証人の性格、能力、利害関係、偏見など証人の信用性一般に関する事項（補助事実）と犯罪事実に関する供述内容に分類し、前者の弾劾については制約を設けず、後者については自己矛盾供述に限る説[21]。④犯罪事実に関する供述内容の弾劾に関しては伝聞法則の適用があるとし、それ以外の供述者の一般的な信用性に関する弾劾しか許さず、この点については自己矛盾供述に限らない説[22]。⑤検察官の弾劾については自己矛盾供述に限り、被告人側の弾劾については必要かつ関連する限り伝聞証拠を利用できるとする片面的構成説[23]。以下、各説を検討する。

2　まず、非限定説は妥当か。確かに、法328条の文理上特段の制約はないので、法は、公判供述の弾劾について多様な伝聞証拠によることを認める趣旨であると解釈できないではない。この場合、裁判官は心証形成にあたり立証趣旨による制約を働かせるので弾劾証拠による事実認定をしないものとみなすことになる。

だが、自己矛盾供述の存在はそれ自体経験則上公判供述の信用性を減ずるが、自己矛盾供述以外の伝聞証拠を弾劾に使うとき、その内容が真実であることを前提にしなければ証明力は揺るがない[24]。しかし、法328条は法321条の伝聞例外が求める特信性の制約を科さない。このため、非限定説は特信性のなんらかの疎明があれば証拠採用を認めることになる。この結果、例えば、検察官側に不利な証言をした共犯者証人に対して、法321条1項2号後段で同人の検面調書を申請するとともに、同人の員面調書や捜査報告書、犯行再現の実況見分調書など、さらに、他の共犯者の検面調書はじめ上記と同一の書証を法328条で申請できることになる。だが、事実認定は証拠の総合評価による。弾劾証拠が有罪・無罪の判断に影響を与えないようにする手続上の制約はない。裁判官の内心でそうした影響を遮断する心理学的な方法があるとも思えない。また、裁判官がそうした実務研修を受けている様子もない。それでも裁判官は立証趣旨に拘束されるので不当な認定はしないと論じても、国民の良識に照らして納得しが

たい。裁判官制度の権威だけでは説明できない。法318条の自由心証主義の基盤を揺るがす解釈は避けるべきだ。加えて、検察官側請求の場合、被告人の憲法上の証人審問・喚問権が侵害される。したがって、①の非限定説は採れない。

3　次に、証人または被告人の信用性一般など補助事実については非限定とする③④説は妥当か。

　証人または被告人の信用性は、要証事実に関する供述の信用性と密接な関連がある。証拠能力に関する訴訟法的事実と証拠の信用性の場合とは異なり、両者を明確に区別できない。これを厳格な証明の対象から外すと、伝聞証拠で要証事実を認定する危険を大きくする。それに自白の証拠能力などはむしろ厳格な証明の対象にすべきである。証人または被告人の信用性に関する補助事実も同じ扱いにすべきだ。その意味で、③④説は疑問だ。しかも、条文は同一なのに弾劾の対象により許容される証拠方法が異なるとするのは、無理な法解釈だ。③説はとれない。他方、犯罪事実に関する自己矛盾供述の存在が公判廷供述の信用性を減殺するのは、合理則・経験則に合致する。④説のように厳格に解する必要もない。

　思うに、伝聞法則は、「また聞き」証拠に伴う虚偽のおそれを司法の場から排除する原理であるが、これは、被告人の証人審問・喚問権の要請であるのにとどまらず、適正な真実解明を目的とする憲法の「司法」権（憲法76条）に内在する原理でもある。したがって、被告人側にも伝聞法則の制約が及び、法328条についても自己矛盾供述による弾劾の限度でしか伝聞証拠を利用すべきでないと考えることも一応の合理性がある。だから、刑訴法次元での証拠法則としては限定説は不合理ではない。

4　では、憲法37条2項の証人審問・喚問権を根拠にして被告人にのみ有利な片面的構成は可能か。

　判例は、憲法37条2項は審問の機会を十分に与える趣旨であって、形式や時期までは規定していないとする。弾劾の方式は立法政策の問題とする趣旨であって、片面的構成説を否定する[25]。

　しかし、限定説にはやや疑問がある。被疑者・被告人側は捜査機関に比較すると情報収集力がはるかに劣る。事実上被告人側が弾劾に利用できる主たる証拠方法は、検察官側が開示した各種の書証であることが多い。このため、問題が生じる。例えば、被疑者の犯行再現の実況見分調書や被疑者・参考人の供述

内容をまとめた捜査報告書などが除外される。また、被告人に不利な公判供述が員面調書、検面調書には記載されていない場合、その事実により弾劾することもできない。だが、被告人の反証は一般に検察官立証を弾劾して裁判所に「合理的疑い」の存在を示すことを目的とする。被告人の弾劾立証のため、伝聞証拠一般を採用することが司法権の本質を著しく損なうとは思えない。したがって、憲法上被告人が伝聞法則の厳格な規制によらないで弾劾立証を行う権利があると解釈できるのであれば、限定説の見直しが可能になる。

　最近、憲法37条2項の再構成が学界で有力である。例えば、憲法37条2項後段が被告人の防御のため自己に有利な証拠を出す「証拠提出権」を保障すると解する説がある[26]。また、証人審問・喚問権を憲法31条の適正手続原理の現れとみた上で、無辜の不処罰のために無罪方向で用いる証拠については適正手続原理が働いて、刑訴法の厳格な伝聞法則の適用が除外されるとする説もある[27]。この結果、一定の特信性を条件に伝聞証拠を実質証拠にできるとする。かかる説は、論者の意図はさておき[28]、法328条の弾劾証拠の範囲に関して、被告人側申請の場合には自己矛盾供述以外の伝聞証拠を広く許容することになろう。

　もっとも、伝聞排除は司法権に内在する虚偽証拠排除の原理にも基づく。被告人が包括的に伝聞証拠による反証を行う権利を認めることは、場合により上記原理に反する。そうした強固な権利を憲法37条2項後段から読みとるのは文理の上でいくぶん無理がある。他方、憲法31条の適正手続原理は主として強制処分の法定とその適正を定める。証人審問・喚問権とは異質である。これとは別に一般的・包括的な適正手続の原理が憲法上存在するとしても、そこから被告人の弾劾立証に関して伝聞法則を排除する、個別・具体的な権利を構築していいものか疑問が残る。

　むしろ、この点では、憲法37条2項前段の「審問」の充実という観点から解釈を深める説が説得的である。つまり、証人の証言を十分に吟味する方法として、主としては反対尋問が保障されなければならない。だが、これにとどまらず伝聞証拠を用いるなどの方法でその信用性を点検することも含まれるとする[29]。この結果、法328条が予定する自己矛盾供述の要件は、憲法37条2項の趣旨に照らして、被告人に有利に緩和されると解してよい。とすると、弾劾目的との関連性がある限り、伝聞証拠を幅広く許容してよいことになる。

5　片面的構成説による場合も、自己矛盾供述による弾劾はできるが、これは何

を意味するか。捜査段階の調書に公判で述べたことが記載されていない場合、この事実による弾劾はできるか。

　一般に、限定説にたつと、①公判供述と別個の供述が存在し、②要証事実の立証に関連する事実について、③公判供述と明白に矛盾していることが求められている（明示の自己矛盾供述）。このため、調書に供述が記載されていない事実による弾劾は、運用の上でも認められていないようだ。

　が、片面的構成説にたつとき、②③は当然としても、①の再構成を要する。検察官が、捜査機関による取調べ調書によって弾劾する場合、①の要件を充足しなければならない。捜査機関は取調べの際、被告人側に不利な事情を聞き取るべき機会は十分にある。しかも、調書を作成するか否か、どう要約するかなど幅広い裁量権限がある。他方、被告人側が自己に不利な公判証言を弾劾するとき、捜査機関が捜査段階の取調べで当然聴取すべき（関連性がある）事項なのに、調書ではなにも述べていない事実も供述の「ある・なし」という矛盾を生じているとみてよい（黙示の自己矛盾供述）。

6　証明力を争うとは何を意味するか。

　原則として証明力の減殺である。増強を立証趣旨とする請求はできない[30]。もっとも、証明力回復のため、他の機会にも公判供述と同一の供述をしたことを証拠とすることはできる[31]。ただ、他の一致供述の存在だけでは単なる増強にとどまる。法328条により増強証拠を採用することは伝聞証拠による事実認定につながる。伝聞法則のかかる潜脱は認められない。したがって、そうならないように回復の立証趣旨を明確にしておく必要がある。

　証明力の回復といえるためには、別の一致供述が存在する経緯、理由、背景などの諸事情により、弾劾証拠による減殺が成り立たなくなることが立証され、矛盾供述の併存状態が解消される場合に限る。そのためには、裁判所は、「一致供述の存在」など証拠の性状を説明しただけの立証趣旨ではなく、証明力回復のプロセスを具体的に摘示した立証趣旨が示されない限り、証拠採用すべきでない。

7　公判供述後の不一致供述による弾劾（または回復）はできるか。特に、検察官または捜査機関が公判後証人を再度取調べをして作成した供述調書を採用できるか。

　判例は肯定するが[32]、公判供述前であることを求める説が有力である[33]。こ

れは、時期の先後というよりも、かかる調書で減殺効の除去（自己矛盾状態の解消）が適正になされるか否かの問題である。証人が主尋問または反対尋問で作成済み供述調書と異なる供述をした場合、以前の供述内容を再現させる働きかけを行い、公判で供述を変遷させた理由を問い質すことは十分できる。むろん通常は検面調書を２号後段書面として請求する。これに加えて、検察官が後に取調べを行って作成した調書を弾劾の名目で証拠に出すのを認めるのは、必要性が乏しいだけでなく、実質上先の検面調書の増強を許すのに等しい。これでは、公判中心主義がないがしろにされる。また、証人が公判証言で検面調書の供述を覆し、その後取調べではまた被告人に不利な供述を述べること自体、証人の真しさを疑わせる。その分、捜査機関による作為の疑いも濃くなる。その一方、被告人側は公判供述後に再度取調べで供述を変遷させた理由について反対尋問で争う機会を得られない。法321条１項２号後段の潜脱でもある。かかる証拠は弾劾証拠の適格性を欠く。

四　まとめ——刑訴法改正と不一致供述

　2000年５月、犯罪被害者の保護と権利回復を主たる目的とした一連の立法が成立したが、これは不一致供述の利用に影響を及ぼすか。

　刑訴法改正により、例えば、法157条の３、同４が加わり、裁判所は証人尋問の際、被告人や傍聴席と証人を遮へいする権限や、証人のみ別室に滞在させてビデオカメラを使って尋問を行う「ビデオリンク方式」を用いる権限が与えられた。この結果、証人が公判廷で自由に供述できる場を確保する手段が豊富になった。したがって、調書依存の傾向がいくぶん軽減されるともいえる。

　他方、ビデオリンク方式には固有の問題が残る。コミュニケーションの本質は対面にあり、これを欠くと証人から豊富な情報を必ずしも聞き出せない。このため、弁護人の反対尋問は当然のことながら、検察官側も十分な証言を引き出せないおそれが残る。これを補うため、検面調書を２号後段書面または増強証拠として証拠調べ請求をする例がでてくるかもしれない。

　さらに、遮へい措置手続が採られた場合、被告人退廷手続（法304条の２）と異なり、被告人による再尋問の機会は保障されず、証人の動作などを交えた供述内容を問い質すことができなくなる。証人は、捜査段階の参考人取調べで作成された供述調書に基づいて証言するのが通常である。このため、被告人側は、捜査段階の供述も公判廷の供述も十分に弾劾できないおそれが残る。その意味

で、新立法が「調書裁判」構造にどのような変化を与えるのかは、今後慎重に見極めなければならない。

[1]　法321条1項1号後段、2号後段ともに、内容の異なる供述の存在を証拠能力の要件とするが、両者を統合する呼称について、田宮裕『刑事訴訟法入門』(有信堂、三訂版、1981年)236頁、渥美東洋『刑事訴訟法』(有斐閣、改訂版、1990年)336頁は「不一致供述」とし、鈴木茂嗣『刑事訴訟法』(青林書院、新版、1990年)207頁、光藤(中)220頁は「自己矛盾の供述」、福井厚『刑事訴訟法講義』(法律文化社、1994年)323頁、大コメ(5)1252頁は供述の「相反性」とする。本稿では、2号後段の相反性と328条に関する「自己矛盾供述」は同義と解し、また、同一事件に関する1号後段書面については、内容の詳細さ・明確さの差異がある場合も不一致供述(狭義)とするが、他事件の裁判官面前の調書については相反性ないし自己矛盾性を要すると解する。両者をあわせて「広義における供述の不一致」とする。

[2]　司法警察職員の参考人取調べの際、作成される供述調書(員面調書)と公判供述が不一致となることがあっても法321条1項3号の制約のため、実質証拠としては使えない。

[3]　最判昭32・9・30刑集11巻9号2403頁。瀧川幸辰他『刑事訴訟法』(日本評論社、1950年)457頁は、両者を実質上同一と解する。

[4]　横井大三『新刑訴法逐条解説Ⅲ』(司法警察研究会公安発行所、1949年)109頁〔横井大三〕。渥美・前掲注[1]336頁は、2号後段の「不一致」について実質的な反対尋問を必要とする程度の食い違いを求める。同旨、刑事裁判実務研究会『集中審理』(判例タイムズ社、1964年)158頁、真野英一「実質的に異なった供述」証拠法Ⅲ149頁、注解(中)748頁〔鈴木茂嗣〕、松尾編256頁〔松本時夫〕など参照。

[5]　松尾編251頁〔松本時夫〕、条解(1996年)663頁。

[6]　平野208頁、注解(中)738頁〔鈴木茂嗣〕。

[7]　ほぼ同旨、青柳文雄他『註釈刑事訴訟法(3)』(立花書房、1978年)323頁〔西原春雄〕。平場安治『刑事訴訟法の基本問題』(有信堂、1960年)105頁は、直接主義の要求に照らして1号後段の不一致と2号後段の相反性を同義と解する。

[8]　広島高裁岡山支判昭28・10・29高判特31号82頁、東京高判昭30・6・8高刑集8巻4号623頁、東京高判昭30・8・8高刑集8巻5号723頁。

[9]　実務ノート(1)79頁〔岡本健〕。同旨、石井一正『刑事実務証拠法』(判例タイムズ社、2版、1996年)125頁。

[10]　例えば、平野・前掲書213頁、鈴木・前掲注[1]207頁、石井・前掲125頁、小瀬保郎「検察官面前調書」争点212頁など。

[11]　北山六郎監『実務刑事弁護』(三省堂、1991年)225頁〔丹治初彦〕、福井・前掲注[1]326頁、上口裕他『刑事訴訟法』(有斐閣、2版、1996年)180頁。なお、東京高判昭31・4・17高裁特3巻8号412頁は「被告人から強姦されたという点についての供述には彼此相違する点は存しない」が公判廷の証人尋問では答えをしない箇所があったり「供述が誠に断片的で脈絡が判然せず、被害状況が必ずしも明確ではない」場合も相反性を認める。

［12］　最判昭30・1・11刑集9巻1号14頁。同旨、石井・前掲注［9］49頁。
［13］　東京高判昭26・7・27高刑4巻6号633頁、東京高判昭26・7・27高刑集4巻13号1715頁、東京高判昭36・7・18判時293号28頁など
［14］　仙台高判昭31・5・8高裁特3巻10号524頁など。
［15］　東京高判昭37・9・26東高刑時13巻9号235頁も非限定説にたち、ポリグラフ検査書による弾劾を認めている。
［16］　東京高判平5・8・24判タ844号302頁、東京高判平8・4・11高刑集49巻1号174頁。
［17］　大野一太郎「刑事訴訟法第328条の証拠についての一考察」『刑事裁判の理論と実務（中山善房判事退官記念）』（成文堂、1998年）294頁。
［18］　団藤重光『法律実務講座（刑事編）(9)』（有斐閣、1956年）2067頁〔勝尾良三〕、青柳文雄『五訂刑事訴訟法通論（下）』（立花書房、1976年）412頁など。学界では最近の支持者はいない。
［19］　平野・前掲注［6］252頁、髙田248頁、鈴木216頁、安富潔『刑事訴訟法——演習講義』（法学書院、1993年）240頁、白取（1999年）345頁、田口（2版、2000年）336頁など。通説といえる。この立場からの詳細な研究として、岡田光了「刑事訴訟法第328条の解釈及び運用について」判タ950号（1997年）67頁参照。
［20］　概観として、堀江慎司「証明力を争う証拠」百選［7版］190頁、大コメ(5) I 391頁以下〔大野一太郎〕参照。
［21］　松尾浩也『刑事訴訟法（下）』（弘文堂、1993年）77頁。
［22］　江家義男『刑事証拠法の基礎理論』（有斐閣、訂正版、1951年）179頁、平場安治『改訂刑事訴訟法講義』（有斐閣、1954年）490頁。
［23］　田宮394頁。
［24］　平野・前掲注［6］253頁。
［25］　最大決昭25・3・6刑集4巻3号308頁。東京高判平8・4・11高刑集49巻1号174頁は、弁護人請求の弾劾証拠について立証趣旨が不明確な上、自己矛盾供述かどうかも不明なのに逮捕状請求書などを採用した原審措置を違法とする。限定説を採用していることを示すとともに、片面的構成説を否定する趣旨も含む。
［26］　光藤景皎「『被告人の証拠提出権』試論」『刑事法学の歴史と課題（吉川経夫先生古希祝賀記念論文集）』（法律文化社、1994年）464頁。
［27］　伊藤博路「伝聞法則の適用範囲に関する一試論(5)」北大法学論集49巻3号（1998年）573頁。
［28］　光藤242頁は、検察官の反対尋問権を考慮して限定説を支持するが、その後注25の文献で「憲法上の被告人の証拠提出権」を提唱したので、片面的構成説に改説する余地がある。
［29］　堀江慎司「憲法37条2項と刑訴法328条」法学論叢146巻2号（1999年）15頁。
［30］　増強を認める裁判例もあるが（東京高判昭31・4・4高刑9巻3号249頁）、近時はこれを否定する（東京高判昭53・5・17東高刑時29巻5号81頁、大阪高判平2・10・9判タ765号266頁）。
［31］　さしあたり田宮・前掲注［1］395頁。東京高判昭54・2・7東高刑時30巻2号13頁もこれを認める。

［32］　検察官請求の場合について、最判昭43・10・25刑集22巻11号961頁、東京高判昭54・2・7東高刑時30巻2号13頁、東京高判平6・7・11高検速報3005号9頁。弁護人請求の場合について、前掲注［31］東京高判昭54・2・7。

［33］　さしあたり福井・前掲注［1］335頁以下。他に、山田道郎「以前の一致供述による証明力の回復」法律論叢69巻2号（1996年）28頁参照。

第15章　自白の補強証拠

一　最一小判昭42・12・21の紹介

1　最高裁昭和42年12月21日判決（昭42(あ)1362、業務上過失致死道路交通法違反被告事件）（刑集21巻10号1476頁）の事実の概要は以下の通りである。

　被告人は大型貨物自動車を無免許で運転中に人身事故を起こし、業務上過失致死罪と道交法違反の併合罪で起訴された。一審は実刑判決を言い渡したが、被告人は無免許運転罪に関する自白に補強証拠が足りないことを理由不備として控訴した。

　控訴審は、「被告人の自白に補強証拠を必要とするのは、自白にかかる犯罪事実そのもの、即ち犯罪の客観的側面についてその真実性を保障せんがためであり、無免許という消極的身分の如きその主観的側面については、被告人の自白だけでこれを認定して差支えない」として控訴を棄却した。被告人は、右判断を憲法38条3項違反等として上告した。

　最高裁は、被告人が一審公判廷において自白しているところ、憲法38条3項にいう「本人の自白」には公判廷における被告人の自白を含めないとするのが判例であるとし憲法違反を認めず、上告を棄却した。ただ、括弧書きで原審の法319条2項の解釈を誤りとした。

2　判決要旨は以下の通りである。

　「無免許運転の罪においては、運転行為のみならず、運転免許を受けていなかったという事実についても、被告人の自白のほかに、補強証拠の存在することを要する」。「原判決が……無免許の点については……自白のみで認定しても差支えないとしたのは、刑訴法319条2項の解釈をあやまったものといわざるを得ない。ただ、本件においては、第一審判決が証拠として掲げたＳの司法巡査に対する供述調書に、同人が被告人と同じ職場の同僚として、被告人が運転免許を受けていなかった事実を知っていたと思われる趣旨の供述が記載されており、この供述は、被告人の公判廷における自白を補強するに足りるものと認められるか

ら、原判決の前記違法も、結局、判決に影響を及ぼさない」。

二　自白の補強法則の意義

1　憲法38条3項、法319条2項は自白が「唯一の証拠」であれば有罪とすることを禁ずる。他の証拠による補強がいる（自白の補強法則）。ただ、我が国刑事手続は、捜査を経た送致（法246条）、検察官の補充捜査、合理的嫌疑に基づく公訴提起が予定されている。自白しか証拠がない起訴は想定できない。だから、有罪・無罪が争われる場合も自白の裏づけが状況証拠で可能かが問われる。補強証拠の有無は陰に埋もれて問題にならない[1]。それでも、補強法則は誤判防止の最後の歯止めであり、自白事件の証拠の質を高める役割もある。軽視できない。

補強法則については、①目的、②補強の意味、③補強を要する範囲、④補強証拠の証明力、⑤補強証拠の適格性などが問題になる。

2　補強法則の目的は何か。判例は自白の真実性担保とする。「被告人本人の自白だけを唯一の証拠として犯罪事実全部を肯認することができる場合であっても、それだけで有罪とされ又は刑罰を科せられないものとし、かかる自白の証明力（すなわち証拠価値）に対する自由心証を制限し、もって、被告人本人を処罰するには、さらに、その自白の証明力を補充し又は強化すべき他の証拠（いわゆる補強証拠）を要するものとしている」[2]。他方、学説は、一般に自白偏重による誤判防止を目的とする。

確かに、自己に不利益なことを認める自白はそれ自体信用できる面がある。裁判所が経験則に基づき自白だけから有罪の心証を形成することも不合理ではない。万が一の過誤を補強証拠により防げばよい。学説も一般にこれを「本来の補強法則」とする[3]。だが、被疑者取調べでなされた自白やこれに影響された公判廷の自白は虚偽の危険も常に伴う。自白だけで有罪を認定することは証明政策上も問題だ。憲法38条3項は、補強証拠なき自白では「合理的疑いを超える証明」に至らないとする法原理に立脚する[4]。これを被告人の防御権として保障するねらいは、自白偏重・誤判防止にある。

3　補強証拠がある状態は何を意味するか。まず、自白の任意性とパラレルに自白の信用性の最小限度の要件とする説がある[5]。補強証拠がある状態は訴訟上

の事実類似のものとなる(訴訟事実類似説)。だから、疎明程度の証明でもよいこととなる。今ひとつは、自白と補強証拠が揃ってはじめて自白事件における「合理的疑いを超える証明」の有無を吟味する証拠上の前提条件が整うとみる説だ。

前者に近い判断を示した裁判例もある。廃棄物の処理及び清掃に関する法律違反被告事件に関する広島高判平12・10・3高検速報(平12)183頁は、「自白の信用性を肯定するためには、それが罪体を直接に立証するような客観的な証拠によって裏付けられることまでは必要でなく、自白の経緯や供述経過、自白した状況、自白の内容、秘密の暴露があるかどうか、虚偽の自白をするに至ったという弁解の合理性などをも総合し、信用性を担保するだけの客観的な証拠や事実関係と合致していれば足りる」とする。上記証明政策説もかかる訴訟事実類似説になじみやすい。

だが、自白偏重による誤判防止上補強証拠を重視すべきだ。憲法・刑訴法の文理もこれを求める。その意味で補強法則は自白の信用性に関する自由心証主義(法318条)の例外にとどまらず、「犯罪の証明」に必要な証拠構造(法333条)の最低要件でもある(証拠構造説)。

三　補強法則の各論

1　要補強範囲はどうか。

判例は、自白の真実性が他の証拠により実質上担保されていればよいとする(実質説)[6]。この場合、犯罪と被告人との結びつきまで補強する必要はない[7]。罪種・犯行態様により自白の真実性が補強されているか否かが異なる。本判決は、無免許運転罪の場合には無免許の事実こそ自白の核心をなすのでその点の補強が要るとした[8]。最近の裁判例では、常習累犯窃盗の場合の常習性[9]、無免許運転の場合の運転の事実[10]、道交法上の報告義務違反の場合の報告しなかった事実[11]について補強を求める。

学説の多くは、自白以外の証拠によって犯罪事実を立証する証明形式が整うことを求める(形式説)。補強の範囲については、①法益侵害事実(例、死体の存在)、②犯罪性(他殺であること)、③被告人の犯人性(例、被告人宅での兇器発見)まで幅がある。故意・過失(例、殺意)についても常に他の証拠を求めることは捜査や訴追を困難にするので補強を求めないのが一般である。通説は②までの立証で足りるとする[12]。捜査段階の自白について形式説、公判廷の自白について実質説とする折衷説[13]もある。

思うに、自白だけで「合理的疑いを超える証明」ができるという前提にたつなら、実質説で十分だ。しかし、刑事裁判における自白には本来虚偽の危険がある以上、形式説が妥当だ。その場合、避けたいのは、被告人を犯人と安易に認定することだ。ところが、犯罪の存在が一応立証されている状態を自白から眺め返すと、被告人を犯人と認定しても矛盾なく証拠全体を説明できる。このため、他の可能性を慎重に吟味しにくくなる。それが自白の与える予断と偏見の力だ。これを避けるのが補強法則の役割だ。それには自白を除く証拠により犯人性が証明されている状態が要る。

　また、公判廷での被告人質問では、固有の自白（犯罪事実の全部または一部の説明）以外に、犯行前後の状況や自白に至る経緯、秘密の暴露、反省状況なども聴取する。判例も、憲法38条の解釈上公判廷の自白については「更に他の補強証拠を要せずして犯罪事実の認定ができる」とするが、その理由として「裁判所はその心証が得られるまで種々の面と観点から被告人を根堀り葉堀り十分訊問することもできる」からとする[14]。自白の周辺供述は補強証拠に等しい。これに他の証拠を加えてもなお犯人性が浮き彫りにならない場合なのに、公判廷の自白と合体して有罪認定をすることは誤判の余地を残す。折衷説は採れない。③説が妥当だ。

2　補強証拠の証明力はどうか。

　判例は、被告人の自白と補強証拠によって自白内容が信用できると認定できればよく、そうであれば犯罪事実も認定できるとする（相対説）[15]。本判決が、無免許の点について被告人の同僚がその旨耳にしたといった程度の供述証拠で足りるとしているのはこの理由による[16]。学説は、自白を除く他の証拠によっても犯罪事実が一応明らかになることを求める絶対説が有力だ[17]。

　さて、有罪・無罪の最終的判断の際には自白と補強証拠を総合判断する。その段階までに自白偏重・誤判の危険のない最小限度の状態にしたい。補強証拠の有無や質が問題になるのは、被告人側が事実を争っている場合である。とすれば、被告人側が補強法則の充足に関する争点を熟知し防御の機会を保障されなければならない。そして、被告人が提出する反対証拠よりも検察官側提出の証拠が優越していて、被告人による犯罪行為であることが認定できる場合でなければならない（争点顕在化・証拠の優越説）。相対説は採れない。

3　補強証拠の適格性は何か。

判例は、「互に補強証拠を要する同一被告人の供述を幾ら集めてみたところで所詮有罪を認定するわけにはいかない」とする[18]。思うに、補強証拠は自白の真実性と被告人の犯人性の証明に使われるから、証拠能力が要る。それに加えて、実質的に自白と同一視すべき証拠で有罪とすることは補強法則潜脱となる。自白と独立した証拠を要する（補強証拠の独立性）。

　裁判例によれば、公判廷の自白を捜査段階の自白で補強することはできない[19]。犯人が盗んだ事実を認めているなら盗難は間違いないと思う旨の被害顛末書については、併記されている被害物件の保管場所・保管者・保管状況等のみ補強証拠としての価値がある[20]。食料管理法違反事件で被告人が犯罪の嫌疑を受ける前からつけていた闇米を含む販売未収金帳は、法323条で証拠能力を認められる一方、被告人の自白との実質的な独立性があるので補強証拠にも使える[21]。

[1] 大阪刑事実務研究会『刑事証拠法の諸問題（上）』（判例タイムズ社、2001年）370頁〔杉田宗久〕。
[2] 最大判昭33・5・28刑集12・8・1718。他に、最判昭24・4・7刑集3巻4号489頁。
[3] 田宮355頁。証明政策説とする。
[4] 刑弁コメ299頁〔高田昭正〕参照。
[5] 大阪刑事実務研究会『刑事公判の諸問題』（判例タイムズ社、1989年）445頁〔那須彰〕。
[6] 最判昭23・10・30刑集2巻11号1427頁、最判昭25・10・10刑集4巻10号1959頁。
[7] 最判昭24・7・19刑集3巻8号1348頁、最判昭25・6・13刑集4巻6号995頁。
[8] 三井誠・法学教室260号（2002年）83頁。同旨、東京高判平11・5・25東高刑時報50巻1～12号39頁。
[9] 東京高判平2・5・10判タ741号245頁、福岡高判平4・8・17高検速報1376号、東京高判平12・10・2東高刑時報51巻1～12号98頁。
[10] 大阪高判昭62・9・4判タ655号266頁。
[11] 大阪高判平2・10・24高刑集43巻3号180頁。
[12] 団藤288頁、田宮356頁等。
[13] 鈴木茂嗣『刑事訴訟法』（青林書院、改訂版、1990年）224頁。
[14] 最大判昭23・7・29刑集2・9・1012。
[15] 最判昭24・4・7刑集3巻4号489頁、最判昭28・5・29刑集7巻5号1132頁。同旨、松尾浩也『刑事訴訟法（下）』（弘文堂、新版、1993年）38頁。
[16] 新刑事III249頁〔朝山芳史〕。
[17] 白取祐司『刑事訴訟法』（日本評論社、2版、1999年）335頁。
[18] 最判昭25・7・12刑集4巻7号1298頁。
[19] 東京高判昭32・8・21東高刑時報8巻9号284頁。

［20］　最決昭32・5・23刑集11巻5号1531頁。
［21］　最決昭32・11・2刑集11巻12号3047頁。

〈参考文献〉
・刑事訴訟法の争点（ジュリスト増刊、3版）176頁〔指宿信〕。
・三井誠・法学教室257号（2002年）、259号（2002年）、260号（2002年）。
・百選［3版］204頁〔鈴木茂嗣〕。
・百選［7版］176頁〔福島至〕。
・上口裕他『基礎演習刑事訴訟法』（有斐閣、1996年）249頁〔後藤昭〕。

第16章　犯行再現写真の証拠能力

一　問題の所在——最決平17・9・27と犯行再現写真の証拠能力

1　捜査官が痴漢事件について被害者や被疑者に被害・犯行状況を再現させた結果を記録した実況見分調書によって当該被害状況・犯行状況を立証する場合、その証拠能力の要件について、法321条3項の「検証」として扱えば足りるか。

　この点について、最決平17年9月27日[1]は、実況見分調書に添付されている犯行再現写真について供述証拠としての証拠能力の要件を必要とすると判断した。

　一審公判において、検察官は、大阪府公衆に著しく迷惑をかける暴力的不良行為等の防止に関する条例違反に関し、立証趣旨を「被害再現状況」とする実況見分調書（以下、「本件実況見分調書」）及び立証趣旨を「犯行再現状況」とする写真撮影報告書（以下、「本件写真撮影報告書」）の証拠調べを請求した。

　一審弁護人は、本件実況見分調書及び本件写真撮影報告書（以下「本件両書証」）について、いずれも証拠とすることに不同意との意見を述べ、両書証の共通の作成者である警察官の証人尋問が実施された。同証人尋問終了後、検察官は、本件両書証につき、いずれも「刑訴法321条3項により取り調べられたい。」旨の意見を述べ、これに対し弁護人はいずれも「異議あり。」と述べたが、裁判所は、これらを証拠として採用して取り調べた。第一審判決は、本件両書証をいずれも証拠の標目欄に掲げており、これらを有罪認定の証拠にしたと認められる。また、原判決は、事実誤認の控訴趣意に対し、「証拠によれば、一審判決第1の事実を優に認めることができる。」と判示し、前記控訴趣意に関し本件両書証も含めた証拠を判断の資料にした。

　両書証の内容について、最高裁は、次のように説明している。

　「本件実況見分調書は、警察署の通路において、長いすの上に被害者と犯人役の女性警察官が並んで座り、被害者が電車内で隣に座った犯人から痴漢の被害を受けた状況を再現し、これを別の警察官が見分し、写真撮影するなどして記録したものである。同調書には、被害者の説明に沿って被害者と犯人役警察

官の姿勢・動作等を順次撮影した写真12葉が、各説明文付きで添付されている。うち写真8葉の説明文には、被害者の被害状況についての供述が録取されている。

　本件写真撮影報告書は、警察署の取調室内において、並べて置いた2脚のパイプいすの一方に被告人が、他方に被害者役の男性警察官が座り、被告人が犯行状況を再現し、これを別の警察官が写真撮影するなどして、記録したものである。同調書には、被告人の説明に沿って被告人と被害者役警察官の姿勢・動作等を順次撮影した写真10葉が、各説明文付きで添付されている。うち写真6葉の説明文には、被告人の犯行状況についての供述が録取されている」。

　これらを前提にして、最高裁は両書証の証拠能力について次のように判断した。

　「本件両書証は、捜査官が、被害者や被疑者の供述内容を明確にすることを主たる目的にして、これらの者に被害・犯行状況について再現させた結果を記録したものと認められ、立証趣旨が『被害再現状況』、『犯行再現状況』とされていても、実質においては、再現されたとおりの犯罪事実の存在が要証事実になるものと解される。このような内容の実況見分調書や写真撮影報告書等の証拠能力については、刑訴法326条の同意が得られない場合には、同法321条3項所定の要件を満たす必要があることはもとより、再現者の供述の録取部分及び写真については、再現者が被告人以外の者である場合には同法321条1項2号ないし3号所定の、被告人である場合には同法322条1項所定の要件を満たす必要があるというべきである。もっとも、写真については、撮影、現像等の記録の過程が機械的操作によってなされることから前記各要件のうち再現者の署名押印は不要と解される。

　本件両書証は、いずれも刑訴法321条3項所定の要件は満たしているものの、各再現者の供述録取部分については、いずれも再現者の署名押印を欠くため、その余の要件を検討するまでもなく証拠能力を有しない。また、本件写真撮影報告書中の写真は、記録上被告人が任意に犯行再現を行ったと認められるから、証拠能力を有するが、本件実況見分調書中の写真は、署名押印を除く刑訴法321条1項3号所定の要件を満たしていないから、証拠能力を有しない」[2]。

　2　捜査段階で、捜査機関が被害者または被疑者に犯行を再現させる言動を求め、これを写真などで撮影するとともに、そうした状況を説明する文書と被害者、被疑者の説明を記載して実況見分調書としてまとめる運用は広く定着してい

る[3]。同種痴漢事件の裁判例などでも証拠採用の経緯は定かではないが、犯行再現写真を含む捜査報告書、写真撮影報告書、実況見分調書などが証拠となっている[4]。従前、これら実況見分の成果は、写真も含めて、法321条3項書面として証拠能力を認める扱いも見られた[5]。

これに対して、今回の最高裁決定は、写真や調書記載の供述については、供述証拠として取り扱うことを求めた。有罪立証に制約を課すものとなるだけに、当否について検討を要する。

二　実況見分の意義

1　実況見分とは何か。

捜査段階における実況見分とは、捜査機関が、捜査機関として有する経験則・専門知識に基づいて、その五官の作用により、物や人などの状態を観察しその性状を認識・把握する活動をいう。刑訴法は捜査機関が一定の専門性を持つことを期待している。実況見分は、これに基づいて行なう性状把握である。

捜査機関固有の専門性以外の専門性を必要とする性状把握の場合、これを鑑定として学識経験者に委ねることとなる（法165条）。鑑定は、裁判所または捜査機関など公権力を行使する権限の主体自体が行うものではない。事実上、民間人が主体となることも多い。だから、鑑定処分許可状による身体検査の場合、法139条による直接の強制はできない。

弁護人も性状把握処分を行うことがあるが、法制度上弁護士は事件毎に事件を受任するものである。検察官、検察官事務官、司法警察職員は組織的制度的に捜査実施の責務を負う。だから、専門性の蓄積に基づく一般的信用性の点で、両者は異なる。捜査機関実施の実況見分に限り、後述のように法321条3項書面として扱う根拠はここにある[6]。

実況見分実施にあたり、一定の権利を侵害・制約することもある。例えば、特定の電話番号の受送信記録を電話通信会社の記録から抽出する場合、被処分者の通信の秘密、プライバシーの権利を制約し、また電話通信会社に処分を受忍させることとなる。また、被疑者の身体の傷などの確認（注射痕の発見や入れ墨などの特徴の把握）についても、肌をさらすことに伴ってしゅう恥心を傷つけ、一定時間行動を制約するなどの利益の侵害ないし制約を生じる。

このように、性状把握を行うのにあたり、被処分者の憲法・法律で保護する権利ないし利益を侵害する場合や、処分を受忍する義務の存在を手続上明示する

必要がある場合、その点の理由の有無と当否をあらかじめ裁判官が審査した上でこれを実施するのが適切である。そして、司法審査を経た場合には強制処分として実施できる。これが「検証」である。従って、検証と実況見分は、処分自体の性質は同一であるが、これを実施する手続が異なる。

2　特に被疑者が犯行再現を行なう場合、いかなる権利の侵害ないし制約を受けるのか。

　捜査機関が、犯行態様を被疑者や被害者に動作で示させて、これを見聞する捜査手法が犯行再現である。被疑者、被害者の言動は、本件のように写真で記録されるのが通常である（ビデオ録画する場合もある）。だから、実況見分といってもよい。捜査機関は、事件に関する他の情報を踏まえて、当該言動の意味を把握するものである。

　本件のような痴漢事件やさらに強姦事件等の性犯罪の場合、被疑者が犯行再現を行うことはしゅう恥心を害する面がある。言葉による説明よりもその程度は高い。と言って、それが本来強制処分として事前に手続と要件・効果を法律で定めておくべき程度に至るものとはいえない。表現を変えると、市民的な人格権の侵害はあるが[7]、被疑者取調べに伴う人格権侵害よりも質が高いものではない。

　むしろ、問題にすべきなのは、市民的な権利としての人格権ではない。刑事手続を通じて、被疑者・被告人は防御の一態様として「自己負罪的情報提供の自由」がある。犯行再現をさせることは、これを制約・侵害する。だから、適切な手続をいかに保障するのかが問題となる。

3　被疑者による犯行再現の場合、これを検証として行えるか。

　まず、強制処分として実施すべき性質・程度の権利侵害はあるか、問題となる。被疑者による犯行再現は、被疑者が自白を動作で示すものである。この点で、かかる被疑者の言動自体に関して黙秘権ないしこれに準ずる権利保護を認めるべきではないか。

　犯行再現動作の性質は、憲法38条1項が強要を禁止する「供述」と実質的に同一である。とすると、これを証拠とするのには、被疑者が任意かつ自由な判断によって自己の記憶に従い犯行状況を再生・再現・表現することが求められる。

　その意味では、強制処分手続によって犯行再現の動作を義務づけるのは、被疑者が自己に不利益な供述をすることを法的に義務づけられることと等しく適切ではない。とすると、ことがらの性質は、実況見分の側面をもっていても、これを

「検証」として行なうことはできない。被疑者に積極的な作為を義務づけ、場合によっては直接強制によって犯行再現を強いることも可能となるのは（法222条1項、139条）、処分の性質にそぐわないからである。

犯行再現は、実況見分など任意捜査の限度でのみ適法に行える[8]。

4　では、被疑者による犯行再現と被疑者取調べとは異なるのか。

まず、証拠収集の性質についてはどうか。法198条1項は、被疑者取調べを定める。これは、証拠となる供述を被疑者から引き出す捜査手続である。説明をかえると、被疑者に発問し、被疑者の応答を観察、記憶する処分である。被疑者取調べが供述によって事件の説明を求める点に固有の特徴があるのに対して、実況見分は捜査機関の専門性による性状把握である。両者の本質には隔たりがあるとも言える。

しかし、取調べの場でも、被疑者の供述と動作が一体となってはじめて一定の意味伝達となる。別言すると、取調べと供述は、音声のみを証拠として記録するものではない。会話の全状況を捜査官が観察し記憶し分析して記録すべき事項を取捨選択するプロセスを伴う。

その意味では、実況見分として行なう被疑者の犯行再現と被疑者の取調べは、一定の共通性を有している。

次に、収集される証拠の性質の点ではどうか。第1に、「自白的動作」は、被疑者が自己負罪情報を提供している点で「自白」と同一機能を果たす。犯行再現は、単なる現場の指示と説明とは異なる。自白と同じ態度を示すものであって、これが証拠に採用された場合、裁判所の心証に与える影響は同性質のものとなる。しかも、両者は、犯行を自認する点で証拠上も等しい重みをもつ。

第2に、憲法38条1項の「供述」の規範的解釈である。同条項は、自白を含めて「自己に不利益な供述」の強要を禁止する。「供述」とは、一般には口頭による説明（これに代わる書面）を意味する。ただ、憲法の目的は、被疑者・被告人を含む市民が、自己の処罰を招く情報を提供することを事実上・法律上強いられることのない権利の保障にある。同条は、自己負罪の「供述」ならびにこれと同視できる意思伝達を内容とする「態度」についても、その強要を禁ずる趣旨と解釈すべきだ[9]。

5　とすると、実況見分にあたり、犯行再現をする場合、法198条2項による黙秘権告知は必要か。

犯行再現にあたり、被疑者に対して黙秘権の告知がなくとも適法な手続とみることもできる。

というのも、刑訴法上被疑者に問を発して供述を得る手続として、逮捕後の弁解録取（法203条1項、204条1項、205条1項）、勾留質問手続（法207条1項、法61条）などがあるが、法律上は黙秘権の告知は求めていないからである[10]。勾留理由開示手続における被疑者の意見陳述の際にも、被疑者が証拠となる供述をすることはあるが（法84条、法207条1項）、ここでもあらかじめ黙秘権告知をすることは法定されていない。かかる措置は、証拠たる供述の録取自体を目的とするものではない。被疑事実に関する意見と弁解を問い、あるいはこれを開陳する機会に留まる。その応答状況が供述として証拠に値するものである場合には、各調書を証拠とするのに留まる。

犯行再現も、証拠となる「供述」自体を被疑者から引き出すことが目的ではない。犯行再現の動作を示すことを求めている。そして、動作自体では被疑事実との関連性は不分明である。供述によって関連性の疎明がなければ証拠としての価値を持たない。また、供述拒否権を告知しても、犯行再現手続の適正さを保障するものとはならない[11]。

このように考えるのであれば、犯行再現の適法性は、実質上強制・脅迫・誘導などに基づくものではないことは当然として、任意捜査の適法性の一般的基準に沿っているか否か吟味すれば足りることとなろう[12]。

しかし、かかる解釈は不当である。

犯行再現は被疑者が自白と一体となってこれを動作で示している点に意味がある。また、実行行為の再現は、それ自体でも被疑事実との関連性を十分に明らかにすることができる場合が多い。

しかも、動作を撮影し記録する写真は、供述以上に心証形成上アピール力がある。証拠法からみれば、被疑者は取調べに対して言葉で自白しているのと同等の自己負罪を行うものとなる。

その犯行再現の証拠能力の基本は、単なる任意性一般では足りない[13]。捜査手続の適正なあり方としても、その成果を証拠に使う証拠能力の要件の面からも、「拒否の自由」告知手続が不可欠である。憲法38条1項の趣旨に照らしても、自白およびこれと同質の負罪的言動に関しては、犯行再現を被疑者が開始する前に、あらかじめ「自己の意思に反して犯行再現を行なう必要がない」旨、十分に説明を要する。

その場合、法198条1項、2項については実質的な解釈をすれば足りる。犯行

再現は性質上被疑者取調べと類似するものであり、犯行再現の多様な動作を引き出す働きかけは、供述を引き出すのと同じである。同条項に言う「供述」については、これを「供述的動作」と捉えればよかろう。

かくして、実況見分の際に、被疑者に現場の位置、意義について指示説明を求める限度であれば、法198条2項の供述拒否権の告知は不要である。しかし、犯行再現については、かかる動作の拒否権の告知は必要と解すべきであろう。

三　実況見分調書の証拠能力

1　本件犯行再現に関する実況見分の証拠能力を考える前提として、実況見分調書一般の証拠能力については、どう扱うべきか。

最判昭35・9・8刑集14巻11号1437頁は、「捜査機関が任意処分として行う検証の結果を記載したいわゆる実況見分調書も刑訴321条3項所定の書面に包含される」とし、「かかる実況見分調書は、たとえ被告人側においてこれを証拠とすることに同意しなくても、検証調書について刑訴321条3項に規定するところと同一の条件の下に、すなわち実況見分調書の作成者が公判期日において証人として尋問を受け、その真正に作成されたものであることを供述したときは、これを証拠とすることができる」とする[14]。

2　かかる解釈は次の理由により妥当だ[15]。

第1に、捜査機関による実況見分には信用性の情況的保障がある。何故なら、実況見分は、捜査官がみずからの五官の作用によって性状把握したことをそのまま記録する処分である。犯行再現の記録についてであれば、被疑事実に関する他の捜査に基づく情報を踏まえて、被疑者または被害者の犯行再現に関して、個々の行動、被害者との位置関係、場所との関係を確認することとなる。

いずれも一般的には技術的・物理的な状態把握である。観察・記憶・表現の過程で再現状況との不一致が生じる余地は少ない。むしろ、正確に観察・記憶・表現できるように、犯行再現のペースを調整可能である。だから、証拠にするにあたり、この心理プロセスについて、主尋問・反対尋問を経る固有の必要性に乏しい。

第2に、証拠法の視点からは、検証であれ、実況見分であれ、捜査機関の五官による性状把握であることに違いはない。実況見分は任意捜査であり、強制捜査である検証と異なるが、これは被処分者の利益侵害に関する適正手続の保障

の問題である。

　この点は、証拠物の押収と対比して考えれば明白であろう。例えば、覚せい剤を押収する場合、所持人の任意提出を経て領置する場合もあれば、捜索差押許可状を執行して強制的に捜査機関が占有を奪い、押収することもできる。令状があるか否か、任意捜査か否かは、被処分者の権利侵害に対する適正手続の保障のありかたの問題である。証拠としての押収物の性状に影響を与えない。

　同じく、捜査機関による物事の性状把握について、任意的に行うのであれ、強制的に行うのであれ、得られた情報自体の正確性・的確性には影響は及ばない。信用性の優劣は認められない。したがって捜査手続としての性質の違いは、証拠能力の要件に直ちに反映させる必要はない。

　第3に、限定的であるが、反対尋問の機会がある。法321条3項によると、調書の作成者を公判期日において証人として尋問し作成の真正を確認することとなっている。尋問の目的は、書証の作成の真正を立証することにある。ただ、その過程で、対象の性状把握を正確に行ったかどうかについても尋問ができる。目撃証人に直接目撃状況を問い質すのと類似した尋問の機会が保障されている。

　第4に、犯行再現状況を裁判段階で立証するにあたり、実況見分を実施した捜査官が記憶を再現した供述に比較して、実況見分後直ちに作成した実況見分調書のほうが正確性の点で勝る。また、図面、写真、計測図などを使って正確に把握した情報を後に公判廷における供述のみで再現することは困難である。その分、実況見分調書によるほうが正確な立証が可能となる。実行行為の態様を解明する上で、より正確な立証が可能となる。

　以上、実況見分調書は、処分の一般的性質上反対尋問に代わる信用性の状況的保障を認めることができ、立証上の必要性も高い。その意味で、伝聞証拠禁止の例外事由を認められる。

　第5に、かかる実質的な理由に加えて、文理上も法321条3項の「検証」について証拠法の視点から規範的解釈ができる。本条項は、実質的な意味での検証の成果に証拠能力を認めるものである。つまり、捜査機関の専門性に基づくものごとの性状把握を広く意味するものと解釈できる。実況見分も、規範的にはここに含めてよい。

四　被害者・被疑者の犯行再現、犯行関連供述の証拠能力

1　被害者、被疑者の犯行再現写真の立証趣旨と証拠能力の関係はどうか[16]。

本件判決は「立証趣旨が『被害再現状況』、『犯行再現状況』とされていても、実質においては、再現されたとおりの犯罪事実の存在が要証事実になる」と摘示している。
　他方、東京高判平10・3・11判時1660号155頁は、傷害被告事件において犯行再現状況に関する写真を添付した実況見分調書について、現場の状況を立証趣旨とする限度で法321条3項で証拠能力を認めてよいとする。
　「本件実況見分調書は、被害者とされている甲野太郎による犯行の再現写真と、これについての同人の指示説明が比較的多くの部分を占めていることは指摘のとおりである。しかし、実況見分調書中の被害者の犯行再現写真やこれについての指示説明部分は、見分の対象に直接関連し、見分事項や見分内容を明確にするために必要がある限度で、実況見分調書と一体のものとして刑訴法321条3項により証拠能力が認められると解されるところ、本件犯行再現写真やこれについての甲野の指示説明は、同人が被告人運転車両を蹴とばした地点、被告人及び甲野がそれぞれ相手方に暴行を加えた地点などを指示・特定し、これらと現場との関連を明らかにするという実況見分の目的に則し、かつ、右の要請にかなうものと認められるから、本件調書は全体として実況見分調書としての実質を失わないものというべきである。なお、同調書の立証趣旨は『本件発生場所の状況及び本件再現状況等』とされていて、一見すると犯行の再現状況を立証趣旨に含めているかのように見えなくはないが、右の調書の実態に徴すると、それは結局甲野の犯行再現状況との関連から見た本件現場の状況というにすぎないものと理解されるから、右事情はいまだ前認定を左右するものではない」。
　では、両裁判例の関係をどうみるべきか。
　確かに、犯行再現を現場で実施すれば、犯行現場の特定とその状況を明らかにすることができる。もっとも、これを調書にまとめるときには、現場の写真と被疑事実との関連性を示すため、少なくとも被疑者の指示説明を添える必要がある（そうでなければ、他の方法で関連性を疎明しなければならない）。したがって、犯行現場における犯行再現に限り、犯行現場の状況を明らかにする趣旨が含まれることも否定できない。
　しかし、検察官が実況見分調書を請求する際の立証趣旨がなんであれ、写真の内容上犯行再現である場合には、犯行再現写真自体のもつ写実性、具体性、迫真性に照らして、犯行状況に関する心証形成にインパクトを与える。
　むろん、職業裁判官には立証趣旨に従って心証の切り分けが期待されてはいる。しかし、市民良識に照らして、そうした心証抑制が機能するとは信じにくい。

常識に反する規範的制度的説明によって、有罪・無罪の判断に事実上影響を与える証拠の証拠能力を決めてはならない。

むしろ、証拠の性状に従い、実質上の立証趣旨を基準に証拠能力の要件の有無を判断するのが適切である。その意味で、本判決は犯行再現写真は実質上犯罪事実の存在が立証趣旨になると摘示しているのは妥当である。

さらに付け加えると、犯行再現の実況見分調書によってこれと同内容の自白調書の任意性を立証する疎明資料にすることも可能である。

この場合にも、制度的観念的には、裁判所は実況見分調書添付の犯行再現写真から自白内容と同一の事実を認定することはできない。心証形成上写真を材料にすることは裁判官が自戒し自己抑制し禁止しなければならないこととなる。しかし、これも不自然・不合理な建前論であろう。

また、自白の任意性は、虚偽排除、人権擁護、違法排除など多角的な側面から総合判断するべき事由である。だから、犯行再現写真を利用する場合にも、部分的には、再現された犯行状況が自白と合致し真実であることを立証する側面を含まざるをえない。

以上の諸点を考慮すると、犯行再現写真の性質自体に照らして、その証拠調べ請求は、特段の例外的事情がない限り、実質上「犯行状況」そのものを立証趣旨とするものと取り扱うべきではないか。

2　以上述べてきたことを踏まえると、被害者の犯行再現写真について、証拠能力の要件をどう考えるべきか。

犯行場所だけの写真や現行犯それ自体の写真と異なり、被害者の犯行再現写真については、実況見分調書と一体となって証拠能力を認めるだけでは足りない。本件判決が述べるように、法321条1項3号の証拠能力も具備していなければならない。

実質的な根拠は、被害者の犯行再現の動作を撮影した写真は、事実認定上動作を供述で説明する場合と同じ効果を持つ点にある。

したがって、被害者の場合には、被害状況に関する観察・記録を踏まえて犯行を再現する表現の各プロセスについて、虚偽性排除のため、証人尋問を経る必要がある。これに代わる伝聞例外の要件は、法321条1項3号となる。

形式的な根拠としては、法321条1項3号は「供述」について規定しているが、「検証」に実況見分が含まれるのと同じく、証拠法に関する規定はそれ固有の実質的規範的解釈をしてよい点である。

音声言語としての供述と動作性言語としての再現行動は同一とみてよく、犯行再現は同条に含まれる。したがって、伝聞例外として証拠能力を認めるのには、次の要件の充足を要する。①犯行再現者の公判廷における犯行再現不能、②立証上の必要不可欠性、③犯行再現状況の特信性である。
　同じく、被害者の被害体験供述が実況見分調書に記載されている場合には、この部分について端的に法321条1項3号書面として取り扱うべきである。

3　被疑者の犯行再現写真はどうみたらよいか。
　基本的には、被疑者の捜査段階における犯行再現写真も、被害者の犯行再現写真と同様である。立証趣旨が合理的に限定できるものであれば格別、そうでなければ基本的には「犯行状況」が立証趣旨となるものと実質的に解釈するべきである。そうであれば、動作による自白と扱うべきである。この面では、法322条1項が適用される。同時に、捜査機関がそれまでの事件捜査情報と一般的経験則を踏まえながら、被疑者の犯行再現動作を観察・記憶している面もある。実況見分としての性質もある。だから、法321条3項の要件の充足も要する。
　その場合、本件判決が述べるように、「本件写真撮影報告書中の写真は、記録上被告人が任意に犯行再現を行ったと認められるから、証拠能力を有する」と解してよい。次の理由による。
　第1に、検証について実質的な意味での性状把握を意味するものと解釈してよいのと同じく、法322条1項にいう「供述」もまた実質的な解釈を要する。
　本件判決が摘示するように、犯行再現の動作と自白は、同質である。動作性言語による情報提供と音声言語による情報提供と整理してもよい。だから、供述証拠の証拠能力の要件を充足しなければならない。動作による自白と不利益事実の承認なので法319条、322条1項により任意性の充足が要る。
　第2に、被告人が捜査段階で被疑者として行った犯行再現を撮影した写真には必ずしも署名・押印（または指印）は要らない。
　署名・押印は、証拠の処分を確認するために求められているのではない（押収物の所有権放棄等の確認手続等とは異なる）。音声言語による供述録取の場合、被疑者が任意にそのように述べたこと、述べたことと記載内容が一致することを確認する手続を意味している（法198条3項以下）。
　写真については、被疑者が自己の行っている犯行再現状況の撮影を認めていること自体において、任意性と正確性の保障があるとみていい。法322条1項の証拠能力の要件を満たしている。

4　では、被疑者の犯行再現を説明する供述はどうか。

本件判決は、「本件両書証は、いずれも刑訴法321条3項所定の要件は満たしているものの、各再現者の供述録取部分については、いずれも再現者の署名押印を欠くため、その余の要件を検討するまでもなく証拠能力を有しない」とし、被疑者供述部分についても証拠能力を認めない扱いであるが、妥当か。

確かに、供述録取については、録取者の取捨選択が入るので、署名・押印がなければ調書の内容と被疑者の供述との一致・不一致の確認ができないとも言える。だから、署名・押印が必要となる。これに代わる実質的な信用性の保障措置もない。従って、最高裁の言うように、証拠能力の要件を検討すべき前提を欠くとも言える。

しかし、一考の余地はある。というのも、録取された供述は、写真と一体となっている。写真内容と供述が一致している限り、被疑者は供述と動作で同じメッセージを捜査機関に伝達していることとなる。二重に同様の内容を捜査機関に伝えている状況は、被疑者の署名・押印にかわる信用性の保障があるとも言える。この限度では、本最高裁の判断が常に妥当かどうかは事案によって異なりうるので、留保を要する。

五　今後の展望——捜査手続「可視化」原理

裁判員裁判を展望したとき、被害者あるいは被疑者による犯行再現を証拠にする必要性は高い。公判廷で分かりやすい立証をする上でも、供述による犯行の説明に代えて、動作でこれを示すことはその一助となるからである。

ただ、犯行再現は被疑者取調べ・参考人取調べと同質の手続である。その記録化については、取調べと同じく「可視化」手続の保障がいる。

その際、犯行再現を内容とする実況見分を、自白を得る被疑者取調べに近づけて理解するよりも、逆に、被疑者取調べ手続の性質とその記録化について、ビデオ録画を行なうこともある実況見分に近づけて理解するべきだ。これを前提にして両者にふさわしい可視化のあり方を実現すべきである。

この点で、被疑者は、その「包括的防御権」行使の一態様として、自己負罪的情報を提供する場合、その手続の「可視化」の実現を求めることができると解するべきだ。

すなわち、被疑者の犯行再現について、その全過程の録画と内容の確認、動

作訂正の機会の提供、署名・押印に代わる録画内容の肯定確認についても録画しておくことが必要である。さらに、録画テープのコピーを求めることも被疑者の権利として構成すべきであろう。

　本判決は、犯行再現状況に関する実況見分調書の証拠能力問題を超えて、今後の捜査手続「可視化」を展望する上で重要な役割を果たす[17]。

[1]　最二決平17・9・27（平17(あ)684）、上告棄却、大阪府公衆に著しく迷惑をかける暴力的不良行為等の防止に関する条例違反、器物損壊被告事件。

[2]　決定は、本件両書証をのぞいても有罪事実を認定できるとし、両書証に証拠能力を認めた訴訟手続の法令違反は判決の結論に影響を及ぼすものではないので上告を棄却している。

[3]　日経テレコンで検索すると、1985年1月4日付朝日新聞（夕刊）は「警視庁などでは最近、重要事件については、公判対策として「犯行再現」ビデオを収録することが多いといわれ、全国的にも広がる傾向だ、という。現行刑事訴訟法などが想定していない新手の立証法だけに、事例ごとにまだまだ慎重な検討の必要がある、といえそうだ」と紹介している。

[4]　例えば、東京高判平16・2・19判時1872号137頁は、痴漢行為に関する被疑者の犯行再現が任意であることを認める等の結果、一審の無罪判決を破棄し有罪を認めている。なお、参照、秋山賢三他編『痴漢冤罪の弁護』（現代人文社、2004年）209～620頁。

[5]　大阪高判平15・10・27（平13(う)1720）は、殺人事件において、「実況見分調書（原審検書41）は、警察署の体育館の中で被告人がした犯行再現状況を記録したものであり、立証趣旨もそれにとどまっており、指示・説明したとおりの犯行状況であったことを立証趣旨とするものではないから、その採用が刑訴法321条3項の解釈を誤ったものであるということはできない。確かに、このような内容の実況見分調書は、犯行状況を立証趣旨としなければ、取り調べる意味に乏しいものであり、その故に、所論は、同法322条を潜脱するものと批難するわけである。しかし、この実況見分調書の一部は、被告人の警察官調書（原審検書55）や検察官調書（同61）に取り入れられて、犯行状況についての被告人の供述を明確化するなどの手段として利用されており、しかも、その証拠採用の時期も、これらの供述調書と相前後するものとなっていることに照らせば、所論の批難は当たらない」としている。

　他方、浦和地判平2・10・12判時1376号24頁は「司法警察員作成の実況見分調書2通」について「被告人による犯行再現状況をその内容とするもので自白調書と同様の性質を有する」としている。

[6]　捜査機関の実況見分を法321条3項の検証に含めると、弁護人など私人が行なうものごとの性状把握も本条に含めざるをえないと指摘し、これに反対する見解（平野216頁）もあるが、私人の検分は法321条3項が予定している捜査機関の専門性に基づく「検証」に含めることは本文記載の理由により性質上できない。以上について、さしあたり、最判解（昭35）344頁〔田中永司〕、横井大三『刑訴裁判例ノート(2)』（有斐閣、1971年）113頁。

[7]　犯行再現手続自体が人格権を侵害するとし、強制処分としてであればできるが、かかる規定の不存在を理由に憲法上違憲無効とする説として、小田中聰樹『ゼミナール刑事訴訟法(下)』(有斐閣、1985年) 170頁。しかし、犯行再現を検証など強制処分で強制すること自体許されまい。

[8]　盛岡地判平14・9・11 (平13(わ)223) は、殺人事件において、「被告人がカウンター内で仰向けになった被害者に馬乗りになって包丁を振り下ろしてから攻撃を止めるまでの状況について、被告人は、捜査段階及び犯行再現の検証調書においては、被害者に馬乗りになって、被害者を左手で押さえつけ、被害者の頭、肩、首を数回突き刺し、カウンター内から通路の方へ俯せになって逃げようとする被害者を押さえつけ、後頭部、肩部に斬りつけた旨供述、指示する」と説明している。詳細は不明だが、検証の内容として犯行再現を行ったものとすれば、疑問がある。

[9]　同旨の指摘を拙稿「犯行再現実況見分写真・ビデオを争う方法」季刊刑事弁護27号 (2001年) 107頁で行っている。

[10]　もっとも、勾留質問手続については勾留質問調書が後に証拠となりえる関係で黙秘権を告知しておくことが証拠法の観点からは望ましい (裁判所職員総合研修所監修『令状事務』〔司法協会、補訂版、2005年〕68頁)。

[11]　犯罪捜査規範105条2項は実況見分にあたり「被疑者、被害者その他の関係者の指示説明の範囲をこえて、特にその供述を実況見分調書に記載する必要がある場合」に限り「被疑者の供述に関しては、あらかじめ、自己の意思に反して供述をする必要がない旨を告げ、かつ、その点を調書に明らかにしておかなければならない」と定める。

[12]　任意捜査の適法性について、判例の基本的動向を整理すると、次のようになる。

①当該態様の捜査方法を必要とする性質の犯罪の合理的な嫌疑があることを前提にして、②当該捜査方法が憲法の保障するなんらかの権利を侵害するものであって、本来は事前に手続と要件、効果などを法定すべき性質のものではないこと、③当該捜査態様に照らして、必要性・緊急性・相当性の視点から総合的に考量したときに社会的相当性が認められること (以上については、最大判昭44・12・24啓集23巻12号1625頁、最決昭51・3・16刑集30巻2号187頁、最判昭53・6・20刑集32巻4号670頁、最決昭59・2・29刑集38巻3号479頁、最判平元・7・4刑集43巻7号581頁、最決平成16・7・12刑集58巻5号33頁など参照)。

もっとも、かかる規範的枠組みによって任意捜査の適法性を判断する場合、市民感覚からみると、捜査を忍受せざるを得ない状況の作出も許される。例えば、任意同行に伴う有形力の行使、監視付きの宿泊を伴う被疑者取調べなどが許容される。これは実質上強制処分を個別的に認容するのに等しく、強制処分法定主義・令状主義に照らして疑義がある。

実際には、相手が捜査協力を拒む場合、捜査機関が行なえる措置の限界が問題となるが、説得の範囲の働きかけと相手の任意の同意を基準にすべきであろう。

[13]　但し、東京高判昭62・5・19判時1239号22頁は、「押収中のビデオテープ1巻 (前同押号の43) は、昭和58年2月20日午前10時15分ころから同11時2分ころまでの間池袋警察署四階講堂において、被告人が警察官を被害者に見立てるなどして、犯行、死体の梱包、現場の犯跡隠蔽等の状況を再現してみせたのを録画したものであるが、被告人は、多数の捜査官らの見守る中で、自ら積極的に、てきぱきと手際よく行動し、

しかも、記憶の不確かな点についてはその旨を述べたり、従前の供述を訂正するなどしており、この被告人の犯行等の再現が捜査官の強制や圧迫のもとで行われたと疑う余地のないのはもとより、それが実際の経験に基づく記憶を体現したものであることをうかがわせるに十分である。被告人は、当審公判において、録画の前日か前々日ころ取調室で、警察官をモデルに録画のための練習をさせられ、モデルを後ろ手に縛ったうえじゅうたんで巻くことまでしており、録画の際の犯行等の再現はそのような練習の結果にすぎないなどと供述している。しかし、被告人が録画の際に再現した行動の範囲は練習したとされる行為に限られず、犯行直前の状況から犯跡の隠蔽にまで及んでいること、被告人は、原審公判においては、「前もってこういうふうにやれと言われた。」とか、「大分前に取調室で一度やらされた。縛ってみろと言われ、刑事を相手に縛ってみた。」という程度のことを供述していたにすぎないこと、被告人のした行動再現の状況、当審証人Mの供述等に照らして、被告人の当審公判における右供述は措信し難い」とし、犯行再現については任意性の観点から証拠能力を点検した。本件について、さしあたり、北村滋「いわゆる犯行再現ビデオ」別冊判タ12号（1992年）150頁。

[14]　同旨、最判昭35・9・8刑集14巻11号1437頁。

[15]　実況見分調書の証拠能力について、さしあたり、鴨良弼「実況見分調書」百選［3版］170頁以下、石川弘「実況見分調書」百選［4版］186頁参照。

[16]　立証趣旨による証拠能力要件の区別については、さしあたり、榎本巧「犯行再現ビデオテープの証拠能力」大阪刑事実務研究会編『刑事証拠法の諸問題（上）』（判例タイムズ社、2001年）186頁以下参照。

[17]　犯行再現手続の問題について、他に、五十嵐二葉「『ビデオ時代』の刑事裁判と自白」法時57巻3号（1985年）77頁。座談会「刑事裁判とビデオ」自正38巻2号（1987年）83頁。

第4部 上訴――検察官上訴を考える

第17章　控訴審と当事者主義

＊本稿は、1999年7月25日、八尾市文化会館で開催された日本刑法学会関西部会の共同研究の冒頭報告をとりまとめたものである。

一　事実誤認・破棄と控訴審の役割——甲山事件のひとこまから

1　本共同研究は、一審の無罪判決に対して検察官が事実誤認を理由に控訴した場合、控訴審はどのような審理をすべきか、これを主たるテーマにして控訴審のあり方について検討するものである。

研究の出発点は、甲山事件である（神戸地判昭60・10・17判時1179号28頁、大阪高判平2・3・23判時1354号26頁、神戸地判平10・3・24判時1643号3頁、大阪高判平11・9・29判時1712号3頁）。右事件では、一審の2度の無罪判決に2度とも検察官が事実誤認を主な理由として控訴した。これ自体の合憲性なり相当性も今後立法論・解釈論両面から検討すべき課題であるが[1]、さらに1次控訴審判決の被告人による動機供述の信用性評価も問題をはらむ。争点の一つは、検察官主張に沿う犯行動機を被告人が警察官による取調べのときに供述した調書が信用できるかどうかだ。

被告人は、事件当時22歳であった。地方の短大で福祉関係の仕事につくために勉強し、望んで知的障害のある児童の施設の職員になる。検察官の冒頭陳述では、その被告人が、事件2日前に夕食に遅れた女子園児を探しているとき、浄化槽で遊んでいるのを発見し呼びかけたところ、よろけて蓋の開いていた浄化槽のマンホールから転落したという。被告人は、右事故が発覚し当直者としての責任が問われるのをおそれて狼狽する余り、救助手段を講ずることなく直ちに蓋を閉めて立ち去ったとされた。さらに、その園児を捜索する園の活動に参加しつつ、2日後には自己が女子園児を殺害したと疑われることを悩み、別の児童が行方不明となれば、自己に女子園児殺害の嫌疑を回避できると考えて、男子園児を浄化槽に投げ込んで殺害したという。

2　1次一審は、被告人が浄化槽に転落した女子園児を助けず蓋を閉めたのが事実とすればそれ自体「何としても理解に苦しむ」とし、さらにその責任追及を逃れるため、公訴事実たる男子園児殺害を思い立ったというのも「論理の飛躍が甚しく、不可解」とした。が、1次控訴審は、女子園児を見捨てることは「理解できないことではない」し、責任追及のため男子園児殺害を思い立つのも「被告人の立場を考えれば……不可解なものとは言えない」とした。他方、2次一審は、破棄判決の拘束力は消滅したと解釈したこととも関係するが、再び両動機ともに「不自然、不合理、不可解」と断じた。

1次控訴審は、原判決に潜む経験則・合理則適用の不備ないし瑕疵を摘示していない。自己の心証を原審の判断と対比させただけである。このため、控訴審の介在は、動機の合理性・不合理性に関する事実認定を深めるには全く役立なかった。控訴審が、検察官の控訴に基づき、一審無罪判決を事実誤認で破棄するあり方としてこれで妥当だったかどうか。この疑問が、本共同研究の問題関心をもっとも端的に示している。以下、若干検討したい。

二　控訴審の運用上の問題点

事実誤認で破棄する場合、控訴審がいわば自己の裸の心証をそのまま一審の心証に優先させる運用は、甲山事件に固有のことではなく、控訴審の次のような運用がもたらしたものではないか。

控訴審では、当事者が申し立てた控訴をきっかけとして、審判対象を法定の控訴理由すべてに広く及ぼせると扱われている（審判対象に関する職権探知主義）。これは、運用上も定着し[2]、学説上も定説である[3]。

事実誤認に関する事実の取調べについても、法382条の2の制限は事実上機能しておらず、むしろ法392条1項の範囲で裁判所が必要と認める限度では比較的自由に証拠調べがなされている（その意味で続審的運用が定着している）[4]。その範囲については、当事者の請求を尊重するものの、必要性判断については職権での評価が一審以上に優先する。この結果、全体としては事実取調べに関する職権追行主義の色彩が濃い[5]。

例えば、甲山事件2次控訴審で、検察官は、被告人が被害者を寮から連れ出すのを目撃した園児の検事取調べを一部のみ録音したテープを証拠申請した。だが、検察官手持の重要な証拠であるのならば、1次一審、1次控訴審、2次一審と3度も証拠請求の機会を見逃してきた点は厳しく咎め立てされなければなる

まい。法382条の2第1項の「やむを得ない事由」は見いだしがたい。しかし、2次控訴審は右条項による判断を示さず、法393条1項に基づく事実取調べの幅の広い裁量権限の枠内で必要性がないとして請求を却下した。

破棄後は自判が多い（97年では、5,450終局人員中破棄721人員で自判は715人員。自判率99％）。訴因の有無を判断するという意味での続審性の色彩が濃くなる。

ただ、事実誤認を理由とする破棄の場合、差戻率が高まる（95年で約6％）。原判決の当否のみ判断して破棄し、罪体に関する証拠調べは原審に委ねる審査審性がやや強まる。

無罪判決を破棄し自判する場合、事案の核心部分に関する事実の取調べがなされた状態であることが判例上求められている[6]。だが、公判廷で裁判所が両当事者に「争点の顕示」などの手続を行うことまで求めるものではない。自判の時点で、こうした取調べがなされたと職権で判断できれば足りるだけのことである[7]。

自判か差戻かも裁量で決定する。被告人・弁護人に差戻と自判とどちらを望むか事実上であっても打診することなどありえない。つまり、被告人の「審級の利益」も職権判断に委ねられている。

裁判所は、原審記録・控訴趣意書の調査と公判廷での部分的な事実取調べで訴因事実の有無に関する「事実上の心証」を形成し、原審の結論または判断過程と異なるか否か比較する。原判決破棄の場合、控訴審は、原判決の不合理性の摘示を必ずしもせず、自己の「事実上の心証」をそのまま優越させる判示をすることが少なくない。しかも、かかる「心証の押しつけ」ともいうべき比較しかしていないのに、原判決の当否を判断するものであり、事後審性の枠内にあると扱われている（「事実上の心証」優越主義）[8]。

三　事実誤認を理由とする控訴審の運用改革

こうした運用は、検察官が事実誤認を理由に控訴した場合、被告人に重い防御上の負担を強いる。それだけに、次のような改善が要るのではないか。

①検察官の控訴申立理由の限定解釈。法382条の事実誤認を争える証拠は、起訴後に一審で検察官が被告人に開示した資料内にあり、公判で証拠調べ請求がなされた資料に限る。法382条の2第1項の場合、物理的不能説と心理的不能説が対立しているが、要は一審で検察官が証拠調べ請求をしなかったことの

正当性・相当性を吟味するべきだろう。つまり、検察官が有罪立証に「欠くことのできない」証拠（法393条1項但書）を一審の結審までに確保できなかったこと、または、被告人に全面開示した範囲内の資料であったのに証拠調べ請求はしなかったことに帰責事由がなく、かつ国民の良識に照らしても正当性・相当性があることが必要だ。

　②審判対象と当事者処分権主義。控訴申立時に援用できる証拠の範囲を厳密に解しても、裁判所の事実取調べに関する広範囲の裁量権を限定しなければ、検察官が五月雨式に有罪証拠を出してくるのを防げない。それには、まず控訴理由・審判の範囲について当事者処分権主義の徹底が必要になる。今の運用では、職権で法定の控訴理由全般について調査し、その結果によって原判決を破棄する例が少なくない。

　が、控訴申立自体は当事者の処分に委ねられている。特に検察官の控訴申立理由は、一審における訴因と同じ比重を与えていい。検察官は、刑罰権の実現に責務を負う公訴官たる地位にある。控訴審は、検察官が、原判決に誤りがあると主張する範囲内で、その理由の有無を吟味するのを基本にすれば足りる。少なくとも異なる相対的控訴理由に関する職権調査の必要はない。むしろ職権による審判対象拡大は控えるべきだ（但し、裁判権に関する瑕疵、例えば、法377条1号の法律に従って判決裁判所を構成しなかったこと、同3号の審判非公開、法378条1号の不法に管轄を認めたこと、同2号の不法な公訴受理、同3号の審判請求なき裁判等は、司法権固有の責務により是正すべきである）。むろん、裁判所は控訴趣意書の範囲であれば、調査の幅を広げることはできるが（法392条2項）、検察官摘示と異なる事実誤認のおそれ等を認めても釈明などで検察官にこれを追加するか否か判断する機会を与えれば足りる（したがって「控訴理由の追加」手続を認めるべきである）。

　③法393条1項と当事者追行主義。「審判対象に関する当事者処分権」が徹底すれば、法392条1項で当事者が申し立てた控訴理由に関する調査が義務づけられる以上、裁判所は当事者が請求した証拠は「必要」があるものとして証拠調べをしなければならない（法393条1項本文）。検察官控訴の場合、職権取調べは、裁判権にかかる事実、鑑定などのように証拠の性質上当事者請求よりも職権採用のほうが適切な場合、及び一審判決後に新たに生じた事実であって事実誤認があると信ずるに足りるものに関する取調べなど補充的・例外的な場合に限られる。被告人側の反証については、控訴理由がないことを立証することと関連性のあるものは採用、取調べすべきこととなる[9]。原判決の瑕疵の有無は、両当

事者の弁論に基づいて判断すべきである。

　④審査審への機能純化と差戻原則。控訴審は原判決の経験則・合理則違反ないし「合理性」欠如の審査に徹するべきだ[10]。むろん、控訴審でも特定の争点に関する被告人の防御権を保障すれば、これと原審記録をあわせて訴因に関する心証形成＝事実認定をしてもよさそうだ。が、証拠の信用性は総合評価を要する。また、記録調査をベースにした控訴審の「事実上の心証」は、刑訴法が有罪・無罪の基礎にする「厳格な証明」手続により形成される「自由心証」とは異質だ。その優位性は認められない。

　他方、原審が証拠から事実を引き出した過程とその結論が証拠に照らして「合理的」か否かの点検は可能だし、独自の意義がある。控訴審が不合理さの根拠を明示することで、当該事件の証拠にふさわしい経験則・合理則を形成することもできる。その際、両当事者に攻防の機会を充分に保障したのであれば、この限度での不合理性を根拠に原無罪判決を破棄してもやむをえない。但し、被告人が「審級の利益」を放棄する旨明示しない限り、自判適状は認めがたく差し戻すべきである。

　⑤破棄判決の拘束力の限定。控訴審の摘示すべき事実認定の限界を考慮すると、破棄判決は消極判断の限度でしか差戻審を拘束しないと解するべきだ。差戻審は、破棄判決が摘示する事実点の疑問について証拠調べを義務づけられる。証拠によって解明が可能かどうかを吟味しなければならない。控訴審までに証拠調べ済み証拠が信用できるとする判断とそこから推認できる事実があるとの積極判断は、証拠関係が変われば意味を失う。証拠状態の変容は当然に予定されている以上、控訴審の積極判断に拘束力を認める意味は法的にない。また、破棄後の差戻審でも、挙証責任は検察官が負担する。拘束力により検察官の挙証責任を軽減し、被告人にこれを転換することは認められない[11]。

四　控訴審と当事者主義の徹底

　控訴審の主たる機能は、当該事件の適正処理にある。相対的控訴理由では判決影響の明白性が破棄の要件となっているし、一審判決後の刑の量定に影響を及ぼすべき情状に基づいて量刑不当とし一審判決を破棄するのには明反正義（法397条2項）を要件とするが、ともに個別的事件における個別正義の実現を条件としているからである。

　さらに、被告人の救済こそその主たる機能とみるべきである。検察官控訴によ

る処罰実現の利益は従たる意味しかない。実質上、公訴権を発動し有罪を立証する機会、逆に被告人が応訴の負担をすべき回数は憲法39条に照らして1度であるべきだ（訴追権一回性の原則、防御の反復強制の禁止）。法文上も、被告人が事実誤認を申し立てる方法として法382条（訴訟記録顕在の証拠と事実）、法382条の2（証拠調べ不能の証拠と事実）の他、法383条1号・法435条6号（再審事由たる新規・明白な証拠）があり、検察官控訴よりもはるかに救済の道を広げている。そして、被告人に利益な再審しか認めない現行法上、一審の事実誤認に関しては、法383条1号こそ控訴審における被告人救済の柱になるべき規定だ[12]。

　その場合、新規性は、証拠の取調べを行なう控訴審からみて当該証拠が新規なものであればよい。法382条の2と異なり、証拠調べ請求ができなかったことの正当性・相当性の要件は要らない。執行猶予を期待し事件を争わない「投機的弁護」をしたため主張しなかった事実など被告人に証拠調べ請求をしなかったことに帰責事由があってもよい。他に、一審判決後に生じた事実であって罪体の有無に関わるものも、本条で控訴理由にできる。但し、明白性は端的に有罪・無罪または量刑の軽減にかかる事実であることを要する。法382条の判決影響の明白性よりも厳格である。ただ、有罪証明の挙証責任は検察官にあるから、被告人は「合理的疑い」が生じる「おそれ」の明白性さえ疎明できればよい。

　かくして、事実誤認を理由とする控訴審の運用改革の視座は、①新証拠による検察官控訴の抑制と、被告人控訴の機会の拡充、②審判対象と証拠採用に関する職権主義の抑制と当事者主義の徹底、③原判決に経験則・合理則に反する不合理な事実認定がないかを当事者の申立理由の範囲で審査する機能へ純化することに求めるべきではないか。今後更に検討したい[13]。

[1]　渡辺修「甲山事件と『控訴権消滅論』」季刊刑事弁護17号（1999年）15頁、なお同じ問題意識のものとして、森井暲「検察官上訴と二重の危険」『転換期の刑事法学（井戸田侃先生古希祝賀論文集）』（現代人文社、1999年）555頁。

[2]　一例だが、名古屋高判平5・8・2高刑集46巻2号229頁、東京高判平6・6・6高刑集47巻2号252頁など。

[3]　さしあたり田宮474頁は、控訴審の審判対象を「控訴理由たるべき原判決の誤り」と捉えている。大コメ(6)376頁以下参照〔原田國男〕。

[4]　1997年の控訴審総終局人員中、事実の取調べがなされた人員は4,069人（75％）であり、被告人質問と他の証拠調べがなされたのが2,387人（44％）である。事実の取調べとして被告人質問のみ採用し、事実上弁論能力の制限されている被告人に弁解の機会を与え、実質的には原審記録で事実誤認の有無を点検する審査審的な運用

も少なくない。
[5]　　最決昭59・9・20刑集38巻9号2810頁。運用の様子について、丹治初彦「控訴審における事実の取調べ」季刊刑事弁護13号(1998年)54頁以下参照。他に、石松竹雄『刑事裁判の空洞化』(勁草書房、1993年)144頁以下。
[6]　　さしあたり、最大判昭31・7・18刑集10巻7号1147頁、最判昭34・5・22刑集13巻5号773頁など。
[7]　　さしあたり、最判昭32・3・15刑集11巻3号1085頁。
[8]　　さしあたり、石井一正「刑事控訴審の実情と若干の感想」判タ952号(1997年)4頁、香城敏麿「控訴審における事実誤認の審査」『松尾浩也先生古稀記念祝賀論集(下)』(有斐閣、1998年)621頁など。
[9]　　無罪判決に対する検察官の事実誤認を理由とする控訴の場合、被告人側の反証のための証拠調べ請求については、法393条1項ではなく、法404条により通常一審の証拠調べ手続に従うべきことになる。
[10]　　船田三雄「刑事控訴審における事実審査」判時1311号(1989年)19頁以下。但し、後藤昭『刑事控訴立法史の研究』(成文堂、1987年)314頁以下、同・警察研究59巻3号(1988年)32頁、同「控訴審における破棄と事実の取調べ」『刑事裁判の復興(石松竹雄判事退官記念論文集)』(勁草書房、1990年)389頁参照。
[11]　　渡辺修「甲山事件と破棄判決の拘束力」前掲注[1]転換期の刑事法学577頁。
[12]　　鈴木茂嗣「刑事控訴審の構造」同『続刑事訴訟訴の基本構造(下)』(成文堂、1997年)631頁以下。
[13]　　他に、参照したものとして、井戸田侃「刑事上訴の構造論」同『刑事手続構造論の展開』(1982年)、佐藤文哉「上訴審の機能」『現代刑罰法大系(6)』(日本評論社、1982年)239頁、船田三雄「控訴審における事実審査のあり方」曹時34巻10号(1982年)、阿部文洋「控訴審」三井誠他『刑事手続(下)』(筑摩書房、1988年)947頁、石松竹雄「控訴審における事実判断」『刑事裁判の現代的展開(小野慶二判事退官記念論文集)』(勁草書房、1988年)、平良木登規男『刑事控訴審』(成文堂、1990年)、野間礼二『刑事訴訟における現代的課題』(判例タイムズ社、1994年)、佐藤文哉「中間上訴審からみた刑事裁判の運営」前掲注[8]松尾先生古稀記念祝賀論集(下)539頁、小林充「刑事控訴審における事実の取調べ」同左591頁など。

第18章　甲山事件と「控訴権消滅」論

一　甲山事件と2度目の検察官控訴

　甲山事件の第2次一審である神戸地判平8・3・24判時1643号3頁は、殺人罪で起訴されていた被告人に対して2度目の無罪を言い渡したが（本無罪判決）、検察官が実質上事実誤認を主たる理由として2度目の控訴に及んだ。

　事件は、1974年、兵庫県にある知的障害の子どものための施設「甲山学園」で女子園児が行方不明となったことにはじまる。2日後別の男子園児も行方不明となった。同日の園内捜索の結果、両園児が寄宿する寮の裏手にある浄化槽からふたりの溺死体が発見された。

　警察は、園の保母であった被告人が男児を浄化槽に投げ込んだものとみて逮捕、勾留し取調べをした。その結果、概括的な自白は得られたが、証拠不十分のため、検察は処分保留で釈放し後に不起訴を決定した。しかし、1976年に検察審査会が不起訴不相当の議決をし、これを受けて神戸地検が第2次捜査を開始した。そして、翌77年5月に男児園児1人が被告人が被害者を寮から連れ出すのを目撃したと供述し、その後他の複数の園児も被告人の被害者連れ出しのいずれかの場面をみたという供述が得られたとして、1978年に起訴した。

　一審・神戸地判昭60・10・17判時1179号28頁は、自白の信用性、園児の被告人による被害者連れだし目撃供述の信用性がないなどとして無罪とした。これに対し、検察が控訴し、控訴審・大阪高判平2・3・22判時1354号26頁は、一審の判断には審理不尽・事実誤認があるとして、無罪判決を破棄して神戸地裁に差戻しとした。被告人の上告も棄却され（最決平4・4・7）、1993年から神戸地裁で差戻し審が始まったが、再度無罪が言い渡された。

　本稿では、2度の無罪に対する検察官の2度目の控訴の当否を検討したい。

二　検察官控訴の合憲性について

1　判例は、検察官が事実誤認や量刑不当を理由に控訴することについて、憲

法39条に違反しないとする。理由は、概ね次のように整理できようか[1]。

　①刑訴法の条文上無罪判決に対する検察官控訴を制限する趣旨は読みとれない。起訴から上訴審の手続が終了し、判決が確定するまでが、同一事件に関して処罰される危険のある一つの法律状態であるから、検察官の上訴による上級審手続は、憲法39条の禁ずる重ねて刑事上の責任を問うものではない。アメリカ憲法修正5条(二重の危険禁止条項)の解釈上、事実誤認を理由として無罪評決に対し検察官が控訴することは認められないとしても、陪審による事実認定など異質な制度を前提にするものであり、我が国憲法も同義に解釈すべき理由はない。

　②憲法の司法の章では、最高裁の他に下級裁判所を法律で設置する権能を国に付与しているが(憲法76条1項)、これは、なんらかの審級制度の採用を憲法が予定していることを意味する。旧刑訴法が控訴・上告を認めていた沿革上、類似の三審制を設け、検察官上訴を認めることは、憲法自身が許容する法政策と言える。憲法39条も、これと調和する限度での解釈しかできない。

　③法の正義の観点である。刑罰権の適正実現も、憲法が国の責務として認めるものである。検察官はその責務を具体的に担う国家機関である以上、一審裁判に伴う瑕疵を糾す権限を与えられなければ、誤った無罪判決を放置することになる。これは、実体的真実発見主義、適正処罰の実現に反する。

　④統計上検察官控訴の濫用が窺われない。必ずしも対応関係にはないが、96年の無罪判決人員数は54人、検察官の事実誤認を理由とする控訴人員数は29人である。検察官が控訴せずに確定する無罪判決人員数は毎年少なくない。慎重かつ謙抑的な控訴の運用がなされていることが窺える。検察官控訴が著しく正義に反し、その権限自体を法解釈上制約すべき状況にはない。

2　他方、学界では検察官控訴(ないし上訴)を一般的に違憲としあるいは運用違憲となることを認める説が増えている[2]。例えば、次の説がある。

　①被告人に不利益な検察官上訴一般を二重の危険禁止原則に反するとする説[3]。②検察官の上告は違憲とする説[4]。③事実誤認を理由とする検察官上訴を違憲とする説[5]。④事実誤認を争う検察官上告は違憲とする説[6]。⑤法382条により「事実認定の推論根拠と判断の間に明らかな矛盾があったり、推論それ自体が全く不合理であることが明白であるといった態様の事実認定が行われた場合」は、検察官の控訴を許容するが、これを除き事実誤認を理由とする上訴を認めない説[7]。

以上をみると、学界としては、検察官の不利益上訴合憲説は通説から有力説に転じ、少なくとも「事実誤認を理由とする無罪判決への検察官上訴は違憲とする説」が通説となったとみるべきではないか。

三　2度の検察官控訴の問題点

　かかる学界の新動向も踏まえると、甲山事件における検察官の2度目の控訴は、次の理由で違憲・無効と解すべきではないか。
　①甲山事件では、被告人は1次一審、1次控訴審、2次一審・差戻審とすでに3度にわたり事実の有無を巡る防御を強制されている。検察官の再度の控訴の実質的理由は、事実誤認であるが、この結果、被告人は、同一事実の有無に関する同一証拠の信用性評価を巡り、2次控訴審で4度目の防御を強制されることになる。尽くすべき防御を尽くして2度も無罪言渡しを得ている上、1974年の事件以来25年、1978年の起訴以来20年になる現在、さらに有効・適切な事実に関する防御を期待することはできない。
　このように、検察官が控訴・上告すると、その都度被告人は再度の防御を強いられ、その都度有罪とされる危険にさらされる。これを防ぐには、憲法39条の「刑事上の責任を問はれない」とは、実体法上の処罰による不利益と刑事手続上の防御の負担による不利益をともに禁止するものと理解するとともに、一審または控訴審で無罪の言渡しがなされた場合も「既に無罪とされた行為」に含まれると解すべきだ（「防御の反復強制の禁止」原理）。審級制は、憲法39条が保障する右権利と調和するものでなければならない。
　②「法の正義」に反する。一市民が、同じ事実の有無を巡り何度も防御を強制されても、争う方法は尽きる。防御と手続の負担の重さに耐えられず争うことを断念する危険が十分にある。国家が反復して有罪を立証できる手続は、えん罪を生む構造となりかねない。法は、公訴の責務を検察官に、裁判の責務を裁判所に分属して担わせて、ふたつの国家機関が異なる角度から裁判の場で夫々の責務を尽くすことで、えん罪の危険を回避しつつ、真犯人処罰の利益を実現しようとしている。その機会は1回でいい。
　また、検察官は、犯人の処罰を求める公訴権を国民から託されおり、控訴する権限もこれに由来するが、異なる裁判所が2度も自由心証主義に従い証拠の評価をして無罪としているのに、検察官が繰り返しこれを「誤り」と非難することを許すのは、国民の正義観にもそぐわない。

③裁判所法4条の拘束力を認める理由として、同一事件について何度も上級審・下級審を往来することがあることが前提になった議論がなされてきたが、再考を要する。事実の有無を争点とする控訴理由については、被告人・検察官双方とも控訴は1回が原則ではないか。刑訴法の条文上、事実誤認を理由とする控訴について、当事者が申し立てることのできる事実の範囲をいくぶん緩和し（法382条の2）、また職権による調査が包括的に認められている（法393条）。事実の有無に関する控訴の反復は避け、一回で処理する趣旨が含まれている。
　④実際にも、本事件の事実誤認に関連する検察官・被告人双方の攻防が尽くされている。
　例えば、この裁判では、元保母が被害者を寮から連れ出すのを目撃した男子園児の供述の信用性が重要な争点の一つであった。事件から3年もして詳細になされた年少者の目撃供述が、本当の記憶か取調官の誘導によるのか争われた。被告人を支援した同僚職員が口止めをしたなら、3年の沈黙も納得でき、目撃供述の信用性を疑う理由の一つがなくなる。差戻審では、弁護側は、口止めを疑われた職員にこの園児が親しげにまとわりつく姿を記録する園の日誌などを証拠として提出した。検察側の請求した証人らの尋問でも、口止めされたはずのこの園児が被害者の母に「元保母が殺したが、言ってはいけないと言われた」と語り、元保母本人にも「殺したやろ」と迫るなど実は多弁であった姿が浮かび上がった。口止めの存在も効果も、疑わしくなった。
　他方、信用性を大きく増強する新たな証拠は見あたらなかった。むしろ、園児に具体的事実を示して質問することが隠れた誘導になり、質問者の描く目撃談に至る危険を指摘する心理学者の意見書が出されるなど供述の信用性は大きく揺らいだ。有罪を証明する2度目の機会に検察側はこの園児の証言の信用性を証明できる証拠は出した筈で、それを慎重に吟味した差戻審の裁判官が、第1次一審と同じく、再び信用性なしとした。そこには経験則や合理則を無視した自由心証主義違反はない。
　⑤一審では、被告人の防御権等当事者主義が保障されている。その一審が自由心証主義原理に従い、2度も「合理的疑い」ありとして無罪とした。これに検察官控訴を許し、被告人に長期かつ重い防御の負担を再度強いて後、職権主義が支配する控訴審なり上告審が有罪を宣告しても、有罪への「合理的疑い」は消えない。かかる有罪判決を導く控訴を許す手続自体が「疑わしきは被告人の利益に」の原理に反する。
　⑥検察官は、2度目の控訴理由中、事実誤認の主張との関連で、偽証罪の被

告人Tが差戻審段階で結審直前に弁護人を解任して公判手続分離の上最終陳述に臨んだ際、自己の偽証と被告人のアリバイ工作等を認める趣旨の最終陳述をした等の点を主張し、この意見書等も証拠調べ請求する予定のようである。また、園児2名の検察官取調べの一部に関する録音テープの証拠調べ請求も予定しているようだ（朝日新聞98年8月13日、同10月3日〔夕刊〕）。

だが、ともに差戻審段階で取調べができなかった「やむを得ない事由」（法382条の2第3項）、立証の必要不可欠性（法393条1項）の要件を充足するか疑問がある。T被告人の意見陳述書の内容は、新聞報道を総合すると、殺人事件・偽証事件ともに捜査機関と司法による権力犯罪と糾弾し無罪を訴えるトーンであり、検察官の主張と食い違う。しかも、園児の取調べの一部しか記録していない録音テープは、裁判官に予断と偏見を与える危険が高く、証拠の適切性を欠く。いずれも控訴審で取調べをするのに値するか疑問がある。なにより証拠の一審集中審理をせず、これを小出しにして控訴審でも証拠調べ手続に入ることを試みる控訴の方法自体不適切だ。

四 「控訴権消滅」論

では、かかる実質上不当な控訴を規制する権限は、控訴審裁判所にあるか。三で述べた諸事情は、検察官の再度の控訴に「上訴の利益」がないことを示す。かかる控訴の相当性を判断する権限は、控訴審に認められてもよい。控訴審は、実質的な意味での「控訴権消滅」を理由として控訴を棄却する権限がある（法385条1項）。

確かに、刑訴法上、控訴権は控訴申立期間の徒過によって消滅するのが原則だ。右期間徒過など形式上の瑕疵による控訴権消滅は、控訴受理裁判所である一審が既に点検すべき責務を負う（法375条）。ところが、法385条も、法令上の方式違反の他、「控訴権消滅」による控訴棄却権限を認める。もし期間徒過など形式的瑕疵だけを理由とするものならば、控訴受理裁判所たる一審と同一の権限を再度規定する意味は乏しい。学界の有力説は、一審における公訴権濫用が認められれば、法338条4号・公訴棄却で事件を処理してよいとするが、これと同じく、検察官の控訴権限の行使が相当か否か吟味する責務も裁判所にあっていい。法385条1項がその受け皿となる規定であって、実質的な意味での控訴権消滅の判断の責務が定められていると解釈できる。

本件の「上訴の利益」欠如は、口頭弁論を開くまでもなく、差戻審までで取調

べ済みの訴訟記録だけでも判断できる。第2次控訴審は、「控訴権消滅」を認めて、事実調べに入るまでもなく、法385条1項により控訴棄却の決定をすべきではないか。

[1]　最大判昭25・9・27刑集4巻9号1805頁、最判昭43・10・25刑集22巻11号961頁など。なお、最決昭55・7・4判示977号41頁参照。合憲説として、団藤重光「憲法39条と『二重の危険』」曹時1巻2号(1949年)79頁、平野299頁、団藤重光『刑事訴訟法綱要』(創文社、7訂版、1967年)505頁、柏木千秋『刑事訴訟法』(有斐閣、1970年)345頁、青柳文雄『五訂刑事訴訟法通論(下)』(立花書房、1976年)501頁、垣花豊順「検察官上訴の合憲性」争点(旧版)249頁、註釈(4)10頁〔藤永幸治〕、注解(下)30頁〔中武靖夫〕、土本武司『刑事訴訟法要義』(有斐閣、1991年)450頁、内田文昭他編『刑事訴訟法』(青林書院、1993年)296頁以下〔垣花豊順〕、条解(新版、1996年)786頁、大コメ(6)15頁〔原田國男〕など。

　なお、憲法39条の解釈については、佐藤幸治『憲法』(青林書院、3版、1995年)608頁以下、清野幾久子「検察官の上訴と二重の危険」憲法判例百選Ⅱ(1994年)262頁参照。

[2]　学説全般について、中野目善則「検察官上訴と二重危険」比較法雑誌17巻1号(1983年)49頁以下参照。他に、村瀬直養「検事上訴の違憲性について」法律新報757号(1950年)16頁、大塚喜一郎「二重危険の原則の適用について」判タ21号(1952年)35頁、上野裕久「検察官上訴の再検討」法セ217号(1973年)104頁、熊本典道『刑事訴訟法論集』(信山社、1988年)512頁以下、白取祐司「名張事件―一審無罪・二審死刑の不条理」法セ510号(1997年)12頁など参照。

[3]　坂口裕英「検察官の上訴と二重の危険」憲法判例百選(新版、1968年)125頁、庭山英雄『刑事訴訟法』(日本評論社、1977年)236頁、川崎英明「二重の危険と検察官上訴」別冊判タ7号(1980年)354頁、村井敏邦編著『現代刑事訴訟法』(三省堂、1990年)242頁〔白取祐司〕、庭山英雄・岡部泰昌『刑事訴訟法』(青林書院、1994年)255頁〔平田元〕、憲法的刑事手続研究会編『憲法的刑事手続』(日本評論社、1997年)504頁以下〔上野勝〕、刑弁コメ340頁〔富田真〕など。

[4]　田宮裕『刑事訴訟とデュー・プロセス』(有斐閣、1972年)384頁、小田中聰樹『刑事訴訟と人権の理論』(成文堂、1983年)391頁、高田496頁。

[5]　田宮裕編『ホーンブック刑事訴訟法』(北樹出版、1993年)274頁〔田口守一〕、田口守一『刑事訴訟法』(弘文堂、1996年)351、356頁。

[6]　田宮裕『刑事訴訟法入門』(有信堂、3訂版、1981年)282頁。同旨、横山晃一郎編『現代刑事訴訟法入門』(法律文化社、1983年)236頁〔高田昭正〕。

[7]　渥美東洋『刑事訴訟法』(有斐閣、新版、1990年)399頁以下。これを、重要・明白な誤りがあるときに限定する井戸田侃『刑事訴訟法要式』(有斐閣、1993年)274頁、事実認定に用いた採証法則の適用に判決影響性のある重大な誤りがある場合に限定する渥美東洋編『刑事訴訟法』(青林書院、1996年)293頁〔中野目善則〕も同旨。

第19章　甲山事件と破棄判決の拘束力

一　問題の所在——裁判の経過

　甲山事件の第２次一審である神戸地判平８・３・24判時1634号３頁（本無罪判決）は、殺人罪で起訴されていた被告人に対して２度目の無罪を言い渡した。
　事件は、1974年３月、兵庫県西宮市に所在する知的障害のある児童のための施設「甲山学園」で女子園児（ｍ子）が行方不明となったことにはじまる。２日後別の男子園児（ｓ男）も行方不明となった。同日の園内捜索の結果、両園児が寄宿する寮の裏手にある浄化槽からふたりの溺死体が発見された。警察は、園の保母であった被告人が男児を浄化槽に投げ込んだものとみて逮捕、勾留し取調べをした。その結果、概括的な自白は得られたが、証拠不十分のため、検察は処分保留で釈放した後に不起訴を決定した。しかし、1976年に検察審査会が不起訴不相当の議決をし、これを受けて神戸地検が第２次捜査を開始した。翌77年５月に園児のひとりＦ・Ｍが被告人が被害者を寮から連れ出すのを目撃したと供述をし、これをきっかけに他の複数の園児も被告人の被害者連れ出しのいずれかの場面をみたという供述が得られたとして、1978年に起訴した。
　だが、一審・神戸地判昭60・10・17判時1179号28頁は、自白の信用性、園児らの被告人による被害者連れだし目撃供述の信用性を否定し無罪とした。これに対して、検察官が控訴した。控訴審・大阪高判平２・３・23判時1354号26頁は、一審の判断には審理不尽・事実誤認があるとし、無罪判決を破棄し差戻しとした（本破棄判決）。被告人の上告は棄却され（最決平４・４・７）、1993年から神戸地裁で差戻審が始まったが、再度の無罪となった。
　これに対し、検察官は、２度目の控訴に及び、1999年２月から再度の控訴審の審理がはじまった。控訴理由のひとつとして、検察官は本無罪判決が１次控訴審判決の拘束力を誤って解釈・適用したと主張した。しかし、本無罪判決は、事実誤認に関する本破棄判決の判断に一定の拘束力があることを前提にしつつも、その拘束力が解放・消滅したと論じた。そこで、本稿では、ひとまず拘束力一般の対象、範囲を検討した上で、次に、本破棄判決のように審理不尽と事実誤認

を組み合わせた判決の拘束力についてさらに検討してみたい。

二　拘束力の対象——要証事実対象説と個別事実対象説

1　破棄判決の拘束力に関しては、裁判所法4条が「上級審の裁判所の裁判における判断は、その事件について下級審の裁判所を拘束する」と規定する。この拘束力は破棄の直接の理由について生じる（最判昭43・10・25刑集22巻11号961頁）。

この点について、本無罪判決は、「破棄の直接の理由となった判断」とは「要証事実に関する結論的事実認定についての判断」であり「一審判決の『被告人と公訴事実とを結び付ける立証が不十分としたこと』が誤りであるとの判示部分にあたる」とする。ただ、拘束力の原理は、事件が上級審・下級審を往復するのを遮断する必要にある。そこで、「右の要証事実に関する結論的事実認定の判断と直結する特定の点についての事実判断やその判断に必要な特定の証拠の証明力に関する判断」にも拘束力が及ぶとする。「当審としては、本件控訴審判決時と同一の証拠関係にある限り、一審判決のような『園児供述の信用性を否定する判断』、『被告人の自白の信用性を否定する判断』、『繊維鑑定結果そのものが犯行を裏付けるものとは解されないとする判断』はできない」とする。

控訴審判決の「総論」の「四　当審における事実取調の大要と当裁判所の判断の骨子」をみると右判断も頷けなくはない。判決は、本件公訴事実に関する主要な証拠が、自白調書、園児の捜査段階の検面調書と期日外証人尋問の調書、繊維鑑定の結果であると分析する。そのうち自白調書と繊維鑑定書に関して、「原判決がした信用性とその証拠評価などの判断については、記録に基づき審査することが可能」と判断している。園児証言については、「園児の知的能力や供述特性について十分な検討を加えたうえ、特にその初期供述がなされた状況を明らかにして、その信用性を判断すべきもの」とした。そして、精神遅滞児の供述特性一般に関して鑑定人数名、園児M・MおよびF・Mの初期の目撃供述に関して取調べをした警察官とその際の立会人の証人尋問をしたとまとめている。ついで、次のように述べる。

「園児供述に関しては、園児の知的及び供述能力やその置かれていた立場、特に学園関係者らによる口止め等罪証隠滅工作の有無とその初期供述をした時点の取調べ状況、また、自白に関しては、被告人のアリバイ及びアリバイ工作の有無、繊維の相互付着に関しても、本件犯行時以外に付着の可能性があったか

否かの点を取調べる必要があるものといわなければならず、結局原判決が以上の証拠調をすることなく、これらの事実を正視しないで、園児供述及び自白の信用性を否定し、また、繊維の相互付着の本件との結び付きを否定するなどした判断はこれらの点につき審理を尽くさず、ひいては事実を誤認したものである」。

　この部分を読むと、控訴審は、事実取調べの結果、要証事実がないとする1次一審判決の事実認定全体の吟味・検討を行なっただけではなく、積極的に要証事実の有無に関する独自の心証を形成したとみる余地がある。各証拠の信用性に関わる事実を「正視」しなかった審理不尽の結果、「ひいて」誤認するに至った「事実」は、要証事実を意味すると解釈できるからである。

2　が、本無罪判決が、拘束力の対象を「要証事実（つまり、検察官の起訴状記載の公訴事実）はないとはいえない」という判断と解釈したこと（要証事実対象説）には、以下の理由で疑問がある。

　①判例は、要証事実の有無に関する控訴審の判断には拘束力を認めておらず、これにそぐわない。

　最決昭32・12・5刑集11巻13号3167頁では、控訴審が、被告人・証人らの供述調書の信用性を認めず無罪とした一審判決について、採証法則に反して証拠の価値判断を誤り事実を誤認したことを理由に破棄したが、その際「有罪を宣告すべきにかかわらず無罪を宣告している」と述べた。最高裁は、控訴審の右判示部分について、「第一審判決が無罪の理由としたところに事実誤認、訴訟法違反があって、その誤りが判決に影響を及ぼすことが明らかである旨を判示する趣旨を出ないものというべきである」とし、差戻審は「本件につき必ず有罪の宣告をしなければならないというごとき拘束を受けるものではない」とする。

　東京高判昭61・10・29高刑集39巻4号431頁では、1次控訴審は、殺人事件に関する一審無罪を破棄した際、被告人の自白とその夫の証言の信用性がないとはいえないとするとともに、端的に「犯人は被告人であることが認められる」と述べた。しかし、2次控訴審である本判決は、拘束力があるのは各証拠の信用性がないとする判断は誤りとする消極的否定的判断に限られるとする。控訴審が、各証拠の信用性を肯定できるとし、その結果、犯人は被告人であるとした判断（要証事実の積極的肯定的判断）は、消極的否定的判断の「縁由」であって、拘束力は及ばないとしている。

　②拘束力に過剰な効果を与えると、控訴審の事実認定の優越性が強調されることになるが、疑問である。控訴審における証拠調べ手続上被告人の防御権を

保障するための根拠条文は乏しい。弁論能力はなく（法388条）、運用上被告人が防御に関する意見陳述をするにも、被告人質問を証拠調べとして請求し、裁判所の判断を仰がなければならない。しかも、証拠採否は裁判所の広範囲な裁量に委ねられている（法393条）。判例上、書面審査だけで無罪判決を破棄して有罪の自判をすることは許されないとされているが[1]、被告人の証拠調べ請求権を認める趣旨ではなく[2]、これも裁判所の裁量権限を制約するだけのものである。被告人に不利な事実の認定替えだけであれば、事実の取調べの要否は、やはり控訴審の裁量に委ねられている。破棄後、差戻しか自判かも、被告人の審級の利益を含めた訴訟経済などを裁量で考量し決める[3]。かかる控訴審の事実認定手続は、一言でいえば、職権主義的である[4]。

　他方、一審は、証拠調べ手続に関して被告人の請求権を認めるなど、当事者主義を貫く条文がある（例、法291、293、296、297、298条など）。刑訴法の原則に従えば、被告人の防御権が保障された上で自由心証主義により事実を認定する一審こそ、事実認定の責務を負うべき裁判の場である。とすると、控訴審の心証が一審の心証に優越する正当性の根拠は、三審制に伴う上級審の優越性でしかない（その根拠は裁判所法4条となる）。控訴審の判断の優越性を裁判所法で補強するのは、事実認定に関する刑訴法の原理を修正・制限することになる。それは、必要最小限度でなければならない。

　③要証事実自体が1次一審の証拠では認定できないというのが控訴審の判決の中核であるとすれば、それは法378条4号の理由不備にあたる。が、控訴審判決はそうした解釈をしていない。また、法382条は事実誤認が控訴理由となるのには判決影響性の要件を求める。要証事実の誤認もここに含まれると解すると、判決影響性は当然ある。要件付加の意味がない。同条は、判決影響性の有無を問題にできる程度の事実誤認でも控訴理由になることを認めるものだ。それは要証事実を構成する重要な個別事実を意味する。法379条の訴訟手続の法令違反も、判決影響性を要件とする。右条文は、一審手続全体が包括的に訴訟手続に違反する異様な事態を想定したものではない。個別・具体的な訴訟手続の法令違反であって判決影響性がある重大なものを控訴理由として予定している（例えば、違法収集証拠について重大な違法性を認め排除した一審につき、排除法則の適用の誤りがあれば、右瑕疵は判決の結論に直ちに影響する）。事実誤認も同様である。

　④要証事実対象説は、甲山事件の場合には、控訴審が有罪心証を形成していることを意味することになりかねない。差戻審は、実質上同一証拠状態であれ

ば、破棄判決の拘束力により有罪心証を形成せざるをえない。この場合、拘束力の解放には、無罪を端的に示す有力な新証拠の取調べを要するが、これでは控訴審の破棄判決の介在により、検察官の挙証責任が消滅し、反面で、被告人がかかる証拠提出に失敗すれば有罪になる。挙証責任が事実上転換してしまう。拘束力により検察官が負う有罪立証の挙証責任を免れるのはおかしい。

　3　事実誤認について、控訴審が争点となっている事実に関する心証を形成しなければ判断できないことは承認せざるをえない。ただ、常に要証事実（公訴事実）の有無についてまで心証を形成しなければ、当事者が争点とする個々の事実の誤認について判断できないものではない。個々の事実の誤認の有無について、関連する証拠に限定して評価し、心証を形成して原判決の当否を判断すれば足りる場合もある。

　本件控訴審が誤認を指摘した「事実」とは、園児証言、自白、繊維の相互付着に関する各証拠が信用できるとすれば、それぞれから推認できる事実をいう。ただ、他にその信用性を否定できる理由が見つかる可能性も残るので、その点の証拠調べをしない審理不尽を咎めて、控訴審は破棄、差戻としたと読むべきだ。

　仮に、本破棄判決の事実誤認の判断部分になんらかの拘束力が及ぶと解釈したとしても、それはかかる個別事実がないとは言えないとする限度である（個別事実対象説）。

三　拘束力の幅——積極判断拘束説と消極判断拘束説

　1　控訴審判決をみると、園児のうちM・M、F・Mの供述の信用性について「事件直前に被告人が被害者m男を連れ出したとする被告人の犯行を結び付ける事件の核心的部分に関する供述は信用できるとみるべきである」旨述べ、被告人の自白について「その都度の供述時には被告人の自由な意思が残され供述したもので虚偽のものとは考えられない」旨述べた部分がある。

　検察官は、差戻審の論告では、かかる積極的・肯定的判断も拘束力があると論じた（積極判断拘束説。控訴趣意書での主張は後述）。これに対し、本無罪判決は、「拘束力が及ぶのは、要証事実に関する結論的事実認定についての判断であり、それは、具体的には『被告人と公訴事実とを結び付ける立証が不十分としたことが誤りである』という消極的、否定的判断であり、それ以上に『被告人と公訴事実とを結び付ける積極的、肯定的判断ではない」とし、「特定の点につ

いての事実判断やその判断に必要な特定の証拠の証明力に関する判断にも拘束力が及ぶのは、右の要証事実に関する結論的事実認定についての判断と直接結びついているからであり、その意味において、その判断は右と同様に消極的、否定的判断に限られるべきである」とする（消極判断拘束説）。拘束力の内容に関するこれらの理解は適切か。

2　拘束力は、通常、事件が上級審と下級審の間を往復し無用の手続が繰り返されるのを防止するため、上級審の破棄差戻の裁判に認められる法効果である[5]。拘束力の対象は上級審が当該事件の争点の解決に必要な限度で示した具体的な法律解釈と事実に関する判断である。また、判例上「破棄の直接の理由、すなわち原判決に対する消極的否定的判断についてのみ生ずるものであり、その消極的否定的判断を裏付ける積極的肯定的事由についての判断は、破棄の理由に対しては縁由的な関係に立つにとどまりなんらの拘束力を生ずるものではない」とされている（前掲最判昭43・10・25。「縁由」排除説）。

　他方、学界では、次の理由から、消極判断と不可分一体となっている事実に関する積極判断、これを支える証拠が信用できるとする証拠評価の積極判断にも拘束力が及ぶとする説が有力である。①事実に関しては、消極判断と積極判断は択一的関係にあるから、「否定＝肯定の一体化した判断」が拘束力を持つとみるべきだ、②事実を導く証拠と事実の関係は「縁由」と捉えられず、「証拠―結論」の関係があるだけで、縁由と証拠を混同するのは「あやまった方法」だ、③したがって、事実に関する積極判断とこれを支える「証拠状態」にも拘束力が及ぶとされている[6]。

　だが、上述のように上訴審の事実認定手続の限界を考慮すると（二2参照）、消極判断の限度で拘束力を認めるのが妥当だし、次の理由からも事実及び証拠の信用性に関する積極判断に拘束力を認める実質的な意味はない。

　①審理不尽の結果、事実誤認があるとする破棄判決については、事実の消極判断と積極判断は法的に区分可能である。

　確かに、控訴審が調べた証拠を前提とする限り、事実に関する消極判断とこれを支える証拠の信用性に関する消極判断は動かしようがない。そして、事実認定に関する「心理」の法則としては、積極判断と消極判断は不可分一体であろう。だが、本件破棄判決は、審理不尽も理由とする。差戻審は、証拠調べを義務づけられる。証拠調べ済み証拠が信用できるとする判断とそこから推認できる事実があるとの積極判断は、証拠関係が変われば意味を失う。判決自体が証拠状態

の変質・変容を予定しているのに、その中の積極判断部分に拘束力を認める意味は、法的にはない。

②確かに判例の言う「縁由」の意味は定かではない[7]。が、証拠とその評価を混同しているものではなく、あくまで破棄の直接かつ消極的な判断に限定する趣旨は読みとれる。

③一般には事実誤認のみ摘示する破棄判決は事実上考えにくいが、その場合でも差戻審は、破棄判決と同一の事実認定を義務づけられるものではない。また、新たな証拠調べを禁じられるものでもない[8]。証拠調べについては破棄判決に伴う解放力により[9]、再度自由に行える。その結果、実質的な新証拠が全く提出されない希有の場合であっても、挙証責任のある当事者がこれを果たさなかった事実を含めて証拠の再評価をしなければならない（後述四参照）。また、通常は証拠構造が変わる。いずれにせよ証拠構造は変質する以上、積極判断に拘束力を認める意味は薄れる。

3　裁判所法4条の拘束力を上級審の裁判の確定の一効果と理解すると、積極判断拘束説が説得力を増す（既判力説）。確かに、破棄・差戻判決が確定すると、その上訴に関する訴訟手続が終局し、同一の上訴が禁じられる（不可争効）。そして、事件を原審に戻す手続の執行が司法行政機関たる裁判所の義務となる（執行力）。これらは裁判確定の効果（既判力ないし確定力）である。既判力ないし確定力は、訴訟の争点である法律点・事実点に関する裁判所の具体的な意思表示が法的に変更不能になった状態を前提にする。事実の有無に関する具体的な判断、これを推認させる証拠の価値評価も変更不能となる。拘束力が、かかる状態に伴う法律効果であると解釈するのであれば、事実の有無の判断を消極・積極に分けて前者のみ拘束力の範囲に含める意味はない。

だが、破棄判決の拘束力は既判力ないし確定力の効果ではなく、裁判所法4条が特に付与する法効果とみるべきだ（成法上の特殊効力説）。次の理由による。

①破棄判決の拘束力は、原審の瑕疵を上級審の命令に従って差戻審が修正・訂正する義務付けに意味がある。上級審の事実点・法律点の判断は、差戻審が右命令に従い、新証拠の取調べを行えば前提を失う仮定的なものである。既判力ないし確定力の結果として認めるべき裁判内容の不可変更性は、本来必要がない。

②事実及び証拠に関する積極判断も拘束力があると解するならば、その拘束力を解放するには、差戻審で再審事由に準ずる程度の新規・明白な証拠が提

出されて控訴審の判断の実質が揺らぐ証拠状態になることが必要になりかねない[10]。だが、破棄判決の「拘束力の解放」に関しては、通常は新たな証拠の取調べで足りると解されている（但し、後述四参照）[11]。これは、既判力より柔軟な法効果であることを前提にしたものだ。

③破棄判決の拘束力が、裁判の本質である既判力ないし確定力の一部であるなら、刑訴法で規定すべきである。組織法である裁判所法で認めるのは筋が違う。また、既判力・確定力は裁判の本質として刑訴法上明文はなくとも認められている。これと別に裁判所法4条がある以上、独自の法効果が予定されていると解釈するのが自然である。

4　ただ、積極判断拘束説は、有罪判決を破棄する場合、被告人の防御の利益を尊重するものとなる点で、意味があるのではないか。例えば、自白など有罪証拠が信用できず、その限度で事実誤認があることを理由に破棄・差戻が言い渡されたとき、「自白は信用できない」「自白から推認される事実はない」という積極判断にも拘束力を認めるほうが被告人の防御の利益を守れるのではないか。

しかし、一審における自由心証主義、自白の信用性に関する検察官の挙証責任、検察官が「合理的疑いを超える証明」を行なう責任をもつことを考慮すると、「自白は信用できるとは言えない」「自白から推認される事実があるとは言えない」という消極判断は、差戻審の心証形成上、自白の信用性に関する「合理的疑い」として表れる。検察官が、右「合理的疑い」を払拭する相当有力な有罪の根拠を示さない限り、自白の信用性を回復させることはできない。「自白は信用できない」「自白から推認される事実はない」という積極判断に拘束力を認めなくとも、十分に被告人の防御の利益を尊重できる。

かくして、仮に、本破棄判決の事実誤認の判示に関して拘束力を認めるとしても、それは消極的判断の限度である。つまり、審理不尽がある証拠状態のままでは、原審が述べた理由によって、「自白と園児供述を信用できないとはいえず、繊維が犯行時に付着したものではないとはいえない」（証拠に関する消極判断）、だから「自白と園児供述から推認できる事実はない、繊維は犯行時に付着したものではないと判断できない」（事実に関する消極判断）、以上である[12]。

四　拘束力の消滅──証拠基準説と手続基準説

仮に、事実誤認部分について、拘束力があると解釈した場合、差戻審では、

新たな証拠調べが行われた。この場合、右拘束力は消滅しているか。やや問題がある。例えば、園児のうち、M・MとF・Mの初期供述の状況や精神遅滞児としての知的能力・供述能力について、既に控訴審自身が取調べを終えている。が、控訴審判決は、なおそれらの点も含めて証拠調べを命じた。また、F・Mに対する口止め等の罪証隠滅工作の有無に関して差戻審で取り調べられた証拠は少ない。この結果、差戻審では、２人の供述の信用性に直接関連する意味のある証拠調べはないと言えばない。
　この点について、控訴趣意書は、①「新たな証拠」であって、②「破棄判決の結論を再考するのが相当と考えられる程度」の証明の重みがなければ、拘束力の解除効は生じないとする（証拠基準説）[13]。本件の場合、上記事情のため、事実と証拠に関する控訴審の積極判断の拘束力が残るとする（なお、差戻審で園児供述の信用性を増強する立証に成功したとも主張している）。
　が、仮に本破棄判決の事実判断に拘束力を認めるとしても、それは事実と証拠の消極的否定的判断にしか及ばない上（三参照）、次の理由でその拘束力も消滅したと解すべきだ。
　①破棄後の差戻審でも、挙証責任は検察官が負担する。拘束力により検察官の挙証責任を軽減し、被告人にこれを転換することは認められない[14]。M・MとF・Mの供述の信用性を肯定する控訴審の判断を覆す証拠を被告人側が提出する責任はない。口止めのあったことは、検察官が証明すべき責任を負う。また、差戻審は、通常一審より重い職権探知の責務を負担することはない。差戻審が、拘束力によって負担する証拠調べの責務は、争点を当事者に明示し挙証責任を負担する側に証拠提出を促すことで尽き、職権で新たな証拠を現につけ加わえるべき責務はない（手続基準説）[15]。
　②検察官の主張は、再審開始手続での心証形成に関する孤立評価説と似ている。しかし、事件はまだ終局はしていない。本案に関する事実の有無は、未解明である。差戻審は、新証拠だけで破棄判決の積極判断を揺るがすかどうか吟味する必要はない。むしろ、証拠評価は相互に関連し総合的に行わなければならない。本無罪判決が指摘するように、「本件控訴審判決が前記のように特定の事実あるいは証拠の証明力について事実誤認として判示している点については、それぞれが独立して直ちに要証事実に関する結論的事実認定についての判断と結び付いているものではなく、それぞれが直接あるいは間接に影響し合ってその信用性が判断されるべきものであり、そのことによって右結論的判断と直結している」。

③本件では、検察官は、園の元職員や被害園児の母親らの証人尋問などによって口止めのあったことや目撃供述の信用性があることの立証を試み、被告人側は、口止めをしたとされる職員に右園児が親しげにまとわりつく様子を伺わせる児童記録など証拠提出している。差戻審は、F・Mの証言については、破棄理由に関する証拠調べ手続を実施し、現に新たな証拠を取調べた。さらに、被告人のアリバイ等他の争点に関連する証拠が新たに取調べされている。上記２名の園児供述の信用性は、それら証拠全体と関連させて総合評価する必要がある。また、園児供述の信用性について、検察官が「合理的疑いを超える証明」＝挙証責任を果たしていないとすれば、これも証拠状態を変容させるあらたな事情である。上記２名の園児供述に限っても証拠構造は変容している。

五　審理不尽・事実誤認の破棄判決と「拘束力の吸収」

１　本破棄判決「各論」の「結論」では、園児供述、自白、繊維鑑定それぞれに関して二１の総論と同趣旨の審理不尽を指摘した上で、「その結果、当然これらの証拠により認めるべき事実の認定をしない誤りをおかし、被告人と犯行を結び付けるその他問題となる事実に対する検討を加えないで、被告人と公訴事実とを結び付ける立証が不十分としたことは、そのこと自体判決に影響を及ぼすこと明かであり、原判決は到底破棄を免れない」とする。審理不尽と事実誤認がともに判決影響性の要件を満たすことを説明したものだ。そして「刑訴法397条１項、379条、382条により原判決を破棄」すると述べる。

　このため、本無罪判決は、事実誤認に関しても拘束力の範囲を慎重に吟味した。ただ、破棄判決の判文上事実誤認は審理不尽の判決影響性（法379条）を認める限度で指摘しただけと読む余地がないでもない。また、本破棄判決の指摘する事実誤認は審理不尽から直接生じる範囲に限られ、両者は一体・不可分である。この場合、事実に関する控訴審の消極的否定的判断に拘束力を認め、その後差戻審でなされる証拠調べ手続の態様を考慮して拘束力が消滅すると解釈することに実質的な意味があるのだろうか。

２　最初に、控訴審による事実誤認の判断の「重み」から考えたい[16]。事実認定の正当性の点では、自由心証主義、当事者主義、直接主義が保障される一審の認定こそ尊重すべきである。控訴審の判断が優越するには、事実「誤認」の意味の限定解釈を要する。それは、一審の事実認定における経験則・合理則違反

の有無と解すべきだ。一審は、証拠から事実を導くとき大小さまざまな経験則・合理則を意識的・無意識的に適用する。そのプロセスの誤りは、自由心証主義（法318条）違反たる訴訟手続の法令違反というほど重大なものでないものが無数にある。これを点検するのが、控訴審の事実誤認に関する審査の責務である。

例えば、甲山事件では、自白の信用性に関連して、動機の合理性が問題になる。被告人は、事件当時22歳である。地方の短大で福祉関係の仕事につくために勉強し、望んで知的障害のある児童の施設の職員になる。検察官の冒頭陳述では、その被告人が、事件2日前に夕食に遅れた園児m子を探しているとき、浄化槽で遊んでいるところを発見し、「被告人Yが、『m子』と呼びかけたところ、右m子がよろけて、蓋の開いていた浄化槽のマンホールから同槽内に転落した。被告人Yは、m子が槽内に転落したことが発覚することによって当直者としての責任が問われるのをおそれて狼狽する余り、m子を救助するための手段を講ずることなく直ちに右マンホールの蓋を閉めて同所を立ち去った」とされ、さらに、その園児を捜索する園の活動には積極的に参加しつつ、2日後に自己がm子を殺害したと疑われることを悩み、「別の同僚収容児童が行方不明となれば、自己にm子殺害の嫌疑がかかるのを回避できるものと考え、そのため、右児童1名を死体が容易に発見される危険のない浄化槽に投げ込んで殺害したうえ、同児童が行方不明になったもののごとく装うことを企てた」という。

かかる動機形成が不自然か否か、右検察官主張に沿う自白調書の記載（昭49・4・19員面）が信用できるかどうかは、本件の重要な争点の一つだ。1次一審は右動機を不自然とし、2次二審は不自然ではないとした。ここでは、人間観察に関する一定の経験則がそれぞれの判決の前提にある。しかし、控訴審は、動機の有無に関する自己の心証と原審の心証とを直接対比させたのみである。原審判決に潜む経験則・合理則の不備ないし瑕疵が何かを説明していない。事実「誤認」に関する控訴審としての役割は果たされていない。それだけに、事実誤認の判断に拘束性を認めることは疑問である。

破棄理由として審理不尽が掲げられている以上、差戻審は新たに証拠調べを行う責務を負担する。差戻審は、検察官・弁護人に新たな証拠調べ請求をする機会を提供しなければならない。通常は新たな証拠が取り調べられる。ただ、挙証責任を負担する側が新証拠を提出できなかった場合、事実認定上かかる手続状態も新たな資料になる。この意味で証拠構造は法的に必ず変容する。事実誤認の部分に法的な拘束力を認めても、実質上は意味がない。

そこで、審理不尽を直接の理由とする事実誤認の判断に関しては、その拘束

力は審理不尽に関する拘束力に吸収されると解釈するのが適切ではないか。したがって、本破棄判決は、審理不尽の点についてのみ差戻審に対し拘束力を有するとみるべきではないか[17]。

3　本件は、事件以来25年、起訴後20年を超える長期裁判となっている。2次控訴審で時間をかけても、被告人の防御権を侵害せず、かつ真実解明につながる新たな重要証拠を取り調べできる可能性はあるか疑問が残る。むしろ、当事者主義の貫徹する一審が、2度の無罪判決を言い渡した事実を重く見て、控訴審は迅速に控訴棄却とすべきではないか。

[1]　さしあたり、最大判昭31・7・18刑集10巻7号1147頁参照。
[2]　さしあたり、最判昭57・3・16刑集36巻3号260頁（一部無罪、一部有罪に対する控訴審で、被告人質問のみ行い、無罪を破棄し有罪とした審理であっても、憲法31条、37条1項、2項に反しないとした）。
[3]　さしあたり、大コメ(6)425頁〔原田國男〕参照。
[4]　控訴審での事実取調べの問題について、後藤昭「控訴審における破棄と事実の取調べ」『刑事裁判の復興（石松竹雄判事退官記念論集）』（勁草書房、1990年）389頁、香城敏麿「控訴審における事実誤認の審査」『松尾浩也先生古稀祝賀記念論文集（下）』（有斐閣、1998年）621頁参照。
[5]　例えば、最決昭39・11・24刑集18巻9号639頁。なお、田宮470頁参照。
[6]　さしあたり、田宮裕『一事不再理の原則』（有斐閣、1978年）419頁以下。他に、同『刑事訴訟とデュー・プロセス』（有斐閣、1972年）389頁。
　　　学説の整理につき、前掲注[3]400頁以下〔原田國男〕参照。他に、中武靖夫「破棄判決の拘束力」刑事訴訟法講座(3)(1974年)141頁、筑間正泰「破棄判決の拘束力」高田卓爾・田宮裕編『演習刑事訴訟法』（青林書院、新版、1984年）425頁、山本正樹「破棄判決の拘束力」別冊判タ7号(1980年)360頁等参照。
　　　消極判断拘束説として、さしあたり、井戸田侃「破棄判決の拘束力」ジュリ300号(1964年)339頁、平場安治「破棄判決の拘束力」佐伯千仭『生きている刑事訴訟法』（日本評論社、1965年）301頁、井上正治『判例学説刑事訴訟法』（酒井書店、新訂版、1966年）360頁、臼井滋夫「破棄判決の拘束力」百選（新版、1971年）219頁、木梨節夫・船田三雄・最判解[1968年]326頁、平出禾『刑事訴訟法研究』（酒井書店、1975年）238頁、小田中聰樹『刑事訴訟と人権の理論』（成文堂、1983年）414頁、注解（下）25頁〔中武靖夫〕、渥美東洋『刑事訴訟法』（有斐閣、新版、1990年）423頁、石丸俊彦他『刑事訴訟の実務（下）』（新日本法規出版、1990年）560頁〔仙波厚〕、土本武司『刑事訴訟法要義』（有斐閣、1991年）449頁、石丸俊彦『刑事訴訟法』（成文堂、1992年）551頁、井戸田侃『刑事訴訟法要説』（有斐閣、1993年）261頁など。
　　　積極判断拘束説として、さしあたり、高田卓爾「破棄判決の拘束力」井戸田侃編『判例演習講座(9)刑事訴訟法』（世界思想社、1972年）331頁、宇津呂英雄「上級審の

判断の拘束力」別冊判タ7号（1980年）225頁、能勢弘之他『講義刑事訴訟法』（青林書院、1984年）270頁〔長井圓〕、高田495頁、小田中聰樹「破棄判決の拘束力」百選〔5版〕231頁、後藤昭「破棄判決の拘束力」庭山英雄・森井曠編『刑事訴訟法100講』（学陽書房、1986年）229頁、後藤昭・ジュリ862号（1986年）191頁、鈴木258頁、河上和雄『最新刑事判例の理論と実務』（信山社、1990年）339頁、大出良知「破棄判決の拘束力」の争点247頁、宇津呂雄郎「破棄判決の拘束力の両面性」東條伸一郎・山本和昭編『刑事新判例解説3・刑事訴訟法』（信山社、1992年）49頁、岡部泰昌「破棄判決の拘束力」百選〔6版〕199頁、内田文昭他編『刑事訴訟法』（青林書院、1993年）305頁〔垣花豊順〕、庭山英雄・岡部泰昌編『刑事訴訟法』（青林書院、1994年）277頁〔田淵浩三〕、福井厚『刑事訴訟法講義』（法律文化社、2版、1994年）393頁など。

[7]　光藤景皎「八海事件」ジュリ433号（1969年）151頁。

[8]　八海事件1次上告審判決は、内容上は審理不尽を指摘しているが、破棄の理由としては事実誤認・411条3号しか挙示せず、審理不尽・411条1号は掲げていない。が、2次控訴審・広島高判昭34・9・23刑集16巻6号1038頁は、多数の証人尋問を含む証拠の全面的な検討をした上で無罪を言い渡している。2次上告審・最判昭37・5・19刑集16巻6号609頁は、411条1号と3号両者を挙示している。

[9]　破棄判決の解放力について、さしあたり、東京高判昭41・9・14高刑集19巻6号656頁。なお、横井大三『刑訴裁判例ノート（5）』（有斐閣、1972年）32頁参照。

[10]　田宮・前掲注[6]一事不再理の原則420頁は、反対趣旨の証拠資料の発見を要求する。

[11]　平野324頁、岡部泰昌「破棄判決の拘束力」田宮裕・高田昭正編『演習刑事訴訟法』（青林書院新社、1972年）4〜5頁、註釈(4)233頁〔香城敏麿〕、小田中・前掲注[6]413頁、注解（下）25頁〔中武靖夫〕、後藤昭・前掲注[6]刑訴法100講229頁、大出・前掲注[6]247頁、鈴木258頁、岡部・前掲注[6]百選〔5〕199頁、松尾（下）（1993年）238頁、田宮裕編『ホーンブック刑事訴訟法』（北樹出版、1993年）282頁〔田口守一〕など参照。

[12]　判例も、事実点については、消極判断に限定して拘束力を認める。福岡高判昭53・2・24刑月10巻1＝2号81頁参照。大阪高判昭59・9・13判タ548号286頁は、控訴審が、書面審理のみで法321条1項2号前段の検面調書の証拠能力を肯定し、原審無罪判決を破棄した場合、信用性の情況的保障や特信性など事実判断の面が強い要件に関する積極的肯定的判断まで拘束力を認めると、事実の取調べ手続を経ないで一審が認定しない不利な事実を認めることになるから妥当でないとする。

法令解釈については、上級審が新たに示す判断自体が拘束力を持つ。東京高判昭58・12・15刑月15巻11・12号1193頁は、上訴審が下級審のした法令解釈の誤りがあるとし、これにかわる正当な法令解釈を示した場合には、「その解釈適用上の判断は裁判所の有権的な判断となるのであるから、破棄差戻の裁判についてのみ上訴審の判断が優越する場合を限定し、消極的な判断のみが拘束力を有すると解するのは相当でない」とする（上告審・最決昭62・12・21裁判集（刑事）247号1357頁参照）。他に、最大判昭25・10・25刑集4巻10号2134頁、最決昭39・11・24刑集18巻9号639頁、長野地裁佐久支判昭46・9・8刑月3巻9号1203頁、東京高判昭53・12・7判

時935号128頁、広島高判昭57・10・26高裁速報1982年575頁参照。
[13]　証拠関係の実質的な変動をもたらす程度の新たな証拠調べを必要とする説として、平出禾・前掲注[6]246頁、宇津呂英雄「上級審の判断の拘束力」別冊判タ7号(1980年)225頁、田宮・前掲注[6]一事不再理420頁(但し、田宮471頁は新証拠の取調べで足りるとする)、能勢他編・前掲注[6]270頁〔長井圓〕。松尾編454頁〔佐藤文哉〕、大コメ(6) 406頁〔原田國男〕など。
[14]　札幌高判昭46・1・14判タ259号217頁参照。一審無罪判決に対する検察官控訴について、重要な事実に関する証人尋問を職権でも試みたが、被告人の責めに帰すべからざる事情で証人が行方不明で不可能となった場合、原判決の認定が明白な経験則に違反し著しく不合理な場合でない限り、原判決を破棄できないとして、控訴を棄却している。
[15]　なお、東京高判昭27・7・11高刑集5巻7号1111頁は、差戻審は審理不尽の点について検察官が新たな証拠調べ請求をしない場合にも、職権証拠調べの義務を負うとする。同旨、大阪高判平5・8・24判タ846号296頁。
[16]　諸説につき、大コメ(6) 237頁以下〔原田國男〕参照。
[17]　念のため、大阪高判平3・11・19判時1436号143頁のように、審理不尽を指摘せず事実誤認のみを破棄理由とする場合、消極判断拘束説の限度で事実判断について拘束力が生じる。

　　　検察官・控訴趣意書(平10・8・14付け)の破棄判決の拘束力論は、論告と微妙に異なる。「差戻し後一審におけるさらなる証拠調べの結果によっても拘束力が解除されなかった時、差戻し後一審は、上級審の破棄判決の消極的否定的判断に拘束されることにならざるを得ないので、その判断に反しない限度での認定を行うべきことになり、その結果、反射的に、その消極的否定的判断と論理的に表裏の関係に立つ積極的肯定的判断を事実上せざるを得ないこととなる」とし、かかる限度で控訴審判決の積極的肯定的判断には一審に対する拘束力があるとする。

　　　しかし、控訴趣旨書が、上記の意味での積極的肯定的判断と「合理的疑いを超える証明」がある判断を同視しているとすると、妥当ではない。例えば、「自白は信用できないとはいえない」という控訴審の判断があっても、「自白は信用できる」、故に「自白内容である事実は真実である」ことについて「合理的疑いを超える証明」があったとみなすことはできない。拘束力が解除されなかった場合、差戻審が法的に拘束されるのは消極的否定的判断の限度である。破棄判決が介在していても、一審は事実認定の鉄則である「合理的疑いを超える証明」の原理と検察官の挙証責任の原理に従わなければならない。

　　　弁護側も、差戻審の弁論では、消極的否定的判断拘束・拘束力解除を柱としていたが、答弁書(平10・11・30付け)では、これと異なる二本柱の主張をしている。まず、破棄の理由は実質上審理不尽・訴訟手続の法令違反に尽きると解釈し、証拠と事実の判断に関しては拘束力は生ずる余地がないとする。本稿で論じた拘束力吸収と近い理解である。次に、本件破棄判決は、例えば、自白は信用できないとは断言できないと述べ、差戻審でアリバイやアリバイ工作の有無など争点を摘示しさらなる証拠調べを命じ、よって自白の信用性を判断することを求めた。自白の信用性を断定せず、むしろ判断をオープンにしていると理解する。そこで、かかる本件特有の証拠判断の

構造上、右判断から事実は認定できないとする。とすると、拘束力を生ずる事実に関する消極的否定的判断は本件ではなされていないと解釈でき、したがって事実判断に関する拘束力はおよそ生じないとする。

　ただ、後者の場合でも、「自白内容である事実はないとはいえない」という限度での事実認定はできる。法的にこの限度での事実判断の拘束力もないとまでは言えない。

第5部 司法改革──21世紀刑事司法を考える

第20章　被疑者取調べと司法改革の視点

一　「取調べ状況観察記録書」と問題の所在

　「被疑者の取調べの適正さを確保するため、その取調べ過程・状況につき、取調べの都度、書面による記録を義務付ける制度を導入すべきである」。
　2001年6月に公けにされた司法制度改革審議会（以下、審議会）の最終意見書（以下、本意見書）は、かかる制度を提言した（本提言。提案された書式を「取調べ状況観察記録書（以下、観察記録書）」とする）。
　そして、「制度導入に当たっては、記録の正確性、客観性を担保するために必要な措置（例えば、記録すべき事項を定めて定式的な形で記録させた上、その記録を後日の変更・修正を防止しうるような適切な管理体制の下で保管させるなどの方法が考えられる。）を講じなければならない」とする。
　本提言について、司法改革を推進する実践的な観点から「それ自体として、取調べ可視化への出発点とみることができる」とする評価もある[1]。他方、観察記録書には、ある程度まで取調べの態様や内容まで記載しないと意味がないが、それができる人的金銭的な面の対応が可能か疑問を呈する向きもある[2]。また、提言が弁護人立会を認めない点で弾効化・当事者主義化が達成されておらず、録音・録画を導入しなかった点で可視化・客観化も不徹底であるとみて「『改革』の名に値するのかという疑念」が法理論面から投じられている[3]。
　以下、①本意見書の総論が立脚するいわば司法積極主義との関連、②憲法原理と司法改革の接点との関連、③取調べの有り様との関連などの視点から本提言を検討したい。

二　司法「公共性の空間」論と取調べ適正化

1　最初に、本意見書の立脚点に立ち返っておきたい。意見書は、明治維新以来の近代日本が培ってきた三権のバランスを変え、現行憲法の下であっても「司法」を「公共性の空間」として位置付けて、国家政策の当否をチェックする重い責

務を果たすことを基本視座とする。

　戦後の55年体制の下では、司法の姿は大局的には「司法消極主義」と表現できる。官僚が主導する政策を国会が立法により支えていくプロセスに、司法は基本的に介入を避けてきた。この消極性によって行政主導の国家体制を維持することに貢献してきた。

　しかし、意見書は、司法を巡る構造改革を提示した。政治が政策型の立法を主導して国会でこれを制定し、官僚機構はこれを効率的円滑に実施する体制を前提にし、その政治の優位性に対して司法が積極的にチェックをする新しい役割を掲げた。司法に関する憲法原理を司法積極主義に変える提言だ。

　むろん、かかる総論の視座が被疑者取調べ適正化等具体的個別的な課題に直接の答えを示すものではない。しかし、個々の制度設計は司法のかかる性格付を前提にしたものとみてよい。

2　さて、取調べ適正化との関連で、最高裁刑事局自身は自白の任意性に関する公判廷における立証の困難さを強く認識していた。次のようにまとめられている。

　「(1)取調官の証人尋問等が行われても、取調官証人は、強制、誘導等の違法又は不当な取調状況を否定することばかりに力を入れ、どのような取調べの経過、状況の下で、被告人の供述が変遷し、否認から自白に転じるに至ったのかについて、具体的な事実を示して、積極的に説明しようとする態度に欠け、とりわけ弁護人の尋問に対しては、記憶がない旨を繰り返したり、質問にまともに答えず、はぐらかしたり、曖昧な供述で逃げを図ることが多いこと」、「(2)これに対し、これまでの実務では、尋問に当たり取調べの全体的な経過や状況を明らかにする必要性が明確に認識されず、また、これを訴訟の場にのせる実際的な手立てを欠いていたため、取調べの開始や終了時間、取調官の氏名など最も基本的な事項についてさえ、明確な供述が得られず、尋問が入口から混乱し、他方、弁護人もこれを把握し得ないまま、反対尋問を行っていたため、『逃げ』の態度に終始する証人に対し、具体的な事実に基づく突っ込んだ尋問ができず、結局、被告人の言い分と取調官証人の証言とのいわば水掛け論に終わっていたこと」[4]。

　裁判傍聴をしていても、被告人質問によって取調べの不当性を摘示し、その後取調べに関与した警察官などの証人尋問が行われる事例が少なくない。

　が、被告人も、かなり時間を経てから取調べの様子を公判廷で再現することになる。取調官の氏名や不当な事態があった日時、経過などを詳細に記憶できて

いる訳でもない。

　他方、警察官の証人尋問に数開廷を要することもある。裁判の遅延の一因になっている。しかも、被告人と警察官の供述の信用性の争いについて判断する客観的な証拠や状況証拠が乏しいことも珍しくない。証拠能力に関する事実の取調べは、ベストエビデンスに基づく事実認定を必ずしも約束できない面があった。

　3　もとより司法サイドはこの問題に手を拱いていたのではない。80年代後半から90年代前半にかけて、実務上取調経過一覧表（以下、一覧表）を使って自白の任意性立証の一助とする運用がみられた。裁判所が検察官に取調べ時間、取調べ場所、取調官氏名、調書作成の有無など取調べに関する外形的事実のとりまとめを求めるものである。

　検察官は、被疑者留置規則5条で作成が義務づけられている諸資料（留置人名簿、同金品出納簿、同接見簿、同文書発受簿、同診療簿、監守勤務日誌）や犯罪捜査規範13条による備忘録などをもとにこれを作成した[5]。

　一覧表の役割は、取調べの回数・時間を中心とする外形的な経過を明らかにすることにあった。被告人が主張する不当な取調べが取調べ全体の中でいつ頃どのようにして行われたのかが明確になる。この結果、根拠のある任意性判断ができる枠組みが得られる、と指摘されている[6]。実際にも、検察官面前調書の証拠能力について一覧表を利用した立証の結果、特信性が否定された事例が報告されている[7]。

　だが、こうした運用は定着しなかったようだ。最近、ある裁判官が刑事弁護からみた任意性立証に臨む姿勢をまとめた文書でも、一覧表作成を裁判官・検察官に働きかけ、その利用の中で根拠となった各種の捜査資料の開示を求めることは特に触れられていない。捜査段階の接見時から取調べ状況に関する客観証拠を収集把握することを一般的に提言するのにとどまる[8]。運用が立ち消えた背景には、検察官が作成に消極的であったことが一因であったのかも知れない。

　本審議会の際、最高裁サイドは、「公判において捜査段階での供述の任意性、信用性が問題になった場合に、その判断に困難を来している現状にかんがみ、誤判防止の観点からも、取調べ段階で捜査官がリアルタイムで『取調経過表』を作成するなど、客観的な手段で供述の状況が把握できるような方策が必要である」旨述べた[9]。一覧表類似の資料を確実に確保する運用を法的に裏付けることをとりあえず求めたものだ。これは上記の背景に照らすと十分理解できる。

4　しかし、一覧表の運用が立ち消えたのは、争いの焦点となる違法不当な取調べの立証には直接には役立たないことにも一因があったのではないか。

　例えば、自動車運転中の被告人が職務質問を受けたが無免許の発覚をおそれて逃亡しパトカーに当て逃げをした後発覚を免れるため知人に虚偽供述を求めたとして、証人威迫・強要罪で起訴された事件で、大阪地決平14・4・18（平12(わ)679、証拠等関係カード記載）は、「警察官から、被疑事実に対する認否が保釈の成否の決定的な分かれ目である旨を告げられ、保釈を得たい一心で自白に至った可能性、ひいては、警察官が、その点を殊更利用して、自白の獲得を図った可能性を否定できない」とした。

　公判廷で、被告人は「公務執行妨害まではのんでいってくれよと、わしたちの面子はここまでやから、これ全部のんでいってくれよと、なら否認じゃないから保釈も効くやろうと、で、次の日ですか、取調べのときに、調べたところ保釈は効くぞと」という説明を受けた旨供述した。しかし、証人となった担当取調官は「保釈という言葉を使ったことあるわな」との弁護人の答えに「ないと思いますけど」と応じた。裁判所は、取調べ等に関する留置人出入簿、検察官調べのための護送日時を関係機関に照会して得た回答などを検討し、上記の理由により員面調書などの証拠能力を認めなかった。

　また、京都地決平13・11・8判時1768号159頁は、「A刑事が、取調べに際して、被告人に対し、暴力団構成員を意のままに用いて、被告人の家族に危害を加える旨申し向けた点は、取調べの手段方法として許容される程度を大きく逸脱した違法・不当なもの」とし、「扁桃腺の持病を持つ被告人がタバコの煙を苦痛と感じているのを知りながら喫煙を続けるなど、配慮を相当欠いていたことなどを併せ考慮すれば、被告人のA刑事に対する供述は任意性に疑いがある」として自白を内容とする員面調書の証拠調べ請求を却下した。

　こうした事件では、公判に至ってから一覧表策定を裁判所が求めても、取調べの違法性の核心的な状況が記載されることはありえない[10]。被告人と取調官の公判廷における供述の信用性評価を中心にして裁判所が判断せざるを得まい。

　そうであれば、新たに提言された観察記録書については、例えば、「取調官が自白すれば保釈を認める旨述べた」等取調官の具体的個別的言動や「脅迫的言動をしている」などの評価的な記述、さらに「被疑者は健康を害しているのに、取調官はたばこを吸いながら取調べをしている」等の細かな事情を詳細に書き込むものでなければ意味がない。だが、リアルタイムで作成するとしても、捜査機関の担当者が、取調べの日時・継続時間・担当者・場所などの外形的事情の他に、

取調べの不当性を叙述する記載をこまめに行うと期待できるのかかなり疑義がある。

　他方、証拠法の合理則として取調べ過程を明らかにする客観的な資料がなければ、任意性を認定できないというルールには相当の理由がある。供述の信用性についても同じことが言える。どういう取調べ過程で自白が出てきたのかがわからなければ、信用性を適切に判断できないというのが事実認定の前提ではないか。公判廷で被告人が否認供述をしている場合、供述のプロセスは裁判所の面前で行われており明白だが、取調べ段階の自白については取調べ状況を示す客観的な資料が乏しい。それならば信用性自体もうかつには判断できないはずだ。信用性を裏付けるにも取調べ状況に関する客観的な資料が要る。司法は、検察官に対して自白の任意性・信用性をより客観的な資料によって立証することを促す証拠法上のルールの策定の責務を負うべきである。司法が、書証や公判廷証言のみでは任意性・信用性の立証責任を尽くしたとはみなさない厳格な姿勢を貫けば、捜査機関は録音・録画資料を用意せざるを得なくなる。

　本意見書は観察記録作成義務のみ提言した。この点は物足りない。本意見書の基本視座を活かして、司法の抱える立証上の困難を司法自身が新しいルールを策定して克服する積極性を求める、幅のある提言も含めるべきではなかったか。本意見書の構造上、かかるルール策定こそ刑事手続における「公共性の空間」たる司法の果たすべき機能でもある。少なくとも、かかる責務は本意見書の行間になお残されているとみていいのではないか。

三　司法改革と憲法原理の接点——包括的防御権と録音・録画

1　次に、本提言の当否を評価する場合、憲法の視座をどこまで盛り込んでいるのかも問題となる。というのも、本意見書は司法改革と憲法原理の関わりについて微妙なバランスを図っている。基本的には司法積極主義を掲げて憲法構造における司法権機能の拡張を選択したとみてよいが、個々の制度設計毎に憲法原理を取り込む幅が異なる。

　例えば、「Ⅳ・国民的基盤の確立」中刑事裁判における裁判員制度の分野では、裁判員または裁判官のみの多数による被告人に不利な判決を禁止する原則を導いている。これは、制度の法政策上の妥当性のみを根拠とするのではなく、市民参加の趣旨と市民の「裁判所における裁判を受ける権利」の実質解釈に基づく側面がある[11]。他方、証拠開示を伴う準備手続の充実、被疑者の「公的弁護制度」

は刑訴法内の改善と位置付けている。被疑者・被告人の憲法上の防御権との関わりは希薄である。

観察記録書作成義務についても、被疑者の黙秘権や防御権との関わりからこれを導く議論は議事録からも読みとれない。捜査機関の取調べ権限行使における自己抑制策に留まる。そうであれば、これを観察記録書作成に留めるのか録音・録画の義務まで認めるべきかについては、真実解明と被疑者の反省悔悟の促進という取調べの効用と、虚偽自白を導く弊害とどちらを重視するかバランスを図って改革の方向を策定するのが合理的である。審議会が数次の議論を経て、取調べの録音・録画措置の導入を見送ったのも、この論点については憲法原理を加味していないことも一因ではなかったか。

2　だが、被疑者・被告人は、防御権の行使として、自由な防御活動は合理的に行うことができる。憲法上「刑事被告人」（憲法37条）たる地位に弁護人依頼権など刑事手続上の権利が帰属する。これは個別の権利のみ認める趣旨ではない。包括的な防御の自由と権利を承認した上で、裁判所などに一定の作為を求める強い効力を要する権利について、特段の規定を置いている、と読むべきだ（包括的防御権）[12]。また、「刑事被告人」には被疑者も内包されていると解してよい[13]。

この観点からみると、取調べの際、被疑者・被告人側が取調べ状況や自己の供述をどういう形で記録するのかについて捜査機関が制約できる根拠はない。例えば、逮捕勾留されていない被疑者が取調べを受けるにあたり取調べ状況をメモにするのを禁じたり、メモを取り上げることはできない。

同じく、録音機を持参し「私が述べることは録音します」と言ったとき、捜査機関がそれを禁じたり録音を消去することもできまい。逮捕勾留中は録音機等の所持や取調室への持参などが制約されているから事実上これができないのに留まる。つまり、取調べ状況のビデオ録画は被疑者・被告人側の自由な防御活動として行うことができる[14]。防御権行使と、捜査機関側が録音・録画を公費による責務とするか否かは区別すべきである[15]。本提言は、後者の責務を現段階では盛り込まなかったのに留まる。観察記録書が制度化されても、被疑者・被告人側の防御のためのビデオ録画は禁止できない。観察記録書の定着と並行して、弁護人サイドが録音・録画を捜査機関に請求する防御活動の進展が望まれる[16]。

四　被疑者取調べのあり方——真実解明と適正手続

1　被疑者取調べの適正化の「かたち」は、わが国刑事手続上被疑者取調べによる自白など供述獲得のもつ意味をどうみるかが強く影響する。

　法務省サイドは、「日本の刑事司法の中で、検察官であれ誰であれ、真実を引き出す努力をする機関というのがなきゃいけない」、「弁護人が立ち会い、機械がセッティングされて、表面的なことで事件の捜査が進んでいくということでは、我々に付託された真実の発見ということはできない」とする[17]。水原敏博審議会委員（弁護士、元名古屋高等検察庁検事長）も「一線の捜査官が本当に真犯人の自白を得るときには、条理を尽くして、人間関係を醸成しながら、ようやくにして語らせる。そして更生させるんだと。こういう努力があって始めてできる」以上、「録音・録画されておるとなると、要するに、青天白日の下で調べを受けているようなもの」であって自白を引き出せないとする[18]。

　日弁連サイドは「我が国の刑事手続に関しましては、一番根本的に問題がありますのは、捜査・公判を通じまして、自白中心の捜査手続、公判手続になっていることじゃないかと。それが冤罪を生む構造になっている。……その構造が変えられなければ日本の誤判を生む構造は変えられない」とする[19]。日弁連・2001年3月23日付けの審議会照会項目に対する回答書も「捜査段階における調書は、物語形式の文章としてつづられるものであり、取調べ結果の正確性・客観性担保のため『最低限必要な措置』としての取調べ全過程の録音・録画」を提案している。中坊公平審議会委員（弁護士）は、「基本的に権力を持って行う捜査というのがどれほど苛烈なものであって、単に人権を侵害しやすいというだけではなしに、真実そのものを歪めてしまう可能性を持っている」、「多くのケースでうその自白をしてしまっているというのが現実」だと述べる[20]。

　この対立は溶けない。

　そこで、目を転じて真実解明と適正手続実現の両視点に照らして、観察記録書ではなくビデオ録画が必要な場面について紹介しておこう。

2　ある聴覚障害者が車上狙いの窃盗罪で起訴された。最初の車上狙い窃盗の際にアドレス帳を見つけて、そこに掲載された住所宅のチャイムを鳴らしていた。不審を抱いた住民の通報で警察官が臨場し職務質問を受けて事件が発覚した。

　員面調書に次の記載がある。「このアドレス帳については名前や住所が載っておりましたので将来空巣等をする時はこの住所で家の所在を調べる為に持ってい

たものです」。他方、検察官面前調書では、「問　警察に捕まった時、盗んだアドレス帳を持っていたのはなぜか」「答　アドレス帳は大事なもので捨ててはだめだから自分が持っていました。警察に捕まった時に警察の人に渡しました」。そして括弧書きで「所持していた理由については、うまく聞き出せない」と記述されている。

　員面調書は、被告人が手話通訳で「何故」を問う質問を理解して応答したとの前提で作成されている。しかし、検面調書には被告人が手話ではこの質問を理解できない様子が記述されている。この被告人は過去にも数度窃盗で裁判を受け、服役もしている。しかし、手話能力は劣る。幼少期を通じて手話によるコミュニケーションの機会が少なかったためだ。

　本件に関して、神戸地裁尼崎支判平11・12・24（平11(わ)164）は、「捜査段階における手話通訳人Wが被告人の手話理解能力について『日常会話は出来ると思いました』と証言していること」などを根拠に手話通訳により相当程度の意思疎通が可能であると判断した。

　だが、通訳人が手話通訳士の資格を持つか否かなどにより手話の読みとり能力や聴覚障害とコミュニケーション能力の理解度に差がある。警察の取調べ立会の通訳人はそうした資格はなかった。また、この被告人については「なぜ」「もし」など条件を設定して事実としての出来事ではない観念を手話で問答することは、相当困難である（他の機会を通じて被告人に接したことのある手話通訳士の資格ある者の評価）。

　従って、えん罪を生むほどの防御権侵害や裁判係属に疑義が生じる通訳不能な状態（訴訟能力の欠如）かどうか判断するのには、被疑者と通訳人双方の手話をビデオ録画した記録が不可欠である。W通訳人と検察官取調べの立会通訳人が公判廷で証人として証言したが、過去の手話問答を記憶に頼って再現して理解力に関する評価を説明させても不十分である。同じように、観察記録書をリアルタイムで作成しても、手話を交えた取調べ状況は記述しきれない。ビデオ録画こそ真実の解明にも適正手続の保障にもふさわしい事例である。

　本提言が取調べの録音・録画を「将来的な検討課題」にした以上、一般的な制度化はむずかしいが、観察記録書を補充しこれと一体となるものとして、ケースに応じて録音・録画を行うべき例外を策定することはなお本提言の範囲を超えまい。この点は今後の司法改革の過程で論議すべきではないか。

五　結語——「裁判員」制度と取調べ適正化の展望

1　わが国刑事裁判が積み残している大きな課題は、被疑者取調べによる虚偽自白の防止である。ところが、本意見書が刑事司法を全般的に改革する問題意識として最初に取り上げた課題は、「刑事裁判の迅速化」だ。しかも、国民が注目する大きな事件で裁判が遅れているように見える点を問題視する。この現状把握のズレが取調べ適正化を観察記録書作成義務にとどめた背景にないか。

　幸い、この認識のズレを正して国民が納得する取調べの有り様を作り出す原動力が本意見書に秘められている。裁判員制度だ。

　同制度がえん罪防止につながると考えるのは幻想である。が、裁判員制度が防げるタイプのえん罪事件もある。ことにIT社会の先端を行く日本で、自白の任意性・信用性が争われるおそれのある事件なのに、捜査機関がリアルタイムで取調べ状況を観察・記録するが、ビデオ録画は避けている事態を裁判員が納得するとは考えにくい。

2　しばらく前に、あるビデオを見た。捜査機関がある刑事事件の被疑者に対して鑑定処分許可状に基づくポリグラフ検査を実施しようとする場面を録画したものだ。

　捜査官が、被疑者に対して令状執行を受忍させようとするが、被疑者は検査を拒み、検査技官を交えて押し問答が繰り返されている。一場面で、一捜査官がビデオのレンズの前にたった。その向こう側で、体格のよい警察官が椅子に座る被疑者に近接し被疑者の体が大きく揺れ動く場面が録画されている。反訳を掲載した雑誌編集部は「陰になってて見えにくいが、身体に有形力の行使の形跡がある」とコメントを付した[21]。仮に被疑者がこの後ポリグラフ検査を受けてその報告書が公判で証拠調べ請求されたとき、公判廷で弁護人側が異議を申し立ててビデオが証拠調べされたとしよう。裁判員が、かかる検査実施方法を適切妥当と受けとめるとは思えない。また、裁判員が取調べに疑義を抱かないように任意性を立証するのには、ビデオ録画が不可欠になろう。そして、そうした立証を求める法意識を持つ裁判員の育成が、意見書も求める司法教育の課題でもある。

3　本提言のみ捉えると取調べ適正化の展望を持ちにくい。だが、本意見書全体に込められている様々なダイナミズムに着目すると観察記録書を定着させる意味はある。この一歩が被疑者・被告人の権利としての取調べの録音・録画や弁

護人立会の運用をすすめる道につながるのではないか。

[1]　浦功「刑事司法制度改革について」自正52巻8号(2001年)108頁
[2]　鼎談「国民の司法参加・刑事司法」ジュリ1208号(2001年)133頁〔長沼範良発言〕。
[3]　梅田豊「取調べの適正化」法時臨時増刊・司法改革(2001年)185頁。
[4]　最高裁事務総局・取調経過一覧表に関する協議概要及び事例報告(刑事執務資料4号、1991年)1頁。
[5]　鈴木秀夫「自白の任意性に関する証拠調べの運用等について」判タ767号(1991年)4頁、井上弘道・小坂敏幸「取調経過一覧表の機能的考察」同16頁。
[6]　中川武隆「自白の任意性及び信用性の調査方法について」判タ765号(1991年)8頁。
[7]　『大阪弁護士会刑事弁護委員会・決定事例集』(1992年)87頁。
[8]　安原浩「裁判官からみた任意性立証について」季刊刑事弁護14号(1998年)35頁。
[9]　司法制度改革審議会26回議事録(白木勇刑事局長報告)。
[10]　大阪地裁の事件では、検察官が、2回にわたり合計最大でも4時間の取調べで99頁の被害者調書をワープロで印刷し閲読もさせたことが問題になった。この調書は、検察官が被害者の警察官調書を下敷きにし、取調べの際には概括的なことのみに被告人に確認しただけで作成したものであった。大阪地判平13・6・29(平12(わ)679、1107)は、本位的訴因の一つである証人威迫・強要を認めず、犯人隠避教唆の予備的訴因を認定したが、理由は上記検察官面前調書が信用性に乏しいことにあった。「当該調書は、外形的な事実経過については、Tの司法警察員に対する供述調書を、その要点をTに伝えて受動的に確認させる形で引き写し、Tの主観面や一般的な経験則にわたる部分については、検察官が、Tの供述という形を借りて本件に対する検察官としての理解内容を示したという域をでない」と批判している。この限度の取調べの不法性については、検察官取調べのための出房・入房や調書作成の有無など一覧表記載事項が判断の大きな手がかりになる。なお、秋田真志「浮かび上がったワープロ調書の弊害」季刊刑事弁護29号(2002年)77頁参照。
[11]　司法制度改革審議会51回議事録(井上正仁委員発言)。同配付資料『『訴訟手続への新たな参加制度』骨子(案)について」(補足説明)(井上委員)、同「陪審制・参審制の憲法適合性について(審議会事務局)」参照。なお、鼎談・前掲注[2]140頁〔井上発言〕参照。
[12]　捜査と防御306頁。
[13]　さしあたり、憲法的刑事手続研究会『憲法的刑事手続』(日本評論社、1997年)371頁〔竹之内明〕。
[14]　座談会「取調べの可視化に向けて」大阪弁護士会会報212号(2000年)40頁〔渡辺修発言〕。
　　　取調べの録音・録画はかねてより学界でも提案・議論されてきたが、その法的性質は不分明である。すくなくとも、被疑者・被告人の防御権行使とする捉え方は一般的ではない。この点について、さしあたり以下参照。三井誠「被疑者の取調べとその規制」刑法雑誌27巻1号(1986年)171頁、渡部保夫「被疑者の尋問とテープレコーディ

ング」判タ566号(1985年)1頁、渡部保夫「被疑者尋問のテープ録音制度」判タ608号(1986年)5頁、三井誠「被疑者・参考人の取調べ(3)」法教151号(1993年)98頁、大出良知「取調べのテープ録音は導入可能か」季刊刑事弁護14号(1998年)75頁。なお、小坂井久「取調可視化論の現在(1)〜(6)」大阪弁護士会・刑弁情報11号(1995年)〜17号(1998年)参照。

[15]　観察記録書については、被疑者・被告人の防御の必要性が高い一方、証拠隠滅はありえない。謄写を拒むべき理由は乏しい。制度設計にあたり、起訴前でも適当な時期に同書の証拠開示を認めるべきだ。

[16]　大阪弁護士会「取り調べ可視化の実現に向けて(シンポジウム資料集)」(2000年)、近畿弁護士連合会「弁護実践によって取調べの可視化を(国選弁護プレシンポジウム報告書)」(2001年)。

[17]　司法制度改革審議会26回議事録(宗像紀夫最高検総務部長発言)。

[18]　同上55回議事録。

[19]　同上26回議事録(浦功刑弁センター委員長発言)。

[20]　同上55回議事録。

[21]　「ポリグラフ検査ビデオ再現」季刊刑事弁護23号(2000年)106頁、114頁。

第21章　被疑者取調べのビデオ録画

一　「密室取調べ」——司法改革の取りこぼし

1　司法改革が進展する中で、被疑者取調べはどのように扱われているのか。
　2001年に策定された司法制度改革審議会意見書「21世紀の日本を支える司法制度」では、「被疑者の取調べ過程・状況について、取調べの都度、書面による記録を義務付ける制度」の導入提案に留め、取調べの録音・録画は将来の課題とし、2002年2月から開催された司法改革推進本部の「裁判員制度・刑事検討会」でも取調べ適正化の課題は各省庁における上記文書策定に委ねるものとし議題から外された。その意味で、現在政府が主導する司法改革は現在の密室取調べ尊重を前提としている（以下、密室取調べ説とする）。
　警察庁は、上記提言をふまえて2003年10月犯罪捜査規範の一部を改正した。骨子は、自由を拘束されている被疑者・被告人の取調べを実施した場合、当該取調べ日ごとに取調べ状況報告書を作成しなければならないとする（同182条の2）。同報告書は取調べの日時・時間・場所・取調官氏名・供述調書の有無・通数等を主たる記載事項とする[1]。したがって、取調官の具体的・個別的言動や取調べの雰囲気など任意性に影響を与える事情は記載されない。参考事項欄はあるが、捜査機関の担当者が、取調べの不当性を示す事実を記載するとは期待できない。かくして従来通り、密室取調べの運用が続いている。

2　密室取調べの問題点は何か。
　この点を再認識させる事例として、2004年3月30日に被告人を有罪とし無期懲役を宣告した仙台筋弛緩剤事件をとりあげる[2]。判決は「証拠の標目」中に「被告人作成の『反省文』と題する書面」を掲げた。最初の逮捕容疑となる殺人未遂事件に関する任意同行後の取調べの際に作成されたものだ。その後起訴される事件中自白が残る唯一の事件である。この文書の作成経緯を巡り被告人が正座を強いられたか否か争われた。判決は「仮に、捜査官が多少とも威圧的に被告人に正座を促したものとすれば、被告人からの足を崩したいとの申出に簡単に応

じるとは思われないし、少なくとも『なぜ足を崩すのか。』などと一言も言わないなどということは考えられない」と述べて被告人の主張を否定した。そして「自白が存在するという事実」は「被告人が〇〇の点滴にマスキュラックスを混入した犯人であるという事実を裏付ける」とする。

　本件は、医療関係者が関与した患者に対する連続殺人、同未遂事件として報道がなされ、社会の耳目を集めた。公判廷でその被疑者取調べ状況が問題になった。被疑者取調べは捜査機関が主導する手続だが、客観的で正確に再現する資料は検察官の手元にない。裁判所は主に捜査官と被告人の供述に頼り、取調べ状況に関する事実認定を余儀なくされた。被告人の主張を否定した裁判所の推論は、誠に稚拙だ。だが、任意性を認め、自白を有罪認定の土台に据えた。

　このように、警察・検察も裁判所も被疑者取調べを秘密のベールに被ったままにしているのでは、虚偽自白によるえん罪のおそれが構造的に残る。仮に、自白が重要な証拠であるなら、なおのこと後の裁判で適正な取調べによって自白がなされたことを客観的証拠で裏付けるべきだ[3]。その解決には取調べの音声と画像による記録（以下、録画）が有効かつ適切だ。そして、これを被疑者・被告人の防御権に基づく権利として構成し、同時に立法により明確化する必要がある。以下、検討する。

二　「反省＝自白」一体観から「弾劾型取調べ」観へ

1　密室取調べ説の根拠は何か、またそれは正当か。

　根拠は取調べの日本的特殊性の強調にある。以下の点である。①被疑者取調べは、被疑者が取調官に信頼と尊敬の念を抱くことを前提にして真実を吐露する場だ。②被疑者・取調官ともに一言一句が公判で再現されることを意識すると真実を述べない。信頼関係を築くには私的なことも話さなければならないが、そうした会話ができなくなる。③共犯者に先に自白したことを隠したい場合や恥ずべき行為を知られたくない人に隠しておきたい場合、取調べの録音録画がなされていると話さなくなる[4]。

　しかし、録画を伴う取調べの場合、被疑者が真実を述べないかどうかは慎重な検討を要する。イギリスでは1984年に制定された警察及び刑事証拠法（以下、PACE）に基づき、現在被疑者取調べの録音に加え録画が運用されているが、録音から録画に切り替えた場合に自白率が幾分減少し「コメントできない」（黙秘権行使）とする事件が増えたとの報告もあるが、報告者も犯罪と被疑者の個性の差

に起因するもので録画手続固有の問題ではないと指摘する[5]。2002年に実施したイギリスにおける現地調査でも、PACE導入後自白数が減ったと指摘する警察官もいるが、刑事事件再審委員会のメンバーは取調べで供述を得にくくなった訳ではないと指摘している。訴追側に立つことの多いバリスターも同意見である。むしろ、録音手続導入に伴い、不当取調べを巡る公判段階での争いがほぼ消滅するなど捜査側のメリットも大きい。自白率が問題になる状況はない[6]。

2　取調べを被疑者に反省を求めて自白させる場とみる「反省＝自白」一体観が密室取調べ説の柱だが、これは妥当か。

　仮にこれが妥当だとしても密室取調べ説は、可視化をしない前提で従来の運用を説明しただけだ。捜査官が被疑者に「犯罪を犯した者が真に反省するには、社会にその気持ちを伝えなければならない。恥もメンツも捨ててみんな記録して裁判の場でしっかり聞いてもらえ」と説得した場合、これに応じない被疑者がどの程度になるのかは不明だ。刑訴法が定める取調べは公判廷で証拠となる供述を得る手続であるし、自白は任意性が公判廷で立証されることを前提として証拠能力が認められる。反省を迫るなら、取調べ状況の記録化とその公開を説得することこそ優先すべきだ。

　さらに言えば、「反省＝自白」一体観自体が疑問だ。被疑者取調べは公権力行使の場である。逮捕勾留により自由を拘束された被疑者は捜査機関の支配下に置かれている。捜査官の説得とは、捜査官が犯人と信ずる被疑者に「もう懲りたので、二度としない」と誓うよう強いる場でしかない。人格主体が内省による自己啓発によって非を認識する場ではない。「反省＝自白」一体観とは、こうした精神風土を刑事手続に持ち込む。ここに捜査機関に迎合した自白が生まれる構造的な危険性が宿り、裁判所において自白の虚偽性、被告人の無罪を認めざるを得ない事例の背景ができあがる[7]。

　それを避けるには、取調べの機能転換が要る。罪体・情状ともに捜査機関が収集した証拠に対する被疑者のリアクションを記録する「証拠に基づく弾劾」である（「弾劾型取調べ」観）[8]。手元にあるイギリスの住居侵入罪に関する被疑者供述（録音テープ反訳）は、被疑者宅から発見された盗品や被害現場遺留の指紋に言及しつつ被疑者に説明を求め否認や一部黙秘をそのまま記録して終わる。説得により事実を認めさせる働きかけは出て来ない。その意味ではあっさりしたものだが、我が国法198条、319条、322条から読み取ることができる取調べの機能もここにあるのではないか。捜査官の質疑に対する被疑者の言動が証拠になる

以上（黙秘の事実の証拠能力はさておき）、両者のやりとりを後の証拠調べに備えて証拠保全しなければなるまい。被疑者取調べ録画は、取調べモデルの転換をもたらす。

三　取調べ可視化立法──取調べ規制と証拠能力規制

1　取調べ可視化を実現している外国も多いが、密室取調べ説はこれをどうみているか。

　この点では、被疑者取調べで自白を得る重大性を強調し、外国の録音録画制度は取り入れるべきではないとする。一例として、被疑者取調べの録音録画手続を立法化しているイギリスと対比すると、①刑法上要求される故意など主観的要素は犯人の内心まで立ち入らなければ認定できない程度のものが求められていること、未必的・確定的故意など量刑に影響を与える内心的事情も明らかにすることが求められており、取調べの果たすべき比重が大きいこと。②おとり捜査や室内会話の傍受など供述によらないで犯行状況を明らかにできる捜査手段が認められていること。③訴追基準が低いから日本であれば尽くすべき捜査を尽くさないでも起訴ができ、訴追側の立証の負担が少ないこと等である[9]。

　ただ、イギリスでは、例えば人の死を伴う犯罪（homicide）は、①謀殺（murder）──「殺害の意思」と「重大な身体傷害を生じる意思」の立証を要する──、②故殺（manslaughter）──主観的に挑発を受けて自己抑制を失った心の状態であることを要する──、③日本で言う様々な態様の過失による死の惹起を処罰する「過失殺（involuntary manslaugher）」に分類されている。各主観的要件の立証について客観証拠から推認するルールも発展しているが[10]、自白ないし供述があればより容易に立証できる要素であることも明白だ[11]。日本と比べて、英国で自白と被疑者取調べの比重が低いとみるべき根拠はない。訴追基準についても有罪を得る合理的な可能性があることと指摘されている[12]。また、逮捕後告発する段階、略式起訴・正式起訴どちらでも可能な犯罪に関する公判付託手続、公判における検察官立証後の防御不要申立手続など日本と異なる手続により訴追側に十分な証拠があるか段階的にチェックされている[13]。

　アメリカの被疑者供述調書も外形的事実の認識に関する問答が主だ[14]。だが、アメリカの陪審裁判でも、被告人の捜査段階の供述をもとに陪審が故意を認定できるかどうか評議を闘わす場面がある。84年にニューヨーク市地下鉄内で発生した白人男性が黒人少年達へ発砲し殺人未遂等で起訴されたゲッツ事件で

は、自白を含む供述を記録する各2時間の録音テープとビデオテープが公判廷で再生された。日本と比べると短く、かつ犯行時の心理状況を中心とする供述内容を取調官の姿勢も含めて陪審が自ら見聞した上で、無罪評決とした[15]。

　自白の任意性の有無が強姦罪の故意の成否を左右する事例などをみても[16]、それぞれの国における自白が持つ証拠法上の重みは、相対的にみれば我が国と同じである。各国で有罪認定を支える証拠の質・量に差はあろうが、外国では日本よりも質が劣りその一因が綿密な密室取調べで自白を得ていないことにあると言えるか慎重でなければなるまい。自白の重要性は取調べ「可視化」を否定すべき当然の根拠にはならない。

2　被疑者取調べの可視化について諸外国にはどのような立法例があるか。
　(a)　証拠法上録音・録画の裏付のない自白は証拠能力を認めないとする規定のみ設ける例。
　　オーストラリアのヴィクトリア州では、被疑者逮捕後「合理的な時間の自由の拘束」が許され、その間に取調べが認められている。但し、正式起訴犯罪に関する取調べについてはすべて録音または録画をしなければ、得られた供述を証拠にすることは原則としてできない。ニュー・サウス・ウエールズ州も同様である[17]。アメリカのテキサス州法上も、身体を拘束された被疑者の供述を書面によらないで証拠にするのには「当該供述について、映画、ビデオ録画その他の映像を伴う記録を含む電気的な記録がなされている場合」であることを要する[18]。イリノイ州では、2000年以降知事が主導する死刑事件の見直しがなされ、死刑の執行停止、再調査、死刑囚全員の恩赦（終身刑に減刑）などの取り組みがなされたが、州法も改正されて、「死を伴う犯罪（Homicide）」（日本の刑法上の殺人、堕胎、傷害致死、業務上過失致死、重過失致死を含む犯罪類型）で被告人が身体拘束中になされた取調べ時の供述については電気的な記録（映画、テープまたはデジタル録音、ビデオ録画をいう）がなされていない限り証拠能力はないとする[19]。
　(b)　被疑者取調べ手続自体のあり方として録音録画を定める例。
　　イギリスでは、PACEによって被疑者取調べの録音手続が導入され、実務規程によって、録音を開始する手続からその終了、被疑者に対する録音手続の説明、テープのコピー入手に関する権利と手続の説明などが詳細に定められている[20]。台湾でも、刑訴法100条の1第1項は「訊問被告、応全程連続録音、必要時、並応全程連続録影。但有急迫情況且経記明筆録者、不在此限」とし、同2項は緊急を要し録音録画ができない場合などを除き、録音録画と一致しない供述調

書の部分は証拠にできないと規定する。本条は被疑者取調べ（犯罪嫌疑人訊問）にも準用される（同100条の2）[21]。

(c) 立法によらず、判例上録音録画のない自白を証拠にしないルールを策定することにより、取調べ現場を規制する例。

アメリカのミネソタ州最高裁は、「司法の監督権」の行使として身体拘束中の被疑者取調べはすべて録音しなければならないとし（スケール・ルール）、その担保としてルールに対する「実質的違反」の有無により証拠排除を認めるものとする[22]。オーストラリア連邦最高裁は、「verballing」と呼ばれる捜査機関による自白のでっち上げ実務を防止するため[23]、「録音録画による正確で信頼できる記録方法が存在しかつ一層利用しやすくなっていること」を前提として、「身体拘束中の被疑者が行ったとされる自白について公判で争われている場合に、弁護人の立会がなく第三者が自白内容について補強することができず、他にもこれを補強する証拠がないとき、裁判官は陪審員に対してかかる自白を根拠に判断することが危険である旨警告を発しなければならないとする一般的実務規範」を採用するとした[24]。調書の署名は場合によっては自白の存在と信用性を補強するものとはいえない場合があるとし、録音録画による記録は自白の信用性を補強する一手段となりうるとする。かかる証拠法を裁判所が採用する事実上の効果として捜査実務では取調べの録音録画が定着している。

3　2004年3月30日、民主党は、取調べ可視化に関する法案を国会に提出した[25]。同法案は、現行法198条を改正し、「第1項の取調べに際しては、被疑者の供述及び取調べの状況のすべてを記録媒体（被疑者の申立てがあつた場合には、音声のみを記録することができる物）に記録しなければならない」とし、また録画手続に違反する取調べによる自白は証拠能力を認めないとする。どのように評価すべきか。

これに関連して、アラスカ州最高裁は、捜査機関が実施可能な場合には身体を拘束して行なう被疑者取調べの全過程を録音することが州憲法適正手続条項の要請であるとし、その違反に対しては一律の証拠排除を行うと宣言した[26]。右判決の立憲解釈が立法案評価にあたり参考になる。判決は、捜査機関側は被疑者・被告人が供述をする意欲に対する「冷却効果」を持つと反対するが、本来被疑者・被告人は黙秘権を保障されており、その警告を十分に受けるものであるからかかる議論は説得性がないとし、録音手続は「被疑者・被告人の弁護人依頼権、自己負罪拒否権、さらには最終的に公正な裁判を受ける権利を十分に保

護するのに合理的かつ必要不可欠な措置」とする。

　民主党案は、取調べ可視化を立法の課題と位置づけた点で画期的な意義を持つが、文理上は録画を捜査機関の権限行使のありかたとして規定しているため、立法案の依拠する法原理が定かではない。この課題をふまえて、最後に我が国の法解釈論をふりかえる。

四　「可視化」原理と「包括的防御権」に基づくビデオ録画

1　「可視化」とは我が国の法体系上いかなる概念として理解すべきか。
　この理解の出発点は、「密室の取調べで虚偽自白を強要する」ことが、洋の東西、歴史の古今そして法体制・法文化の如何を問わず「捜査」に普遍的な病理と認識することにある。風土病ではない。世界に蔓延するウイルスだ。我が国も一部汚染されている。その治療薬は世界共通のワクチンでよい。「可視化」だ。
　今、我が国の司法改革は立法により進められている。立法の時代こそ21世紀刑事手続のあり方を正すため、「立憲解釈」が要る。それには法文化史の中に「司法改革」を位置づけて目指すべき正義の方向性を読み取る必要がある。
　21世紀の刑事手続も、犯罪の有無と大小、被告人の有罪・無罪を解明する場だが、手続を支える価値原理は変化する。官僚法律家とプロの弁護士が担い手であることで、刑事手続による正義がほぼ実現できた時代は終わった。金属疲労が頂点に達し司法の機能不全になるまえに、正義実現の次のステージに移らなければならない。それは市民が参加する刑事手続だ。市民参加とは、法律家にしか見えなかった法の世界を市民と社会に見える状態に置き換え、市民が公正さ・適正さを判断できる状態にすることだ。
　司法改革の一つの柱として、被疑者段階で公選弁護人制度を導入するのは、今まで市民に見えなかった捜査を見えるようにするためであり、裁判員制度導入は裁判を市民に開くものだ。こうした改革の大局的な意義は、司法改革を現に担っている研究者や実務家、政治家の意図と別に、法史の流れの中でも理解すべきだ。これらは、市民が被疑者として捜査段階で不当に権利を侵害され、裁判でえん罪の犠牲にならないようにする、あらたな制度だ。それを支えるのは「可視化」である。
　21世紀刑事手続は、公正、公開、平等、適正などの古典的な法価値・法原理に加え「可視化」を司法的正義のありかたを示す「法原理」とすることを求めている。かかる立憲解釈の視座に立つとき、被疑者取調べ録画手続の導入は「可

視化」原理の具体化とみるべきだ[27]。これなしに21世紀における刑事手続の適正化は図れない。

2 では、取調べ録画は、アラスカ州判例のように被疑者の権利と捉えることはできるか。

被疑者・被告人とは我が国憲法上「包括的防御権」と名付けるべき権利を持つ法的地位だ。何故なら、市民は、公権力によって被疑者・被告人たる地位に強いて追いやられる。その地位に置かれる限り包括的な防御のための権利を保障すべきだ。原理の核心はシンプルだ。被疑者・被告人たる市民は、適切な時期に適切な機関に対して自由に自己の主張・弁解を行なうことにある。ただ、この権利は時に自由権として現れ、時に請求権となる特殊な権利群だ。被疑者取調べの場における防御の基本は、取調べで供述する状況の保全だ。包括的防御権の一部として被疑者が自由にしてよい。そして、捜査機関が被疑者を逮捕勾留し機器の自由な持ち込み等が制約される場合、なお効果的で迅速な取調べを適正に実施するのであれば捜査機関が録画すべき責務を負う。

3 取調べ可視化の今後の展望はなにか。

被疑者取調べ録画は、法原理としての「可視化」を具体化するものであり、同時に被疑者の包括的防御権に由来する防御上の自由権と請求権の内容ともみるべきだ。そうした権利関係は立法で明確にすべきだ[28]。骨子は、①被疑者は取調べに際して録画ができること、②逮捕勾留中の場合、捜査機関は取調べを録画しなければならないことである。裁判員裁判が始まるまでに、運用と立法の両側面で被疑者取調べの録画を実現しなければならない。

[1] 棚瀬誠「取調べの書面による記録制度の導入について」捜査研究626号（2003年）4頁。検察庁も法務大臣訓令「取調べ状況の記録等に関する訓令」により同旨の捜査報告書の作成運用を始めている。

[2] 仙台地判平16・3・30（平13㈹22、56、99、148、188）。2000年に仙台市の北陵クリニックで患者の容体急変が相次いだが、捜査機関は翌年1月、小学6年生の少女の点滴に筋弛緩剤を混入し殺害しようとしたとして被告人を殺人未遂容疑で逮捕した。逮捕前後被告人は右容疑を認めたが、3日後に否認した。その後の捜査を経て被告人は他の患者に対する同一手口による殺人1件、殺人未遂4件で起訴されたが、公判でも無罪を主張した。

[3] 裁判員制度のもとでは不可欠の条件となる。さしあたり、吉丸眞「裁判員制度の下における公判手続の在り方に関する若干の問題」判時1807号（2003年）7頁

[4]　さしあたり、本江威喜「取調べの録音・録画記録制度について」判タ1116（2003年）6頁以下。勝丸充啓「犯罪増加社会と我が国の刑事司法」『河上和雄先生古稀記念論文集』（青林書院、2003年）530頁、159回衆議院法務委員会第2号・樋渡利秋刑事局長答弁等も同旨。

[5]　J. Baldwin, Video Taping Police Interviews with Suspects-an Evaluation (Police Research Series No.1), 1992, p19.

[6]　以上につき、渡辺修・山田直子監修『取調べ可視化』（成文堂、2004年）参照。

[7]　例えば、松山地判平12・5・26判時1731号153頁（窃盗事件で真犯人が別に見つかった事件で、被告人は自白をしていたがそれが虚偽であるとし無罪が宣告された）。

[8]　前掲注[6]188頁〔小坂井久・秋田真志〕による。

[9]　山上圭子「英国における取調べの録音制度について」法律のひろば56巻6号（2003年）71頁。

[10]　A. Ashworth, Principles of Criminal Law (2003), p.256ff.

[11]　M. Molan, et al. Modern Criminal Law (2003), p.181ff.

[12]　See, ex., Williams, Letting off the guilty and prosecuting the innocent, Crim. L. R. 115 (1985).

[13]　P. Hungerford-Welch, Criminal Litigation & Sentencing (2000), p.357ff., p.450ff.

[14]　調書の実例として渡辺修『被疑者取調べの法的規制』（三省堂、1992年）185頁

[15]　渡辺修他訳『ジョージ・フレッチャー・正当防衛』（成文堂、1991年）163頁、313頁。

[16]　State v. Thaggard,527 N.W.2d804,807-08(Minn.1995)では、強姦の成否との関連で、被疑者取調べ段階の自白の任意性が問題となった。しかし、ミネソタ州では後に録音なき取調べで得た自白を排除するスケール・ルールが確立するが（注[22]）、それ以前の取調べであったため、判決は伝統的な「情況の総合性」を基にして自白の任意性を肯定し被告人を有罪とした一審判決を是認した。

[17]　ヴィクトリア州についてCrimes Act 1958 §464A; §464B; §464H (VIC). Cf., R. G. Fox, Victorian Criminal Procedure, at 105-110 (2000). ニュー・サウス・ウエールズ州について、Criminal Procedure Act 1986, §108. Criminal Procedure Act 1986, §108 (NSW). 2002年11月に実施したメルボルンにおける現地取材でも、あるバリスターは逮捕後の被疑者取調べについて、「尋問の際にはテープ録音されます。もっと重大な事件の場合は、例えば殺人などは、尋問はビデオを取ります。ビデオ録画は運用上行われるだけですが、テープ録音は法律で決まっています。正式起訴犯罪に関しては、警察では常にテープ録取は行なわれています。基本的な道路交通法違反などもその対象になっています」と説明している。

[18]　Tex. Code Crim. Proc. Art 38. 22 §2(a); Tex. Code Crim. Proc. Art 38. 22 §3 (a)(1)(2004).

[19]　725ILCS 5/103-2.1(b); 20ILCS3930/7.2 (2004). See. Drizin & Colgan, Let the Cameras Roll: Mandatory Videotaping of Interrogations Is the Solution to Illinois' Problem of False Confessions, 32 Loy. U. Chi. L. J. 337, 397-401(2001).

[20]　See, M. Zander, The Police and Criminal Evidence Act 1984 (4th Ed.

2003). PACE下の取調べの実態を調査した前掲注［6］参照。
［21］　渡辺修「台湾刑事司法見聞録」季刊刑事弁護34号（2003年）146頁。
［22］　State v. Scales, 518 N. W. 2d 587 (Minn. 1994). 憲法ルールではなく司法監督権が策定する証拠法上のルールなので、個々のケース毎にルール違反の重大性を判断することとなる。
［23］　Cf., A. Leaver, Investigating Crime, at174-175, 184-186 (1997).
［24］　McKinney v. Queen, [1991] 171CLR468.
［25］　第159回国会衆法19号「刑事訴訟法の一部を改正する法律案」。4月23日に衆院法務委員会で否決された。同法案は、弁護人の取調べ立会権も提案していた。2003年10月、日本弁護士連合会も被疑者取調べ録音録画の立法提案を行ったが、骨子は弁護人立会の規定を除き民主党案と同一である（日弁連46回人権擁護大会「取調べ可視化のための立法案」（2003年）。
［26］　Stephan v. State, 711 P.2d 1156 (Alaska,1985). Cf., McMahan v. State, 617 P.2d 494, 499n.11 (Alaska,1980).
［27］　白取祐司「捜査の可視化と適正化」自正54巻10号（2003年）85頁は録音録画では伝統的取調べを打破できるが、取調べ「適正化」の点で弁護人立会に代替できないと否定的に評価するが、「可視化」を法技術と捉えるものであり、納得できない。
［28］　学界では、最近でも取調べ録音録画運用を支持する指摘はある。例えば、田口103頁、寺崎嘉博他『刑事訴訟法』(有斐閣、2001年)75頁〔田中開〕、佐久間修他『いちばんやさしい刑事法入門』(有斐閣、2003年) 157頁〔宇藤崇〕など。但し、積極的に立法化を求める趣旨かどうかは不分明だ。

第22章　証拠開示を伴う整理手続

一　新しい証拠開示手続の概要

1　司法改革の一環として、起訴後第1回公判期日までに事件の争点を明らかにして公判廷で取調べるべき証拠を整理する整理手続が導入される。裁判員裁判の場合、整理手続は必要的である（裁判員の参加する刑事裁判に関する法律49条。以下、裁判員法）。他の事件でも裁判所の職権により実施できる（法316条の2）。手続の性質上弁護人の選任が必要的である（法316条の4）[1]。狙いは、第1回公判期日開始後、審理を争点を中心にした核心をつく証拠調べに集中しかつ連日的開廷によって処理する条件作りにある。その中心は、検察官および被告人または弁護人（以下、被告側）が公判廷で主張する事実および争点を示し、さらに双方が以下のように3段階に分けて証拠を開示する点にある[2]。

①「請求証拠開示」。整理手続に付託された事件では、検察官はあらかじめ証明予定事実記載書を裁判所ならびに被告側に提出し、あわせて証拠調べ請求を行う（法316条の13）。これら検察官請求証拠については、被告側に開示しなければならない（以下、請求証拠開示）。現行法でも運用上検察官は弁護人による謄写を認めることが少なくないが、新法では閲覧とあわせて弁護人に限り謄写も認めた。証人、鑑定人、通訳人、翻訳人については、その氏名・住居の開示だけでなく、その者が公判期日で供述する内容が明らかになる供述録取書等かこれに代わる内容の要旨を記載した書面を開示しなければならない。

②「類型証拠開示」。被告側は、特定の検察官請求証拠の証明力を判断するために重要な場合、法律掲記の類型に該当する証拠の開示を請求できる（法316条の15）。証拠物や法321条2項乃至4項該当書面（1〜4号）等客観的、物理的、科学的な証拠であって、それら自体としては罪証隠滅など弊害が予想しにくいものが開示の対象になる。また、請求証拠に含まれない被告人の供述録取書（7号）、並びに取調べ状況報告書（8号）は本段階で開示される。検察官が証人尋問を予定している者の供述調書と被告側が調書に同意しなかった場合に証人尋問を求める者の供述調書も類型として掲記されている。

③「主張関連証拠開示」。被告側は、証明予定事実および事実上または法律上の主張を裁判所ならびに検察官に提示し、さらに証拠調べ請求予定証拠を開示しなければならない（法316条の17、同18）。これを踏まえて、被告側は、被告側主張に関連する証拠について検察官に開示を求めることができる（法316条の20）。

2　新たな証拠開示手続は21世紀の我が国刑事司法の特徴を形成するものとなる。だから、その解釈と運用を支える大局的な視点設定が重要だ。それは、訴追の根拠を被告側の視点から点検することにある。公訴提起手続のいわば「可視化」である。
　「被告人」とは、捜査によって集められた証拠によって犯人と疑われた市民が検察官の起訴によって置かれる特殊な法的地位を指す。将来死刑を含む重い刑罰に服することがある。したがって、被告人たる地位には市民が適切かつ十分に防御を行なう権利を包括的に認めなければならない。防御の権利は、自由な立場にある市民が社会生活を自立的にすごすための自由権や様々な障害を克服して市民生活を平等にすごすのに必要な社会権とは異なる。防御の必要に応じ、ときに国家に作為を求め、ときに自由放任を求める複合的な一群の権利である。憲法37条の証人喚問・審問権が典型だ（防御のため、国に他の市民を自己の裁判に強制的に召喚させ証言を法的に強制させることを求める権利である）。
　かかる防御の出発は、検察官の有罪主張の根拠の有無を吟味するだけではなく、市民が「被告人」の地位に置かれたプロセスの妥当性を点検することにある。それには、検察官手持ち資料（捜査機関の手元にあるが、内容の性質上検察官が起訴・不起訴の判断上点検すべきであった資料を含む）の「全面開示」を受けて、検察官の有罪主張の合理性を点検・吟味する機会をもつことが不可欠である。むろん、一定の証拠の開示が罪証隠滅・証人威迫、共犯者逃亡を招来し当該事件または他事件の捜査や公判を妨げる相当の理由があるとき、開示が認められずあるいは時期が遅れたり内容・方法が限定されてよい。それは防御の利益の内在的制約として当然のことである。
　ところで、刑事手続における被告人の憲法上の権利は、法律上の制度として整備されていなくても、個々の裁判で事実上これが実現されている状態があれば合憲といえる。現在の運用上、争いのある事件でも検察官が比較的迅速に証拠開示に応ずることが少なくないと耳にする。その事件毎に「全面証拠開示」の権利が事実上実現されている状態がもしあれば、それでよい。同じく、新立法の解

釈と運用上も、個々の事件において検察官の手持ち資料の全面開示を受けて防御準備ができる状態が結果として実現できていればそれで足りる。以下、検討したい。

二　ケース研究の視点から

1　新立法では証拠開示がどのようになるか、ある強盗致傷事件を素材に検討する。神戸地判平15・3・20（平14(わ)166、264、454。未公刊。2004年11月24日現在、http://courtdomino2.courts.go.jp/kshanrei.nsf/で検索可能）は、3名の共犯者による3件の強盗致傷事件に関する判決である。うち2件が深夜神戸市内のある私鉄駅付近でオヤジ狩りをしたものだ。最後の1件は、夜明け頃、同駅付近のコンビニから出てきた学生である被害者が駐車場にいるとき、主犯格の共犯丙が襲撃しこれに乙が加勢したのち、丙が落ちた財布を拾って逃走したものである。手元の記録は甲に関するものである。

　甲は、襲撃開始後に現場を離れたが後に自動車で丙と乙を拾って逃走した。主犯格の丙は検察官主張の通り共謀による強盗であることを認め審理が分離され、甲、乙の公判で証人として検察官主張通りの証言をした。甲、乙はこの事件に限り事前の謀議がないと主張した。事件前には近くの繁華街でカラオケに行き、通行人に2度ほど絡み財布を盗むなどした後、食事をしてから事件現場付近に車で来たものであり、丙が主張するような強盗相手を長時間物色する時間や事前共謀の余地はないという（以下、アリバイ的主張）。甲、乙によると、コンビニで被害者をみた丙が突然襲撃にむかったという。ただ、乙は傷害に関与したことは認めた。甲も、事件には関与していないが乙の自動車を事件現場付近から離れた場所に移動させ、また事件後に乙と丙と携帯電話で連絡した上で自己の車で迎えにいった事実がある。

　結局、判決は甲、乙について共謀による強盗致傷の成立を認めず、甲について傷害の幇助の限度で、乙について傷害の限度で有罪を認めた。弁護活動が効を奏した事件といえる。

2　本件の争点は、丙の捜査段階の供述の信用性に絞られた。被告側は、第1回公判期日で丙の供述調書について不同意とし、検察官の証人尋問請求をまってその捜査段階の供述調書の証拠開示を求めた。検察官は、約2か月後の第3回公判で開示を認めている。弁護人は、丙の供述の変遷状況を検討した上で、

反対尋問に臨むことができた。ただ、初回の反対尋問では丙の主張を崩しておらずその信用性にいくぶんの疑義を残せたのに留まる。その後、丙は有罪判決を受けるが思いがけなく重い量刑に驚き、控訴を決意し、その際従前の主張を変えて第3事件については強盗の意思がなく共謀していないと主張するに至った。甲の弁護人は、再度丙の証人尋問を申請した。異例であるが、裁判所はこれを採用した。甲は再度の証人尋問では事件前のアリバイ的主張をするに至った。
　捜査機関が起訴前に甲、乙が主張したアリバイ的主張の裏付け捜査をした形跡はない。起訴後審理が始まってから検察官がこれを実施し、食堂のレジロールなどを証拠調べ請求している。また、乙の女性の友人の供述調書が審理が進んでから検察官より請求されている。これは、乙が、当日の行動を思い出すきっかけとして、「友人と会ってから甲、丙と落ち合った」旨供述しているところ、その友人は、「その日に会ったかどうか記憶にない」旨供述している。これは、乙の供述の信用性評価に関わる供述である。実際の審理では、甲の弁護人は右調書について同意している。

3　以上の審理を、整理手続に伴う証拠開示手続に則して考えてみよう。
　(a)　請求証拠開示　検察官は、証明予定事実記載書面（法316条の13）で請求予定証拠と立証によって明らかにする事実の対応を明示することとなる（「特定の検察官請求証拠に対応する証明予定事実」、法316条の15第2項2号）。甲、乙の審理では、事前共謀を認める丙の供述が有罪立証の柱になるが、通常は主たる供述調書を証拠調べ請求する。新法の下でもこれらは「請求証拠」として開示される。
　(b)　類型証拠開示　丙の供述調書に対応する証明予定事実は、概ね、「事件直前まで長時間にわたり駅周辺で強盗の相手を探し、その間に甲、乙と強盗の共謀をしたこと」となろうか。甲側としてはその信用性こそ最大の争点となる。そこで、右証拠の証明力を判断するため類型証拠の開示を請求することとなる。
　その場合、被告側は、①「証拠の類型及び開示の請求に係る証拠を識別するに足りる事項」（法316条の15第2項1号）、②証明力判断上の重要性を含む防御上の必要性について疎明しなければならない。ただ、証拠の類型性を基準とする開示請求の性質上防御上の必要性もいわば類型的概括的とならざるをえない。本件では、被告側の請求は次のように整理できる。
　①丙の共謀を認める供述の信用性は捜査段階の供述の変遷の有無によっても判断できるので、請求証拠として開示される以外の調書について「検察官が取調

第22章　証拠開示を伴う整理手続　275

べを請求した供述録取書等の供述者であつて、当該供述録取書等が第326条の同意がされない場合には、検察官が証人として尋問を請求することを予定している」者の供述録取書（法316条の15第1項5号(ロ)）の開示を求めることができる。

②起訴直後の段階では、甲としてはアリバイ的主張に関する捜査機関の裏付け捜査状況を知る必要がある。これも丙の供述の信用性に深く関わる。ただ、捜査状況は不明である。その場合でも、繁華街で立ち寄った店などの店員の調書等がありえると見込んで、形式が供述調書であれ、捜査報告書であれ、「前号に掲げるもののほか、被告人以外の者の供述録取書等であつて、検察官が特定の検察官請求証拠により直接証明しようとする事実の有無に関する供述を内容とするもの」として開示を求めることができる（法316条の15第1項6号）。店などのレシート、売り上げ伝票などは証拠物にあたる（同1号）。これらを貼付して作成した捜査報告書についても、これと一体のものとして1号で開示の対象とできる。

③丙を含め被告人らは、繁華街の路上でけんかをし財布をとったことがある。捜査機関がアリバイ主張に合わせて右事件についても仮に捜査を遂げたのであれば、一般的定型的に予想できる捜査資料がありえる（被害者供述調書、実況見分調書、捜査報告書など）。弁護人は被告人とこの点を公判などでどのように取り上げるべきか十分な接見・打合せを経た上で、証拠の性質に応じ類型証拠として開示を求めてよい。

④乙の女性の友人の供述調書は、丙の供述調書の証明力判断の上でも、また乙の捜査段階の調書の取調べ請求がなされていればその証明力判断にも関連するので、法316条の15第1項6号による類型証拠として開示を求められよう。

(c) 主張関連証拠開示　甲が、類型証拠開示を受けた上で、駅周辺に事件前に長期間所在した事実、そこでの共謀の事実を否認する予定であれば、これを正面から争点として掲げるのが適当である。同時に(b)の開示手続で漏れているが、なお右主張に関連する資料が検察官の手元にあればその開示を求めることができる（主張関連証拠開示）。この場合、甲側は、「開示の請求に係る証拠を識別するに足りる事項」、かかる証拠と主張との関連性を含む防御上の必要性の疎明を要する（法316条の20第2項1号、2号）。ただ、この段階で他にどのような捜査資料があるのか被告側はむろん知る方法は乏しい。だから、ここでの「識別事項」は、類型証拠よりも緩やかにならざるをえない。防御上の必要性もこれに応じて緩やかなものとならざるをえない。本件のような強盗致傷事件でアリバイ的主張があるとき、予想される捜査手法に照らして捜査機関が作成する資料の大まかな形状ないし内容を摘示すればよい。

(d) 裁定手続　検察官は、類型証拠、主張関連証拠の開示にあたり、ともに弊害のおそれを考慮し開示相当性を判断することが許されている。そこで、講学事例となるが、本件で仮に繁華街で起こした別の窃盗ないし強盗事件の被害者の調書がある場合、起訴していない事件の被害者のプライバシーに関わることを理由に開示を拒む場合を想定してみよう。

この場合、刑事手続における真相解明の利益は、市民的自由としてのプライバシーをはるかに上回る。適法な捜査で収集された、事件に関わる資料について、被告側が防御の必要上その開示を求めたとき、第三者のプライバシー侵害それ自体を開示にともなう無視しがたい弊害とすることは正当化しがたい[3]。

他方、証人威迫、罪証隠滅、共犯者逃亡等は正当な開示拒否事由となる。ただ、新立法では、証拠開示を巡る紛争は、後に裁判所による裁定手続で処理される。また、検察官は事件の性質、手持資料の内容や全体的な位置づけを詳細に把握している。特定の証拠の開示が弊害を招く程度についてはより具体的・個別的に判断しやすい立場にいる。検察官が開示を拒み条件を付す場合、できるだけ具体的な根拠による疎明が求められよう[4]。

(e) 公判開始後の証拠調べ請求　本件で特徴的なのは、主犯格である丙が一審判決を受けた後控訴審で公判供述を覆した点だ。右主張は、控訴審も認めるところとなり、丙に対する一審判決は破棄されて量刑が軽減されている（大阪高判平15・5・28〔平14(う)1274、未公刊〕）。甲の弁護人は、丙の再度の証人尋問を求め、その疎明資料として丙の控訴趣意書を提出した。再度の証人尋問の必要性はもとより整理手続段階では不存在である。だから、法316条の32に従い、「やむを得ない事由によつて公判前整理手続又は期日間整理手続において請求することができなかつたもの」として証拠調べ請求をすることとなる。もっとも、裁判員を交えた審理は迅速に実施される。その関係で、一審に間に合わないことも予想されるが、その場合、現行法に従い事実誤認・量刑不当を控訴理由として救済を求めることとなろう。

三　弾劾目的の証拠開示と実質的な全面証拠開示

1　上記のように、強盗致傷事件で事実を争う場合、裁判員裁判事件となる（裁判員法2条1項2号、刑法240条）。設例事件は、2002年2月から4月にかけて3次にわたり起訴があり、4月22日に第1回公判期日が開かれ、2003年3月の第14回公判期日で判決が宣告された。延べ開廷時間はおおよそ40時間と推計で

きる。これをそのまま裁判員裁判で連日的開廷によった場合、1日あたり5時間開廷として8日分となり、評議の時間など加えると、概ね2週間にまたがる集中審理を要する。これを相当程度短縮し、なお防御の観点からも十分な審理時間を確保するには、上記の証拠開示と検察官、弁護人双方の争点整理と取調べ予定証拠のスリム化が円滑かつ迅速になされることが肝要である。

2　この点で、注目すべきなのは類型証拠開示である。被告側は、本開示手続により、検察官の有罪立証を支える個々の証拠毎に信用性を弾劾する資料の有無を点検できる。この開示手続を通じて、被告側は検察官の証拠構造の弱さを的確に摘示する根拠を入手できる（「弾劾目的証拠開示」）[5]。上記事例でも、アリバイ的主張の裏付け捜査に関する証拠がないとの回答は、被告側からみるとこの点に関する捜査の不十分さ、従って検察官の証拠構造の弱点を知る手がかりとなる。

　反面で、被告側の最大の問題関心を検察官に事実上伝えることともなる。検察官も手持証拠全般を再度見直して、当初の「請求証拠」による有罪の立証構造に潜む弱点を再吟味し、なお揺るぎない有罪立証が可能かどうかを見返すであろう。類型証拠開示請求を受けて、検察官としても繁華街での被告人らの行動に関する裏付け捜査が十分でないことに気づき、これを補う捜査を補充することはある。それ自体はむしろ妥当でもある。その結果、検察官の主張と証拠の追加があれば、これを踏まえて新たな請求証拠開示がなされ、類型証拠・争点関連証拠の開示も反復されることとなる（法316条の21、同22）。

3　新立法では、被告側は検察官手持証拠の全体像をそれ自体としては把握できない（裁定手続の際、職権で検察官に作成を命ずる証拠の一覧表は被告側に開示されない。法316条の27第1項）。もっとも、証拠開示手続は、法316条の22が予定する手続段階に至らなくとも一定の類型証拠の開示を踏まえて、なお他の類型証拠開示を求めてもよく、主張関連証拠開示を求める段階で類型証拠開示も求めることもありえる。証拠開示が、証拠毎・主張毎・争点毎に段階的・螺旋的・並行的に実施されることは禁止されていない[6]。

　この結果、有罪立証のための請求証拠が検察官手持ち資料全体の構造の中でどの程度の強弱を持つかについて、相当程度の見通しを持てるのではないか[7]。また、そうした段階に至ってはじめて、被告側としては、公判廷で争点にする必要のない事実関係を整理し、裁判員を含む裁判所の面前で反対尋問等を通じて

争うべき争点を選び出し、また反証として提出すべき証拠を絞り込むことができる。整理手続を終局する決定は、裁判官の職権に委ねられているが、迅速かつ充実した証拠開示の完了が不可欠の前提であろう[8]。

　かかる状態は、被告側からみると、検察官が公訴提起にあたり判断材料にした捜査資料の開示を受けて、その妥当性を点検吟味しつつ必要な防御準備ができることを意味する。実質的には全面証拠開示に近い状態が結果的にもたらされる[9]。

四　まとめ——整理手続から裁判員裁判へ

1　整理手続自体の円滑と充実は後の審理の円滑と充実につながる。が、問題もある。受訴裁判所と裁判員の関係だ。裁判官は、検察官の証明予定事実記載書を熟読し、整理手続を通じて事件の争点、立証趣旨を含む取調べ予定証拠の性状、証拠調べの順序など審理計画を熟知する。証拠開示の裁定手続が行われると、裁判官は双方の主張事実の幅を知り証拠開示の相当性に関する裁定をする。場合により個々の証拠の内容のみならず検察官手持資料の一覧表もみることができる。また、争点・証拠・審理計画を整理する限度で、事件に関する心証を形成することが職責ともなるが、あくまでも手続事項に関する心証である。裁判官はこれを実体に関する心証と区別しておくべきである。もとより「予断偏見」とはいえない[10]。

　だが、その結果、裁判官は公判廷で証拠調べが始まると容易にかつ迅速に心証形成ができる。裁判員裁判は連日的開廷・集中審理によるだけに、証拠調べの全体像に関する理解度・習熟度の差は事実認定の精度と練度に質的な差をもたらす。中間評議、最終評議における職業裁判官の判断の占める比重が構造的に重い。

　もっとも、裁判官は整理手続では実体に関する心証を形成はしないこと、整理手続の結果は公判廷で裁判員の面前で顕出されることを考慮し、裁判官・裁判員の形式平等を根拠に心証形成も対等平等であると主張することもできよう[11]。が、かかる法形式的解釈は裁判員が裁判官依存傾向を持ちやすい構造的な問題点を無視するだけである。裁判所が主催する整理手続を前置する手続を採用した以上、その固有の弱点も認識すべきだ。裁判員の健全な市民良識が働く余地を狭めず、裁判官と裁判員の健全な協働による評議を実現する条件整備が要る。

　例えば、①争点整理、証拠開示は可能な限り弁護人と検察官の信頼関係に基

第22章　証拠開示を伴う整理手続　　279

づいて二者で実施することが望まれる。証拠開示に関する防御上の必要性と弊害の有無に関しても、常に裁判官の介在する整理手続で主張・反論を行うのではなく、むしろ検察官と弁護人の良識によって調整すべきであろう。裁判所が主催する正式の整理手続は、補充的であってよく、証拠開示と争点整理の結果報告と確認の場でよい。②検察官・被告人の冒頭陳述と弁論では裁判官の整理手続における役割と生じうる優位性を裁判員に注意する内容も含めてよい。③裁判長は、評議開始にあたり裁判官らが整理手続段階から関与し事件と証拠の骨格を熟知しつつ審理に臨んだこと、その点で裁判員より証拠構造を迅速かつ円滑に理解できる優越的な立場にたつことを率直に説明すべきだろう。その上で、そうした立場から、裁判員が十分に意見を述べ迅速かつ的を射た事実認定に至る限度で評議に協力するものであることも説明すべきだ。裁判官の自戒と裁判員の納得・不信感除去のための説明である。これらは運用上不可欠であるし、将来は刑訴規則に盛り込むことも考えてよい。

2　新立法上、整理手続段階で、受訴裁判所が審判対象を整えて取調べるべき証拠について決定する。公判では、裁判員に負担のない審理を迅速かつ充実して実施する必要上、強い訴訟指揮が予想される。評議でも、裁判官が優越的地位に立ちやすい。その意味で、新立法は職権主義を強化するものでもある。運用を誤ると、整理手続が新型の「予審」となってしまいかねない。

　反面で、被疑者の国選弁護人制度の導入は、被告側の防御の充実をもたらす。そして、証拠開示規定は、個々の被告人が全面証拠開示を受けたのに等しい状態で公判廷に臨むことも可能とする幅を持つ。

　その意味で、21世紀の我が国司法は、今や、職権主義の再強化さらには裁量糾問主義と特徴づけられるのか、立法による弾劾主義・当事者主義の徹底の開始と位置づけられるのか岐路にある。検察官が有罪立証の効率化のみを考えて証拠開示を手控え、被告側からみれば証拠隠しと映るかたくなな姿勢をとることは、前者に道を開く。被告人を弁護する弁護士も、被告人の主張に沿った防御活動こそ優先すべきだが、法曹の良識に従い被告人との充分な協議を踏まえて、枝葉にわたる反論反証のために開示された証拠を利用せず、充分な証拠開示を踏まえた合理的かつ的確な反証に努める姿勢も求められる[12]。新立法は当事者主義に基づく迅速な真相解明を目指すべきである。かかる大局的な視点からの法解釈・法適用が望まれる。

[1]　証拠開示立法のねらいについて、司法制度改革推進本部・裁判員制度・刑事検討会第20回、21回議事録（http://www.kantei.go.jp/jp/singi/sihou/index.html）による。他に、酒巻匡「刑事裁判の充実・迅速化」ジュリスト1198号（2001年）146頁参照。
　　　概要解説として、伊藤栄二「刑事裁判の充実・迅速化を図るための刑事訴訟法改正の経緯と概要」法律のひろば57巻9号（2004年）14頁。
[2]　証拠開示新立法の意義と条文解釈について、さしあたり川出敏裕「公判前整理手続」ジュリスト1268号（2004年）73頁と岡慎一「裁判員制度の導入と弁護活動」法律のひろば57巻9号（2004年）39頁を参照した。
[3]　証拠開示に伴う弊害論について、大澤裕「『新たな準備手続』と証拠開示」刑法雑誌43巻3号（2004年）429頁以下を参照した。
[4]　岡・前掲注[2]43頁。
[5]　類型証拠開示が検察官請求証拠の弾劾のための資料提供にもなることもある点は検討会でも摘示されている。司法制度改革推進本部・裁判員制度・刑事検討会第20回議事録（酒巻発言）。
[6]　この点について、例えば、尾崎道明「刑事裁判の充実・迅速化——検察官の立場から」現代刑事法6巻12号（2004年）38頁。
[7]　被疑者段階から弁護人が付く場合、後の証拠開示による訴追過程の点検を見込んだ準備が必要になる点について、美奈川成章「証拠開示・公判前整理手続の実務的課題」季刊刑事弁護40号（2004年）88頁以下を参照した。
[8]　さしあたり、座談会「裁判員制度をめぐって」ジュリスト1268号（2004年）32頁〔井上正仁発言〕参照。なお、司法制度改革推進本部・裁判員制度・刑事検討会第19回議事録参照。
[9]　同旨の評価として、後藤貞人「刑事裁判の充実・迅速化——弁護人の立場から」季刊刑事弁護40号（2004年）45頁。但し、川崎英明「刑事司法改革の成果と課題」法セ594号（2004年）52頁は、現在の裁判実務より証拠開示の範囲が拡大しない危惧を示す。渕野貴生「裁判員裁判と刑事手続改革」法時76巻10号（2004年）32頁も新立法が訴訟指揮権に基づく個別証拠開示と同程度の機能しか果たさないのではないかと疑問を投じている。
[10]　但し、「予断」として批判する見方として、例えば、白取祐司「新たな準備手続と迅速な裁判」現代刑事法68号（2004年）14頁参照。
[11]　長沼範良「事前準備と予断の防止」法教266号（2002年）115頁以下を参照した。
[12]　新立法と法曹三者のあるべき姿について、酒巻匡「裁判員制度導入の意義と課題」法律のひろば57巻9号（2004年）49頁以下が参考になる。

第23章　開示証拠の『目的外使用』

＊本稿は、2005年8月2日に行なわれた近畿弁護士連合会夏期研修における表題のテーマに関する講演（下村忠利弁護士と共同担当）のうち、渡辺の担当部分をまとめたものである。

一　目的外使用禁止——議論の出発点

1　下村忠利先生と2人で、新しくできあがりました開示証拠の目的外使用規程に関する解釈、それから実践上の問題について、現段階でまとめることができるアウトラインについてお話しし、皆さん方と一緒に考えていく素材提供をさせていただきたく存じます。進行につきましては、大まかにいって3つの柱にしたく存じます。最初に規程の制定に至るまでの過程について、おさらいをし、この規程がどういう流れの中で、何を政府側としては目論見ながらつくったのかということを確認します。それを前提としながら、下村先生のほうで幾つか事例を出していただき、それについて検討します。そのプロセスの中でこの条文の持っている役割、意義、限界について確認をしたいと思います。そして、もし時間があるようでしたら、今後の展望として、被告人から見たときの新法が予定した三段階構造の証拠開示の限界に触れつつ、この目的外使用禁止規程の制約をどのように克服していったらいいのかについて考えてみます。

さて、最初は司法制度改革推進本部の「裁判員制度・刑事検討会」（以下、検討会）から国会へと、こういう流れをたどってみたいと思います。もともと議論の出発点は、平成14年11月20日の検討会の議論でした。

＊＊＊＊＊＊＊＊＊＊＊＊＊＊＊＊＊＊＊＊＊＊＊＊＊＊＊＊＊＊＊＊＊＊＊＊＊＊＊

■第9回検討会（平成14年11月20日）——議論の出発点

「これまでも、開示された証拠のコピーが外に出て、例えば、マスコミ、あるいは暴力団関係者のところに行ったり、あるいは、インターネットでそれが公表されたというようなことがあった……新しい制度では、これまでより証拠開示の範囲は広がる……個人情報の保護要請が高まっているときに、そのあたりのルールが

全然ないままにしておくのはやはりまずい……きちっとしたルールをつくることにして、開示した証拠は当該刑事裁判の審理の準備以外に用いてはならないということや、開示した証拠のコピーは、当事者が責任を持って保管しなければならないということを明らかにし、違反した場合には、一定の制裁ということも考慮したルールというのはきちっとつくっておく必要がある……」。

＊＊＊＊＊＊＊＊＊＊＊＊＊＊＊＊＊＊＊＊＊＊＊＊＊＊＊＊＊＊＊＊＊

2　要するに、これまで開示された証拠のコピーが外に出る、マスコミ、暴力団関係者に行ってしまう、インターネットで公表される、こういった現象は、この段階ではまだプリミティブなものでしたけれども、許し難いことである、として問題が提起されました。これがこの目的外使用規程に至る最初の出発点であり、実はその後、国会における審議過程も見てみましても、大体このあたりが立法のいわば根拠にとどまっている側面も否定できません。もとより、後には関係者のプライバシー、名誉の保護も強調されてきます。しかし、立法の背景は、漠然としたこの種の不安感にあると思われます。

このような問題意識に基づいて、早速目的外使用禁止に関する規程ができあがってきますが、これは大変厳しいものでありました。2つに分かれます。目的外使用を禁止するという根幹となる規定です。しかもそれは開示された証拠の写しを物理的に使うということだけではなくて、その内容を包括的に使用するという状態が、そもそも許し難いものであるという宣言があります。その上で、それに対する制裁として2つ予定されました。司法行政罰としての過料と、懲役もしくは罰金つまり刑罰の併科です。しかも目的外使用が生じたとき、関与した被告人、弁護人それぞれがともに平等の形で制裁の対象になるというものでした。きわめて包括的な禁止、処罰規定でした。開示された証拠を当該事件の訴訟活動とこれに関連する手続以外に使うことをそもそも許さないということを出発点とする議論が始まりました。

＊＊＊＊＊＊＊＊＊＊＊＊＊＊＊＊＊＊＊＊＊＊＊＊＊＊＊＊＊＊＊＊＊

■第19回検討会（平成15年5月30日）──「たたき台」
(1)　目的外使用の禁止
　ア　被告人及び弁護人は、開示された証拠の写し又はその内容を当該被告事件の審理の準備以外の目的で使用してはならないものとする。
　イ　裁判所は、被告人又は弁護人が、アの義務に違反したときは、決定で、

○万円以下の過料に処することができるものとする。過料の決定に対しては、即時抗告をすることができるものとする。
　　ウ　被告人又は弁護人が、アに反し、開示された証拠の写し又はその内容を当該被告事件の審理の準備以外の目的で使用したときは、○年以下の懲役又は○万円以下の罰金に処するものとする。
(2)　開示された証拠の管理
　開示された証拠の写しは、弁護人が管理するものとし、弁護人は、みだりに他人にその管理をゆだねてはならないものとする。
＊＊＊＊＊＊＊＊＊＊＊＊＊＊＊＊＊＊＊＊＊＊＊＊＊＊＊＊＊＊＊＊

3　それからもう1つは、開示された証拠の管理につきましては、弁護人のほうにいわば管理責任を負わせました。みだりに他人にその管理を委ねてはならないものとするということがこの段階で提案され、実はこれはほぼそのまま現行法に結実することになります。
　その後、検討会における数次の検討を経ます。管理責任の部分はほぼ残されました。他の箇所は幾分だけ形を変えます。座長試案が平成15年に出てきますが、証拠の複製その他、その内容の全部又は一部をそのまま記録したもの又は書面とする修正です。
　コンテンツそのものの使用禁止という表現の仕方からすると、禁止の対象が狭くなります。物理的に写しとして作られたもの、有体物としての同一物について使用してはならないということになりました。目的外使用状態の対象物についての限定が加えられました。もっとも包括的に使用するという実行行為が残っている点では変わりありませんし、それから過料と刑罰両方が全面的にかぶさる状態であることにも変化はありませんでした。これが平成16年の骨格案でもほぼそのまま維持されます。

＊＊＊＊＊＊＊＊＊＊＊＊＊＊＊＊＊＊＊＊＊＊＊＊＊＊＊＊＊＊＊＊
■第31回検討会（平成16年1月29日）――「骨格案」
　　ア　被告人及び弁護人は、開示された証拠の複製その他その内容の全部又は一部をそのまま記録した物又は書面を当該被告事件の審理の準備以外の目的で使用してはならないものとする。
　　イ　裁判所は、被告人又は弁護人が、アの義務に違反したときは、決定で、○万円以下の過料に処することができるものとする。過料の決定に対しては、即

時抗告をすることができるものとする。
　ウ　被告人又は弁護人が、アに反し、開示された証拠の複製その他その内容の全部又は一部をそのまま記録した物又は書面を当該被告事件の審理の準備以外の目的で使用したときは、○年以下の懲役又は○万円以下の罰金に処するものとする。

****

4　検討会の議論をもう一度振り返ってみますと、目的外使用禁止の実質的な理由については、様々なことが議論されておりますが、何よりもそれ自体が不当であるということが強調されたと総括できます。そして、その不当性を支えるための多様な根拠が議論の中で指摘されています。例えば個人情報は保護しなければいけないという風潮があるのではないか。それから関係者のプライバシー保護が必要ではないか。そして、罪証隠滅の防止もあるのではないか。それからもう1つは、このような形で目的外使用がはびこっているという状況の下では、市民による捜査協力の確保が得られないといった指摘もありましたし、ひいては司法の運用を確保していくこと自体がうまくいかない。そしてもう1つは、証拠開示の円滑な実施にも支障が生じるのではないか。こういった様々なことが包括的に議論された上で、目的外使用規程を禁ずるということに結実していきます。
　ただ、複写した内容の規制については、物理的なものに限定していくということにはなりましたが、被告人と弁護人の一律共通規制ということと、裁判所の目からの規制と検察官の規制、つまり科料と刑罰二重の制裁を科せられることが、検討会で大体まとまって、この議論を前提とした上で国会の議論に移ったわけです。

二　立法化への道──平成16年、第149回国会

1　適正管理の責務規定

　そして、概ね現行法と同一の法案が国会に提案されることになります。
　第一に、281条の3で、いわゆる適正管理責務が明文化されます。
　『弁護人は、検察官において被告事件の審理の準備のために閲覧又は謄写の機会を与えた証拠に係る複製等（複製その他証拠の全部又は一部をそのまま記録した物及び書面をいう。以下同じ。）を適正に管理し、その保管をみだりに他人にゆだねてはならない』。

もっともそのターゲットとなるのは、検察官が閲覧又は謄写の機会を与えた証拠にかかる複製など、という形で限定し、ある程度物理的なものにターゲットを絞っております。

　つまり、それは証拠開示された内容自体の利用は、とりあえずははずされたことを意味するかと思います。その点については、衆議院における議論の中でも、野沢国務大臣が、あくまでも有体物である複製をそのまま利用する状態を禁止するということに今回の立法の目的はあると明言しており、この点は正確に認識しておく必要があります。

　国会自身の中でも議論されたところですが、では、複製と同一物というのはどの限度のものなのかということが問題となります。これからの規程の運用の上で現場では、皆さん方はいろんな場面に直面したときに、これは複製そのものなのか、要約なのかということを悩みながら処理をしなければいけない場面が多々出てくるように思います。

　実際のところ、参議院の法務委員会における政府参考委員の議論を見ましても、極めて抽象的です。結局、事案に即して具体的に判断せざるを得ないことになるでしょう。一般的に言えば、開示された供述調書の記載を加工、修正したものについては、一部をそのまま記録した書面に該当する場合もあり得るけれども、それ以外の場合にはその証拠の複製に該当しない場合もあると。審議録を読んでいても何を言っているのかよくわからない面もありますが、こういう議論の状況がしばらく続くだろうということです。

＊＊＊＊＊＊＊＊＊＊＊＊＊＊＊＊＊＊＊＊＊＊＊＊＊＊＊＊＊＊＊＊＊＊＊＊＊＊＊
【参考】参議院法務委員会17号（平成16年5月18日）
○井上哲士議員　「供述調書のような書面の場合に、固有名詞、それから日時、これを黒塗りをするなど、こういう処理をした物というのは、この全部、一部をそのまま記録した書面ということに当たる……いかがでしょうか」。
○政府参考人（山崎潮）　「これは具体的な事案に照らして判断する必要がある……ただ、一般的に言えば、開示された供述調書の記載を加工、修正した物については一部をそのまま記録した書面に該当する場合もあり得ますけれども、それ以外の場合にはその証拠の複製等には該当しない……抽象的でちょっと分かりにくいわけでございますけれども、例えば一つ例示的に言えば、被告人の自白調書におきまして固有名詞をすべて修正、加工したとしましても、被告人以外の者が登場しないような物について、あとは被害者ぐらいですね、そういうような物

については、その場面についてその供述内容がそのまま残っているような場合、そのような場合には一部をそのまま記録した書面に該当し得る場合もある……」。
「それからもう一つ、それに当たらないというような場合につきましては、登場人物が複数ある、それから場所もいろいろ複数あったり、日時もあるということで、そこを全部墨塗り等をするということによって、その具体的なストーリーというんですかね、それがどうも分かりにくくなっているというようなことになれば、これはもう複製としてそのまま外へ出したということにはならない」。
　＊＊＊＊＊＊＊＊＊＊＊＊＊＊＊＊＊＊＊＊＊＊＊＊＊＊＊＊＊＊＊＊＊

2　証拠複製等の目的外使用規定について

　さて、それで根幹となりますのは、281条の4の規定です。使用の目的を限定した規定です。
　『①被告人若しくは弁護人（第四百四十条に規定する弁護人を含む。）又はこれらであつた者は、検察官において被告事件の審理の準備のために閲覧又は謄写の機会を与えた証拠に係る複製等を、次に掲げる手続又はその準備に使用する目的以外の目的で、人に交付し、又は提示し、若しくは電気通信回線を通じて提供してはならない。
一　当該被告事件の審理その他の当該被告事件に係る裁判のための審理
二　当該被告事件に関する次に掲げる手続
　　イ　第一編第十六章の規定による費用の補償の手続
　　ロ　第三百四十九条第一項の請求があつた場合の手続
　　ハ　第三百五十条の請求があつた場合の手続
　　ニ　上訴権回復の請求の手続
　　ホ　再審の請求の手続
　　ヘ　非常上告の手続
　　ト　第五百条第一項の申立ての手続
　　チ　第五百二条の申立ての手続
　　リ　刑事補償法の規定による補償の請求の手続
　②前項の規定に違反した場合の措置については、被告人の防御権を踏まえ、複製等の内容、行為の目的及び態様、関係人の名誉、その私生活又は業務の平穏を害されているかどうか、当該複製等に係る証拠が公判期日において取り調べられたものであるかどうか、その取調べの方法その他の事情を考慮するものとする』。

検討会の段階では、使用することを許さないというふうに包括的な言葉を使っていたのに対して、国会提案では、交付、提示、ネットを通じる提供という記述がされました。実行行為について具体的に列挙する形をとりました。目的外使用を許さないターゲットの範囲を絞った点は評価できるのかもしれません。

　別なとらえ方をすると、281条の4の目的は、開示された証拠を使うことが許される場合、つまり、法的に見て許容される目的内使用とはどういう場合をいうのか明確にしたという点で意味を持つと思います。いわば構成要件該当性は、一体どういう状態なのかをここでまず明示してあるということです。

　他方、立法提案の大きな問題は、目的外使用罪が定められたことです。犯罪が刑事訴訟法の中に組み込まれただけではなく、何よりも当該事件の訴訟の主体たるべき被告人と弁護人が、その地位に基づいて行う態度そのものをターゲットとする犯罪が創出されたことです。こうした特殊な身分犯をつくりだしたことは大きな驚きであります。もちろん、それまでの議論を踏まえた修正を施しました。被告人については、包括的に目的外使用罪を設けましたが、弁護人については、懲戒規定との関連で、対価として財産上の利益その他の利益を得る目的犯に構成要件を限定はしております。

　しかし、事件の当事者たるべき被告人と弁護人が、その地位に基づいて行うべき活動それ自体が、そのものとして犯罪となりうるという構成要件をつくられたこと、これは異常な立法とみるべきです。そうした事態である点については、私たちはもう少し認識を深めておかなければならないだろうと思います。

三　「正当化条項」（法281条の4第2項）

1　もっとも幸いなことに、衆議院における修正条項が付け加えられました。281条の4の第2項です。『防御権条項』とか『正当利用条項』とか『利用正当化条項』とか、いずれ一定のニックネームが定まるでしょう。レジュメの中でもいろいろな表現をいたしておりますけれども、さしあたり『正当化条項』とまとめます。ただ、この条文自体を読んでみましても、実は極めて曖昧です。

　1つは、同項にいう「措置」が何を意味するのかということが、もちろん文面だけから直ちに読み取れるものではありません。これは国会審議の中で後に述べるような限定が加えられることになります。

　それから「被告人の防御権を踏まえ」という、「踏まえ」るというのは、誰が・何を・どうするということなのかは、実は全くわかりません。どうしたことが「踏まえ」た

ことになるのか。それ以下に書いてあることは、考慮すべき事情、事項ですので、これ自体はよくわかります。しかし、その次に「考慮するものとする」というのは、だれが、どういう法効果との関連で、どうする状態をいうのかということも、実は明確にはわからないという規定になっています。

　ただ、そういう言い方をしても、私はこの規定を批判的にとらえているという趣旨ではありません。むしろ、目的外使用を包括的に非難し、禁止し、制約しようとしている政治状況の中でこの条項が盛り込まれたことは、大きな救いです。私はこの条項を生かすことによって、被疑者、被告人の防御権の行使という観点から、その手元に集まってくる情報を多元的に、多面的に利用することができるようになると判断します。その多面的な利用を支えていく条項として、これをいかに利用するのかということに私の問題関心はあります。

2　なお、この正当化条項については、国会の中での議論の一部として、「措置」というのは何を意味するのかということが論争されています。例えば、参議院の法務委員会では、衆議院の段階で修正案の提案をしたメンバーであり、弁護士でもある漆原議員が来まして、この措置について提案者として説明しております。それによると、当面考えていたのは、弁護士会に対する懲戒とか、民法上の損害賠償請求であるということです。

****
【参考】参議院法務委員会17号（平成16年5月18日）
○漆原良夫議員　「この『措置』というのは、刑事訴訟法第281条の4第1項の規定に違反する違反行為に対して取られる法的措置のことでありまして、例えば具体的には、弁護士が同項の規定に違反する行為に及んだことを理由に弁護士の品位を失うべき非行があったものとしてなされる弁護士法上の懲戒処分、あるいは被告人等が刑事訴訟法281条の4第1項の禁止規定に違反する行為に及んだことによって損害を受けた者による民法上の損害賠償請求権、そういうものがこれに当たる」。「同じく同項に違反する行為であったとしても、違反に係る複製等の内容やあるいは違反行為の目的、態様など、同条第2項に掲げたものを始めとするいろんな事情によって違反の悪質性の程度は相当に異なるものがある……」。
****

　ここでのポイントは、281条の5に規定してある、いわゆる刑罰規定、これはこ

こでいうところの措置の中には含める趣旨ではない点です。

　こういう形でこの修正条項について立法者自身が説明しており、その限度では私の目から見ると、せっかくいい条文つくったのに、議論の中で狭められている印象を持っております。この点については、後でまた時間があれば江田五月議員の議論もちょっと紹介しておきたいと思います。

　さて、そんな形で法案が現行法の形で定められていくことになっていくわけですけれども、この議論の中で修正条項をどう利用するのかということについても、参議院の法務委員会などで議論されています。

　それからもう1つ、私たちは押さえておかなければいけないのは、参議院法務委員会における附帯決議の役割です。

　「開示された証拠の目的外使用の禁止条項の運用にあたっては、制度の趣旨を十分に踏まえるとともに、裁判公開の原則並びに被告人及び弁護人の防御権にも十分配慮するよう、周知徹底に努めること」という趣旨をこの条文のいわば解釈・運用にあたって盛り込んでいかなければいけないということが、附帯決議となりました。附帯決議の拘束力がどこまであるのか、定かではありません。しかし、その運用においてこの点考慮しなければいけないということを付け加えられていることも忘れてはなりません。

　そうしますと、国会の提案、修正、附帯決議の意味などを私なりに総括いたします。

　やはり『正当化条項』が付け加えられたということと、それから裁判公開、防御権配慮ということを考慮に入れなければいけないという附帯決議がついたということを、私は重く受け止めたいと思います。

　それから、内容自体の使用制限ということが排除されて、物理的なものに限定されているということ。複写物の物理的利用を軸とする、こういう規定に修正されているということをきちんと踏まえるべきです。

　制裁の緩和にも注目すべきです。裁判所による過料は、国会の段階で除かれました。目的外使用禁止一般の犯罪化は、取りやめられました。文言の上で明確に弁護士については営利目的が入っています。そういう意味では、読み取り方は難しいところがあると思いますが、目的外使用と、いわゆる固有の犯罪は、こういう議論と立法のプロセス、立法の形の中で、明確に区別されているということと、それから弁護士倫理による自己規制、自己管理を重視する側面が強調されているという点が大切です。

　それから、被告人と弁護人の目的外使用に対する規制の差別化が図られてい

るということ。被告人の目的外使用についても、これは条文の読み取り方は難しいところはあると思いますけれども、私は、段階化され、目的外使用が一律にいったん構成要件に入るのではなく、後にも少し触れますが、『正当化条項』を踏まえることによって、その一部のみが犯罪化されるものと読み取らなければならないものと理解できるようになった、と思っています。

　そして弁護人については、営利目的という極端な事例についてのみ処罰化されている。したがって、弁護人の活動も段階的な評価をしながら、許し難いものについてのみはじめて制裁が科されることが、以上の立法のプロセス全体として確認されていると理解しております。

　刑事訴訟規則も改正がなされましたけれども、ここでも、改正要綱の中で、目的外使用を弁護人が行った場合については、現行規則303条で対処していくと明示されています。同条によれば、裁判所が目的外使用らしい外形を見いだしても、まず、当該弁護人への理由の問い質しをした上で、特に必要があった場合には、一定の処置を要求していくことによって対処することとなります。そういう意味では、弁護士の活動について、直ちに刑罰などで対処する、あるいは直ちに懲戒を請求するということではなくて、特に必要とする場合、別な言い方をすれば、外形上目的外使用であっても相当の正当性の幅があるということを前提とした上で、弁護士会による懲戒を優先する、つまり弁護士の自主的な管理に任せたものと見ることができます。

四　目的外使用の構造

　さて、そんなことを踏まえて、以下の**表**をご覧下さい。全体の構造をどう理解したらいいのか、もう一度整理します。

表　広義の目的外使用の段階構造

法281条の3	「不適正」管理・保管「濫委任」―弁護士の責務―
法281条の4	目的外使用禁止（行動倫理）―2項・正当化条項―
法281条の5第1項	可罰的目的外使用状態―被告人のみ―
法281条の5第2項	犯罪的営利目的使用状態―弁護人（被告人は1項で）―

　①まず、281条の3で不適正管理が禁止され、保管を濫りに他人に委ねることを禁止するということが、まず弁護人の責務として規定されている。これは当然

の倫理を定められたものとして、これだけを見ると、私は問題のないことかと思います。

　ただ、本来はまずこのような不適正な管理をしてはいけない責務、それから人に濫りに記録の複写物をゆだねてはいけないという責務、これを負うのは、被告人だと私は思っています。

　②それから281条の4で、目的外使用をしてはならないという根幹となる行動倫理が明確にされました。

　③しかし、直ちにそれと併せて2項で正当化条項は定められていますから、これは一体として見なければなりません。目的外使用という外形があるから、直ちにそこから一定の効果が出てくるのではなく、2項の正当化条項によるスクリーニングを経てはじめて一定の制裁に結びつくことになります。1項、2項の同時適用によってはじめて不法性のある目的外使用状態が出てくることとなります。

　④したがって、281条の5の第1項で、被告人のみについても、目的外使用状態が直ちに構成要件に当てはまるようには書いていますけれども、これも281条の4の定める『正当化条項』を考慮した上で可罰的な目的外使用状態とそうでないものがあるという当然のことが——この2項があることによって——条文の中に組み込まれていると私は読むべきだろうと思います。

　⑤もとより、犯罪的な営利目的使用状態が許されないこと、これは制裁の対象になるか、ならないかにかかわらず、現行法でも当然許されないことです。それを定めたこと自体は、何の問題もないことです。ただ、被告人、弁護人が、犯罪の対象とされている状態をそのまま放置するということはできない。それをこの『正当化条項』を使って、いかに換骨奪胎させていくのかということを考えなければ、私は弁護活動は崩壊していくだろうと思います。この点については、また後に触れさせていただきます。

五　開示証拠の複製等の適正管理と「他人」——目的外使用禁止各論(1)

　1　被告人が開示された記録を不当な目的で利用しないように、弁護人としては注意をしておかねばならない。これは弁護人としては当然であります。なぜならば、不当な利用を被告人がしたためにいろいろ問題が起こりますと、その不利益は被告人がかぶるわけでありますから、被告人の利益を守るという弁護人の立場、義務からいたしまして、当然被告人に不利益が被らないように注意をしておく必要があります。下村先生は、長い間、以下の写真の内容のスタンプを利用し

て、記録を手交する被告人に注意を喚起しております。私も真似ています。

> この調書類コピーは裁判の準備のために、弁護人である私から貴方に対して、特に差し入れるものです。
> これを他人に見せたり、宅下げしたりすることは絶対にしないで下さい。また、この調書の内容について、私と相談なく関係者に手紙を出したりすることもしないで下さい。
>
> 弁護士　渡辺　顗修

　些細なことなのですが、条文281条の3の最後の言葉、みだりに他人に委ねてはならないというこの一言の中に、被告人を入れるかいれないかという技術的な法解釈の問題について、幾つかコメントしておきたいと思います。

2　刑事訴訟法全体を見たときに、この種の「他人」の中に、文理の使い方として被告人を含めている規定は実はございます。例えば、法105条や法149条の用法などを見ますと、そこで言う「他人」に被告人が入るものとして文理が使われています。ですから、言葉の使い様という側面から見たならば、形式的にこの「他人」に被告人を含むという解釈それ自体としては一応成り立ちます。

　しかし、問題なのは、構造的な解釈の点になろうかと思います。本来被告人は、弁護人を介して謄写されたものを受け取る自己の本来的な防御権をそもそも行使することができます。これが、我が国の刑事訴訟法の構造の枠に組み込まれているのです。被告人が自ら当事者として防御のための権利を行使することを認められています。

　そうだとすると、この281条の3の書きぶりによれば、場合によってはその肝心の被告人に弁護人は開示証拠の複写物を渡さなくてもいい、あるいは渡してはならないという制約を及ぼしていることになりかねません。被告人に開示証拠の複写物を渡す・渡さないについて、その判断権が固有権として弁護人にあるかのようになっています。「他人」の中に被告人を入れるというのは、その意味で、我が国の訴訟法自体が予想している当事者主義構造からもおかしいのではないか、そういう点で、この「他人」の中に被告人を入れるのは疑問ではないかということになります。

3　それから3点目ですけれども、この点もう一度、281条の4の、どういう場合には目的外利用になるのかということをざっと振り返っていただきたいのです。

1号は当然のことですが、さらに2号で、当該被告事件に関する次に掲げる手続というふうにいろいろな手続が書いてあります。ポイントになるのは例えばイだとかロ、ハ。それから一番明確なのがホ、再審の請求の手続ですね。それからすぐにおわかりでしょうか。トなどは、裁判費用執行に関する申立をするために、開示されて手元にある資料を使っていいということになっている。

つまり、「元被告人」の立場になったとしても、いったん「被告人」という立場に追い込まれた市民は、それに伴う様々なリスクから自分を防御するために、被告人たる地位に置かれたときに、やむを得ず自分のところで使用しなければいけなかった証拠を保管し、保持し、将来にわたり合理的に利用する立場にいなければならないのです。そうでなければ、いつ何時再度の攻撃にさらされるかわからないということになります。

4　そういう意味で、主体としての被告人は、弁護人を介して情報の提供を受ける権利を持っているだけではなくて、常に情報を持ち続ける権利も相伴っているものだと考えるべきだろうと思います。

憲法上39条によって、二重の危険を受けない権利があります。これは有罪だろうと無罪だろうと、同一事件について再度の処罰を受けないという権利を持っているのです。そうだとすると、後に同じような事件に巻きこまれたときに、再度の処罰かどうかということをチェックできるための情報を持っているということは、当たり前のことです。

「二重の危険条項」があるということの意味は、「被告人」の地位につくことを強いられた市民は、最初の裁判に関する情報をその後も持ち続けていることができ、そうでなければ「二重の危険」を適切に防御できないということを意味します。

5　さて、そこでその次にとりあげたいのは、281条の3の規定の問題点です。弁護人の視点だけからみれば記録の適正な管理は当たり前のことが規定されているのかもしれませんが、それと同時に、被告人も、やむを得ず被告人たる地位についたのではあったとしても、裁判に関する情報が集まってくる以上は、そういう情報について適正に管理し、また、みだりにそれを他人に委ねてはいけないという主体としての責任もそれなりに負うことになります。そうだからこそ、被告人は包括的な防御のために、様々な権利行使を国家に請求できるという関係にあると

思います。
　とすると、281条の3は、開示証拠の複写物の管理について、あげて弁護人に責任を負わせるという後見的な役割を弁護士の責任にしているものとなり、当事者主義構造から見ると、内容面でも疑問があるのではないかと思っています。
　いずれにせよ、この「他人」という言葉の中に被告人を含めるか、含めないか、些細な議論のようですが、原則論にさかのぼって考えれば、重大な問題を含むこととなります。ここで言う「他人に」は、検討会にはじまる政府筋の判断としては、被告人を入れるという解釈が確立しているのでしょう。しかし、私は「入れない」という解釈のほうが妥当ではないかと考えています。

六　開示証拠複写物の4類型——目的外使用禁止各論(2)

1　私自身の整理のために、もう一度確認をしておきたいと思います。目的外使用になるかどうか検討すべき資料は4つあります。
　①公判の書類関係中、起訴状、冒頭陳述など、いわば法律家の主張にかかるもの。あるいは手続事項に関する書面。
　②それから、裁判所における証人尋問手続が行われた際、それを裁判所の責任においてまとめた調書。
　③検察官が開示した証拠のコピー。
　④そしてもう1つは、検察庁で閲覧し謄写をしたものであって、その後、公判廷において同意するなどして裁判所で証拠になったもの。
　以上、4類型の資料についての目的外使用についてどうとらえるのか、こういう議論が必要になります。

2　さて、無罪を争っている被告人が、自己の無罪を広く世間に訴えたいという、この行動をまずどのようにとらえるのかということから、議論します。
　私自身は、細かな議論はさておきまして、被疑者、被告人という法的に追い込まれた市民は、それに対して適当な機会に、合理的な主張によって、自己がそのような立場に置かれていることの不当性、もしくは置かれていることについて説明すべき理由があること、語るべき情状があることなど防御に関する主張を適宜に行える包括的な権利を持っています。
　これを『包括的防御権』と言います。
　そしてこれは当然のことながら、様々な手続上の法律行為として構成されてい

る面もあります。また、それが合理的である限り、様々な事実上の活動として防御の実質があるならば、これを行うことができる権利でもあります。かかる包括的権利が許されなければ、巨大な国家の前に一市民は萎縮し、そして自分の主張を十分に闘わせることはできないでしょう。

　さて、憲法37条によりますと、刑事事件において被告人は、公開裁判を受ける権利が保障されております。

　もとより、物理的な設備としての法廷を、市民から見える状態にするということを権利として要求する側面もあるでしょうが、この権利も含めて多様な防御活動をすることができます。被告人自身が、市民の目から見ても納得のできる状態で裁判を受けていることを確認しながら、自己の裁判を進めていきたい。そして、その点について裁判所自身を一般市民の監視下に置きたい、事実上のプレッシャーの下で、適正な訴訟指揮を促し、適正な裁判を行う状態をつくっていくこと。これも憲法の目から見たならば、私は合理的で、かつ有意義な防御活動だろうと考えています。その一環として、裁判を公開している状態になっていることを位置付けられます。

　この公開裁判も事実的な側面を含んでおります。被告人自らが、防御活動上正当に集めることができた情報に基づいて自己の裁判の状況がどうなっているのかを市民と共有することは、憲法で言うところの公開裁判を受ける権利を実現している1つの手法です。

　まず、この点を明確にしておかなければ、裁判に関する小冊子を出すことが、今般できあがりました条文で言う「目的外使用」なのかどうなのかが判明しません。

　3　条文に戻ります。281条の4の定める目的外利用の禁止規定によりますと、目的外利用になるものとならないものを区別する基準を設けています。

　小冊子を事実行為として出すことは、1項の限度では目的外使用にあたるのかもしれません。ですが、それは直ちに2項がかぶさってきて、もう一度スクリーニングが行われます。こうして1項で言うところの許し難い目的外利用になるかどうかを判断することになるのです。そうなったとすると、被告人の防御権を踏まえて、この事件の被告人自らの防御権行使の正当なありようとして、自己が正当に集めることのできた情報を公にする形で公開裁判を受ける実質的な担保をつくっているわけですから、かかる使用は相当性をそなえてるものとみてよいでしょう。

　ただし、当然のことですが、それが名誉毀損になったり、罪証隠滅につながる

ものとして利用される、あるいは犯罪そのものにつながっていく場合はのぞかれます。

　ただし、さらに念のために言っておきますけれども、プライバシーの侵害だとか、名誉毀損は、もう1つ大きな利益、つまりこの被告人の裁判において真相を解明した上で適正な裁判を受ける利益から見るならば、比較になりません。形式的なプライバシー侵害や名誉毀損があったとしても、真相解明の利益が優越することとなります。裁判を受ける側の利益が優越することは十分にあり得るわけです。こうした考慮をしなければ、一定の措置を必要とする目的外使用にはならない、というのが、2項の役割です。

　証人尋問など裁判所の責任においてつくられた調書が、今回の一連の立法のターゲット外にあること、これはもう当然のことだろうと思います。目的外使用状態は証人尋問調書についても、もちろん起きうるわけなのですが、その点については、別な規制が及びます。

　法47条でこれを読み取ることができます。言葉としては曖昧かもしれませんが、相当という言葉、つまり「社会的相当性」がある範囲内で、被告人もしくは弁護人が取得した開示複写物の利用は当然に許されるもの、幅広く許されるものと考えております。

　したがって、ここに出てくる小冊子の中に、証人尋問調書を入れることも、従来の法制の上からも何の問題もないものだと考えています。

＊＊＊＊＊＊＊＊＊＊＊＊＊＊＊＊＊＊＊＊＊＊＊＊＊＊＊＊＊＊＊＊＊＊＊＊
【参考】参議院法務委員会16号（平成16年5月13日）
○政府参考人（山崎潮）　「無罪の事例集でございますが、こういうような場合には、これで執務資料を作成して出版するということですね。これが使用が許される場合に該当するものではないのですけれども、この場合は、ただ、あくまで開示証拠のコピーをそのまま引用するということではなくて、その概要を伝えると、それを概要を記載するということ、これによって目的も達せられるわけでございまして、このことについては禁止をしていない……」。
＊＊＊＊＊＊＊＊＊＊＊＊＊＊＊＊＊＊＊＊＊＊＊＊＊＊＊＊＊＊＊＊＊＊＊＊

4　22回検討会の段階では、共犯者の弁護人間の情報の相互開示は、証拠開示が円滑かつ適正に実施されなくなる原因の典型例だといわれます。これでは証拠開示がバイパスになってしまう、という議論をしておりました。けれども、衆議

院での審議段階では政府の参考人は、弁護人が自己に開示された証拠のコピーを他の共犯者の弁護人に示す場合について、これは共犯者の認識を調査するといったような、自己の事件の審理との関係で防御の準備に使うのであれば、その限度ではかまわないということを述べています。その意味で、この問題は政府サイドでも大体調整済みだと思います。

****
【参考】衆議院法務委員会（平成16年4月9日）
○政府参考人（山崎潮）　「弁護人がみずからに開示された証拠のコピー、これを他の共犯者の弁護人に示すということが、例えば、その開示証拠に関する事実についての共犯者の認識を調査する、こういう目的でやるというような場合……みずからの担当する被告事件の審理の準備のためであるというような場合……それは禁止されるものではない」。「開示された証拠のコピーそのものを示すのではなくてその証拠の概要を伝えること……どういうシチュエーションでも何ら禁止されるものではない」。
****

　こうした情報提供にあたっても、双方が共犯者間の弁護人である以上、全部いきなりお互いに渡すということはしていないと期待したいところです。新しい証拠開示手続を踏まえて、「目的外使用」禁止原則が働いていることを前提にした相互協力が求められます。
　被告人・弁護人が開示を受けている証拠について共犯者の弁護人に見せてかまわない証拠が何かを十分慎重にスクリーニングをし、相互の防御準備に資すると判断できる合理的な範囲で情報を交換している限り、政府委員が述べているとおり、自己の審理のための準備にあたるわけですから、「目的外使用」にはそもそもあたりません。

　5　それから、鑑定のため、あるいは鑑定準備のために専門家に意見を聴くことは、当然に事件準備のための開示ですので、正当な目的による使用です。参議院の法務委員会における井上議員に対する山崎参考人の答えの中にも同趣旨の説明が出ております。
　ただ、マスコミへの情報提供については、慎重である必要があるのかもしれません。なぜなら、「目的外使用禁止」規定をつくった1つの理由の中に、雑誌な

どで開示記録が公開された事例が発生しているということが含まれています。ここで念頭に置かれていたものと、例えば、新聞やテレビなどのマスコミが事件や裁判について紹介している場合を一緒に扱う必要はないでしょう。そうした紹介記事の場合、従来であれば、事件関係者なり弁護人が訴訟関係書類を見せて、間違いのない正確な事件紹介となるように協力していると推測できます。プライバシーを暴く、事件をおもしろおかしく描くというような形での使い方と、正当な形で国民の知る権利に資するため、事件について情報を提供することの間で、ボーダーラインを引くのは実際上は難しいのでしょう。しかし、一般的法的には両者は区別できます。そして、正当な報道目的のための情報提供は私は何の問題もないと思っています。

七　他の事件への流用と「正当化条項」の機能——目的外使用禁止各論(3)

1　法281条の4第2項の意義と機能を、私は弁護士の皆さんによくご理解頂き上手に使えるようになって頂きたいと思います。
　条文を再度ご覧下さい。
　「前項の規定に違反した場合の措置については、被告人の防御権を踏まえ、複製等の内容、行為の目的及び態様、関係人の名誉、その私生活又は業務の平穏を害されているかどうか、当該複製等に係る証拠が公判期日において取り調べられたものであるかどうか、その取調べの方法その他の事情を考慮するものとする」
　規定の趣旨について、もう一度、マスコミへの情報提供を例にして検討しましょう。次のようになります。文言にありますように、事件の弁護人が、被告人の防御権を踏まえた上で、まず被告人と弁護人との間で情報提供に関する合意が必要となります。そして当該事例におけるマスコミへの情報提供が、内容・目的・態様、名誉・私生活・業務の平穏の侵害の有無、証拠調べの有無などの諸事情を考慮したときに、社会的に見て弁護士の活動として妥当かつ相当であると認めるべき常識の範囲内にあれば、ここで言う措置の対象にはならないこととなります。
　これは、法律家から見れば、ごく当たり前の判断です。そうした社会的相当性の判断をした上でなければ、「措置」の発動はしてはならない、かかる見識をごく率直に表したのが2項の規定です。

2　弁護人の開示情報の提供を踏まえた正当なマスコミ取材によって、事件に関する情報が国民の共有するところになるのは、民主主義にとってあるべき状態をつくっていくこととなります。法的に見て、大きな正当性があるわけですから、その状態は本「正当化条項」から見れば当然相当性が認められるものとなります。形の上では1項にあたると見えても、2項で直ちに正当化されている状態となる、このように考えていくべきです。

3　例えば、法廷で被告人甲が、覚せい剤自己使用について「女に誘われて一緒に打った」と主張し、量刑上考慮することを求めたとします。その女が証人として出廷し、「私は今まで一切覚せい剤を使った覚えはありません」という証言をしたとします。さて、別の被告人乙も覚せい剤自己使用罪で起訴されていて、同一弁護士が弁護人となったところ、この女性に関する資料を入手します。
　「私は、乙と覚せい剤を使いました」という捜査段階の調書が開示されたとします。
　その場合、甲被告人との関係で出てきた女性の証人尋問調書を乙の事件で利用したい、弾劾に使いたい、という状況になるでしょう。
　この状態を新しくできた立法でどう見るべきでしょうか。この場合、登場する弁護士が同一人物であろうと、別の弁護士であろうと同じことです。要するに、甲の事件で開示された書類を乙事件で使う状態をどう見るのかです。
　ポイントは何かというと、甲の被告事件については、書類を乙側に提供することについて、固有の防御上の利益はないことです。単に乙に情報を提供するだけです。
　そうすると、それこそ281条の4が禁止している「目的外利用禁止」に正面からぶつかることになって、許し難いことになるのかどうかを考えなければいけないのです。
　そのときにこそ、2項が、非常に柔軟な役割を果たすのです。

4　法281条の2項は、前項の規定に違反した場合の措置を考えるときについて、最初に考慮すべきことは、「被告人の防御権」を踏まえることです。では、ここで言う被告人はだれかが問題です。
　通常は皆さん方は、当然この情報はもともと甲事件に由来するわけだから、「被告人甲の防御」という観点から見たならば、とお考えになります。そうだとすると、甲の事件が終了している以上、この書類を乙事件に提供するのは、甲の事件との

関係では文字通り正当化されない「目的外使用」になってしまいます。

しかし、実はこの図の中にもう1人被告人がいます。それはだれかというと、ここに登場する乙です。

要するに、この規定の役割は何かというと、「被告人たる乙」の観点から見たときに、他の弁護士が、他の事件で入手した情報を、自己の事件のために提供している状態が正当化されるかという問題として捉え直さなければならないのです。

本条は刑事訴訟法で定めている以上、今生きている事件に注目することになります。従って、実は、目的外使用状態が正当化されるのかどうかは、今それを問題にすべき事件の被告人との関連で検討すべきこととなります。また、これに準じて、281条の4第1項各号に掲げる手続の主体の視点からその手続追行の利益の正当性の観点から点検吟味することになります。むろん、こうした立場にあたる人が全くいない状態で、過去の刑事事件における開示証拠の複写物を利用する場合もあるでしょう。そのときには、踏まえるべき「被告人の防御権」に相当する利益を考慮しなくてもよいのです。

5　さて、図示しました事例について、検討致します。

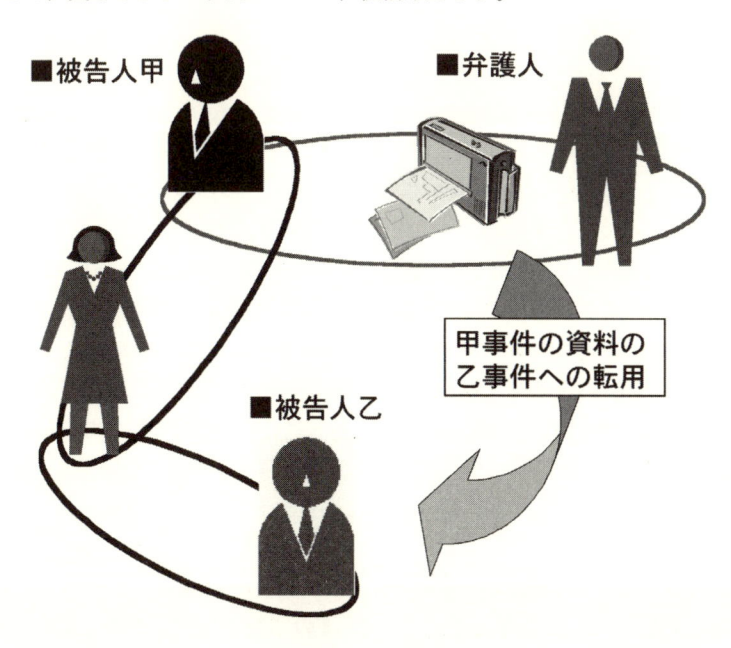

本件では、甲の弁護人が乙の弁護人に情報を提供しました。その場合、「乙」

被告人の防御権を踏まえて考えたときに、乙の弁護人の手元にどういう情報がどうやって集まってきたのかという形で問題を読み替えることになります。

　甲事件に関する弁護士が情報を提供した、あるいは自ら甲の事件を担当していて情報を取得できた、いずれの場合であっても、そうした情報を今係属している「乙」事件との関係で使うことを軸にして考えたとき、こういう状態は正当化されるのかどうなのか。その反射として、かかる状態になるような情報を提供したことが正当なのかどうなのか、ということが問題です。

　問題をそういうふうに考えてみたとき、あとの解決にさほどの困難はありません。まさにここに書いてある諸事情を考慮した上で、実害がないかどうか、そして他の犯罪を構成していないかどうかを考慮し、従前行われていた弁護士間の協力の範囲内に収まる情報提供である場合には、まさに弁護士という社会的集団の責任において社会的に相当な行為とみてよいのではないでしょうか。

　この2項によって、形式上目的外使用状態だとしても、情報のやりとりが正当なものと評価されます。その場合には、もはや犯罪の対象にもなりません。こういう解釈について納得していただけますでしょうか。これは独自の解釈をしているわけではありません。いわば相対的な解釈をせざるを得ない規定が、実は我が国の刑訴法にはすでにあります。

6　次の各規定をご覧ください。

　105条『医師、歯科医師、助産師、看護師、弁護士（外国法事務弁護士を含む。）、弁理士、公証人、宗教の職に在る者又はこれらの職に在つた者は、業務上委託を受けたため、保管し、又は所持する物で他人の秘密に関するものについては、押収を拒むことができる。但し、本人が承諾した場合、押収の拒絶が被告人のためのみにする権利の濫用と認められる場合（被告人が本人である場合を除く。）その他裁判所の規則で定める事由がある場合は、この限りでない』。

　149条『医師、歯科医師、助産師、看護師、弁護士（外国法事務弁護士を含む。）、弁理士、公証人、宗教の職に在る者又はこれらの職に在つた者は、業務上委託を受けたため知り得た事実で他人の秘密に関するものについては、証言を拒むことができる。但し、本人が承諾した場合、証言の拒絶が被告人のためのみにする権利の濫用と認められる場合（被告人が本人である場合を除く。）その他裁判所の規則で定める事由がある場合は、この限りでない』。

　先ほど「他人」という言葉が出てくることとの関連で紹介した条文です。この105条の条文と、それから証言拒絶権に関する149条の条文は、構造は同じです

が、ここに「弁護士」が主人公として登場します。

この条文を合理的に解釈するとすれば、相対的な解釈が必要です。

例えば、法149条を見てください。これは業務上秘密に関する証言拒否権の規定です。弁護士に注目して見てみますと、弁護士が業務上委託を受けたため知っている事実で他人の秘密については、原則として証言拒否権があります。ところが、その他人の秘密の持ち主、つまり本人が承諾した場合には、証言を拒否する必要がなくなります。

次に、証言の拒絶が「被告人のためのみにする権利の濫用と認められる場合」が想定されています。

弁護士が、相談に来たXから、「俺はYを殺した。俺はYを地下室に綴じ込めている」というような自己の犯罪事実を打ち明けられたときには、業務上の秘密として弁護士は保護しなければなりません。

他方、例えば、弁護士に相談に来た人が、「Aから箱を預かっている。なにが入っているか分からない。隠しておくように言われた」と告げられた場合、そのAが現に覚せい剤譲渡などで起訴されていて被告人の立場にあると考えて下さい。

弁護士が、「兄貴分のAが裁判やっているじゃないか、だからあんたからもらった情報は秘密にしておく」、こうした形で弁護士が情報を出さないこと、これを権利の濫用といいます。

この場合には、観念的には証言拒否権は生じません。ただし、それをだれが判断するのかという別の問題はありますが、それは別の機会に論じます。

このとき、弁護士が、相談に来た人からその箱を預かってしまったとします。あるいは、その人が後で勝手に宅配便で事務所にこの箱を送りつけてきたとします。この場合、いったんは押収拒否権が生じますが、その内容物が他に社会的に正当に保護すべきものではないとき、別な言い方をすると、弁護士がその箱を保管することが被告人の刑責を免れさせることにしかない場合、観念的には押収拒否権は生じません。

さて、さらにどちらの条項にも括弧があります。

被告人が「本人である場合」を除いているのです。つまり、その情報やものを与えた主体が、被告人である場合、例えば、こんな場合です。

法律相談に来たBが、「先生、実は人を殺したことがあるんですよ、死体を隠し、凶器隠しているんです」と説明をした業務上の秘密、そして「その場所はこのノートに書いてあります。預かって下さい」といって事実上事務所に置いていった「ノート」。この場合、どうなるのでしょう。

むろん、弁護士はその事件は引き受けていないのです。「弁護士」としてその情報を持っている状態です。
　この「秘密情報」とノートは、Bの事件を解明する以外には役に立たず、その内容上、社会的に見て業務上保護する社会的な利益が含まれているものではありません。
　その場合であっても、その秘密の主人公Bが後に「被告人」という法的地位に立っていることを「弁護士」が認識したとき、Bとの関係では弁護人ではない、弁護士からみれば単なる第三者にとどまるはずなのですが、こうした場合にも、法律は、弁護士たる地位にある者に証言拒否権、押収拒否権を行使することを認めます。それが、両条の意味です。
　つまり、弁護士たる業務にある者は、「被告人たる地位にある者一般」について、このような形で被告人を不利に陥らせる情報の提供を拒めるのです。

八　「正当化条項」と社会的相当性——目的外使用禁止各論(4)

1　なぜ、そのことを説明したのかというと、この105条、149条の規定をちょっと見ていただきながら、もう一度先ほどの正当化事由の規定を見てください。そうすれば一目瞭然です。
　法281条の4第2項、ここで出てくる「被告人の防御権を踏まえ」というのは、情報の提供を受けた側の被告人の観点から見ることを求めているのです。
　そのとき、他の弁護士から情報の提供を受けている状態がいかなる意味を持つのかを点検することとなります。
　情報の提供を受ける被告人の観点から見たときに、証人に関する重要な弾劾として使える資料が現に集まっている場合、その資料が他の弁護士が協力した形で提供を受けているときに、その情報提供をした弁護士には、措置の対象にすべき悪質性があるかどうかを諸事情の考量によって決めることとなるのです。
　繰り返します。
　この事件の被告人の防御権を踏まえたときに、被告人の手元に情報が集まる状態を作出した他の事件の弁護士の行為と雖も、措置に値するかどうかという観点から正当性を吟味することができる、それが2項の役割となるのです。
　このような形での情報提供については、何ら実害が生じず、罪証隠滅、犯人逃亡といったような事件をつぶすことにつながらない限りは、社会的に弁護士として行うべき相当な業務の範囲内に入ります。ここには何の不当性もありません。

そういうことをごく率直に皆さん方が納得できる形で説明しようとしているのが、この2項の役割です。

そういう形で使っていかなければ、この2項の役割は縮小していって、目的外使用、措置されるべき対象はどんどん膨らんでいって、懲戒事例はどんどん多くなっていきます。2項の「正当化機能」をぜひ納得して下さい。

それで、なぜ、それをしつこく言いたいのかというと、ターゲットは281条の5の刑罰のほうにあります。

2　国会答弁の中でも、281条の4の第2項に言う、「措置」には刑罰は含まれていないとされています。これは私も文言のみを読んでいてはよくわかりにくいのですが、1項で言う目的外利用に対する措置なので、懲戒とそれから損害賠償請求などであると説明されています。この修正案の提案者も281条の5の刑罰は、本条2項の「正当化事由」規定の「措置」には入れているつもりはなかったと言明しているのです。政府の委員もそういうふうに受け止めているのです。次の質問と答弁が参考になります。

＊＊＊＊＊＊＊＊＊＊＊＊＊＊＊＊＊＊＊＊＊＊＊＊＊＊＊＊＊＊＊＊
【参考】参議院法務委員会18号（平成16年5月20日）
○江田五月議員　「そこで、これ実は、目的外使用については281条の4で一般的な禁止が書かれている。そして、同条の5で罰則が書かれている。ところが、その禁止と罰則と条文の中身は一緒なんですね。で、こう2つの条文に分かれていて、修正は実は281条の4の方にしか2項はないわけです。そうしますと、堅苦しく考えると、4の方の禁止は、例えばこれは、弁護士会の懲戒などのときに使われる禁止規定で、罰則の方は2項は掛からないんじゃないかと、罰則を科す場合には。というように、こう読む読み方もあるかと思うんですが、私はそうじゃないだろうと思うんですが、これは罰則のときにも、この2項、4の2項は掛かるというのが修正案の提出者の御理解であるかどうか、この点を伺っておきます」。
○漆原良夫議員　「おっしゃるとおり、同条第2項の措置というのは同条第1項の規定に違反する違反行為に対して取られた法的措置でありまして、弁護士会の懲戒あるいは損害賠償、こういうものを直接的には措置というふうに我々は解釈しております。これに対して、目的外使用行為に対する刑事罰は刑訴法の281条の5の規定によって科せられるものでありまして、281条の4第1項の規定に違反した場合の措置ではありませんから、形式的には同条第2項の『前項の規定に

違反した場合の措置』には含まれない。もっとも、281条の5の罰則は281条の4第1項の禁止行為に当たる行為を処罰対象としておりますから、検察官が公訴を提起するか不起訴、起訴猶予とするかどうかの判断、あるいはまた裁判官が量刑を行うに当たって諸般の事情を考慮すべきことは当然でありますので、考慮されるべき情状の中に281条の4第2項に掲げられた諸事情も含まれると考えております。したがいまして、281条の5の規定に違反した行為について検察官や裁判所が判断する場合にも、281条の4第2項の趣旨をも踏まえて、同項に記載された事情を考慮することになるというふうに考えております」。

○政府参考人（山崎潮）　「ただいま修正案の提案者でございます漆原議員から御答弁ございましたけれども、私どもも同様の認識を持っている、同様に考えているということでございます」。

＊＊＊＊＊＊＊＊＊＊＊＊＊＊＊＊＊＊＊＊＊＊＊＊＊＊＊＊＊＊＊＊＊

3　有権解釈をする側がそのように考えている以上、この点をくつがえすことはムリでしょう。そうすると、そのまま放っておくと、281条の5の刑罰規定を正当化するための根拠規定は、一度刑法典に戻らなくてはいけなくて、刑法35条の正当業務規定によってはじめて法281条の5に書いてある犯罪が、実質的違法性を失うかどうかということを考えることができることになるのです。

　観念的な世界での話ですが、私には、それは異様なことだと思います。

　なぜならば、その前の条文の2項に「正当化事由」に関する根拠規定があるのです。少なくとも実質的には281条の5の犯罪規定に対する「正当化の原理」も、ここ刑事訴訟法の中にある、と位置づけ直さなければなりません。

　そうでなければ、この「刑事訴訟法の世界」で、刑罰権が、皆さん方弁護士の行なう日常業務、日常の弁護活動をそのまま処罰対象とすることになるのです。したがって、被疑者・被告人の防御活動、弁護人の弁護活動自体が、検察、警察の捜査の対象、訴追のターゲットになることを、法構造上認めていることとなる、そんな「法の世界」の、現実にさらされることになるのです。

　刑法35条は、裁判の段階で、最後に刑法を適用する段階になってのみ生きるのです。しかし、幸いなことに284条の4第2項は、手続規定です。文言上主体は不明です。しかし、「措置」をするときとは、ここに書いてある様々な理由を考慮することを必要とする手続です。

　そうすると、捜査段階でも、起訴するかどうかを判断する段階でも、もちろん裁判をする段階でも、刑事手続のプロセス全体の主人公たちは、常にこの2項に

よって縛られ続けなければならないのです。

4　2項の「正当化」原理から見たときに正当性のある場合かどうか、訴追の側はまずもってそのスクリーニングをしなければなりません。相当性がある場合には本来的に「目的外使用罪」のターゲットから外していかなければなりません。

もちろん、そもそも弁護人と被告人、つまり、刑事訴訟法における主体、当事者主義の当事者自身の活動を、刑罰の対象とする規定を刑事訴訟法の中に置くこと自体、私は疑問だと思っているのです。

ですが、規定の存在を前提とするとすれば、少なくとも2項を最大限利用した形での正当化事由の手続的拡大を図らなければ、私は、刑事弁護は萎縮すると思います。

何故なら、市民たる被疑者・被告人、民間人に留まる弁護士が、その正当な活動自体について、常に国家の監視、刑罰権の威嚇の下に置かれるという状態を是認せざるを得なくなってしまうのです。名誉毀損など実害の発生を根拠に刑法典にこの種の規定を置くことはまだしも、当事者主義の構造を組み込んだ刑訴法に、これと全く異質な原理に基づく刑罰権発動の根拠を組み込んだこととなります。

九　民事事件への複写物の転用──目的外使用禁止各論(5)

もっとも、民事事件については、2項の正当化事由の中で説明可能かということについては、ちょっと困っています。

マスコミに情報を提供することは国民の知る権利、表現の自由に資する行為といえます。憲法の擁護する利益を実現する正当性があります。我々のような研究者に事件について記録を提供していただくことも、学問の自由の下で事件の法的な問題点を解明し、これを国民に還元することができます。「学問の自由」を保障する憲法的な正当性のある利益に奉仕するものです。そうだとすると、それは2項の中で十分にカバーできる正当な目的外使用と評価できます。

しかし、弁護士が別の事件で入手することができた書類を、他の民事事件に転用することはどうでしょうか。民事事件の性質にもよるのでしょうが、損害賠償など経済的利害の調整と身分上の紛争の調整が中心なのでしょうか。ともあれ、個人間の利害調整を超える公的な正当性のある利益を実現する側面が見いだしにくいのではないでしょうか。、この点は、検討会でも議論がなされています。その際、民事事件などで使いたいのであれば、それは記録の取り寄せ等の手続に

よるべきではないか、そういう他に適法な方法で資料を集めることができるのであれば、そのルートを優先するべきではないかという議論がなされています。

　もっとも、これも各ケースに応じて実質的に考慮すればよいことであり、民事事件への資料の転用であること自体で「目的外使用」と断定するべきものではないのでしょう。

****
【参考】衆議院法務委員会（平成16年4月9日）
○漆原良夫議員　「開示証拠のコピーを民事訴訟で証拠として用いられなくなるのではないか」。
○政府参考人（山崎潮）　「民事訴訟での利用につきましては、民事訴訟法におきます文書送付嘱託あるいは刑事確定訴訟記録法による閲覧など、法律上、別途その使用を可能にする制度が設けられている」。「それぞれの制度において送付の必要性あるいは相当性が判断されるなどいたしまして、所定の要件及び手続に従って送付あるいは閲覧が可能になっていく」。「このような制度によらず開示証拠を目的外使用することは、法がそれらの制度を設けた趣旨に反するもので……相当ではない」。「民事訴訟での利用が許されるものとすると、開示の必要性と弊害とを比較考量して開示の要否が決定されるに当たりまして、民事訴訟での利用、この可能性も考慮して判断をするということになるわけでございまして、これではかえって証拠開示の範囲が狭くなってしまうおそれもあるということで、相当ではない」。
****

十　まとめ——包括的防御権の視座から

　1　「目的外使用」禁止、その処罰規定は、全く新しい制度としてできあがったものです。裁判資料の使い方に関する理論的な蓄積が、学界全体として十分になされてるわけではなく、このあたりはむしろ弁護士の方々が現場でいろんな事例を蓄積されながら培ってきた運用の限界に関する実務感覚に頼らざるを得ないでしょう。

　そこで、私は、この問題の出発点、つまり証拠開示が拡大、充実し始めているという状況をどう見るのかというところに遡って整理をしておきます。

　「被疑者、被告人」は、ひとつの法的な地位です。この地位には、証拠の全面

開示を受ける権利が伴うと考えます。ただし、その目的を明確にしておかなければなりません。全面開示を受けなければいけない理由はなにかをはっきりさせないと、この権利の性質、内容が不明確になっていきます。

2　証拠開示に関する目的は、段階的に幾つかあります。
　一番狭い目的は、特定の証人の反対尋問に資するためです。やや大きくは、被告人に利益な証拠が埋もれないようにするためです。これらは私に言わせると断片的消極的目的です。
　ですが、大切なのは、被疑者、被告人という地位に置かれた市民の側が、その訴追のプロセス全体の合理性、妥当性について、全面的に点検することです。
　「当事者主義」を徹底したとき、検察官は一罪の一部起訴を含めて広範囲の訴追権限が与えられます。「当事者処分権主義」です。これに対応した被疑者・被告人の側の権利があります。私は被疑者、被告人には全面的な証拠開示を受ける権利がそれだと考えています。つまり、捜査機関側が被疑者、被告人として絞り込んだそのプロセスを裏付けていく資料を見返す権利があります。
　「被疑者、被告人」は、訴追のプロセスの不合理性・不当性を争うための権利、包括的な防御権があります。この包括的防御権を行使するために集まってきた資料については、被疑者・被告人は基本的に防御の利益に沿うのであれば多目的・多元的な利用ができるのが当然です。そうでなければ市民が、国家の前に十分立ち向かうことはできないでしょう。
　その観点から見ますと、証拠開示の範囲を判断する段階で罪証隠滅、証人威迫の危険性がどの程度あるのかを考慮することは許されるでしょう。しかし、とりわけ政府側が強調している点、関係者の名誉やプライバシーの侵害も、証拠開示をしてはならない弊害、目的外使用を規制し処罰するべき根拠に入れる点は疑問です。より優越する利益——真相解明を求める防御権の行使、それを踏まえた公正かつ厳正な刑事裁判——、それを支える多様な防御活動上、両者の調整はあり得ても、名誉・プライバシーを優先して防御活動を規制することは正当化できません。

3　私は、弁護士の方々のこれからの弁護実践の中で、下村先生の言葉を借りれば、「萎縮しない防御活動、市民に広がる弁護活動」によって、形式上目的外使用であっても社会的相当性が幅広く認められる状態をぜひ構築して頂きたいのです。

第24章　司法改革の展望

＊本稿は、2005年9月4日、箕面観光ホテルにて、近畿弁護士会連合会・刑事弁護連絡協議会の主催で行われた座談会、『改正刑訴法の施行を目前にして』における渡辺の発言部分を編集して収録したものである（会報「近弁連」82号（2005年）10頁以下参照）。

一　「弁護が司法を動かす時代」

1　今、筆者は甲南大学法科大学院で新しい型のローヤーを養成する教育現場にいる。刑事訴訟法を専攻とする研究にも携わる。その刑事訴訟法は戦後制定公布されて50年間を経てひとわたり定着を見た。その後、20世紀末から21世紀初頭にわたる10年ほどは立法で刑事手続が動く時代になった。それは同時にプラクティスが動く時代でもある。その時代に研究室にのみとどまって理論を中心とする研究だけでいいかどうか、自分の年令のことも考えて悩みが出た。

　そこで、この際、大阪弁護士会に弁護士登録をし、刑事こうせつ法律事務所の客員として実務にも携わる機会を持つこととした。理論を軸にしながらも、現場の実務に沿って立法の動向、運用の定着具合を見たいと考えている。

　これから新しい型の刑事手続が動きはじめる。その動きを大局的にも正しい方向に導いていく必要がある。そういう関心から、理論と実務を筆者なりの視点で架橋する、リンクする、それを理論的に裏づけていくと同時に、それを法曹教育にも還元していきたいと思う。そんな視点でこれからの時代を見定めていきたい。

2　今回の一連の刑事訴訟法の改正を実務を離れて大きな目でみて感じたことを簡単に触れておく。

　まず、被告人と弁護人になる弁護士が本当に活躍できるおもしろい時代になったと思う。戦後、新しい刑事訴訟法ができて、法律家だけが中心となるものではあったが、当事者主義という形が一度でき上がった。これは建前では被疑者、被告人が権利の主体となるものではあった。戦前の旧刑事訴訟法と比べれば大きな飛躍である。ただ、残念なことに、その運用の中では、基本的には裁判所

が真相を解明する責任を負う、その前提となる証拠は捜査機関が取調室など密室の中でつくっていく、その密室でつくられた証拠を基本的には裁判所が引き継ぐものとなって事実認定がなされていく構造ができあがった。「有罪判決をつくる工場」のような流れができてしまった。

　運用上の職権探知型が定着した時代に、全面的な刑事訴訟法改正に等しい立法ができ上がっていった。

　特に証拠開示は今まで以上に大きく広げられることになる。そして、弁護士の実践いかんによっては、争点の整理手続の中で、弁護人が土台設定をし、公判における闘いを主導していくことが可能になったと思う。

　だから、弁護士が刑事裁判の場で被疑者・被告人とともに主体的に活躍できる土台ができ上がった、そういう新時代に入ったと言える。

3　そしてもう一つは、事実認定の場面でプロの裁判官だけではなくて市民良識を働かせることができる裁判員が導入されることも、非常に明るい展望をもたらすだろう。ここにも被告人や弁護人が正しいアピール力のある正しい主張をすることによって、今までのいわば官僚的な形で固められてしまった事実認定のある種のやり方を崩す大きな土台ができた。

　別言すると、職業裁判官のドグマを切り離して、本当に市民的な意味での良識、常識に従った事実認定ができ上がっていく裁判の基盤ができたと思う。その意味で、これから運用が法律家の力によって動くおもしろい時代になっていく。それを許す立法改革が21世紀の初めにでき上がったのだ。

二　時代の原理——包括的防御権と当事者処分権主義

1　被告人は、被告人という法的な地位に置かれていること自体の合理性を点検するという基本的な権利を持っていると思う。

　それに対応して、証拠との関連で何を検察官は開示すべきなのか。それは、検察官自身が一人の市民を被告人という地位に置く、公訴を提起すると判断したときに使っていた資料すべてである。被告人は、自己を刑罰の恐怖にさらす地位においた国家の側のプロセスを点検する権利を持っている。

　そういう意味で、筆者は、被疑者・被告人は被告人の地位に置かれた時点で検察官が公訴提起にあたり現に点検し、あるいは点検すべきであった資料の全面開示を受ける権利があるという立場に立つ。

これは、検察官の手持の証拠の中に被告人の無罪を立証するものがないか確認するという消極的な意味での全面開示論ではない。むしろ、当事者主義を徹底して、検察官の公訴提起の妥当性・合理性について、被告人側が点検吟味する権利を認めて、その当・不当を含めて公判廷で争う権利を認めるものだ。
　むろん、その場合でも、被告人との関連で、特定の証拠をその段階で開示してしまうと、証拠隠滅につながり、共犯者が逃げると疑う合理的な理由があれば、開示が受けられないというのは当然のことである。それは、被疑者・被告人の防御権の内在的な制約にあたるものであって、法理上当たり前のことだ。法解釈論としてことさら論ずるまでもない。いわゆる全面証拠開示の主張はこれを前提にする。

　2　さて、こうした積極的な全面開示論から見たときに、今回の立法が全面開示を認めているものではないということも当然のことである。
　ただ、全面開示が正しい立場だという理論的な主張が学界でも弁護実務の中でも続けられてきたからこそ、それとの対抗軸の中で今回の三段階の証拠開示手続の立法化が実現した、ここまで前進したと位置付けるべきであろう。
　その意味で、特に「類型証拠開示」は、端的に言うと検察官が自らの有罪証拠を弾劾される証拠資料を被告人側に見せる性格を持っている。そして、弁護士もそういう認識で類型証拠開示の請求とその後の主張を展開すべきである。
　そして、これぐらいいわば幅のある形で類型証拠開示ができるということになれば、ベテランの弁護人でなくても法律に書いている主張を事件に即して展開できれば一定の証拠は出てくることになる。
　今のように、判例法のもとで、例外としてしか裁判所が検察官に証拠開示を命じないのであれば、ベテランだからできるという面がある。
　他方で、せっかくこういう規定ができたとすると、被疑者段階の国選弁護人制度の充実とタイアップしたときに、弁護の力点も変えていく必要が出てくる。今は、捜査段階では、密室で取り調べを受けている被疑者、勾留されて苦しんでいる被疑者の接見に行って励ますという型の弁護が中心だ。事件本体についても、捜査機関が自白を含む証拠を収集し終わるのを待って受け身の立場で防御の準備をするのを当然としている。
　しかし、今後は、もっと積極的に弁護人独自に調査活動をやっていって、弁護人自身が状況証拠の収集を事前にやりながら、事件全体の見通しを捜査段階から持つ、こういう事件だとすれば捜査機関はこういう証拠を集めるはずだろうと

いう見通しも立てることのできる調査活動を捜査段階で展開する必要がある。また、それが可能な条件を弁護士側が整えて行かなければならない。

こうした調査活動と、類型証拠の開示請求権と結びつけていって、さらに一層範囲の広い証拠開示をさせていくことになれば、そこにこそ今までにない建設的で積極的な弁護活動の広がりが生まれる、と思う。

そういう意味で、この類型証拠開示は今回の刑事訴訟法改正の中で非常に大きな役割を果たしている。これこそが、弁護活動の真髄になるとも思う。

3　ただ、新立法にも拘わらず、検察官が、旧来型の証拠開示にこだわるおそれはある。裁判所の開示命令にも従わない極端な事例を想定する必要があるかどうか疑問であるが、ではそうしたややイレギュラーな問題となったときに、アメリカのように例えば公訴棄却といったような大胆な救済措置を、我が国の裁判所はとるかと言えばこれも現状ではムリだと言わざるを得ない。

逆に言うと、とりあえず手元にある証拠の範囲内で分かるのであれば事案は解明する、後からであったとしても証拠が出てきたのだったら、その枠内でとりあえず判断すればいいと受けとめて有罪を認定するのではないか。厳格な手続の適正さに関する考え方はその意味では今の司法は極めてルーズだ。それはなぜかというと、職権探知主義が浸透しているからだ、と見るべきだろう——裁判官自らの責任において真相を解明することができるし、それが裁判所の責務である、そして、全体として裁判が適正であれば足りるという認識が強いのだ。

もっとも、今回の改正に伴う新しい証拠開示制度のもとでは、検察官が法律の自然な解釈上開示すべき資料にあたるのにこれを隠して出さない、といったイレギュラーな状態を被告人・弁護人が念頭に置いていつも戦々恐々としながら防御活動を行なう必要はあまりないと期待したい。

むしろ、検察庁としては、基本的には法律に従って証拠を幅広く開示すると期待しているし、そう信頼したいところだ。

三　整理手続と被告人

1　次に、整理手続における被告人の意見は、公判廷では証拠となるのかどうか、問題が残っている。

この問題を解決する前提として、「陳述」と「供述」という言葉を現行刑事訴訟法も分けて使っていることを確認しておかなければならない。

黙秘権の告知についても起訴状朗読後、事件に関する意見を陳述するのに先立って行われる黙秘権告知については、「終始沈黙し、又は個々の質問に対し陳述を拒むことができる旨」告知することとなっている（法291条2項）。

それに対して、いわゆる広義の証拠調べとしての被告人質問との関連では「終始沈黙し、又は個々の質問に対し、供述を拒むことができる」権利がある、と規定されている（法311条1項）。

つまり、意見に関する陳述と証拠となるべき供述を分けている。ただ、運用の上では、いわゆる罪状認否手続の後の発言も証拠だと見ても構わないという扱いになっているし、実際の法廷でも証拠としてもいいような中身での発言になってしまっている。

例えば、裁判長が「今検察官が読み上げた事実ですが、どこか間違ったところがありますか」と質問すると、被告人は、「やっていません」という言い方をしてしまうことがある。

被告人の説明内容がかかるものであれば、これを証拠として使ってはいけないと歯止めをかけるのは、その中身からいっても難しい。供述と取り扱っていい内容になっているからだ。

2　だが、例えば、「公訴事実全般について、検察官の立証をお願いします」、「刺した事実に関する証明は簡単で結構です。殺意については立証をお願いします」といった意見をいったと仮定しよう（残念だが、被告人がこうした法的専門的意見を述べられるとは思っていないのだが）。この場合、これを証拠たる「供述」とみることはできない。

繰り返すが、現行法は、陳述と狭義の供述は違うとみている。供述は、証拠となることを前提とした被告人の説明だ。他方、陳述は、あくまでも事件の手続処理に関する意見内容なので、それ自体が証拠になることはない。なぜならば、陳述を証拠にしてしまったら、弁論の全趣旨をもって事実認定をしてもいいことになってしまう。それは「証拠裁判主義」を厳格に貫くべき刑事裁判の在り方に反する。また、検察官の「合理的疑いを超える証明」の責任の実質的軽減にもなる。ともあれ、現行刑事訴訟法とは相入れないということになってしまう。

だから、グレーゾーンがあるにせよ、また運用がどうであれ、理論的原理的には、陳述と供述は絶対分けなければいけないと思う。したがって、被告人が整理手続で述べることは、あくまで証拠と争点の整理を目的とする意見の陳述であって、手続の性質上ここでの発言は「証拠」にしてはならない。

3　ただ、整理手続で定める被告人側の事実上法律上の主張の義務については黙秘権の問題ととらえる場合は、今言った供述を提供するかしないかという部分に関する黙秘権というよりも、もっと広いものとして考えないと説明できまい。

　つまり、それは防御権それ自体だ。どの段階で防御に関する主張をするのかという点について、その判断は被疑者・被告人に一切自由に任されるべきである、という意味での権利である。整理手続として立法上主張の機会を設定されたならば、今よりもその時期が前倒しにされた上に、ここで言わなければ後の公判廷では新たな証拠調べ請求は制約されることとなる。この制約が、広義の黙秘権、端的には防御権を侵害するかが問題になりえる。もっとも、かかる整理手続の規定がそれ自体として文面上も直ちに違憲と言えるかについては、疑問がある。

論文初出と原題一覧

第1部

第1章 「弁護人と押収拒否権」『光藤景皎先生古稀祝賀論文集』(上)(成文堂、2001年) 205頁

第2章 「弁護士の押収拒否権と『捜索遮断効』」『河上和雄先生古稀祝賀論文集』(青林書院、2003年) 375頁

第3章 「接見交通の到達点と実効的保障の展望」季刊刑事弁護26号 (2001年) 25頁

第4章 「接見交通権——最判平12・6・13評釈」民商法雑誌124巻6号 (2001年) 794頁

第5章 「接見等禁止と「防御の自由」」季刊刑事弁護31号 (2002年) 132～137頁

第6章 「勾留執行の停止について」『田宮裕博士追悼記念論集 (上)』(信山社、2001年) 29頁

第2部

第7章 「公訴権の濫用」ジュリスト刑事訴訟法判例百選[7版] (1998年) 82頁

第8章 「訴因の特定(覚せい剤自己使用罪)」ジュリスト増刊・刑事訴訟法の争点[3版] (2002年) 116頁

第9章 「訴因の機能」『刑事・少年司法の再生【梶田英男・守屋克彦判事退官記念論文集】』(現代人文社、2000年) 253頁

第10章 「訴因の機能——恐喝の理由と訴因変更の要否」『民主主義法学・刑事法学の展望(上)【小田中聰樹先生古稀記念論文集】』(日本評論社、2005年)

第3部

第11章 「証人尋問と裁判官——『裁量糾問主義』から『真の当事者主義』へ」ジュ

第12章 「被告人質問と黙秘権」『激動期の刑事法学【能勢弘之先生追悼論文集】』(信山社、2003年) 97頁
第13章 「聴覚障害者と刑事裁判における訴訟能力の有無」甲南法務研究1号 (2005年) 23頁
第14章 「不一致供述、自己矛盾供述」現代刑事法16号 (2000年) 45頁
第15章 「補強証拠」ジュリスト増刊・刑事訴訟法判例百選［8版］(2005年) 176頁
第16章 「犯行再現写真の証拠能力」甲南法務研究2号 (2005年) 39頁

第4部

第17章 「控訴審と当事者主義の徹底」刑法雑誌40巻1号 (2000年) 47頁
第18章 「甲山事件と『控訴権消滅』論」季刊刑事弁護17号 (1999年) 15頁
第19章 「甲山事件と破棄判決の拘束力」『転換期の刑事法学【井戸田侃先生古稀祝賀論集】』(現代人文社、1999年) 576頁

第5部

第20章 「被疑者取調べと司法改革の視点」法律時報74巻7号 (2002年) 36頁
第21章 「被疑者取調べの録画——可視化原理と包括的防御権」季刊刑事弁護39号 (2004年) 105頁
第22章 「新しい証拠開示手の概要とその問題点」季刊刑事弁護41号 (2005年) 65頁
第23章 「開示証拠の『目的外使用』」『日弁連研究叢書・現代法律実務の諸問題(平成17年版)』(2006年、第一法規、掲載予定)
第24章 座談会「改正刑訴法の施行を目前にして」近弁連82号 (2005年) 10頁

※冒頭の「リスト1148号 (1998年) 90頁」は前章末尾の続き

渡辺 修　わたなべ・おさむ（本名：顗修(ぎしゅう)）
甲南大学法科大学院教授、法学博士、弁護士（大阪弁護士会）

《略歴》
1976年、京都大学法学部卒業。1981年、同大学院法学研究科博士後期課程修了。1986年、コーネル大学ロースクール修士課程修了（LL.M.）。1980年〜2003年、神戸学院大学法学部助手、講師、助教授、教授。1994年〜2003年、司法試験考査委員（刑事訴訟法）。2004年〜現在、甲南大学法科大学院教授。

《著書》
職務質問の研究（成文堂、1985年）
実務刑事弁護（共編、三省堂、1991年）
正当防衛（共訳、成文堂、1991年）
刑事訴訟法（Sシリーズ）（共著、有斐閣、91年初版、06年4版）
被疑者取調べの法的規制（三省堂、1992年）
聴覚障害者と刑事手続（共編著、ぎょうせい、1992年）
捜査と防御（三省堂、1995年）
基礎演習刑事訴訟法（共著、有斐閣、1996年）
刑事手続の最前線（編著、三省堂、1996年）
刑事裁判と防御（日本評論社、1998年）
外国人と刑事手続（共編著、成文堂、1998年）
刑事法入門（新世社、2000年）
刑事法を考える（共著、2002年）法律文化社
取調べ可視化（共同監修、成文堂、2004年）
司法通訳（共著、松柏社、2004年）
被疑者取調べ可視化のために（共同監修、現代人文社、2005年）

刑事裁判を考える
21世紀刑事司法の展望

2006年5月31日　第1版第1刷

著　者　渡辺　修
発行人　成澤壽信
発行所　株式会社 現代人文社
　　　　〒160-0016　東京都新宿区信濃町20　佐藤ビル201
　　　　振替　00130-3-52366
　　　　電話　03-5379-0307（代表）　FAX　03-5379-5388
　　　　E-Mail　daihyo@genjin.jp（代表）　hanbai@genjin.jp（販売）
　　　　http://www.genjin.jp
発売所　株式会社 大学図書
印刷所　株式会社 シナノ
装　丁　加藤英一郎

検印省略　Printed in Japan
ISBN4-87798-293-0 C3032
©2006 Osamu WATANABE

本書の一部あるいは全部を無断で複写・転載・転訳載などをすること、または磁気媒体等に入力することは、法律で認められた場合を除き、著作者および出版者の権利の侵害となりますので、これらの行為をする場合には、あらかじめ小社または編集者宛に承諾を求めてください。